知识产权与国防秘密

Intellectual Property System for Confidential Inventions Related to National Defense

欧宁 等 著

清华大学出版社
北京

内 容 简 介

《知识产权与国防秘密》是《知识产权与国防使用》一书的姊妹篇。专利保密制度是世界主要国家专利制度中不可或缺的重要组成部分，本书是国内首部系统论述专利保密制度的著作。全书重点介绍了英、美、德等国专利保密制度的历史演变、法律制度、工作机制和司法判例，比较研究了世界主要国家专利保密制度的立法例，从专利保密制度中的保密事务、专利事务、保密发明运用事务等三个方面，对专利保密制度的要点和规律进行了条分缕析的阐述。本书首次揭开了以英、美为代表的“扣压制”和以丹麦、挪威为代表的“授权制”的神秘面纱，认为两者看起来形式迥异，但本质上并无差别，政府对保密发明均行使“治安权”和“征用权”，保密发明在保密期间不行使专有权，待发明解密后才回到普通专利制度的轨道上来。专利保密制度的这一特点，与《知识产权与国防使用》一书中阐述的“为国防目的使用专利的规则”一脉相承。本书对我国基于“有限公开换有限保护”理念所建立的国防专利制度进行了反思，提出了改进我国国防专利制度的意见和建议。全书共收录案例13个，其中司法判例9个，案情翔实、判据充分。本书适合广大国防科技工作者和知识产权工作者参考阅读。

图书在版编目（CIP）数据

知识产权与国防秘密 / 欧宁等著. —北京：清华大学出版社，2019.11（2022.4重印）

ISBN 978-7-302-54471-5

Ⅰ. ①知… Ⅱ. ①欧… Ⅲ. ①知识产权－关系－国防建设－研究－中国 Ⅳ. ①D923.404②E25

中国版本图书馆CIP数据核字（2019）第288073号

责任编辑：王 琳
装帧设计：傅瑞学
责任校对：王荣静
责任印制：沈 露

出版发行：清华大学出版社
网 址：http://www.tup.com.cn，http://www.wqbook.com
地 址：北京清华大学学研大厦A座 **邮 编**：100084
社总机：010-83470000 **邮 购**：010-62786544
投稿与读者服务：010-62776969，c-service@tup.tsinghua.edu.cn
质量反馈：010-62772015，zhiliang@tup.tsinghua.edu.cn
印 装 者：三河市金元印装有限公司
经 销：全国新华书店
开 本：170mm × 230mm **印 张**：24.25 **字 数**：427千字
版 次：2020年1月第1版 **印 次**：2022年4月第3次印刷
定 价：68.00元

产品编号：084050-01

谨以此书献给为新时代国防和军队建设添砖加瓦的追梦人。

序

《知识产权与国防秘密》一书是继《知识产权与国防使用》一书之后，欧宁主编的第二部力作。我对他在工作之余持之以恒、踏踏实实做一些基础研究表示赞赏。从作品可见，欧宁对普及理论知识、襄助立法制规、助推事业发展，有较强的策划力和执行力。

客观地讲，有关专利制度的作品汗牛充栋，但有关专利保密制度的研究成果则付之阙如，因为在任何一个国家的专利申请中，被列为国家秘密的专利申请只占很小的比例，专利保密制度通常被认为是专利制度中的"例外"制度，而非其基本问题。再者，保密发明通常与国防和军队建设有关，因此也给专利保密制度披上了一层神秘的面纱，学者一般敬而远之。

专利制度以"公开换保护"为基本原则，以"技术方案充分公开"为基本要求，这似乎与国家保密制度无关。从世界主要国家专利制度的发展历程看，最初的专利制度大都不包含专利保密制度，所有的专利申请都会被公开。但随着欧洲工业革命的兴起和世界安全形势的发展，与武器装备有关的发明创造不断涌现，此类专利申请一旦被公开，则可能被敌对势力所掌握，从而危及本国的国家安全。1858年，英国人威廉·阿姆斯特朗关于利用膛线数量控制火炮射击时间的专利申请的公开，促使英国出台了世界上第一部专利保密法案——《军需品发明专利法案》。自此，专利制度与国家保密制度的关联越来越密切。

随后几十年间，世界主要国家为了维护本国安全，相继建立了各具特色的专利保密制度，主要可以区分为两种类型：一是以美国、以色列为代表的"扣压制"国家，即对涉密专利申请在保密期间不授予专利权，待解密后再行公开并授权。二是以挪威、丹麦为代表的"授权制"国家，即对涉密专利申请在保密期间授予专利权，但国家对保密专利权予以强制征收，待解密后再"返还"给专利权人。本书作者在重点研究英国、美国、德国专利保密制度的基础上，深入研究了世界主要国家专利保密制度的立法例，认为无论是"扣压制"国家还是"授权制"国家，政府都以不同形式征用或征收保密发明并对权利人给予合理补偿，以排除保密发明专有权的行使。本书作者指出，专利保密制度的这一特点既遵循专利制度“公开换保护”的基本原则，也与世界主要国家建立的“为国防目的使用专利的规则”有着密切联系（本书主编在其《知识产权与国防使用》一书中详细阐述了该规则）。正是因为保密发明的使用范围限于国防事务，而在国防事务中又限制专利权的行使，因此无须针对保密发明授予专利权，或者即便授予专利权，在保密期间也被国家采取强制征收措施。申请人就其保密发明申请专利的意义，并不在于在国防事务中行使排他权，而在于向国家提交保密发明并获得国家给予的补偿，以及尽早确定专利申请日，以便发明公开后获得专利权。

在比较我国国防专利制度和国外专利保密制度的基础上，本书作者认为我国的国防专利制度是在特定历史背景下诞生的，由于缺乏对世界各国专利保密制度的充分了解，我国的国防专利制度在国防领域移植了专利制度“公开换保护”的基本原则，形成了“有限公开换有限保护”的理念，这也使得我国的国防专利制度存在一些不足。本书作者认为，改革国防专利制度，应当援引“为国防目的使用专利的规则”，重新思考“有限公开换有限保护”这一理念，重点通过对保密发明的权利人给予合理补偿的方式，促进保密发明在国防事务中的应用共享。此外，要重点做到准确定密、及时解密，做好国防专利制度与普通专利制度的衔接，建立保密发明流转机制。

可以说，本书大大深化了我们对专利保密制度的理解，虽然书中的相关内容还有待进一步研究，但其为我国国防专利制度改革提供了有益的参考，值得每一位在国防领域从事知识产权工作，以及关心专利保密制度的同志参阅。

是为序。

中国人民大学教授、博士生导师
中国法学会副会长
中国法学会民法学研究会会长

前 言

国防和军队建设中的知识产权政策主要回答了三个基本问题：第一个是国防和军队建设中使用私人受知识产权保护的智力成果时应当适用什么规则；第二个是发明创造涉及国防利益需要保密时应当如何处理专利公开与保密、保护与使用的关系；第三个是国家财政性资金投入国防和军队建设所产生的知识产权应当如何配置与使用。其中，关于第一个问题，我们已在《知识产权与国防使用》一书中加以介绍，阐述了国家为国防目的不经专利权人许可使用私人受专利权保护的发明的规则，它解决的是专利的私权属性与国家利益之间的冲突。本书是关于第二个问题，即专利制度中对于涉及国防利益需要保密的发明创造的处理，它所解决的是专利制度的信息公开与国家安全保密的冲突。我们将其简称为专利保密制度。

众所周知，专利制度的基本要求是以发明创造的公开换取一定范围和期限的保护。但是，对于发明信息的公开可能危害国家安全利益的专利申请，则必须予以保密，且在保密期间应当充分服务于国防和军队建设，因此需要设计一套特别制度，既确保国家秘密不被泄露，又保障其在国防和军队建设中的充分使用，还能在发明解密后与普通专利制度合理衔接。英国首创了这一制度。1858 年，英国人威廉·阿姆斯特朗关于利用膛线数量控制火炮射击时间的专利申请的公开，使得专利制度与国家保密制度这两个“板块”发生了碰撞——英国人率先出台了《军需品发明专利法案》。此后，随着第二次工业革命的扩张和世界安全形势的发展，与国防和军队建设密切相关的发明创造越来越多，德国、美国等相继建立了本国的专利保密制度。

综观世界主要国家的专利保密制度，可以分为两种做法。一种是所谓的“扣压制”，即美国、英国、以色列等国对涉及国家安全的专利申请予以保密并暂时不授予专利权，待解密后再行公开和授权。另一种是所谓的“授权制”，即加拿大、丹麦、挪威等国对涉及国家安全的专利申请予以保密并授予“保密专利权”，待解密后公开并转为普通专利权。两种模式在授权形式上不同，但在权利行使上却没有本质区别。“扣压制”国家在发明保密期间不授予专利权，而是通过政府补偿以满足权利人的求偿权；“授权制”

国家在保密期间授予“保密专利权”，但国家通过有偿地、强制性地征用（征收）保密专利，实质上限制了保密发明在国防事务中的排他权。两种做法可谓殊途同归，在保密期间都遵循了“公开换保护”的基本原则，只能由国家掌控、征收或使用保密发明，并对专利申请人给予合理补偿。因此，遵循专利制度“公开换保护”这一基本原则，由国家征用保密发明的权利，可谓专利保密制度的第一个要点。

第二个要点是对发明的准确定密、及时解密。在世界主要国家的专利保密制度中，我们发现一个共同要求：准确定密、及时解密。为确保准确定密，首先是由国防部门作为定密主体判断发明是否涉及国家安全利益需要保密，避免定密泛滥、保密过度；其次是明确国防部门有权查阅专利申请文件，以保障国防部门掌握保密发明信息并进行保密审查；第三是要求国防部门针对不同技术领域制定保密审查清单，供专利机构、国防部门保密筛查和定密参考使用，避免出现遗漏。为了确保及时解密，最好的办法是限制保密决定的效力期限，迫使国防部门定期开展保密审查，使得不再涉及国家安全的发明能够及时公开。通过准确定密、及时解密，能够在有效维护国家安全利益的同时，促进发明创造的商业化利用，推动国防建设和经济建设统筹发展。

第三个要点是给予保密发明权利人合理补偿。首先，国家因行使“治安权”，为维护国家安全利益对发明予以保密，暂时限制了权利人开发其发明并获得商业利益的机会，由此给权利人造成的损害应当由国家承担。其次，国家因行使“征用权”，为国防和军队建设需要而使用保密发明，应当由国家作为“买家”给予权利人相应补偿。事实上，普通发明的使用由社会公众买单，而国防发明的使用由政府买单，从而使得国防发明获得与普通发明同等的经济回报，以免产生对国防发明的挤出效应，由此鼓励国防发明创造活动。

以上制度设计，都是为了调和好发明保密与专利公开之间的矛盾，处理好国防使用需求与专利权之间的矛盾，平衡好国家安全利益与私人利益之间的关系。

我国专利保密制度包括两个部分：一部分是针对涉及国防利益需要保密的发明设立的国防专利制度，另一部分是针对不涉及国防但涉及国家重大利益的发明设立的专利保密制度。其中，国防专利制度是我国专利保密制度的主体。改革我国的国防专利制度，重点是要确立国家定密机制，完善国防专利在国防事务中的运用机制，规范国家使用保密发明的补偿制度。其中，补偿制度改革是国防专利制度改革的关键，通过补偿制度改革，由国家以一定形式“征收”保密发明的权利，做到保密发明在国防事务中的高效配置。

本书第一、二、三章分别介绍了英国、美国、德国的专利保密制度；第四章对世界主要国家专利保密制度的成文法进行了解读和对比；第五、六、七章从理论和实践层面分别探讨了专利保密制度中的保密事务、运用事务、专利事务；第八章提出了我国国防专利制度的改革建议。关于全书写作的分工：欧宁提出全书的主题和框架，确定各章的基本内容，负责全书的审定，撰写第一、二、三、四、五、六、七章；肖进共同提出全书的主题和框架，参与撰写第四章、撰写第八章；韩萍参与撰写第二章；李子健参与撰写第三章。

在本书即将出版之际，我们要衷心感谢军委装备发展部国防知识产权局的每一位同志，你们肩负使命、团结一致、开拓进取，让知识产权制度扎根国防和军队建设。感谢国家知识产权局条法司、中国人民大学知识产权教学与研究中心分别对《外国专利法选译》《十二国专利法》的组织编译工作，这些资料给了我们很大的帮助。

希望本书的出版能够引起业界对国防专利制度的关注，并积极参与国防领域知识产权制度的研究。由于理论积累和工作经验不够，不足之处希望得到各位读者的指点和帮助。

作 者

目录

第 1 章

英国专利保密制度

本章导读

英国是世界上第一个建立现代专利制度的国家，也是第一个建立专利保密制度的国家。从 1853 年英国出现第一件被暂缓公开的专利申请，以及 1859 年出台《军需品发明专利法案》的历史看，专利保密制度并不是从一开始就被人为设计出来的，而是在专利制度的运行与国家安全利益发生冲突的实践中，逐步建立和完善起来的。

英国专利保密制度的发展历程中，有三个具有里程碑意义的节点。

第一个重要节点是 1859 年《军需品发明专利法案》的诞生，它解决了专利制度的信息公开与国家安全保密这一对最直接、也最直观的冲突。其要点就是对军需品发明专利授予专利权，但禁止军需品发明专利的公开。受当时的历史条件所限，该法案没能回答军需品发明专利权的效力问题，导致了专利权人的私权与国家维护国家安全利益的公权发生了冲突，威廉·阿姆斯特朗、罗伯特·费瑟等一众发明家运用其专利权对抗王权，使得英国的国防和军队建设遭受了不利影响。

第二个重要节点是 1865 年费瑟案的判决，它回答了军需品发明专利的效力行使问题。在英国总检察长帕尔默、英国陆军部律师克劳德等先驱的推动下，英国通过对“费瑟诉英国海军部专利侵权案”的判决，建立了“为国防目的使用专利的规则”（本书简称“国防使用规则”），明确了专利权人在国防事务中不得行使专利权，并将这一规则纳入英国 1883 年《专利、外观设计和商标法》，首次在成文法中对专利权在国防事务中的效力问题给出了一个明确回答。1949 年前，英国采取的是“授权制”，其专利保密制度大体可概括为五个要点：①对专利申请文件保密，且未经许可不得提交外国专利申请；②对保密专利申请予以授权；③保密专利权可以有偿转让给国防部（一定程度上排除了保密专利权在国防事务中的行使）；④建立了国防使用规则，排除了专利权在国防事务中的行使，但政府给予专利权人合理补偿；⑤国防部门有权从专利局查阅专利申请文件，并负责保密审查，确保国防部门掌握军需品发明。1949 年前的英国专利保密制度，是加拿大、南非等英联邦国家现行专利保密制度的蓝本。

第三个重要节点是 1949 年英国《专利和外观设计法》的颁布。英国在这次《专利法》修订中对专利保密制度进行了改革。考虑到对保密专利申请授予保密专利权，在形式上与专利制度“公开换保护”的基本原则相冲突，而且这种专利权的授予因为保密的原因无法接受公众的监督，因此英国将“授权制”改革为“扣压制”。改革后的英国专利保密制度可概括为七个要点：①被施加保密令的专利申请信息未经允许不得公开，不得向国外提交专利申请；②“授权制”改为“扣压制”，保密期间暂缓授权，解密后再行授权，直截了当地排除了专利权在国防事务中的行使；③保密期间专利性审查照常进行，直到专利申请处于待授权状态；④国防部门有权查阅专利说明书，专利申请的保密审查由国防部门负责，专利局依照国防部门的保密审查决定施加保密令；⑤保密审查动态开展并及时解密；⑥为国防目的使用被保密扣压的专利申请，其补偿按照为国防目的使用已授权专利的规则执行；⑦政府对因强制保密而给专利申请人造成的损失给予补偿。1949 年后的历次专利法修订，该制度基本没有变化，一直持续至今。

尽管“授权制”与“扣压制”关于发明保密期间权利的行使问题没有本质区别，但“扣压制”在形式上更为简单明了，在程序上能够更好地衔接保密期间与解密后的专利事务。有意思的是，英国 1859 年首创了基于“授权制”的专利保密制度，到 1949 年却放弃“授权制”，转而效仿美国的“扣压制”，这从一个侧面反映了“扣压制”在某些方面的优点。

英国是世界上第一个建立专利保密制度的国家。对英国专利保密制度的历史演变和制度规定的研究，将为我们准确把握专利保密制度的发展脉络，甚至专利制度本身的发展脉络，提供非常有价值的启发。[①]

---

① 笔者注：本章参考了 T.H.O’DELL 先生撰写的《发明与国家秘密——英国保密专利的历史》。

1.1 历史演变

1.1.1 世界上第一件被暂缓公开的专利

1853 年 10 月，为了争夺巴尔干半岛的控制权，欧洲爆发了克里米亚战争，战争一直持续到 1856 年 3 月 30 日。英国是参战国。1855 年 8 月 6 日，英国人约翰·麦金托什向英国专利局提交了一件名为“关于战时燃烧材料改进”（英国 1855 年 1774 号专利）的专利申请，其专利说明书提出在港口水域喷洒煤焦油，通过含钾的火球点燃煤焦油，所产生的烟雾可以充满敌人的堡垒和炮台，从而消灭炮手。英国援引 1852 年《专利法》第 16 章关于“专利授权和持有专利的任何规定都不能影响王权”的规定，禁止公开该专利。资料显示，1855 年 11 月 22 日，麦金托什就“关于战时燃烧材料改进”的专利申请，要求授予专利权。12 月 18 日，英国皇室法律办公室副检察长同意授权，但仅仅在同意授权的几个小时内，英国陆军部律师查尔斯·乔治·班尼斯特向英国皇室法律办公室提出了异议。班尼斯特表示，他代表女王陛下的陆军大臣，对副检察长授予“关于战时燃烧材料改进”专利权提出异议，理由是这一发明的公布可能会威胁女王陛下的统治。由于英国陆军部的干预，麦金托什“关于战时燃烧材料改进”的专利，成了世界上第一件被保密的专利。根据英国《专利局公报》记载，该专利申请直到 1856 年 12 月 19 日克里米亚战争结束 9 个月后才被授予专利权。尽管麦金托什的专利授权受到了阻碍，但是麦金托什从英国陆军部获得了 1000 英镑的补偿。①

麦金托什关于燃烧材料的发明被要求保密，并获得英国政府补偿的经历，标志着英国建立起了发明保密审查与专利制度的特殊关系。

1.1.2 世界上第一部专利保密法案

麦金托什的专利被保密的事件，仅仅发生在战争期间。战争结束后，英国再也没有对与军需品有关的专利申请采取保密措施。按照惯例，英国专利一经授权，其专利文件即行公开，并被送到法国巴黎、德国柏林等地。这就意味着，欧洲大陆很多国家可以通过阅读英国专利文献，获悉英国最新的技术发明。那么，如果专利申请涉及军需品发明，必然存在泄密的危险。威廉·阿姆斯特朗关于火炮的专利申请，使得英国意识到了这一点。

---

① T.H.O’ Dell T H. Inventions and official secrecy：a history of secret patents in the United Kingdom[M].Oxford：Clarendon Press，1994：4-9.

1858 年，英国武器制造商威廉·阿姆斯特朗提交了第 779 号专利申请，该申请文件披露了可以用于陆军大口径枪管或者海军舰炮上控制射击时间和爆炸时间的专利说明书和附图。该设计在当时是一个先进设计，其原理是，枪管或者炮管设定的膛线数量决定了点火装置到达通道之前经过的环形通道的数量，通过膛线数量的设计可以控制射击时间和爆炸时间。按照惯例，类似阿姆斯特朗第 779 号专利申请的发明，将会通过专利文件的公开程序为外国所知悉。海军大臣萨默赛特等人立即意识到，英国缺乏和平时期对军需品发明专利的保密措施。为解决这一问题，1859 年 3 月 21 日，英国皇室法律办公室总检察长菲茨罗伊·凯利向英国下议院提出了《军需品发明专利法案》。该法案主张：一是对需要保密的专利申请予以授权并保密，二是与军需品有关的发明或者为了公共利益需要保密的其他发明，可以转让给君主。凯利援引了英国过往的法律规定，论述了该主张的正当性，因为“在古代，王室为军事目的对军事性质的发明享有独占的、排他的特权，所有这个法案只是秉承了古代普通法的思想”。英国议会接受了凯利检察长的提案，仅仅在提案后的第 18 天，即 1859 年 4 月 8 日，英国皇室批准了《军需品发明专利法案》。①

可以说，英国 1859 年《军需品发明专利法案》的出台，奠定了早期专利保密制度的基本框架。一方面，法案禁止了与军需品有关的专利文件的公开。例如，《军需品发明专利法案》生效后，阿姆斯特朗分别于 1859 年和 1861 年申请的关于膛线炮和后膛炮的专利，其专利说明书都被采取了保密措施。另一方面，对于与军需品有关的发明或者为了公共利益需要保密的其他发明，可以转让给政府，发明解密后，再由政府转让给原专利权人。由此一来，尽管军需品发明被授予保密专利权，但国家通过受让军需品发明专利权的做法，可以从实质上排除保密专利权的行使。发明解密后，专利权由政府“返还”给权利人的做法，使得保密专利在解密后能够回到普通专利制度的轨道上。

案例 1　自动驾驶仪②

惯性制导系统利用陀螺仪，可以感知飞机在飞行中的方位变化，实时确定方位信息。基于惯性制导系统制造的自动驾驶仪，可以为飞行提供稳定可靠的导航。20 世纪

① T.H.O’Dell T H. Inventions and official secrecy：a history of secret patents in the United Kingdom[M].Oxford：Clarendon Press，1994：19-22.

② T.H.O’Dell T H. Inventions and official secrecy：a history of secret patents in the United Kingdom[M].Oxford：Clarendon Press，1994：84-86.

20 年代，英国皇家航空研究院的库克和梅雷迪斯开展惯性制导系统研发工作，并于 1926 年获得了四件专利，专利号分别为第 365186 号、第 365187 号、第 365188 号和第 365190 号。这四件专利由于可以用于轰炸机而被要求保密，并转让给了英国政府。

1924 年 3 月，皇家航空研究院决定成立新的帝国航空有限公司，希望向世界各地的航空公司出售自动驾驶仪。许多商业企业要求与帝国航空有限公司签订专利许可协议，允许其制造自动驾驶仪。因此，这四件专利需要解密。1929 年，四件专利均被解密，并被重新转让给了库克和梅雷迪斯。查阅四件专利历史档案，其说明书中都做了“但是根据 1907–1928 年《专利和外观设计法》的规定，禁止公开”的记录。

案例 2　博尔顿·保罗案①

1936 年，博尔顿·保罗飞机公司向英国专利局提交了三件专利申请。其中，有两件专利申请是关于飞机机关炮的瞄准装置，第三件专利申请是关于如何确定目标飞机的相对速度。在专利公告出版两周后，空军部给博尔顿·保罗飞机公司写了一封信，要求该公司提供保密信息和提交给专利局的专利说明书的复印件，以便空军部查阅。博尔顿·保罗飞机公司按要求把专利说明书提供给空军部。1937 年 1 月 25 日，空军部回复博尔顿·保罗飞机公司并告知专利局，指出两件关于瞄准装置的专利申请“基于国家利益，应当被保密”。一件是英国专利号为第 587429 号，名为“用于飞机机关炮瞄准，正确计算子弹弹道轨迹装置的改进方法”的专利，另一件是英国专利号为第 587431 号，名为“飞机机关炮瞄准所需的修正确定方法及其改进”的专利。

为了击中被瞄准器捕获的目标飞机，在使用机载计算机计算子弹弹道轨迹的时候，因为涉及两架飞机的飞行速度、相对速度、可能随时改变弹道轨道的空气密度、子弹初始速度以及子弹的所有空气动力特性等，所以这个计算过程是非常复杂的。两件专利利用机械连杆装置和凸轮共同完成计算，很好地解决了机关炮瞄准的复杂计算问题。

1937 年 2 月，财政部按照法律规定，对被保密的专利申请完成了受让交易。1938 年 8 月，两件专利获得授权。两件专利被禁止公开的 10 年后，专利说明书于 1947 年 1 月 29 日公开。两件专利的说明书中都做了“但是根据 1907–1942 年的《专利和外观设计法》第 30 条的规定，禁止公开”的记录。

① T.H.O' Dell T H. Inventions and official secrecy：a history of secret patents in the United Kingdom[M].Oxford：Clarendon Press，1994：86-88.

1859年《军需品发明专利法案》关于保密专利权行使方面的规定是存在缺陷的，主要体现在法案虽然规定了与军需品发明有关的专利权转让给君主，但在实施过程中，如果专利权人不同意进入专利权转让程序，政府并不能进行强制转让。英国政府当时对于使用军需品发明专利并没有强制权力，专利权的排他权可以行使，能够起到对抗英国政府的效力。阿姆斯特朗1859年申请的膛线炮专利（1859年第611号专利）是1859年《军需品发明专利法案》出台后被禁止公开的第一件专利，虽然该专利权最终转让给了英国皇室，但是由于1859年《军需品发明专利法案》并没有明确英国皇室强制受让专利的权力，导致不得不向阿姆斯特朗支付他所提出的任何“过分”要求。由此可见，1859年《军需品发明专利法案》解决了军需品发明的保密问题，但没有很好地解决英国政府对军需品发明专利的利用问题。或者说，1859年《军需品发明专利法案》没有对保密专利权的权利行使问题给出一个明确的答案。

有意思的是，正是由于当时的法律没有很好地解决国家为国防（政府）目的使用专利发明的问题，英国部分高级官员甚至一度要求废除专利法。早在1851年，帕尔默议员还是专利制度的强烈支持者。他曾表示：“以智慧和发明为人类幸福做出贡献的人，是一个特殊群体。如果他们不能看到专利制度能够确保他们获得报酬，那么他们将不再将他们的智慧运用到艺术和科技领域。”但是，1869年，帕尔默意识到了当时的专利制度在解决政府使用专利发明方面的缺陷。帕尔默发现，这个“特殊群体”正在把他们的发明运用到如何千方百计地垄断英国国防部和海军部的市场。帕尔默认为，为了公共利益，应当彻底废除这一垄断性独占制度。①

1.1.3 国防使用规则的确立排除了保密发明在国防事务中行使专有权

1865年，英国发生了一起政府为国防目的使用专利被专利权人起诉侵权的案件，生动地曝光了当时的专利法在处理政府使用专利发明方面的制度缺陷。1852年，来自英国利物浦的商人罗伯特·费瑟申请了一件专利，名为“船舶建造：不会被射穿的船舶”，其发明是在木质船身水位线以上部分，镀上一层铁，然后在铁质保护层之上再包裹上一层印度橡胶。该发明被授予了专利权。1863年，英国海军部在建造“进取号”船舶的活动中利用了该发明。1865年，费瑟以英国女王侵犯其专利为由，提起了侵权诉讼。总检察长帕尔默为英国女王辩护，援引1852年《专利法》第16

① T.H.O' Dell T H. Inventions and official secrecy：a history of secret patents in the United Kingdom[M].Oxford：Clarendon Press，1994：25-30.

章关于“专利授权和持有专利的任何规定都不能影响王权”的原则性规定，认为英国女王为了保卫国家领土安全享有特权，而且居民享有的专利权不能影响女王享有的这种特权。基于这一理由，首席大法官亚历山大·科伯恩做出了有利于皇室的判决，女王最终赢得了诉讼。亚历山大·科伯恩总结道：“专利权人对他的发明享有独占使用权，在未经许可的情况下可以禁止他人使用该发明。如果皇权受到社会公众的限制，那么国家就可能被剥夺使用该发明的权利，哪怕使用该发明本质上是服务于社会公众或保卫国家领土安全，而外国列强甚至是敌人将具有从该发明中获得巨大利益的机会。”由于英国是判例法国家，因此费瑟案的判决结果确立了“权利人不能运用专利权对抗皇权”的规则，或者说确立了国家为国防目的无须经专利权人许可使用专利的规则。

1875 年至 1876 年，关于该规则的理论得到了进一步发展。英国陆军部克劳德律师起草了一份文件，该文件援引了 1842 年《为国防和国土安全审议和修改关于在陆军部服役、土地划拨与购买及其继承的法律》，其中阐明了“为了保卫国家领土，英国君主的权力应当完全不受约束”的原则，规定了基于保卫国家领土需要，在不提前通知的情况下征收不动产的程序，事后可以赔偿不动产所有者。克劳德律师认为，可以将知识产权与不动产进行类比，对基于国防目的使用专利发明作出与不动产相类似的制度安排，在使用受专利权保护的发明后，需要赔偿的可以在事后请独立的评估机构对赔偿金额进行评估。①

费瑟案的判例和克劳德律师关于为国防目的使用专利的制度设想，在 1883 年出台的《专利、外观设计和商标法》中得到了体现。1883 年《专利、外观设计和商标法》第 27 条第 2 款规定：“在专利申请之后的任何时间，管理为皇室提供服务的任何部门的官员或者机构、自己、代理人、承包商或者其他人，在获得专利许可之前或者之后，基于服务于王室目的使用发明，经财政部同意，官员或者机构与专利权人之间的争议，或者违反协议，由财政部在听取相关各方意见之后，根据该条款予以解决。”该规定赋予了政府为国防目的使用专利发明的权力，即：在征得专利权人许可前有权使用专利发明，只需在事后由财政部决定向专利权人进行合理赔偿。我们将其简称为“国防使用规则”，该规则实际上是关于专利权在国防事务中的效力问题的明确回答，即专利权在国防事务中不得行使，但专利权人有受偿权。“国防使用规则”的建立，也同样排除了

① T.H.O’ Dell T H. Inventions and official secrecy：a history of secret patents in the United Kingdom[M].Oxford：Clarendon Press，1994：36-38.

保密专利权在国防事务中的行使，从而很好地弥补了《军需品发明专利法案》的不足。在这种制度安排下，英国政府在与专利权人谈判的时候，不会因为专利权（含保密专利权）的存在而陷于被动，类似阿姆斯特朗案中英国皇室不得不支付阿姆斯特朗提出的任何报酬的情况不会再发生了。事实上，一方面，英国政府采取受让保密发明的做法以排除专利权在国防事务中的行使；另一方面，"国防使用规则"为政府在国防事务中使用专利提供了制度保障，从而排除了专利权在国防事务中的排他效力。

此外，1883 年《专利、外观设计和商标法》第 44 条重申了《军需品发明专利法案》中的专利保密规定。该条规定，当基于保密目的将一项专利权转让给英国陆军大臣时，"申请书、专利说明书……以及附图必须由国务大臣密封在文件袋中转交给专利局局长，而非以普通方式交给专利局"。由此一来，1883 年《专利、外观设计和商标法》使得英国政府为维护国防利益，不仅可以防止敌国利用其军需品发明，而且可以保障本国为国防利益有效利用军需品发明。

当然，1883 年《专利、外观设计和商标法》在关于专利权在国防事务中行使的表述上仍然有些含糊不清的地方。其第 27 条第 1 款规定："由于具有对抗性，一项专利权实质上具有对抗女王、女王继承人及其继任者的作用。"该表述与费瑟案的判例精神是不一致的，因为在费瑟案中，费瑟之所以败诉是因为必须遵循"为保护国家领土，君主享有不受干扰的特权"，以及"专利授权和持有专利的任何规定都不能影响王权"的原则。其后的英国《专利法》删除了第 27 条第 1 款的表述。例如，1977 年英国《专利法》规定："无论本法如何规定，政府任何部门和得到政府部门书面授权的任何人，为王国政府的服务并根据本条，可以在联合王国就某项获得专利的发明进行任何下列行为，无须该专利的所有人的同意：……制造、使用、进口或保存该产品，或者出售或许诺出售该产品……"

1.1.4 国防部门获取军需品发明专利信息并进行保密审查的机制建立

国防部门对于军需品发明的充分利用，一方面基于对该军需品发明拥有国防目的的"征用"权力（排除专利权在国防事务中的效力），另一方面还基于对军需品发明信息的掌握。为满足国防和军队建设需要，专利局受理的军需品发明专利申请应当全面、准确、及时地提供给国防部门，既提供给国防部门进行保密审查以确定是否涉及国家安全利益，又供国防部门掌握并使用。但是，受英国当时的政治文化影响，全社会对于保守国家秘密、维护国家安全的意识并不是很强，国防部门获取专利申请信息并对其进行保密审查的权力，在 1902 年至 1946 年长达 40 多年间都没有得到很好地保障。

1902 年，英国专利局开始对专利申请进行专利性审查，并在专利申请按程序公开前严格对专利说明书予以保密，不允许其他政府机构和人员查阅。即便国防部门出于保密审查和获悉保密发明的目的需要查阅专利说明书，也得不到专利局的配合。1914 年，在一战爆发后不久，英国国王在《国家领土保卫法》中赋予政府在战争期间处理紧急事务的权力，其中涉及专利的保密。第 18 条 b 款规定："如果确信公开（在专利申请书中描述的）发明或外观设计，可能危害公共安全或国家领土防卫，那么专利局局长可以以任何方式禁止公开或交流该发明，并且禁止就该发明向其他任何国家申请专利。对于所有英国居民而言，在没有向英国提出专利申请之前，禁止任何人直接向外国提出专利申请。"据此，英国国防部门提出对专利申请文件进行保密审查。但专利局认为，在未经专利申请人或其代理人授权的情况下，不能向任何政府部门或个人披露专利申请文件。由此导致国防部门只能直接联系发明人获取专利申请文件。

有一个案例说明了国防部门的窘境。1918 年，诺贝尔化学奖得主索迪教授提交了名为"以木炭净化煤气防止爆炸的方法"的专利申请。英国军需部爆炸物品供应处负责人莫尔顿勋爵于 1918 年 7 月 23 日给专利局局长写信，主张"来自各个政府部门的代表们……毫无疑问地享有检查与本部门工作相关专利申请的权力，而无须获得专利申请人的同意"。莫尔顿认为，根据 1883 年《专利、外观设计和商标法》第 27 条第 2 款，不管是依照"事后使用，还是事前使用"的原则，都赋予了君主使用任何发明的权利，而国防部门查阅专利申请文件是这一权利行使的保障。1918 年 8 月 17 日，莫尔顿指派其所在部门工作人员向专利局提出获得索迪专利申请书复印件的要求。专利局回复称，在"未经专利申请人授权"的情况下不能这么做。随后，莫尔顿亲自给专利局写信，指出其是在代行君主所享有的权利。1918 年 9 月 19 日，专利局回称，专利局之所以这么做，是因为"待审的专利申请必须被专利局视为'机密'，在未经专利申请人同意的情况下，不能对专利申请书进行检查"。专利局不能破坏发明人的信心和对发明人的保护，而应当保护发明人免受其他政府部门官员的"侵害"。①

① T.H.O' Dell T H. Inventions and official secrecy：a history of secret patents in the United Kingdom[M].Oxford：Clarendon Press，1994：70-73.

第一次世界大战结束后，1921 年 1 月 20 日，英国海军部给专利局写了一封信。信中表示："发明人构想出来的全新军事发明，属于军需品。为了获得与军需品相关的专利，专利局局长应该在专利公开之前适当的时候，秘密地与国防部门沟通。如果国防部门认为公开将危害国家安全利益时，那么国防部门享有阻止专利公开的权力。" 1921 年 2 月 1 日，专利局发表声明表示反对。但是，在接下来的几周内，陆军部、空军部相继致信专利局，把海军部提出的要求重申了一遍，但收效甚微。1924 年，英国空军部发现英国飞机制造商阿弗罗有限责任公司于 1922 年 5 月提交了一件"多样性交互式舱板"专利申请（专利号为第 206537 号），该申请在 1923 年被授权并公开。空军部认为该专利申请是与武器构造相关的重大发明，为此分别于 1924 年 2 月和 7 月，向阿弗罗有限责任公司和英国专利局提出异议，认为专利局的做法使得"国家秘密难以保守"。空军部以该事件为证据，要求必须修改专利法。即便如此，关于国防部门获取专利申请文件信息并对其进行保密审查的权力一直没有得到明确，国防部门只能联系专利申请人获得其认为需要保密的专利申请文件的被动局面一直没有得到扭转，直到原子能技术相关专利申请的出现。①

20 世纪 40 年代，原子弹的诞生使得英国保守国家秘密的意识得到空前加强。1946 年，英国议会通过了一项控制原子能的议案，要求对与原子能有关的专利说明书进行保密。议案原封不动地成为英国 1946 年《原子能法》的第 11 条和第 12 条。其中，第 12 条规定，涉及原子能的专利申请，专利局局长应当通知供应部长，供应部长有权对所有可能涉及原子能的专利申请文件进行保密审查，并决定申请主题是否属于军事信息。如果属于军事信息，那么将禁止公开；反之，发明者将可以自由地开发其发明。与原子能相关的专利，国防部门不再需要联系申请人获得专利说明书复印件，而是要求专利局直接提供。《原子能法》第 12 条，确立了国防部门对专利申请文件进行查阅的权力，明确了国防部门负责专利申请保密审查并作出保密决定的责任。这一做法，随后被纳入 1949 年《专利和外观设计法》。②

① T.H.O' Dell T H. Inventions and official secrecy：a history of secret patents in the United Kingdom[M].Oxford：Clarendon Press，1994：74-78.

② T.H.O' Dell T H. Inventions and official secrecy：a history of secret patents in the United Kingdom[M]. Oxford：Clarendon Press，1994：115-121.

概括 1949 年之前的英国专利保密制度，大体包括五个要点：①对专利申请文件保密，且未经许可不得提交外国专利申请；②对保密专利申请予以授权；③保密专利权可以转让给国防部（一定程度上排除了保密专利权在国防事务中的行使，但不是强制转让，而是协商转让[①]）；④建立了国防使用规则，排除了专利权在国防事务中的行使；⑤国防部门有权从专利局查阅专利申请文件（1949 年前仅限原子能有关发明），并负责保密审查，从而确保了国防部门掌握军需品发明。可以说，1949 年前的英国专利保密制度已经比较成熟，是多国特别是英联邦国家专利保密制度的蓝本，为加拿大、南非、挪威、丹麦等国所效仿。

1.1.5　英国专利保密制度的改革——1949 年专利法

如前所述，自 1859 年《军需品发明专利法案》出台后到 1949 年的 90 年间，英国专利保密制度一直没有实质性的修改。1948 年 6 月 21 日，英国海军部在一份备忘录中对专利法修改提出了建议。备忘录声称，1907 年《专利和外观设计法》第 30 条（即 1919 年《专利和外观设计法》第 30 条）关于军需品发明专利转让给政府并保密的规定应当完全废除。针对实践中的种种问题，有英国法官在判例中批评了专利保密制度本身存在的问题。“一个专利的整体思想和真正的专利名称，意味着专利是为了接受检查而公开。如果一个专利变成了保密专利，那么就成了隐藏的专利。换言之，一个专利将不公开接受检查，而隐藏起来免受检查……在你可以想象的范围内，这是一个保密专利最大的矛盾。”“由于保密专利一直处于保密状态，所以任何人都不能对已经授权的保密专利提出异议（无效宣告），以否定保密专利的有效性。保密专利由于保密的特点，可能导致一项保密专利授予其他人，而非真正的第一个完成发明的人。”该评论直指专利保密制度的要害，即专利应当公开，而保密专利却被保密了，这违背了专利制度“公开换保护”的基本原则。事实上，英语中“专利”一词，来源于拉丁文“Litterae Patents”，是指君主授予某些权利或者特权的公开信。由于这封信是公开的，任何人可以阅读，所以每个人都知道君主授予了什么，请求的对象是什么。在关于一项发明的公开信中，君主（国家）和发明人之间进行了一次交易。发明人对其发明进行一个完整的描述，然后予以公开。作为发明人对公共知识所做贡献的交换，国家授予发明人一种临时的垄断权，以便发明人可以最早利用该发明，充分获得优势。而保密专利不向

① Vaughan F L. Recent Patent Legislation in Great Britain[J]. J. Pat. Off. Soc’y.1950.32：692.

公众公开，也不能接受检查，因此也不应该取得垄断权。针对种种批评，为解决专利保密制度运行中存在的问题，1948 年 11 月 18 日，英国议会法律顾问针对海军部 1948 年 6 月 21 日备忘录，起草了新的专利保密条款。在经过 90 年没有实质变化之后，旧的“保密”程序开始了改革。①

1949 年《专利法》第 18 条规定：当专利申请被国防部门通知涉及国家安全利益需要保密时，专利局有权禁止或者限制公开发明信息；保密令施加 9 个月之后或者之前，专利局应重新对保密决定进行审查；如果仍然需要继续禁止公开，那么至少每隔 1 年需要重新对其是否保密进行审查；如果专利申请文件的公开不再“对保卫国家领土造成危害”，那么所有的程序将回归正常。专利申请被禁止公开的，专利局对该专利申请进行专利性审查，并一直持续到专利处于待授权状态，但是不得授权。一旦进展到待授权阶段，国防部门有权查阅所有技术领域的完整的专利说明书，而不再限于原子能相关发明。

由此可见，1949 年《专利法》对原专利保密制度作出了重要变革。首先是“授权制”改为“扣压制”，保密期间不再授予专利权，解密后再行授权；但是专利性审查照常进行，直到处于待授权状态；国防部门有权直接查阅专利说明书，专利申请的保密审查由国防部门负责，专利局依照国防部门的保密审查决定施加保密令；保密审查动态开展并及时解密。从专利权行使看，“授权制”下的保密专利权并不真正行使，这与“扣压制”的不授权从本质上讲没有区别。但是,“扣压制”从形式上能够显而易见地说明发明在保密期间没有专利权，从程序上较好地衔接了解密前和解密后两个阶段的专利事务。

1977 年和 2004 年，英国先后两次修订专利法。新版的《专利法》第 22 条重复了 1949 年《专利和外观设计法》第 18 条的程序，第 23 条重复了 1949 年《专利和外观设计法》第 18 条关于向外国申请专利的限制性规定。

案例 3　气垫船②

气垫船的水陆两用性、海上航行速度和较小排放的特点，使其具有特殊优势。英国人克里斯托弗·科克雷尔是气垫船工业的创始人，他出生于 1910 年，毕业于剑桥大学工程学专业，并曾在马可尼公司从事了 15 年电子工作。1950 年，科克雷尔与一

① T.H.O' Dell T H. Inventions and official secrecy：a history of secret patents in the United Kingdom[M].Oxford：Clarendon Press，1994：121-123.

② T.H.O' Dell T H. Inventions and official secrecy：a history of secret patents in the United Kingdom[M].Oxford：Clarendon Press，1994：123-126.

个家族企业共同创立了“波纹船舶公司”，制造船舶并提供存储和停泊设备。1955 年 12 月 12 日，科克雷尔提交了一件专利申请，专利申请号为 35656/55 号，这就是后来的英国第 854211 号专利。

1956 年 10 月 29 日，以色列在英、法等国的帮助下入侵埃及西奈半岛，第二次中东战争爆发，战争持续到 1957 年 3 月 8 日。1956 年 11 月 16 日，苏伊士运河被 59 条被炸沉的船只堵塞而无法正常使用，只有气垫船可以通过。科克雷尔发现这一情况后，立即请求达萨默利勋爵与英国第一海军大臣蒙巴顿勋爵联系，积极推介他的发明。达萨默利应科克雷尔的请求，给蒙巴顿写了一封信。蒙巴顿对此非常感兴趣，指示海军部研究计划与规划部对科克雷尔的气垫船发明安排一次试验。海军部研究计划与规划部接手这件事情之后，立即对科克雷尔提供给他们的专利申请书复印件、其他详细信息、模型照片等予以保密。试验结束后，研究计划与规划部向蒙巴顿勋爵报告了该发明的试验情况，以及对科克雷尔专利的调查情况。调查显示，英国专利局一直没有禁止该发明专利申请的公开，发明人正准备向国外提交相应的专利申请，以期在美国、加拿大、西德和意大利等国获得专利。海军部研究计划与规划部认为，如果该发明对英国具有军事价值，那么应当禁止其向外国申请专利。

根据 1949 年《专利和外观设计法》所确定的程序，海军部经审查认为科克雷尔的专利申请落入海军部第 11 号和第 16 号禁止专利申请公开的清单范围，该发明被定为“机密”，并致函专利局，要求根据 1949 年《专利和外观设计法》第 18 条的规定对科克雷尔的专利申请颁发保密令。随后，英国专利局应海军部要求，对相关专利申请颁发了禁止公开并禁止申请外国专利的命令。这里需要说明的是，海军部禁止专利申请公开的清单是为了供专利局进行保密初审的技术性参考文件，由海军部提供给专利局进行保密初审使用。1957 年 5 月，在第二次中东战争结束之后，科克雷尔又提交了两件涉及气垫船的专利申请。但是，这两件专利申请还是被英国专利局施加了保密令，即英国第 893715 号和第 895341 号专利。而且，按照战时的制度安排以及英、美等国签订的专利保密协议①，科克雷尔向美国、加拿大和澳大利亚提交的专利申请也被这些国家施加了保密令。

① 1960 年 9 月 21 日，英国、美国、法国、加拿大、意大利、西德等北约国家在巴黎签署了《与共同维护涉及国防的保密发明及专利申请有关的协定》，在此之前，部分北约国家之间已有类似的政府间协议。例如，早在 1942 年，英国就与美国就互相交换军需品发明专利申请信息并开展专利保护达成协议。

1958年，第二次中东战争结束1年多以后，科克雷尔出于商业目的的考虑，要求对这些专利申请予以解密，以允许他就开发上述专利发明与世界多国的公司接触。但是，该专利申请一直迟迟未能解密，主要原因是英国政府坚持要求科克雷尔不得随意透露发明信息，如果确有需要，必须按程序审查。为此，美国、加拿大和澳大利亚等国根据国际协议，也无法对专利申请予以解密。最终，科克雷尔关于气垫船的第一件专利直到1960年11月16日才被公开，另两件专利直到1962年才公开。按照英国1949年专利法规定，科克雷尔的三件专利申请在解密后被授予专利权。科克雷尔正是以这三件专利为基础，开创了世界气垫船产业。

1.2 现行法律法规

英国《专利法》(2004年修订版）中的保密条款为“国家和公共安全”一章下的第22条、第23条。

第22条：有损国家安全或公共安全的信息

（1）一件向专利局提交的专利申请（不管是按照本法或任何条约或任何联合王国参加的国际公约以及不管在本法开始实施的日期之前还是之后），专利局局长认为，该申请含有的信息描述，是国务大臣通知他的属于公布可能危及国家安全的信息，专利局局长可以发出保密令，禁止或限制该信息的公布或向任何特定人或人群的传播。

（2）假如专利局局长认为，所提交的任何申请含有公布后可能损害公共安全的信息，他可以指示禁止或者限制该信息的公布或向任何特定人员或人群的传播，直至不超过3个月的期限到期，期限自第16条规定的期限到期起算。

（3）根据本条就某申请作出保密令的，按下列规定处理：

（a）如果该申请是根据本法提交的，它可以进行到准备授予专利的阶段，但是不得公布申请，也不得公布有关信息，就该申请不授予专利；

（b）如果该申请是一件欧洲专利申请，不得送给欧洲专利局；

（c）如果该申请是国际专利申请，不应向国际局或根据专利合作条约授权的任何国际检索当局送副本。

（4）上述第（3）款（b）项不禁止专利局局长向欧洲专利局传送任何根据《欧洲专利公约》属于其职责向欧洲专利局传送的信息。

（5）专利局局长根据本条就任何申请作出保密令的，将向国务大臣通知该申请和保密令，然后下列规定将生效：

（a）国务大臣一经收到通知，应考虑申请的公布或有关信息公布或传播是否会损害国家安全或公共安全；

（b）国务大臣根据（a）项确定专利申请的公布或申请信息的公布或传播会损害公共安全的，应通知专利局局长；专利局局长按照本条第（2）款继续发出保密令，直至这些保密令按照下述第（e）项撤销为止；

（c）国务大臣根据（a）项确定专利申请的公布或申请信息的公布或传播会损害国家安全或公共安全的，应当（除非之前已由国务大臣向专利局局长发出下述第（d）项所称的通知）在提交申请日期起 9 个月内重新考虑该问题，并在以后的每 12 个月内至少再考虑一次；

（d）假如国务大臣在任何时间考虑专利申请时，认为该申请的发表或者该申请中信息的发表和传播，不会或不再会损害国家安全或公共安全的，应将此意见通知专利局局长；

（e）专利局局长在接到（d）项的通知后，应撤销原先的保密令，并可以根据他认为合适的条件（如果有），延长任何根据本法要求做的事项或授权对该申请要做的事项的期限，无论该期限在之前是否到期。

（6）为了对上述第（5）款（c）项所称的问题作出决定，国务大臣可以如下行事：

（a）申请含有的信息，涉及原子能的生产或使用的，或者涉及与这种生产或使用相关事物的研究的，可以在任何时候做下列措施之一或两者同时采取：

（i）审查该申请和送给专利局局长的任何与之相关的文件；

（ii）授权负责原子能生产或与原子能生产相关的研究的政府机构或由该政府机构任命的人员，对该申请和送交专利局局长的任何与之相关的文件进行审查；以及

（b）在任何其他情况下，在为上述第 16 条的目的规定期限到期之后（或者征得申请人同意在该期限到期之前）的任何时候，审查该申请和任何此类文件；政府机构或由政府机构任命的人员按（a）项授权进行审查的，该机构或该人员应当尽快向国务大臣报告审查结论。

（7）根据本条就某发明的专利申请作出保密令，在规定的期限之前保密令尚未被撤销，并且专利申请已经进行到可授予专利的阶段，则

（a）如果该发明由政府部门（或由政府部门书面授权或指示）实施，且该保密令仍有效的，将适用下述第 55 条至第 59 条的规定，可当作：

（i）该实施是第55条规定的使用；

（ii）该申请已在期限结束时公布；以及

（iii）在申请进行到可授予专利之时（将该专利期限看作是该申请按顺序审查时获得专利的期限），就该发明已授予专利；以及

（b）国务大臣认为，保密令的持续使申请人受到损失的，经财政部同意后，国务大臣可以给予申请人国务大臣和财政部认为合理的补偿，合理性考虑的因素包括该发明的创造性价值、用途、设计的目的以及任何其他相关情况。

（8）根据本条被作出保密令的专利申请，被授予专利的，在保密令生效期间，无须支付申请维持费。

（9）未能遵守本条的保密令的，将承担：

（a）即席判决的，不超过1 000英镑的罚款；或

（b）根据指控判决的，监禁不超过两年或罚款，或两者并罚。

第23条：联合王国居民提交国外申请的限制

（1）根据本条的下述规定，未经专利局局长书面授权，联合王国居民不得就发明在联合王国之外提交或促使提交下述第（1A）款所适用的专利申请，除非：

（a）在向外国申请不少于6周之前，已在专利局提交同一发明的专利申请（无论在本法生效日之前、当日或之后）；而且

（b）在联合王国没有就该申请根据上述第22条作出保密令，或者这类保密令已被撤销。

（1A）本款适用于以下申请：

（a）该申请包含涉及军事技术的信息或者因任何其他原因导致该信息的公布可能损害国家安全；或者

（b）该申请包含的信息若公布，可能损害公共安全。

（2）上述第（1）款不适用于由外国人已在外国首先提交的专利申请。

（3）提交或促使提交专利申请，触犯本条的，将承担：

（a）即席判决的，罚款不超过1 000英镑；或

（b）根据指控判决的，不超过两年的监禁或罚款，或两者并罚。

（3A）根据上述第（3）款承担责任的，要具有以下情节：

（a）其知道提交该申请或导致提交会触犯本条；或

（b）其不顾是否提交该申请或促使提交会触犯本条。

（4）在本条中

（a）提及某专利申请的，应包括提及对发明进行其他保护的申请。

（b）不论提及上述哪一种申请，均是指根据本法，或根据除联合王国之外的任何国家的法律或根据联合王国是一方成员的任何条约与国际公约的申请。

1.3　保密令的施加程序及相关影响

1.3.1　保密令的施加程序

英国保密令的施加程序包括保密初步审查和最终审查两个阶段，保密决定由国务大臣做出，保密令由英国专利局[①]作出。

1. 施加保密令的两种情形

根据英国《专利法》第 22 条第 1 款和第 2 款，施加保密令的专利申请包括两种情形。一是可能危及国家安全的信息，二是可能危害公共安全的信息。第一种情形一般包含“有关军事技术的信息”或者由于某种原因公开该申请会影响国家安全，例如涉及窃听技术、防伪措施、爆炸物探测设备等。第二种情形一般指公众认为公开一项发明或专利申请中提出的信息将对其安全造成威胁的信息。

2. 保密初审

经专利局初审，需要对一项专利申请施加保密令的，专利局作出保密初审决定，禁止或者限制该信息的公布或向任何特定人员或人群的传播。保密初审决定的有效期限为 3 个月，从专利申请日起满 18 个月之日起算。即对于经保密初审认为需要保密的专利申请文件，其不公开的期限为自申请日起算到满 21 个月为止。

专利局进行保密初审主要依据国务大臣提供的保密审查清单。这份保密审查清单由英国国防部提供给专利局，内容主要包括飞机设计、反潜、原子能、装甲和防护装置、合金材料、化学和生物、密码和编码、电子学（例如带宽压缩技术、微波功率振荡器和放大器）、发动机（例如燃气轮机、火箭发动机）、爆炸物和推进剂、雷达、船

① 英国专利局在 2007 年 4 月 2 日正式更名为英国知识产权局。

舶、水下潜航器等。在每个类别中又给出了一个子类别列表，它进一步确定了需要关注的技术。该保密审查清单并不意味着只要是清单列出的技术，都须施加保密令，而仅仅是一个指导性文件。在具体操作中，凡是落入保密审查清单的专利申请，都需要提交给英国专利局进行初审，然后再提交给国务大臣进行审查。

除了国防部提供的这份清单外，专利局还有可能遵守《2008 年出口管制令》（SI 2008/3231）（及其后续修正案）中规定的货物和信息出口管制的规则。

3. 保密审查

专利局作出保密初审决定的，须通知国务大臣，由国务大臣进行审查。经国务大臣审查认为专利申请的公开将危害国家安全或公共安全的，将通知专利局，由专利局作出维持保密令的决定。根据英国 1947 年《王权诉讼法》(The Crow Proceeding Act)，对专利局作出的保密决定不能提起诉讼。国务大臣将在其后的 9 个月内重新进行保密审查，而且此后每年进行一次保密审查，直至解密。任何时候经国务大臣审查认为专利申请的公开不再危害国家安全或公共安全的，他将通知专利局局长，由专利局局长撤销保密令。

英国保密发明定密解密程序见图 1-1。

1.3.2 保密令限制发明信息的公开

根据英国《专利法》第 22 条第 3 款，保密令的施加不会影响对该专利申请的专利性审查，只是不得公布该专利申请及有关信息，在保密令有效期间不授予专利权。此外，如果该专利申请为欧洲专利申请或者国际专利申请，由于保密的原因，该申请不会递交给欧洲专利局或国际局。根据第 22 条第 5 款第 e 项，被施加保密令的专利申请，专利局可以延长任何根据本法要求做的事项或授权对该申请要做的事项的期限，无论该期限在之前是否到期。换句话说，专利事务的相关期限因为保密令的施加而到期的，可以相应延长。根据第 22 条第 8 款规定，被施加保密令的专利申请被授予专利的，在保密令生效期间无须支付申请维持费。

除了保密之外，英国专利局处理保密专利申请的方式，与其他专利申请完全一样。保密专利申请的审查工作，是由保密专利申请的特别审查员，以及一名或者两名特别助理审查员来完成，但是他们不能与专利局其他工作人员交流。专利局有一个专门记录保密专利的登记簿。由于该登记簿本身就是保密文件，所以关于保密专利数量之类的信息不能公开。

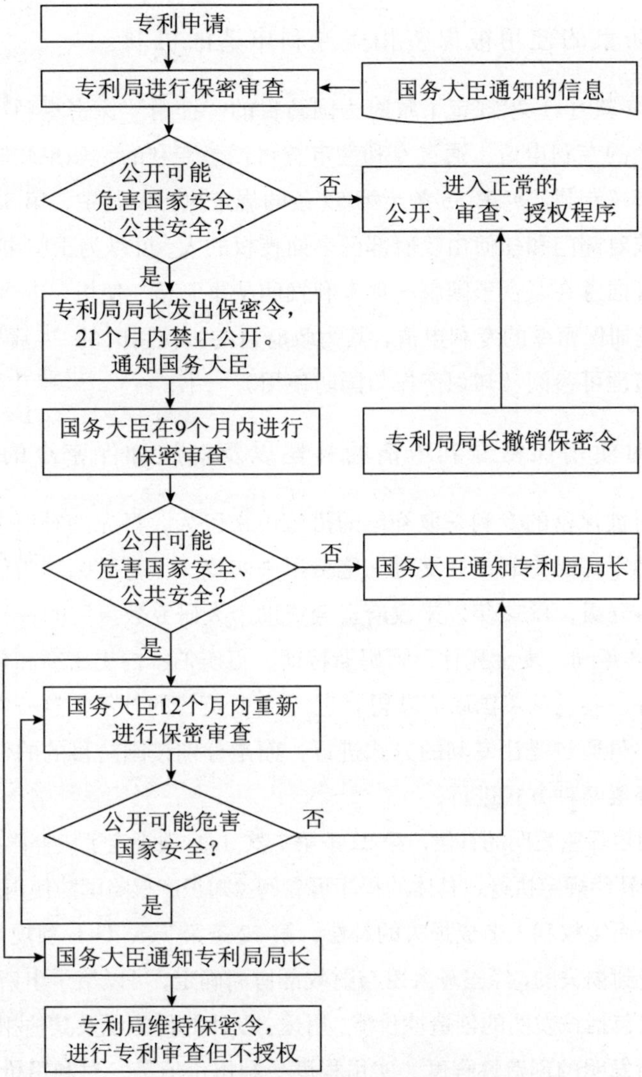

图 1–1　英国保密发明定密解密程序

由于保密令要求专利申请人及相关知情人保守国家秘密，不得公开专利申请及相关信息，因此对于因故意或重大过失而公开信息的，将进行刑事追责。在裁判法院以简易程序定罪的，按照原来的法律不超过 1 000 英镑，后修改为 5 000 英镑。但根据 2012 年的法律，该上限已被删除，罚款现在可以为任何金额。如果是在刑事法院根据犯罪指控判决的，将判处不超过两年的监禁或罚款，或两者并罚。

1.3.3 为国防目的使用被保密扣压专利申请的机制

第22条第7款（a）项规定了政府为国防目的“征用”保密专利申请的权力。凡是被施加保密令的专利申请、通过专利性审查可授予专利的，如果政府需使用这一发明，政府将按照《专利法》第55条至第59条的规定执行。其中，第55条规定的主要内容是：任何政府部门和任何由政府部门书面授权的人，可以为王国事务并按照本条，不经专利所有者同意在联合王国就一项专利发明从事制造、使用、进口、出售或推销。可授权的、被施加保密令的专利申请，其为政府目的被使用时的“待遇”，与授权专利一致。其中的道理可参阅《知识产权与国防使用》一书。

1.3.4 政府对使用保密专利申请的补偿以及对施加保密令的补偿

国防部门对被保密的专利采取补偿的措施由来已久。早先的补偿主要通过英国政府受让发明人的军需品专利，并支付一笔费用来实现。一份题为“为促进个人实验研究提高武器装备升级，1852年以来政府资金资助个人研究数量”的资料显示，从1852年到1859年的8年间，麦金托什、阿姆斯特朗、克虏伯、内史密斯和惠氏等人的专利被政府禁止公开，共计从英国政府获得将近73 000英镑的补偿。这一做法一直延续至今，只是一般不再通过受让专利的方式进行，而是分别按国防目的的使用补偿和保密令造成损失的补偿两种方式进行。

关于政府使用保密发明的补偿，第22条第7款（a）项规定了该补偿按照政府为国防目的使用专利的补偿规定执行。具体的程序可参阅《知识产权与国防使用》一书。关于政府对施加保密令而给权利人造成损失的补偿，第22条第7款（b）项规定，保密令的持续使得申请人受到损失的，经国务大臣与财政部协商确定，可以给予申请人合理的补偿，补偿考虑的因素包括该发明的创造性价值、用途、设计的目的以及其他相关情况。其中，创造性价值是指发明的创造性程度、实用程度、利用价值等，对利用价值较高的发明，被保密扣压造成的损失也较大，因此补偿应较多，反之则较少。用途主要区分军用和民用，对于民用前景较好的发明，被保密扣压造成损失也较大，补偿应较多；对于不具有民用前景或民用前景较小的发明，被保密扣压不会或较少造成损失，补偿应较少。设计的目的主要考虑开发该项技术的初衷是军用还是民用，如果开发人瞄准民用市场开发该项技术，那么被保密扣压造成影响较大，补偿应较多；如果开发人瞄准军品市场开发该项技术，那么被保密扣压并不影响或较少影响开发人的预期收益，应不补偿或少补偿。

1.4　申请外国专利的程序

考虑到专利申请需要公开发明信息，而很多发明信息可能涉及国家安全或公共安全而需要保密，因此，对于申请外国专利应当给予审查，取得许可后才允许向国外提交。

1.4.1　外国专利申请的限制

在提交外国专利申请之前，专利申请人应当至少提前 6 周在英国专利局提交专利申请，以便英国专利局按照《专利法》第 22 条的规定进行保密审查。包括欧洲专利申请和国际专利申请，也必须向英国专利局的国际部门提交。如果没有施加保密令或者保密令已撤销的，专利申请人方可申请外国专利。而对于专利申请中包含涉及军事技术的信息，或者因任何其他原因该信息的公布可能损害国家安全，或者该专利申请包含信息的公布可能损害公共安全，申请人须得到专利局的书面许可后，方能提交外国专利申请。

这一规定只适用于英国居民，不适用于外国人。需要特别说明的是，并不是以“国籍”或者“公民身份”来定义居民，而是居住地，只要其在英国境内具有居住地址，就受制于本规定。英国居民与非英国居民作为共同发明人，或英国居民试图成为外国专利申请的共同申请人，也适用于本法。

1.4.2　未按规定提交外国专利申请的法律责任

对于明知故犯或者鲁莽过失，未经许可向外国提交涉及国家安全或者公共安全信息的专利申请，或者未经本国专利申请程序直接向外国提交专利申请涉及国家安全或者公共安全信息的，将承担刑事责任。在法院以简易程序定罪的，按照原来的法律不超过 1 000 英镑，后修改为 5 000 英镑。但根据现行法律，该上限已被取消，罚款现在可以为任何金额。如果是在刑事法院根据犯罪指控判决的，将判处不超过两年的监禁或罚款，或两者并罚。

1.4.3　涉密专利申请的国际合作

根据英国《专利法》第 22 条的规定，对英国专利申请颁发的保密令处于有效期间时，在国外申请相应的专利并非完全不可能。早在 1942 年，英国就与美国就互相交换军需品发明信息并相互保护专利达成协议。

案例4 磁控管专利①

伯明翰大学根据与海军部签订的资助协议，研发了空腔磁控管技术。1940年，海军部科学研究的负责人赖特禁止空腔磁控管研究工作产生的相关专利在战争期间公开。1941年，由于空腔磁控管将要在美国、加拿大和澳大利亚进行生产制造，所以如何在美国继续保密的问题就出现了。1941年8月8日，英国海军部合同局给美国华盛顿的专利代理人写了一封信，要求美国政府对在美国提交的专利申请颁发保密命令。由于当时正值第二次世界大战期间，根据英国与美国的协商结果，对于战争非常重要的任何发明，同盟国盟友之间不得隐瞒，同时禁止向社会公众公开保密发明信息。在此基础上，哈利法克斯勋爵与美国国务卿签订了一份保密协议，内容包括如下条款："当外国政府基于安全考虑，要求对一条信息、一个发明、一项设计或者一种方法进行保密时，每个国家都应当采取适当密级的保密措施，确保在制造和使用过程中保密。"该协议于1942年1月1日生效。

二战结束后，1947年，几项空腔磁控管专利申请的保密令解除，其说明书被公开。三项专利分别为英国第588185号、第588916号和第590546号。第588185号专利"高频率电子振荡器的改进"在1947年5月16日获得专利授权，该专利是兰德尔、彼特和赖特在1940年8月申请的第一件专利，专利说明书描述了八孔和间接式加热氧化物阴极的空腔磁控管。第588916号专利是由塞耶斯和兰德尔在1941年10月30日提出的申请，并于1947年6月6日获得授权，专利说明书描述了给磁控管阳极添加"耦合"系统，限制震荡模式的数量，以便提供高效和平稳的模式。第590546号专利是兰德尔、彼特和赖特于1942年2月提出申请，并在1947年7月获得授权，专利说明书对使用塞耶斯耦合系统的空腔磁控管进行了描述。

1960年9月21日，英国、美国等北大西洋公约组织成员国在法国巴黎签订了《与共同维护涉及国防的保密发明及专利申请有关的协定》，相互保护受保密限制的专利申请。英国人在这些国家提交申请时，应取得英国专利局的书面许可。目前，参与国包括：澳大利亚、比利时、加拿大、丹麦、法国、德国、意大利、荷兰、新西兰、挪威、西班牙、瑞典和美国等。实际操作中，为了在有政府间协议的国家获得保密专利申请的保护，应当提前6周向英国专利局通过机要渠道提出申请，尔后由英国专利局在2周内递交国防部进行审查，经国防部审查通过后告知专利局，再由专利局作出书面许可。

① T.H.O' Dell T H. Inventions and official secrecy：a history of secret patents in the United Kingdom[M].Oxford：Clarendon Press，1994：100-106.

第 2 章

美国专利保密制度

本章导读

美国专利保密制度是战时的产物。1917 年第一次世界大战期间，为确保涉及国家秘密的发明信息不被泄露，美国出台了《自愿提交法案》。该法案包括四个要素：一是政府为防御目的有权对专利申请施加保密令；二是对施加保密令的专利申请予以扣压，待解密后再予授权；三是申请人未经许可不得向外国申请专利，否则将丧失在美国获得专利的权利；四是对施加了保密令且被政府使用的发明给予合理补偿。美国 1917 年首创的“扣压制”，为其现行的专利保密制度勾勒了基本轮廓。第二次世界大战期间及随后的几年里，美国对其专利保密制度几经修改，主要是建立了保密令的定期审查制以促进解密，改革了补偿制度以弥补发明被强制保密给发明造成的损失。1951 年，美国现行专利保密制度基本形成。

美国专利保密制度的成文法包括法律、法规、规章、规范性文件等各层级的立法，体系完备、系统配套。其中，法律层面主要是《美国法典》第 35 编第十七章第 181 条至第 188 条；法规层面主要是《美国联邦法规全编》第 37 编“专利、商标和版权”第一章“专利规则”第五部分“特定发明保密、出口和国外提交申请许可证”，以及《美国联邦采办条例》第 27.207 条款“保密合同”、第 52.227-10 条款“提交可能含有保密的主题的专利申请的程序”；规章和规范性文件层面主要是指国防部、能源部等部门针对特定事务制定的实施细则，包括《国防部专利保密审查程序》《专利安全类别审查清单》《国防部信息安全计划》等。

美国专利保密制度主要实现三项功能，并围绕着实现这些功能采取了系列有效措施。一是确保涉及国家安全利益的发明不被泄露。美国国防部各机构针对相关技术领域制定详细的定密指南和技术保密清单，对不遵守保密令的行为追究刑事责任并剥夺获得专利的权利。二是促进保密发明的应用。一方面，国防部各机构拥有为国防目的使用保密发明的权力，促进保密发明在国防事务中的使用；另一方面，定期解密、动态解密能够有效促进发明及时应用到商业领域。三是维护保密专利申请人的合法权益，促进技术进步。美国对施加保密令所造成的损失、对政府使用保密发明造成的损失给予赔偿，将保密时间排除在专利权期限的计算之外等做法，最大限度地保护了专利申请人的经济利益，鼓励了国家安全相关领域的研发和投资。合理的补偿制度，加上专利保密制度与生俱来的尽早占得专利申请日（或证明发明日）的优势，促使权利人自愿以申请专利的方式向政府提交具有国防应用价值的发明。这也是“1917 年法案”叫做《自愿提交法案》的原因。

有四个问题值得我们重点关注。一是保密数量。1988 年至 2017 年的数据显示，美国被保密扣压的专利申请数量基本维持在 6 000 件以内，这其中还有一部分是北约国家其他成员国提交的申请。二是政府投资产生发明的专利申请的定密。承包商提交专利申请前由国防部采购部门先行定密，再通知签发保密令。三是归口管理机构。国防部设立国防技术安全管理局负责专利申请中与保密有关的事务，统筹协调国防部各机构，并对口专利商标局，值得我国参考借鉴。四是补偿程序。美国建立了较为完备的补偿制度，其补偿项目包括政府使用发明的补偿、因保密令造成损害的补偿，以及相关的利息、律师费用等；补偿途径包括协商、行政裁决、司法救济等；权利人遭受的“实际损害”属于补偿范围，预期的、假设的利益减损不属于补偿范围。

美国国防政策认为，美国在技术上的优势可以用来抵消潜在对手在数量上的优势。为实现这一目标，一是要发展与国家安全有关的新技术，二是要保持新技术的保密性。在专利制度下，发明人一般会就其发明创造寻求专利保护，但是，依据专利制度“以申请人对发明创造的公开换取法律给予的保护”的基本原则，这将导致发明创造的公开。因此，美国国会在第一次世界大战期间的 1917 年 10 月 6 日首次发布了专利申请的保密法案——第 65-80 号公法，此后几经修订后形成了现行的《发明保密法案》。该法的主要特点是针对涉及国防安全利益需要保密的发明，对其专利申请施加保密令，要求申请人对该发明保密，并限制申请人向外国申请专利。下面，我们详细介绍美国保密发明的相关法律法规、历史沿革、工作程序、保密令的效力及相关案例等，力争系统阐述美国专利申请的保密制度。

2.1　现行法律法规

美国现行的关于专利申请的保密制度，是国会于 1951 年通过的《发明保密法案》，该法于 1952 年纳入现行的美国专利法，即《美国法典》（United States Code）第 35 编，主要条款为第十七章第 181 条至第 188 条。针对涉密专利申请的处理程序，由《美国联邦法规全编》（Code of Federal Regulation，CFR）第 37 编“专利、商标和版权”第一章“专利规则”第五部分“特定发明保密、出口和国外提交申请许可证”所详细规范。此外，围绕执行《发明保密法案》，美国联邦政府及国防部针对特定问题制定了相应的实施细则。

2.1.1　《发明保密法案》

美国专利法（《美国法典》第 35 编——专利，2005 年 8 月 3 日修改）第十七章“某些发明的保密及向外国提出申请案”第 181 条至第 188 条，对保密专利申请进行了规范。

第 181 条：某些发明的保密及专利的扣压授予

（1）如果政府对发明具有财产上的利益，有关政府机构的首长认为因授予专利证书而公布或发表该项发明可能有损国家安全时，专利商标局局长接到该项通知后，应命令对发明保密，并且应该按照下面规定的条件扣发专利证书。

（2）如果政府对发明无财产上的利益，专利商标局局长认为因授予专利证书而公布或发表该项发明可能有损国家安全时，局长应将透露该项发明的专利申请书送交原子能委员会、国防部长以及总统指定的作为美国国防机构的其他政府部门的首长检查。

（3）知悉申请的每个人应该在注明日期的确认文书上签名，该项文书应置于申请案的档案中。如果原子能委员会、国防部长或被指定的其他政府部门或机构的首长认为因为授予专利证书而公布或发表发明可能有损国家安全时，原子能委员会、国防部长或上述其他机构首长应该通知专利商标局局长，局长应立即命令对该项发明保密，并在国家利益需要期间内扣发专利证书，并通知其申请人。在提请发出保密命令的部门或机构首长表明，对（专利）申请的审查可能损害国家利益时，专利商标局局长应该命令将（专利）申请书保持在保密状态，并通知申请人。申请书处于上述保密命令之下以后，其所有者有权按照商务部长规定的条件就保密命令向部长提出申诉。

（4）对发明保密以及扣发专利证书，均不得超过 1 年。根据原来提请发出保密令的部门或机构首长的通知，国家利益要求延长上述期限，并已做出肯定的决定时，专利商标局局长在上述期限届满或者在更新期限届满时应重申其保密令，再延长 1 年。

（5）在美国处于战争期间发布或生效的保密令，在全部战争期间以及战争停止后 1 年内持续有效。在由总统宣布的国家紧急状态期间发布或生效的保密令，在国家紧急状态期间以及其后 6 个月内持续有效。

（6）根据原来提请发布保密命令的部门或机构首长的通知，公布或发表发明不再有损国家安全时，专利商标局局长可以废除前项保密令。

第 182 条：由于未经授权的发表而放弃发明

受本编第 181 条命令约束的专利申请，凡未经专利商标局局长同意，其发明已在申请中暴露，或者发明被其发明人、继承人、受让人或法定代理人或其他任何有共同利益的人公布或透露，或在外国提出专利申请的，经局长核实有违反上述命令情节时，可认为该项发明已被放弃，而且应该认为在违反命令时即已放弃。如果没有得到原来提请发布保密令的部门机构首长的认可，专利商标局局长不能做出上述同意（笔者注：同意公布或披露保密发明）。这种放弃使申请人及其继承人、受让人或法定代理人，或其他有共同利益的人丧失其基于此项发明而对美国的一切请求权。

第 183 条：请求补偿的权利

（1）申请人或其继承人、受让人或法定代理人，因上述规定而被扣发专利证书时，有权向提请发出命令的部门或机构的首长，请求补偿其由于保密令或由于发表发明后政府使用该项发明或同时由于这两种原因而造成的损害。

（2）请求补偿的权利从申请人接到可以授予专利的通知（笔者注：经专利性审查可以授予专利权的，专利商标局发出可以授予专利的通知，但因保密令暂不授予专利、暂不发出专利证书）之日开始，或自 1952 年 2 月 1 日起（以在后的日期为准），到发出该项专利证书后 6 年为止。行使因政府使用该发明而产生的损害的补偿权利，从政府开始使用该项发明之日开始。政府部门或机构的首长在收到损害补偿的请求后，有权与申请人及其继承人、受让人或法定代理人达成协议，全部补偿损害或使用费或偿付使用费并补偿损失。即使法律另有相反的规定，该项偿付协议也是最终决定性的。如果请求的补偿不能全部偿付，政府部门或机构的首长可以判定付给申请人或其继承人、受让人或法定代理人一笔款项，其数额不超过政府部门或机构的首长认为是对损害与（或）使用的公平补偿数额的 75%。损害补偿请求人可以在索赔法院或请求人居住地的美国地方法院对美国提起诉讼，请求偿付一笔款项，该款项与前述的判定款项加在一起就是对损害（或）政府使用发明的全部公平补偿。

（3）申请专利权的发明因需要保密而受到本编第 181 条所定的保密令的影响，其后根据该项申请而颁发专利证书的情况下，其所有人不按上述规定请求损害补偿时，在该项专利证书颁发日期之后，有权在索赔法院提起诉讼，请求对因保密命令和（或）在其发表（笔者注：专利申请人向政府透露了发明）后因政府使用其发明而产生的损害给予公平补偿。请求补偿因使用而产生损害的权利，从政府第一次使用该项发明之日开始。在本条所规定的诉讼中，美国政府在诉讼中可以援引第 28 编第 1498 条（笔者注:《美国法典》第 28 编第 1498 条）诉讼中规定的一切依据为自己辩护。

（4）任何人或其继承人、受让人或法定代理人，在为美国政府专职受雇或服务期间的发现、发明或开发的任何一项发明，本条并不授予其提出索赔诉讼的权利。

第 184 条：在外国提出申请

（1）在美国提出关于在美国完成发明的专利申请，或请求实用新型、外观设计或款式的注册以后的 6 个月内，非经专利商标局局长发给许可证，不得在任何外国提出申请，或使他人或授权他人提出申请。对于应该遵守本编第 181 条由局长发出保密令的发明，未经原来提请发出扣发命令的部门机构的首长同意，（专利商标局局长）不得发出许可证。

（2）如果出于无意在外国提出申请，而该项申请并没有透露属本编第 181 条范围以内的发明，仍得发给上述许可证，其效力溯及既往。本条中所用“申请”一词包括申请以及对申请的修改、更正或补充，或分案申请。

第 185 条：无许可证不得申请的专利

即使法律另有规定，任何人及其继承人、受让人或法定代理人在未取得本编第 184 条所规定的许可证的情况下，而将发明在外国提出专利申请或为实用新型、外观设计或款式在外国提出注册申请，或同意他人申请，或协助他人申请的，此人及其继承人、受让人或法定代理人不能取得该项发明在美国的专利权。对此人及其继承人、受让人或法定代理人颁发的美国专利证书应无效。

第 186 条：罚则

在依本编第 181 条所规定的保密令对发明进行保密和扣发专利证书的期间内，任何人明知此项命令而未经正当许可，擅自公布或发表，或授权他人或使他人公布或发表该项发明或有关该发明的实质性资料的，或者，任何人违反本编第 184 条的规定，在美国完成的某项发明的专利或实用新型、外观设计或款式在外国提出申请，或使他人或授权他人申请或注册的，在证明有罪后，应处以 1 万美元以下的罚金或两年以下的监禁；或罚款并监禁。

第 187 条：对某些人不适用性

本节中的禁止规定和罚则不适用于在其职权范围内执行职务的美国官员或代理人，也不适用于接受其书面指示或得到其许可而有相关行为的人。

第 188 条：细则与规程、权力的委托

原子能委员会、国防部长、经总统指定为国防机构的其他任何政府部门或机构的首长以及商务部长，可以分别制定细则与规程，以便各有关部门执行本条的规定。也可以将本节中所赋予的权力委托他人代为行使。

2.1.2 《美国联邦法规全编》第 37 编

《美国联邦法规全编》第 37 编“专利、商标和版权”第一章“专利规则”第五部分“特定发明保密、出口和国外提交申请许可证”，对保密专利申请的程序进行了详细规范。本部分法条比较专业具体，建议读者选读。主要内容如下：

第五部分 特定发明保密、出口和国外提交申请许可证

（一）保密规定

5.1 专利申请和对应涉及的国家安全（Applications and correspondence involving national security）

a. 所有与这部分相关内容的通信，包括请求书，应寄至：专利商标局，局长，P.O. Box 1450，亚历山大市，弗吉尼亚州 22313−1450。

b. 此部分所述专利申请包括《美国法典》第 35 编第 111 条 b 款所述提交的临时申请（本章第 1.9 条 a 款（2）项），《美国法典》第 35 编第 119 条所述提交的非临时申请，或者在遵守《美国法典》第 35 编第 371 条（本章第 1.9 条 a 款（3）项之后进入国内申请阶段的国际申请，或者根据专利合作条约在进入国家申请阶段之前（第 1.9 条 b 款）提交的国际申请。

c. 专利申请和受政府机关认可属于国家安全机密（见本章第 1.9 条 i 款）并包含有安全保密标记（例如“机密”“秘密”或“绝密”）的相关文件，必须亲自交给专利商标局或按照本条 a 款的规定邮寄到该局。

d. 国家安全机密专利申请的申请人必须根据第 5.2 条 a 款获得保密令。如果国家安全机密专利申请未根据第 5.2 条 a 款通知提交，则该局将设定一个时间段，在该时间段内申请必须被解密，或者申请必须根据第 5.2 条 a 款置于保密令下，或申请人必须提交证据证明根据第 5.2 条 a 款从相关部门或机构坚持努力获取保密令，以防止放弃申请。如果根据第 5.2 条 a 款从相关部门或机构获得保密令证据是申请人在该局规定的时间内提交的，但该申请未被解密时或处于第 5.2 条 a 款的规定下，该局将再次设定一个时间段，在该时间段内，申请必须被解密，或者专利申请必须置于保密令下或者申请人必须提交证据证明根据第 5.2 条 a 款从相关部门或机构再次坚持努力获得保密令，以防止放弃申请。

e. 依据本章第 1.211 条或根据本章第 1.311 条，如果公布或披露申请将危害国家安全，一个专利申请将不会被发布或批准。国家安全审查至少在其提交申请日期后 6 个月内或从申请转交国防机构之日起 3 个月内不会公布该专利申请，以时间较晚者为准。国家安全机密专利申请将不会依据本章 1.211 条发布或依据本章第 1.311 条批准，直到申请被解密并且依据第 5.2 条 a 款下的任何保密令已被撤销。

f. 在国外发明的专利申请以及美国政府国防部门拥有财产权益的发明将不会提供给国防部门。

5.2 保密令（Secrecy order）

a. 当由国防部门的首长通知，因授予专利所导致的该发明的公布或披露会损害国家安全时，专利商标局局长将发布一项保密令。

b. 按照《美国法典》第 35 编第 183 条规定，任何补偿请求不得向专利商标局提出，而应直接向导致发布保密令的部门或机构提出。

c. 根据本条 a 款，专利申请被施加保密令的情况下，不能披露专利申请的任何部分，因为其属于该保密令的范围。任何此类未批准的专利申请必须及时提醒申请人注意相关的许可和审查，除非该申请本身是根据本条 a 款的保密令发布的。任何随后提交的申请，只要包含根据本条 a 款规定保密令发出的申请的主要内容中的任何部分，都必须亲自交到专利商标局，或者按照第 5.1 条 a 款邮寄方式邮寄给办公室。

5.3 保密令下专利申请诉讼；拒绝授予专利（Prosecution of application under secrecy orders；withholding patent）

除非另有特别规定，否则在申请处于保密令期限内，政府对专利的行政行为和由申请人提起诉讼，在这部分进行规定：

a. 处于保密令下的国内专利申请，面临最终驳回的，必须上诉或以其他方式起诉，以避免放弃该专利申请。此类案子的上诉必须由申请人提起，但是，除非专利商标局局长另有专门命令，否则将不会在保密令撤销之前开庭审理。

b. 涉及处于保密令下的国内专利申请的，不宣布抵触程序。然而，如果处于保密令下的申请的申请人寻求发起对一项颁布的专利的抵触程序，在该专利案卷表面应放置该事实的通知。

c. 国内专利申请除受保密令影响外，被认为符合授予专利权条件的，应通知申请人和导致施加保密令的国防机构。该通知（并不是授权通知书）并不要求申请人回应，而是将该国内专利申请置于待处置状态，直至保密令解除。保密令解除后，专利商标局将颁发专利证书，或采取其他批准行为。

d. 国际专利申请处于保密令下的，将不得被邮寄、递送或以其他方式传送给国际局或申请人。处于保密令下国际申请的处理将被进行到这样的节点，即，如果没有保密令，记录和检索复制件应传送给国际局或申请人。

5.4 请求解除保密令（Petition for rescission of secrecy order）

a. 受保密令影响的任何利害关系人或其代表可以提出解除或撤销保密令的请求。这种请求以信函形式，一式两份。该请求必须附有一份该申请复印件或该申请的保密令复印件，除非说明这样的复印件已被提交给导致该保密令颁发的国防部门。

b. 该请求必须引证任何和所有声称致使保密令无效或无用的事实，作为请求的基础。当陈述先前的出版物或专利时，必须提供该出版物或专利的完整资料，并应当附有这些资料的复印件。

c. 如果该申请的主题或主题的任何重要部分是在政府合同下开发的，或该主题在其他方面与这种合同有关，则该请求必须确认政府与任何利害关系人的这种合同。如果没有这种合同，请求中必须阐明。

d. 除非基于的事实是公开的记录，否则该请求必须被核实。

5.5 允许披露或修改保密令（Permit to disclose or modification of secrecy order）

a.《美国法典》第 35 编第 181 条规定的对披露或者申请外国专利的同意，其具体操作是，对保密令作出一种“允许”或“修改”。

b. 请求一种“允许”或“修改”的，必须充分陈述所建议的披露的理由或目的。已知所建议的披露被国防机构作出密级鉴定的，在请求中应当对这种鉴定作出解释，包括该国防机构的名称以及鉴定日期和密级。请求的提交应一式两份，并附有一份该申请的或针对该申请的保密令的复印件，除非说明这样的复印件已被提交给导致该保密令颁发的国防部门。

c. 请求修改保密令以申请外国专利的，必须阐明建议申请的所有国家，以及在向外国专利局提交申请材料之前委托的所有律师、代理人和其他人员。该请求应包括担保所建议的这种披露的接收人的忠诚和正直的声明，而且，已知这些接收人在本国或外国的保密资格鉴定情况的，应给出所有具体细节。

d. 同意披露处于保密令下的某申请的主题，可认为是同意披露处于保密令下的另一件申请的共同主题，只要披露的材料未超出针对第一件申请的保密令修改所限定的条件。

e. 需要同意将保密令下的申请披露给予重复性的日常操作有关的个人或组织的，可以请求以一般许可证的形式获得同意。为了获得成功，此类请求书通常须列出所公开的安全许可状态，因为可能涉及最高等级机密材料。

5.6 总的和成组的许可（General and group permits）

a. 请求同意向多人或多个组织披露多件处于保密令下的申请的组织，关系到重复例行公事的，可以提出以总许可的形式同意的请求。这种请求要取得成功，一般必须陈述披露的接收人的保密资格鉴定情况，保证其有资格接触到材料所涉及的最高密级部分。

b. 针对特定多件申请的请求所涉及披露的接收人情形相同的，而且要求同意披露所有这些申请的，这些请求可以合并。

5.7 补偿（Compensation）

按照《美国法典》第 35 编第 183 条规定要求补偿的，不得向专利商标局提出要求，而应当直接向导致保密令颁发的部门提出。提出的书面请求应由导致保密令颁发的部门中有权接触这种信息的人员获知。

5.8 上诉至商务部（Appeal to Secretary）

以保密令为案由，按照《美国法典》第 35 编第 181 条的规定，向商务部长上诉的，该上诉要在已请求解除保密令并被拒绝之后才能采取。上诉必须在该被拒绝之日起 60 天内采取，由商务部长或其指定的官员听取上诉和作出决定。商务部将通知上诉方以及导致保密令颁发的部门听诉的时间和地点。

（二）国外出口和提交申请许可证

5.11 在美国制造的发明国外申请许可证或国际传输申请的许可证

在美国提出关于在美国完成发明的专利申请，或请求实用新型、外观设计或款式的注册以后的 6 个月内，非经专利商标局局长发给许可证，不得在任何外国提出申请，或使他人或授权他人提出申请。对于应该遵守本编第 181 条由局长发出保密令的发明，未经原来提请发出扣发命令的部门机构的首长同意，不得发出许可证。

如果因出于无意在外国提出申请，而该项申请并没有透露属本编第 181 条范围以内的发明，仍得发给上述许可证，其效力溯及既往。本条中所用“申请”一词包括申请以及对申请的修改、更正或补充，或分案申请。

a. 根据《美国法典》第 35 编第 184 条，在美国提出关于在美国完成发明的专利申请，或请求实用新型、外观设计或款式的注册以后的 6 个月内，在向任何外国专利局或任何外国专利代理机构或任何国际机构（除了美国专利商标局外）提交任何专利申请（包括任何修改、更正、补充或拆分）或注册实用新型、工业品外观设计之前，必须获得专利商标局局长发给的许可证。

b. 上述 a 款提及的专利商标局局长的许可应遵守《美国联邦法规汇编》第 22 卷第 121 ～ 130 部分〔国务院国际军火贸易条例（International Traffic in Arms Regulations，ITAR）〕,《美国联邦法规汇编》第 15 卷第 730 ～ 774 部分〔商务部出口管理条例（Export Administration Regulations，EAR）〕和《美国联邦法规汇编》第 10 卷第 810 部分〔外国原子能活动的援助（Assistance to Foreign Atomic Energy Activities）〕。

c. 以专利申请或任何形式的技术数据出口用于与外国专利申请的准备，提交或可能提交和诉讼时，未经本条 a 或 b 款提及的专利商标局局长许可或未在美国完成的发明,《美国联邦法规汇编》第 22 卷第 121 ～ 130 部分（国务院国际军火贸易条例）,《美国联邦法规汇编》第 15 卷第 730 ～ 774 部分（商务部出口管理条例）和《美国联邦法规汇编》第 10 卷第 810 部分（外国原子能活动的援助）必须得到遵守，除非因为在申请外国专利时申请美国专利已经至少 6 个月，并且没有根据第 5.2 条的规定发布保密令，所以不需要许可证。“出口”一词是指在《美国联邦法规汇编》第 22 卷第 121 ～ 130 部分，《美国联邦法规汇编》第 15 卷第 730 ～ 774 部分和《美国联邦法规汇编》第 10 卷第 810 部分涵盖的定义。

d. 如果根据第 5.2 条发布了保密令，则除了第 5.5 条的规定外，专利申请不得出口到或提交给外国（包括在国外的国际机构）。

e. 基于本条 a 款，以下情况不需要许可证：

（1）如果发明不是在美国完成，或

（2）如果相应的美国申请不受第 5.2 条规定的保密令的限制，并且在国外提交申请之日的 6 个月前提交了美国专利申请，或

（3）对于外国专利申请之后的修改、更正或补充包含增加或拆分实质内容，如果：

①根据本条第 e 款（2）项，外国专利申请不需要或不曾需要许可证；

②根据《美国法典》第 35 编第 181 条规定，相应的美国申请不需要提供检查；并

③根据《美国法典》第 35 编第 181 条规定，此类修改、更正或补充不会或未曾以某种方式改变本发明的一般性质，这将要求任何相应的美国申请已经或可供检查。

f. 基于本条 a 款的许可可以随时由专利商标局书面通知撤销。从提交美国专利申请之日起 6 个月内获得外国专利申请的授权可以通过强制执行保密令而被撤销。

5.12 申请许可证

a. 在美国提出的发明专利申请被视为提交一份根据《美国法典》第 35 编第 184 条规定的许可证申请。备案回执将显示是否授予许可证。如果最初的自动申请没有被授予，可根据本条 b 款提交随后的申请。

b. 许可证申请必须包括本章第 1.17 条 g 款中规定的费用、申请人的地址，以及要求将许可证提交给申请人以外的其他人的完整说明。申请书应以书面形式呈现。

5.13 申请许可证：没有相应专利申请

如果在美国没有提交相应的国内或国际申请，根据第 5.12 条 b 款申请许可证时，还必须附有请求获得许可证的材料的清晰副本。该副本将被保留，作为授予许可证的一项措施。

5.14 申请许可证：有相应美国专利申请

a. 当有相应的美国专利申请时，根据第 5.12 条 b 款的许可申请还必须通过申请号、申请日、发明人和名称来确定本申请，但是许可证材料的副本不是必需的。许可的内容将通过美国专利申请的披露来衡量。

b. 两份或两份以上的美国专利申请不应在同一份许可申请中提及，除非在外国或国际申请中进行合并，在这种情况下申请应该进行说明，并且应该分不同段落罗列每份美国申请的标识。

c. 如果要提交或出口到国外的申请没有包含在美国一个专利申请或多个专利申请中披露的内容，包括两个或两个以上美国申请的合并申请介绍了未在其中任一申请披露内容的情况，则在外国或国际申请中提交的专利申请副本，将转交给外国国际或国内代理机构以向受理局提交，必须提交该许可申请。但是，如果要提交的外国或国际申请中的所有新事项都容易识别，则可以提交新事项的详细内容，其余部分可以参考相关的美国一份或多份专利申请。

5.15 许可范围

a. 根据第 5.12 条至第 5.14 条进行审查的申请或其他材料，根据《美国法典》第 35 编第 181 条的规定，不需要提供给国防部门检查，有资格获得本款规定的许可范围。允许对该许可证进行后续修改、更正或补充包含增加或拆分外国专利申请实质内容，如果对申请的更改不会改变发明的一般性质，并且要求美国申请依据《美国法典》第 35 编第 181 条的规定可供审查。当国外或国际申请的实质内容与国内申请的内容相同时，授权此许可证许可向外国专利部门或国际专利部门出口和提交申请。此许可证包括权限：

（1）在国外或与国际机构出口和提交所有正式的申请文件和副本；

（2）修改、更正或补充，包括拆分、变更或解释由申请中披露的由说明、例证、比较或解释组成的内容；和

（3）如果基于本条 a 款（1）或（2）项添加内容或采取任何行动不会改变所披露的发明的一般性质，可以采取任何行动来起诉外国或国际申请，要求这种申请已根据《美国法典》第 35 编第 181 条进行审查，包括有关以下方面的技术数据：

①根据经修正的《武器出口管制法》和《美国联邦法规汇编》第 22 卷第 121 至 130 部分（国务院国际军火贸易条例），禁止美国军用关键技术清单（Militarily Critical Technologies List，MCTL）中指定的国防服务或物品被未经许可地出口；或

②限制性数据、敏感核技术或可用于生产或使用特殊核材料或原子能的技术，其传播受 1954 年经修订的《原子能法》和 1978 年《核不扩散法》（the Nuclear Nonproliferation Act of 1978，NNPA）的限制，应遵守《美国联邦法规汇编》第 10 卷第 810 部分（外国原子能活动的援助）。

b. 根据《美国法典》第 35 编第 181 条要求可供审查的专利申请或其他材料，将有资格获得本款规定范围的许可。授权此许可证许可在外国出口和提交申请，或向任何外国专利机构或国际专利机构递交国际申请。此外，该许可证包括向外国或外国和国际的专利机构出口和提交所有正式文件和副本的权利，并对国外或国际专利申请进行修改、修正和补充，并可采取任何诉讼行动，不包含许可证所涵盖的附加内容。

c. 根据第 5.12 条 b 款授予的许可证，根据第 5.13 条或第 5.14 条应具有本条 a 款中所示的范围。请求书附有所需费用（本章第 1.17 条 g 款），也可以提交将具有本条 b 款所示范围的许可证变更为具有本条 a 款所示范围的许可证。如果依据第 5.13 条所述的提交材料副本或根据《美国法典》第 35 编第 181 条规定要求的任何相应的美国专利申请可供审查，则不会批准此类申请。许可证许可范围的变化自批准之日起生效。

d. 在不需要许可证提交外国申请或递交国际申请的情况下，不需要许可证就涉及未披露其他额外内容的外国或国际申请的起诉提交文件。

e. 在提交外国或国际申请之后，任何提交给国外或递交国际专利机构的文件修改提交时披露的实质内容的一般性质，要求该申请已根据《美国法典》第 35 编第 181 条审查或涉及披露本条 a 款（3）项①或②中所列内容的资料必须以与国外或国际申请相同的方式单独获得许可证。此外，如果根据第 5.12 条 a 款没有授予许可证提交相应的美国申请，任何向国外国际专利机构提交的文件涉及披露其他实质内容，必须以与国外或国际申请相同的方式获得许可证。

f. 根据需要，以下情况可以通过合并或划分披露内容来单独授予两项或两项以上美国申请的许可证：

（1）没有说明改变了提交申请时内容的一般性质或涉及本条 a 款（3）项①或②段所列内容的一般性质的，并

（2）如果根据第 5.12 条 b 款获得至少一个许可证，没有说明其他内容。

g. 许可证不适用于授予许可证之前所采取的行为。请参阅第 5.25 条的追溯许可请求。

5.18　武器、弹药和战争工具

a. 出口与军火、弹药和战争用具有关的技术数据一般须遵守《美国联邦法规汇编》第 22 卷第 121 ～ 130 部分（国务院国际军火贸易条例）；条款指定的军火、弹药和战争工具的物品在美国军用关键技术清单中列举。但是，如果专利申请人遵循由专利商标局局长根据《美国法典》第 35 编第 184 条发出的规定，除非申请人试图出口超过外

国专利申请所需用的技术数据，否则不需要国务院单独批准。无论根据第 5.11 条和第 5.12 条（《美国联邦法规汇编》第 22 卷第 125 部分）的规定是否需要专利商标局局长许可证，国务院条例的豁免均适用。

b. 当含有“军用关键技术清单”（《美国联邦法规汇编》第 22 卷第 121 部分）标的物的专利申请根据第 5.2 条受到保密令的约束，并且根据第 5.5 条提出修改保密令以允许在国外提交申请请求时，不需要单独请求国务院授权出口机密信息（《美国联邦法规汇编》第 22 卷第 125 部分）。

5.19 技术数据出口

a. 根据商务部长制定的规定(《美国联邦法规汇编》第 15 卷第 734 部分第 3 条 b 款（1）项（v）)，如果外国提交申请符合美国专利商标局规定（第 5.11 条至第 5.25 条），则在任何情况下向外国提交专利申请或部分专利申请都不需要许可证。

b. 对于专利申请中包含的准备数据完全来自外国的技术数据，而该申请正发给外国发明人去施行并发回美国以便随后在美国专利商标局申请（《美国联邦法规汇编》第 15 卷第 734 部分第 10 条 a 款），则不需要出口许可证。

5.20 有关敏感核技术资料技术出口

根据美国能源部制定的法规（《美国联邦法规汇编》第 10 卷第 810 部分第 7 条），依据专利商标局条例（第 5.11 条至第 5.25 条）提交的专利申请并符合《美国法典》第 35 编第 184 条要求提交外国申请，可以认为信息可以以发行形式向公众公开，以及该行为是符合能源部条例的目的的普遍授权的活动。

5.25 申请追溯许可证

a. 依据《美国法典》第 35 编第 184 条，申请追溯许可应按照第 5.13 条或第 5.14 条 a 款的规定提交，并应包括：

（1）已提交无许可的专利申请材料的每个外国的名单，

（2）在每个国家提交材料的日期，

（3）经核实的陈述（宣言或声明）包含：

（a）主张有关标的物在提交国外时并不在保密令实行期间，并且目前并未受到保密令的约束，

（b）表明在禁止提交外国申请后，一直在努力获得许可证，

（c）解释为什么这些材料因过失而非故意欺骗提交国外，以及为什么没有第 5.11 条要求的许可证，

（4）所需费用（本章第 1.17 条 g 款）。

b. 本条 a 款中的陈述必须包括事实证明，而不是仅仅主张因过失而非故意欺骗。关于过失性质的事实证明应包括那些对在国外提交文件的行为有主观认识的人的陈述，并应附有任何必要的证明文件的副本，例如传送信件或提交指示。被指称构成过失而非故意欺骗的行为应涵盖导致并包括每项被禁止提交外国申请的时间。

c. 如果申请追溯许可证被驳回，则应设置不少于 30 天的时间期限，在此期间内可以重新申请。如果在规定时间内未能重新申请将导致最终驳回申请。除非在驳回申请之日起的两个月内根据第 1.181 条提出申诉，否则最终驳回申请成立。关于正处于专利申请的发明，如果其追溯许可申请被驳回，并且没有提出第 1.181 条要求的申请，则根据《美国法典》第 35 编第 185 条作出最终驳回申请裁定。

2.1.3 《美国联邦采办条例》

《美国联邦采办条例》第 27 部分“专利权、资料权与版权”第 27.207 条，规定了联邦政府处理政府资助承包商产生的保密从属发明申请专利的程序。第 52.227 部分“专利权、资料权与版权”第 52.227-10 条，作为联邦政府与承包商的合同条款，对保密发明申请专利进行了详细规范。原文如下：

27.207 保密合同

27.207-1 总则

（a）未经批准透露机密内容，无论是在专利申请中透露，还是专利的授权导致的透露，都违反《美国法典》第 18 篇第 792 条等（间谍活动及追查）和有关法规的规定，从而可能危害国家安全利益。

（b）当收到承包商按 52.227-10《提出专利申请——保密主题》条款的（a）或（b）款的规定，提出申请专利的要求而尚未正式提交专利申请时，合同官应当确定该专利申请合适的安全种类。当确定该专利申请包含机密主题时，合同官应当按照《国家工业安全计划工作手册》（ISM）规定的程序，就向美国专利商标局（USPTO）提交专利申请，给予承包商必要或适当的指令。如果提交的专利申请属于“秘密”或更高密级时，合同官应当按照上述（a）款规定，尽快在 30 天内将最后确定的密级通知承包商。

（c）在已按 27.207 条规定提交专利申请的情况下，合同官在收到承包商按照 52.227-10《提出专利申请——保密主题》条款之（d）款规定提供的专利申请号、申请日及有关信息后，应当立即将这些信息提交给主管专利事务的官员，以便采取必要的措施，保证申请的安全。

（d）按照 52.227–10《提出专利申请——保密主题》条款之（c）款的规定提出的批准请求，必须由合同官考虑，并且应当立即采取措施，以免政府或承包商的重要专利权受到损失。

27.207–2 保密合同条款

合同官应当将 52.227–10《提出专利申请——保密主题》条款列入所有保密的征求书和合同，以及由于任务性质或任务涉及保密主题、可能产生含保密主题专利申请的所有合同和征求书。

52.227–10 提出专利申请——保密主题

按照 27.207–2 规定，列入下面条款。

《提出专利申请——保密主题》

（1984 年 4 月）

（a）对于本合同确定为“秘密”或更高密级的任何主题，在提交或拟提交美国专利申请之前，承包商应当遵守下述的 30 天规定，向合同官提交建议的专利申请。鉴于国家安全，政府应当确定是根据《美国法典》第 35 篇第 181 条至第 188 条规定，将申请按保密令安排，还是按美国有关法律、法规，另外延迟授予专利。承包商应当遵守合同官关于向美国专利局提交专利申请的任何指示，但是，承包商申请专利的权利不得被否认。自邮寄日或建议专利申请的其他传达之日起 30 天内，如果合同官没有给予任何指示，则承包商可以提交专利申请。

（b）在向美国申请专利、透露本合同定为“机密”的主题之前，承包商应当向合同官提供该申请的副本，供政府从国家安全考虑，确定是将申请按保密令安排，还是按美国有关法律、法规，授予专利应当另外延迟。

（c）如果本合同的主题因安全的理由属于保密的，则对于含本合同任何主题的专利申请或专利登记，承包商除了按上文（a）款和（b）款的规定在美国办理之外，未经合同官事先书面同意，不得向任何国家申请或登记专利，或者导致申请或登记专利。

（d）按本条款规定的范围提交专利申请时，承包商应当遵守适用的、包括传送保密主题的所有保密规定，而且，应当迅速向合同官提供申请日、申请号和申请国国名。向美国专利局提交申请时，承包商必须通过单独信函经机构确认，并署上合同号，或者报上要求在专利申请上作保密标记的合同的合同号。

（e）承包商同意，将本条款的内容列入包含或可能包含保密主题的任何层次的所有子合同。

2.1.4　美国国防部专利保密审查程序

《美国法典》第 35 编第 188 条规定："原子能委员会、国防部长、经总统指定为国防机构的其他任何政府部门或机构的首长以及商务部长，可以分别制定细则与规程，以便各有关部门执行本条的规定。也可以将本节中所赋予的权力委托他人代为行使。"依据该规定，美国国防部制定了《国防部专利保密审查程序》，对与国防部相关的涉密发明（含有政府财产利益和无政府财产利益）的保密审查程序进行了详细规范，规定了内部职能部门、职责分工和工作机制。原文如下：

国防部专利保密审查程序①

国防部指示 5535.02

2010.3.24

主题：国防部专利保密审查程序

依据：

（a）国防部指示 5535.2，"对军种部部长的授权——发明和专利"，1980 年 10 月 16 日（特此废除）

（b）美国法典第 35 编第 181 条至第 188 条

（c）公法 105-85"1998 财年国防授权法"第 906 条，1997 年 11 月 18 日

（d）国防部指示 5200.1-R"信息安全计划"，1997 年 1 月 14 日

1）目的。本指示：

a. 重新颁布"依据（a）"和修改其标题。

b. 根据"依据（b）"为国防部专利保密审查程序制定政策和指派职责。

c. 根据"依据（b）"的第 181 条、第 182 条和第 184 条，向军种部长和国防技术安全管理局（DTSA）局长授权。

d. 贯彻"依据（c）"。

2）适用性。本指示适用于国防部长办公室、各军部、参谋长联席会议主席办公室、各作战司令部、国防部总检察长办公室、国防部各局、国防部基层机构，以及所有其他的国防部内部组织实体（简称"国防部单位"）。

---

① DoD Directive 5535.2，"DoD Patent Security Review Process"，March 24，2010.

3）定义。以下术语及其定义用于本指示。

a. 发明的披露。专利申请的公布或其他书面传播，或对发明作出描述的专利授予。

b. 专利申请。向美国专利商标局提交的美国专利申请。

c. 保密令。美国专利商标局负责专利的局长颁发的命令，要求在美国专利商标局提交专利申请的某发明人对申请中描述的发明保密，而施加这种命令的决定要求专利局长，在保密令有效期间，限制该专利申请的公布或扣压专利的授予。

d. 美国政府财产利益。美国政府对发明有所有权或某些权利，包括共同发明人中有一个或多个美国政府雇员所涉及的利益。

4）政策。国防部的政策是：

a. 按照“依据（b）”的要求进行的专利保密审查应当由在行的人员迅速和准确地进行，以确定该发明的披露是否：

（1）可能危害国家安全，针对有政府财产利益的情形；或

（2）会危害国家安全，针对没有政府财产利益的情形。

b. 根据“依据（b）”的第 181 条、第 182 条和第 184 条，就对某些发明的保密和扣压专利事宜，国防部长指定的权力代理人是各军种部长和国防技术安全管理局（DTSA）局长。各军种部长按照专利保密审查程序负责所分配的专利保密审查任务，国防技术安全管理局局长负责将专利保密审查任务分配给其他国防部单位。

5）职责。见附则。

6）信息需求。对已被施加保密令的专利申请和有关发明的其他信息，应当根据国防部指令 5200.1-R“信息安全计划”（“依据（d）”）的 C2.6.3 条，进行适当评价、处理和处置。

7）可发布性。不受限制。本指令被批准向公众公布。

8）生效日期。本指示立即生效。

附则职责

（1）负责政策的助理国防部长（USD（P））。USD（P）应为国防部专利保密审查程序制定和提供导则，并监督执行情况。

（2）国防技术安全管理局长（Director，DTSA）。根据 USD（P）的授权、指示和控制，除本附则第 3 条以及“依据（c）”（1998 财年国防授权法第 906 条）赋予的职责外，应当：

a. 管理国防部专利保密审查程序。

b. 维护数据库管理系统，以便利国防部审查从美国专利商标局接收的专利申请。

c. 协调专利保密范围审查清单的定期更新。该清单是为了国防部各单位提出施加保密令的建议而要求有实际审查的技术清单。

d. 与国防部各单位首长协调，制定详细的描述专利保密审查程序的执行导则，以便国防部单位遵行。

e. 解决国防部单位内的或与美国专利商标局的任何有关专利保密审查程序的争议。

f. 执行本指令第 4 条 b 款所指定的权力。

（3）国防部单位首长。国防部单位首长应当：

a. 审查与本单位相关的专利申请。确定美国政府有财产利益的发明的披露是否可能危害国家安全。做出施加保密令的国防部建议的，通知专利局局长和国防技术安全管理局局长。

b. 审查美国政府没有财产利益的专利申请（由专利局局长提供审查）。确定该申请所描述的发明的披露是否会危害国家安全。做出施加保密令的建议的，通知国防技术安全管理局局长。

c. 制定本单位的专利申请保密审查过程和程序。

d. 分配本单位内部的执行专利申请保密审查过程和程序的职责。

e. 分配足够的本单位人员和资源适当地审查专利申请。

f. 确保按照规定的时间完成本单位的保密审查。

g. 对专利局局长基于本单位的建议所施加的保密令进行管理，包括按年度就这些保密令是否有必要持续进行再评价，以及对涉及这些保密令的任何诉讼提供支持。

h. 出现影响专利审查过程的任何争议的，立即通知国防技术安全管理局局长。

（4）各军部部长。除本附则第 3 条描述的职责外，各军部部长应当执行本指令第 4 条 b 款所指定的权力。

2.2 历史演变

第一次世界大战期间，美国意识到在战争时期对美国有用的发明也是可以向敌国传送情报的发明。因此，美国首次提出，出于国家安全的考虑应当限制专利申请的公开。1917 年，美国出台了《自愿提交法案》。该法案在第二次世界大战期间几经修订，并在 1951 年形成了现行的《发明保密法案》。

2.2.1 1917 年《自愿提交法案》

自第一次世界大战开始，政府一直担心“这些对政府最有用的发明，如果被公开了，它们能同样为敌人传递有用的信息”。[①] 为准备第一次世界大战，1917 年 10 月 6 日，美国国会通过了《自愿提交法案》(“1917 年法案”)，部分内容表述如下：

“当美国处于战争状态的时候，对于一项可能授予专利权的发明的公布，依专利局局长的意见，其对公共安全或防御不利，或可能协助敌人或危及战争取得胜利的，局长可以决定将该发明保密并拒绝专利权授予直到战争结束……如果没有官方许可在国外发布了一项发明或申请专利，申请人将失去获得美国专利的权利。”“当申请人的专利申请依据此规定被拒绝授予专利时，如果申请人忠实地遵守上述专利局局长的指令，且向美国政府提供了发明使用的方式，当他最终获得专利权时，将有权在法院诉讼要求补偿……”

分析以上规定，我们可以看出“1917 年法案”有四个特征：一是政府做出保密决定的条件是“国家处于战争状态”且为“公共安全或防御”目的，即战时可以发布保密令，非战时不能发布。因此，“一战”结束后，“1917 年法案”就失效了，大多数保密令只持续了大约 1 年时间。二是对涉密的专利申请不授予专利权，而是对施加保密令的专利申请进行扣压，待解密后再授予专利权，对其进行公开。其原因是，美国把专利公开作为专利授权的必备条件，即严格遵照“公开换保护”的原则。三是申请人未经官方许可申请外国专利或向外国披露该发明的，丧失在美国获得专利的权利。四是补偿的条件是专利申请被施加保密令，且政府使用了该保密发明。即，补偿的条件必须是政府实际使用了该发明。

美国国会考虑到：一方面，保密令的施加可能会阻碍申请人申请专利，申请人因此选择对其发明秘而不宣，导致政府无法掌握这些发明信息，并给政府使用发明带来不利影响；另一方面，政府对申请人的专利申请进行扣压，对申请人的利益也将造成不利影响。因此，国会对保密令的施加建立了补偿制度，有效消除申请人申请专利时对保密令的顾虑，保护申请人的收益权，也有利于政府使用发明创造。因此，“1917 年法案”被称为《自愿提交法案》。[②] 关于政府使用保密发明的补偿，适用申请人与政府之间构成一份使用许可的明示合同或默示合同，由联邦索赔法院援引普通合同的原则判定损害大小。

---

① Sabing H L. Protecting the Private Inventor under the Peacetime Provisions of the Invention Secrecy Act[J]. Berkeley L. J. 1997.12（2）：345.

② Hausken L G. The Value of a Secret：Compensation for Imposion of Secrecy Order under Invention Secrecy Act[J]. Mil. L.Rev. 1988. 119：201.

2.2.2 “二战”期间“1917 年法案”的三次修订

“一战”后，“1917 年法案”“休眠”超过 20 年。随着第二次世界大战的爆发，从 1940 年开始，国会对“1917 年法案”先后进行了三次修订。[①]

1940 年 7 月 1 日，在第一修正案中，国会基本上保留了整个“1917 年法案”。[②] 与 1917 年不同，美国在 1940 年时并未处于战争状态。因此，该修正案明确该法有效期为两年，而不是“战争期间”了。在两年期限内，授权专利局长扣留专利申请并命令申请人不公开发明的内容。第一修正案对索赔做了新的规定，原来的法案要求申请人向索赔法院起诉，对政府使用其发明的行为进行追偿，这次修订赋予了行政机关的和解权，由行政机关决定与申请人就补偿金额进行协商并达成协议。申请人可以选择与行政机关达成补偿协议，或者在保密令终止后向索赔法院提起索赔诉讼。

1941 年 8 月 21 日，在第一次修正案修改 1 年多后，国会进行了第二次修订。[③] 第二修正案再次强调，申请人提交国外专利申请之前必须获得专利局长的许可，任何被发现未遵守许可程序的人禁止获得美国专利。法案还增加了违反保密令的刑事责任，如果在保密令下故意公布或披露某项发明，或故意在外国提交专利申请的，申请人除了放弃发明还要被罚款 1 万美元或者被监禁。此外，法案还增加了关于政府雇员和公务员在履行职责时的豁免规定。

1942 年，国会进行了第三次修订。由于美国此时已经参战，因此这次修订回到了“在美国战争期间有效”的条款表述。经三次修订，“1917 年法案”已经具备了 1951 年《发明保密法案》的大部分特点，但是，其损害补偿条款基本没有发生变化，即针对申请人将其发明提供给政府使用的要求没有发生改变，申请人仅可以因为政府使用其发明而获得补偿。

二战期间，美国政府制定了保密令的决策程序。1940 年 8 月，专利局长要求陆军部长和海军部长创建陆军和海军专利顾问委员会（the Army and Navy Patent Advisory Board，ANPAB)，协助专利局确定可能涉及国防安全的专利申请。[④]1948 年，陆军和海

① Sabing H L. Protecting the Private Inventor under the Peacetime Provisions of the Invention Secrecy Act[J]. Berkeley L. J. 1997.12（2）：345.

② 参见美国 1940 年 7 月 1 日法案，第 501 篇第 54 条，第 710 页（1940）。

③ 参见美国 1941 年 8 月 21 日法案，第 393 篇第 55 条，第 657 页（1941）。

④ Sabing H L. Protecting the Private Inventor under the Peacetime Provisions of the Invention Secrecy Act[J]. Berkeley L. J. 1997.12（2）：345.

军专利顾问委员会调整为武装部队专利顾问委员会（the Armed Services Patent Advisory Board，ASPAB），受国防部陆军部军法署知识产权处领导，委员会成员涵盖陆军部、海军部、空军部、原子能委员会、国家航空航天局（National Aeronautics and Space Administration，NASA）、国家安全局（National Security Agency，NSA）等部门，并作为上述部门与美国专利商标局沟通的中心节点，负责对上述部门负责的涉密专利申请的保密审查进行统筹协调，对哪些情形应该发布保密令等事务给专利商标局提供指导。武装部队专利顾问委员会是国防部提出保密令建议的唯一权威机构，该机构一直运行至1997年，其后被国防部国防技术安全管理局（Defense Technology Security Administration，DTSA）替代。

2.2.3 1951年《发明保密法案》

1945年，随着第二次世界大战的结束，美国在战争期间实行的保密令全面结束。1945年11月30日，专利商标局局长颁布了一项撤销令，一次性撤销了6 575项保密令。美国商务部声明，考虑到这些申请既有军事性又有商业性，为了使这些申请的所有人进行商业开发，因此决定解密。但二战结束后，美国虽然已经结束了实际冲突，但国家安全仍是一个重要问题。到1951年，美国还没有宣布结束和德国的战争，而且在美苏冷战的特殊历史背景下，美国并未在日本投降后宣布战争结束。因此，截至1945年12月31日，仍有799件专利申请被政府要求保密。此外，政府还依据1940年法案及其修正案，针对涉及特定国家安全问题的新的专利申请施加了保密令。到1951年，保密令的数量增加至2 395项。①1951年，为应对当时形势，美国国会应国防部要求，废除了1917年法案及1940年、1941年、1942年修正案，通过了1951年《发明保密法案》，常态化地创设了和平时期发明保密制度，重新授予政府对涉密专利申请进行保密的权力。②

与之前的法案相比，“1951年法案”创设了定期审查制。即，一项发明不能被要求保密和拒绝授予专利超过1年时间，国防机构应对保密发明进行定期审查。如果国防部决定继续保密，专利商标局局长应在保密令期限届满时重新发布保密令，以延长1

① Sabing H L. Protecting the Private Inventor under the Peacetime Provisions of the Invention Secrecy Act[J]. Berkeley L. J. 1997.12（2）：345.

② 参见美国1951年《发明保密法案》，载于1952年《美国法令汇编》（United States Statutes at Large）第66卷第3页起，第4章第10条和第11条，后被纳入《美国法典》第35篇第181～184条．

年时间。换句话说，对于为国家安全利益真正需要保密的发明，保密令的延期能够保证无限期地延长；而对于不再需要保密的发明，则可以及时解密并应用于商业领域。

“1951 年法案”还规定了在战时或国家紧急状态下发明保密的期限。在战时，保密令“应保持在战争持续时间和战争停止后 1 年有效”。在宣布国家进入紧急状态时，保密令“在国家紧急状态期间和其结束后 6 个月持续有效”。由于 1950 年美国总统杜鲁门宣布国家进入紧急状态，直到 1979 年 3 月才解除，因此按照上述规定，所有 1979 年前施加的保密令，其有效期一直持续到 1979 年底。

此外，“1951 年法案”还改革了补偿制度。法案规定，针对由保密令造成的损害，专利申请人可以要求索赔，并不限于以前法案所要求的政府使用该发明为前提。关于补偿的具体条款修改为：“补偿因保密令和（或）政府使用而造成的损害。”按以前的法案，补偿只限于政府使用了该发明，而按“1951 年法案”，针对政府使用发明，以及因保密令的施加导致限制商业盈利的机会等，专利申请人可以要求政府补偿。

1951 年《发明保密法案》自通过以来，至今几乎没有什么变化。1979 年美国宣布解除紧急状态后，“1951 年法案”正式进入和平时期的运行阶段，许多关于和平时期的规定开始生效。① 法案中关于国防与经济、国防利益与私人利益的平衡问题被突出出来。为此，1980 年，美国众议院政府工作委员会（the House Committee on Government Operations）就法案召开了一次听证会，讨论了和平时期发明保密政策的合法性问题，关注了专利申请人是否得到足够的补偿等问题。② 但是，1980 年听证会并未对“1951 年法案”进行修改，其中关于法理问题、补偿问题的讨论，我们将另作介绍。

2.2.4 美国被扣压的专利申请的基本情况

1. 被保密扣压的专利申请数量分析

美国被保密扣压的专利申请数量基本控制在 6 000 件以内，保密解密实施动态管理，数量的变化在一定程度上反映了国际安全形势。例如，1988 年至 1991 年期间，美国被保密扣压的专利申请数量明显增长，其原因与美苏争霸处于焦灼状态有很大关系。此外，里根总统“星球大战”计划的实施，也使得美国这一时期在诸多军事技术领域

① Sabing H L. Protecting the Private Inventor under the Peacetime Provisions of the Invention Secrecy Act[J]. Berkeley L. J. 1997.12（2）: 345.

② Hausken L G. The Value of a Secret: Compensation for Imposion of Secrecy Order under Invention Secrecy Act[J]. Mil. L.Rev. 1988. 119 : 201.

取得重大进展。1992 年至 2001 年期间，美国发明保密数量逐年递减，其原因是 1992 年苏联解体，冷战结束，美国迎来了克林顿总统的“新经济时代”，进入了为期 10 年的经济快速发展时期，美国的政策导向是加快技术的商业化。[①]2001 年后，美国发明保密数量逐年递增，其原因与“9·11 恐怖袭击事件”有直接关系。美国政府在“9·11”事件发生后，对于公开保密发明的态度明显转变。为了国家安全考虑，从布什总统开始，美国政府的信息公开政策趋于保守，保密发明的解密量大大减少，被保密扣压的专利申请总量呈上升趋势。

美国历年发明保密数量见表 2-1。

表 2-1 1988 年至 2017 年美国发明保密数量的基本情况[②] 单位：件

财 年	新保密令数量	取消保密令数量	有效保密令总数	净增加量
1988	630	237	5 122	393
1989	847	413	5 556	434
1990	731	496	5 791	235
1991	774	372	6 193	402
1992	452	543	6 102	−91
1993	297	490	5 909	−193
1994	205	574	5 540	−369
1995	124	324	5 340	−200
1996	105	277	5 168	−172
1997	102	210	5 060	−108
1998	151	170	5 041	−19
1999	72	210	4 903	−138
2000	83	245	4 741	−162
2001	83	88	4 736	−5
2002	139	83	4 792	56
2003	136	87	4 841	49
2004	124	80	4 885	44
2005	106	76	4 915	30
2006	108	81	4 942	27

① Aaron Bell. Effects of National Security Concerns on the Patent Process[J]. Inventions & Patents.2005.6.901/16.652.

② http：//www.fas.org/sgp/othergov/invention/stats.html

续表

财　年	新保密令数量	取消保密令数量	有效保密令总数	净 增 加 量
2007	128	68	5 002	60
2008	68	47	5 023	21
2009	103	45	5 081	58
2010	86	32	5 135	54
2011	143	37	5 241	106
2012	98	18	5 327	80
2013	139	21	5 445	118
2014	97	22	5 520	75
2015	95	36	5 579	59
2016	121	20	5 680	101
2017	132	28	5 784	104

1988—2017 年美国发明保密数量的变化如图 2-1 所示。

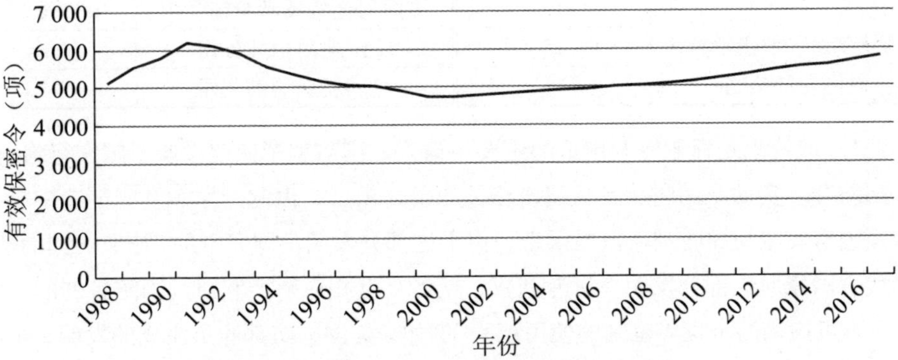

图 2–1　1988—2017 年美国发明保密数量

2. 被保密扣压的专利申请质量、权利人分析

本部分内容的介绍主要引用华中科技大学管理学院袁晓东、凌霄霄《基于解密发明信息的美国国防专利特征分析》中的数据。① 文章以作者能检索到的美国专利商标局公布的 2001—2015 年解密的 378 件被保密扣压的专利申请为样本进行分析。经统计，保密的平均年限约为 13 年，中位数为 11.5 年，保密时间较长。其中，保密年限最长的为 58 年，该专利申请是在 1945 年提出的，专利号为 6761862，专利权人为美国能源

① 袁晓东，凌霄霄．基于解密发明信息的美国国防专利特征分析 [J]. 情报杂志，2018，37（6）：20-26，3.

部，于2003年解密。此外，文章作者以高被引专利（5年内被引频次不小于5次的专利）作为高质量专利的表征，经统计表明，378件解密专利中高被引专利达130件，说明被保密扣压的专利申请中有超过1/3的发明为突破性创新。从美国6 000件的总量、13年的平均被保密年限，以及1/3的突破性创新这三个数据看，美国被保密扣压的专利申请都是与国家安全和国防利益密切相关的发明，总量不多，但质量高、保密价值大。

此外，作者还分析了专利权人的分布。大型军工企业是保密扣压专利的主要申请人。这些申请人中包括著名的美国雷神公司、洛克希德•马丁公司，以及英国航空航天系统公司、罗尔斯•罗伊斯公司等。原因在于，军工企业是国防研发活动的主体。378件专利样本中，保密专利申请数量排名前10的军工企业情况见表2-2。

表2-2　保密专利申请数量排名前10的军工企业一览表[①]　　单位：件

单位名称	保密专利申请量	单位名称	保密专利申请量
英国航空航天系统公司	44	英国国防科技集团	9
美国雷神公司	39	美国诺斯罗普·格鲁曼公司	9
美国洛克希德·马丁公司	16	美国阿连特技术系统公司	6
英国罗尔斯·罗伊斯公司	15	美国通用电气公司	5
欧洲导弹集团	11	美国航空喷气公司	5

此外，政府也是保密专利申请的主要申请人。国防和军队建设属于国家行为，国家预算国防开支资助与国防和军队建设相关的研究项目，由此产生的发明创造中有一部分涉及国家安全和国防利益需要保密。由于这部分发明由国家资助，按照美国的法律，政府代表国家对这部分发明享有专利权，或者享有相应财产利益（国防目的的、已付费的、不可撤销的全世界范围的使用权）。例如，美国国防部雇员完成的发明，美国国防部资助大学、企业或者非营利组织完成的发明，企业利用国防部实验室依据“合作研究与开发协议”完成的发明，以及企业根据国防研究项目中的“技术投资协议”或者“其他交易”完成的发明，美国国防部都可以享有财产利益。从作者统计的378件专利看，美国海军、空军、陆军、能源部、国土安全局作为专利权人或者使用权人的共计89件，占23.5%。这一数据表明，政府投资国防研发所形成的保密发明只占较小一部分，大量军工企业自筹经费投入产生的保密发明占较大一部分。这也反映了美国国防科研活动的投入构成，即国防研发活动并不完全由政府投入，民间资本投入是很重要的一支力量。美国政府作为保密扣压专利申请的专利权人或被许可人的情况见表2-3。

① 袁晓东，凌霄霄．基于解密发明信息的美国国防专利特征分析[J]．情报杂志，2018，37（6）：20-26，3.

表 2-3　美国政府作为保密扣压专利申请的专利权人或被许可人的情况一览表[①]

单位名称	专利权人	被许可人	单位名称	专利权人	被许可人
美国海军	27	21	美国国土安全局	7	0
美国空军	2	11	英国国防部	3	0
美国能源部	8	3	加拿大国防部	1	0
美国陆军	4	6	其他	259	26

一个有趣的现象是，美国被保密扣压的专利申请中，既有外国的军工企业，如英国的罗尔斯·罗伊斯公司，也有外国的政府，如加拿大国防部。既然专利申请是因为涉及国家安全和国防利益才被保密扣压，怎么会有外国的政府和企业到美国提交涉密的专利申请呢？其原因是美国、英国、德国、加拿大等都是北约国家，北约国家之间为开展共同防御、促进经济合作，就保密发明在北约国家范围内申请专利保护缔结了《与共同维护涉及国防的保密发明及专利申请有关的协定》。下文将作详细介绍。

2.3　施加保密令的程序

2.3.1　基本概念

美国政府实施保密令的程序因政府在该发明中是否具有财产利益而有所区分。政府对一项发明有财产利益，包括政府雇员发明和联邦政府资助的发明两种情形。其中，政府雇员发明是指，由政府工作人员履职或者代表政府作出的发明，由政府提交专利申请；联邦政府资助的发明是指，由政府采办合同的承包商在履行合同期间做出的发明。[②]

1. 政府雇员发明

政府雇员包括任何政府机关的任何官员或雇员、平民或军人，包括《美国法典》第 18 编第 202 条中定义的特殊政府雇员，或者根据政府人事法案（IPA）（《美国法典》第 5 编第 1304 条、第 3371 条至第 3376 条）规定的为联邦政府机构工作的人，或者根

① 袁晓东，凌霄霄 . 基于解密发明信息的美国国防专利特征分析 [J]. 情报杂志，2018，37（6）：20-26，3.

② 注：依据美国国防部武装部队专利顾问委员会的声明，政府有财产利益是指“由政府工作人员履职或者代表政府作出的发明，由政府提交专利申请”和“由政府承包商在履行合同义务期间作出的发明”等两种情形。

据《美国法典》第29编第2101条a款（8）项雇用的除了由商务部副部长批准的机构条例另行规定以外的兼职顾问或兼职员工。根据法律规定，符合以下条件的，政府有权获得雇员发明的所有权：①在工作时间内完成的发明；②利用政府提供的设备、设施、材料、资金或信息完成的发明；③为履行公职做出的发明等。如果政府机关对于该发明的贡献不足，获得全部所有权和利益显失公平或者政府并不对该发明享有完全的利益时，基于政府目的的考虑，政府将会允许雇员保留所有权，并且政府享有非独占的免费使用许可权。

2. 联邦政府资助产生的发明

该种类型的发明是指，任何基于合同或者授权、合作协议而完成的在构思中或者付诸实践的发明。《美国联邦法规汇编》第37编第401部分，《联邦采办条例》第27.3部分（即《美国联邦法规汇编》第48编第27.3部分）等法规都规定了为实验、发展或研究工作提供合同、赠款和合作协议的专利权条款，这些条款中通常规定承包商享有发明的所有权，而政府享有非独占的、已付费的使用许可权。

（1）根据合作研究与发展协议（CRADA）创造的发明。当发明完全由合作方的雇员完成时，联邦实验室主任有权放弃根据CRADA协议所创造的发明的所有权，为了确保合作方可以保留对发明的所有权，应当向政府提供非独占的已付费的使用许可权。

（2）根据联邦机构与小企业、非营利机构签订的协议产生的发明。依据拜杜法案（Bayh-Dole法案，《美国法典》第35编第十八章第200条至第212条），政府对向小企业、非营利机构提供资金的协议中产生的发明享有非独占的已付费的使用许可权。

(3) 根据联邦机构与大企业签订的协议产生的发明。里根总统1983年的专利政策声明将拜杜法案的适用范围扩大到大企业。国防部指令在其采购协议中，遵循拜杜法案的规定，获得相应的权利。即，协议相对方根据协议的规定享有该协议发明的所有权，但是政府机构应享有非独占的、已付费的使用许可权。

2.3.2 发明保密工作程序概述

依据《美国联邦法规汇编》第3编第303条，政府拥有财产利益的专利申请，都需要在专利商标局进行注册登记并对政府拥有的财产权利进行标记，因此，通过查阅专利申请的注册登记册，很容易确定一项专利申请是否存在政府财产利益。政府拥有财产利益的，依据《美国法典》第 35 编第 181 条第 1 款发起保密令。政府没有财产利益的，则依据第 181 条第 2 款和第 3 款的规定发出保密令。①

1. 政府有财产利益的情形

当政府对一项发明有财产利益时，政府、合作方、受让人和 CRADA 合作方在专利申请中应当提交一份政府对于该发明有财产利益的声明。当未提交该声明时，推定政府不对该发明享有任何财产利益。如果政府有证据证明确实享有财产利益，该推定将被推翻。

当政府在一项专利申请上有财产利益时，由政府机构发起对专利申请施加保密令的程序。即，只要政府机构认为其公开或揭露可能危害国家安全时，无论专利申请人是政府机构还是承包商，都由该政府机构直接通知专利商标局局长对该专利申请施加保密令。根据美国国防部 2010 年 3 月 24 日发布的《国防部专利保密审查程序》（国防部指示 5535.02），保密审查的标准是："可能危害国家安全。"②

依据《美国联邦采办条例》第 52.227-10 条《提出专利申请—保密主题》规定：政府承包商的专利申请含有合同的涉密主题的，承包商在向美国专利商标局提交专利申请前应当将该申请文件传送给政府合同官员。政府将确定该专利申请是否因国家安全应当被施加保密令，并通知美国专利商标局。其中，密级高的还要考虑是否要按照《发明保密法案》的规定进行封存。承包商向专利商标局提交专利申请的方式，应遵循政府合同官员的指示。合同的主题由于保密原因被定密的，未经合同官员批准，承包商不得将含有合同主题的发明向外国提交专利申请。提交含有保密主题的专利申请时，承包商应当遵守关于保密主题传送的保密规定，并及时将申请号、申请日和申请国信息提供给合同官员。向美国专利商标局提交申请时，承包商应当另附函确认该申请上的安全保密标记。

---

① 注：《美国法典》第 35 编第 181 条第 2 款、第 3 款规定："2. 如果政府对发明无财产上的利益，专利商标局局长认为因授予专利证书而公布或发表该项发明可能有损国家安全时，局长应将透露该项发明的专利申请书送交原子能委员会、国防部长以及总统指定的作为美国国防机构的其他政府部门的首长检查。3. 知悉申请的每个人应该在注明日期的确认文书上签名，该项文书应置于申请案的档案中。如果原子能委员会、国防部长或被指定的其他政府部门或机构的首长认为因为授予专利证书而公布或发表发明可能有损国家安全时，原子能委员会、国防部长或上述其他机构首长应该通知专利商标局局长，局长应立即命令对该项发明保密，并在国家利益需要期间内扣发专利证书，并通知其申请人。在提请发出保密命令的部门或机构首长表明，对（专利）申请的审查可能损害国家利益时，专利商标局局长应该命令将（专利）申请书保持在保密状态，并通知申请人。申请书处于上述保密命令之下以后，其所有者有权按照商务部长规定的条件就保密命令向部长提出申诉。"

② DoD Directive 5535.2, "DoD Patent Security Review Process", March 24, 2010.

专利商标局局长接到国防机构决定施加保密令的通知后，应当对该专利申请施加保密令，暂不授予专利权。政府机构拥有财产利益的发明在专利申请之前就决定了保密令的施加。

根据美国国防部2010年3月24日发布的《国防部专利保密审查程序》（国防部指示5535.02），对于美国国防部有财产利益的发明，美国陆军部、空军部、海军部，以及国防部各内设机构负责审查发明的披露是否可能危害国家安全，对于做出施加保密令的建议的，同时通知专利商标局局长和国防技术安全管理局局长。国防技术安全管理局受负责政策的助理国防部长的指派，负责对所有国防部负责的涉密专利申请的保密审查进行统筹协调，具体负责管理国防部专利保密审查程序，维护数据库管理系统，协调专利保密范围审查清单的定期更新，制定详细的描述专利保密审查程序的执行导则，解决国防部单位内的或与美国专利商标局的任何有关专利保密审查程序的争议。可以看出，对于政府有财产利益的专利申请，由国防部各部（局）直接通知专利商标局施加保密令，国防技术安全管理局负责统一管理。①

对于政府雇员发明，政府机构向专利商标局提交保密专利申请时，应当贴上安全保密标记，通知专利商标局依照适当的安全保密要求处理该专利申请。② 对于承包商承担政府委托的研究任务所做出的发明，如果合同是保密的，在承包商选择取得专利权的情况下，承包商必须在提交专利申请时将申请书副本交给政府机构，由该政府机构审查该发明是否应当保密，贴上安全保密标记后通知专利商标局；在政府作为专利申请人的情况下，由政府贴上安全保密标记后，再提交专利申请。③

美国的所谓“安全保密标记”，即确定为秘密、机密或绝密的，在文件上标注的密级标识。只有政府雇员发明或者与国防部有保密协议的（承包商承担国防部任务都有保密协议），且确定密级的，才会有“安全保密标记”。换句话说，只有本书后文介绍的“二类保密令”有安全保密标记。“一类保密令”只限制出口，要求专利申请人按限制性要求披露信息，但不会确定密级。“三类保密令”中，专利申请人与国防部没有保密协议，没有相应的保密条件，只会被要求保密，但并不发给“安全保密标记”。

---

① DoD Directive 5535.2, “DoD Patent Security Review Process”, March 24，2010.

② 依据国家安全信息行政令（第12356号行政令），专利商标局应当将其受理的带有“机密”或“秘密”字样的专利申请文件，迅速交由“特别法律行政组”（Special Laws Administration Group）的“许可和审查部”（Licensing & Review (L&R) Branch）进行保密处理。只有安全保密标记被解除之后，才能将专利申请文件及相关图纸等放置在公开的专利档案中。

③ Sabing H L. Protecting the Private Inventor under the Peacetime Provisions of the Invention Secrecy Act[J]. Berkeley L. J. 1997.12（2）：345.

需要特别说明的是，对于与专利申请有财产利益的政府机构未要求施加保密令的，专利商标局通常不施加保密令。但是，如果专利商标局意识到另一个政府机构可能与标的发明利益相关，则可能视情况送交另一个政府机构进行保密审查。这种情况下，专利申请的保密审查程序适用政府没有财产利益的发明的情形，即在专利申请提交后审查确定是否需要保密。

2. 政府没有财产利益的情形

对于政府没有任何财产利益的发明，施加保密令的程序包括两个阶段，第一阶段发生在专利商标局，第二阶段发生在某个国防机构。根据《美国联邦法规汇编》第 37 编 1.211 条和 1.311 条规定，自美国专利申请日起 6 个月内，或自涉密专利申请提交到国防部 90 天内，以两者中较晚日期为准，专利申请将不允许公布和授权。美国政府将利用这段时间完成保密审查。

（1）专利商标局工作程序

根据《美国法典》第 35 编第 111 条规定提出的所有临时专利申请和非临时专利申请，以及根据《专利合作条约》规定提出的所有国际专利申请的所有内容，都会被进行保密筛查。任何向外国提交的专利申请都将延迟 6 个月，以对其进行保密审查。

对于政府没有财产利益的专利申请，其保密筛查都是由美国专利商标局的“特别法律管理组”（Special Laws Administration Group）的“许可和审查部”（Licensing & Review (L&R) Branch）启动的，该部门也称为“220 组”。该机构负责专利申请的保密筛查，目前约有 50 名保密审查员，都通过了国家安全和原子能保密资质鉴定，且分别具有化学、电气或机械等技术背景。“220 组”对所有专利申请进行分类，然后进行保密筛查，以确定它是否存在“如果披露可能会影响国家安全的实质内容”。

为了帮助确定一项专利申请是否保密，原武装部队专利顾问委员会（ASPAB）为专利商标局提供了《专利安全类别审查清单》（the Armed Services Patent Advisory Board’s Patent Security Category Review List，PSCRL），供“220 组”使用。清单详细内容见附件 2-1。清单包括 21 类发明，每一类都含有特定的小类，分别关系到不同国防机构负责的安全事项，这些机构包括美国陆军部、海军部、空军部、原子能委员会、国家航空航天局、国家安全局等国防机构。[①] 此外，供专利商标局进行保密筛查的安全类别审查清单还包括军用关键技术清单，[②] 能源部类别指南清单（The Department of Energy

① ASPAB，“Patent Security Category Review List”（PSCRL-1），January 1971.

② 注：MCTL 清单为机密级，系国防部长办公室制定，用于国防部评估对潜在敌人的军事能力至关重要的技术。

Category Guide List)，[1]“商品控制清单”（CCL），以及包含在“国际军火贸易条例”中的“美国军需品清单”（USNIEL）。经“220组”审查认为，专利申请中的实质内容与清单上的小类相对应，专利商标局将通知相关国防机构，然后由国防机构分别按照其规定程序，进行保密审查。

（2）国防机构工作程序

专利商标局经保密筛查后，将含有可能构成国家安全威胁实质内容的专利申请发给相应的国防机构。[2]通常，被送交保密审查的国防机构不止一家。各部门经审查后，将得出保密或无须保密的结论，并向专利商标局提出建议。一个国防机构的保密建议就足以让专利商标局对该专利申请施加保密令。根据《美国法典》第35编第181条第3款“知悉申请的每个人应该在注明日期的确认文书上签名，该项文件应该置于申请案的档案中”的规定，专利商标局专门制定了表格“专利商标局1453表格”，专门用于记录各国防机构关于保密的建议以及所有审查人的签名和日期。该规定便于政府对保密发明的知悉范围进行管理。

对于政府没有财产利益的专利申请，国防机构进行保密审查的标准是“会危害国家安全”，[3]这与政府有财产利益的专利申请的保密审查标准“可能危害国家安全”的标准有所区分。很显然，对于政府没有财产利益的专利申请的保密审查标准要更加严格。据统计，政府没有财产利益的专利申请，专利商标局送交国防机构进行保密审查的，最终约有5%到10%被施加了保密令。

对于涉及国防部的涉密专利申请的保密审查程序，1997年武装部队专利顾问委员会撤销前，使用武装部队专利顾问委员会的《专利安全类别审查清单》筛查出来的专利申请，由专利商标局发给ASPAB，再由ASPAB分发给陆军部、海军部、空军部、原子能委员会、国家航空航天局和国家安全局等机构，由各机构对申请进行保密审查。各机构负责专利申请保密审查的人员必须是“该机构授权的责任代表”。各机构完成保密审查后，通知ASPAB，由其向专利商标局发布最终确认的要求保密的通知。涉及其他国防机构（如能源部）的涉密专利申请，由专利商标局直接发给该机构审查，并由该机构直接通知专利商标局。武装部队专利顾问委员会撤销后，根据美国国防部2010年

---

① 注：能源部类别指南清单（The Department of Energy Category Guide List）是根据1954年《原子能法》第151条c款和152条制定，并在《美国法典》第42编第2181-82条（1994）得到确认。

② 注：这种专利申请的物理载体保留在专利商标局，送交国防机构的是缩影胶片复制件。

③ DoD Directive 5535.2，“DoD Patent Security Review Process”，March 24，2010.

3 月 24 日发布的《国防部专利保密审查程序》（国防部指示 5535.02），专利商标局移交国防部的涉密专利申请，由国防部国防技术安全管理局（DTSA）统一接收，并负责将专利保密审查任务分配给各军种、国防部有关单位。各军种部、国防部有关单位按照专利保密审查程序负责所分配的专利保密审查任务，确定该申请所描述的发明的披露是否会危害国家安全，并做出是否施加保密令的建议，通知 DTSA，由其统一通知专利商标局。[①] 由此可见，对于政府没有财产利益的专利申请，DTSA 是国防部与专利商标局的唯一接口，统一组织对专利申请进行保密审查，更新和撤销保密令，审查申请外国专利的许可。

需要特别说明的是，专利申请属于以下情形的，一般不送国防机构审查：①已知政府对该专利申请有财产利益的，包括由政府某机构提出专利申请的，以及提交的专利申请已经带有安全保密标记的。②外国专利申请。某项发明，只有其所有发明人都是外国人，才被认为是在美国之外做出的，发明人中至少有一人是美国人的，该申请就可能送去保密审查（注：涉及原子能或特种核材料的所有发明都送交能源部审查，无论其出自哪里）。

2.3.3　三种类型的保密令

经国防机构审查须保密的专利申请，由专利商标局施加保密令。根据专利申请中技术信息的敏感级别不同、允许知悉的范围不同，以及政府对这些技术信息的拥有程度不同，美国制定了三种不同的保密令分别进行处置。

三种保密令本质的区别在于规定了不同的知悉范围，即不同的信息披露许可。一般来说，专利申请含有的技术资料，属于根据当前美国出口控制法律或规章受到出口控制的，采用“一类保密令”。专利申请含有根据行政令 10865 号和《国家安全信息行政令》（第 12356 号行政令）保密的技术资料，或者含有根据《安全导则》“适宜保密的”技术资料，且申请人与国防部已签署保密协议的，采用“二类保密令”。一类和二类保密令都不适用的情形下的专利申请，例如，含有可保密的主题，且专利申请人并未与国防部签署保密协议的专利申请，采用“三类保密令”。[②] 详细介绍如下。

---

① DoD Directive 5535.2，“DoD Patent Security Review Process”，March 24，2010.

② Kundert L T. Invention Secrecy Guide: Foreign Filing Licenses，Secrecy Order and Export of Technical Data in Patent Applications[J]. J. Pat. & Trademark Off. Socy. 2006. 88：867.

1. “一类保密令”（Type 1 Secrecy Order）

“一类保密令”又称“用于向特定国家提交外国专利申请的保密令和许可”。该保密令所适用的专利申请是，国防部有财产利益、其主题不保密，但根据现有美国出口控制法律，该主题未经政府批准不能被合法出口，即不能向未经批准的外国披露专利申请中的技术信息。“一类保密令”专门授权披露已获得出口许可的任何信息，授权在特定国家申请外国专利，不再需要得到专利商标局进一步的许可。遵守“一类保密令”，实质上就是遵守美国出口控制法规，这类法规包括商品控制清单和国际军火贸易条例的军需品清单。“一类保密令”只适用于国防部。①

“一类保密令”的发布依据是 1984 年 11 月 6 日颁布的国防部第 5230.25 号指令。而国防部第 5230.25 号指令的依据是 1984 年的国防部授权法（《美国法典》第 10 编第 40 条 c 款）和军用关键技术清单，用于对出口控制的审查。

其中，《美国法典》第 10 编第 40 条 c 款授予国防部对于涉及军用或航天技术的不保密技术资料，拥有限制公开披露的权力。原文如下：

第 40 条 c　国防部长：对某些技术资料扣压不予向公众披露的权力

a. 不管任何其他法律规定如何，任何具有军事或航天应用的、国防部拥有的或控制的技术资料，如果得不到 1979 年《出口管理法》（Export Administration Act of 1979，编入《美国法典》第 50 编第 2401 条至第 2420 条）或《军火出口控制法》（Arms Export Control Act，编入《美国法典》第 22 编第 2751 条）的批准、授权或许可，不能合法出口到其他国家和地区，国防部长可以扣压这种技术资料的公布披露。然而，如果根据上述任一条法案公布的规章，授权这种资料以一般的不受限制的许可出口的，根据本条款可以不扣压。

b.

（1）在设定本条款 90 天之后，国防部长应提出贯彻本条款的规章。这种规章颁布之前，应在联邦公报上公示不少于 30 天，供公众评论。这种规章应在适当之处，作出向美国的盟国以及有资格的美国承包商披露技术资料的规定。这些美国承包商包括小企业，在履行美国政府合同中使用这些资料。

（2）本条款中，“具有军事或航天应用的技术资料”是指可用于或适用于设计、工程化、生产、制造、操作、修理、大修、或再生产任何军事或航天装备，或有关这种装备、技术的任何蓝图、图纸、计划、指令、计算机软件和文件，或任何其他技术信息。

① Kundert L T. Invention Secrecy Guide：Foreign Filing Licenses，Secrecy Order and Export of Technical Data in Patent Applications[J]. J. Pat. & Trademark Off. Socy. 2006. 88：867.

正是按照上文第 40 条 c 款 b 项 1 中关于“在设定本条款 90 天之后，国防部长应提出贯彻本条款的规章”的规定，1984 年 11 月 6 日，美国国防部公布了“国防部第 5230.25 号指令”，对于在其控制下的、不保密的技术资料，若其出口受到“军用关键技术清单”的限制，国防部有权扣压以阻止其向公众披露。国防部使用其中规定的程序，对所有专利申请，包括在其拥有或控制之外的申请，做出是否施加保密令的决定。

“一类保密令”授权在美国、澳大利亚、比利时、加拿大、丹麦、法国、德国、希腊、意大利、日本、韩国、卢森堡、荷兰、挪威、葡萄牙、西班牙、瑞典、土耳其和英国等 28 个北大西洋公约组织成员国申请专利，不再需要单独的许可。申请其他国家专利的，需要由申请人在递交外国专利申请之前 90 天向美国专利商标局提出请求书，美国专利商标局收到请求书后送国防部审查，国防部审查通过后由专利局做出许可决定，再由申请人通过批准该申请的国防机构，经外交途径递交外国专利局。

“一类保密令”允许为“合法商业目的”[①] 广泛地披露该发明，包括在美国国内进行生产和销售；以及在获得向特定国家出口技术信息的许可证的情况下，在特定国家商业市场上进行生产和销售。由此可见，“一类保密令”允许在最宽范围内使用专利申请中的技术信息，其保密范围只限于受到出口控制的国家。

“一类保密令”范本如下。

美国专利商标局

申请序列号________________

保密令（笔者注：一类）

适用于国防部有财产利益的非定密的专利申请

包括：

为合法商业目的披露主题的特许

在某些外国提交专利申请的特许

根据主管国防机构的意见，上述识别的专利申请包含的主题，如果未经授权的披露，会危害国家安全。

---

① 注：按照国防部指令 5230.25，“合法商业目的”包括：“(1) 美国政府批准的向外国政府提供或寻求提供设备或技术（例如，通过得到许可的直接对外军售）；(2) 对剩余财产销售的投标，或准备投标；(3) 为国内商业市场销售或生产产品，或者，在获得所需出口许可的前提下，为国外商业市场销售或生产产品；(4) 在某专业能力方面从事科学研究”。

命令本申请的所有责任人[1]将该申请的主题置于《美国法典》第35编第181条规定的保密令下。

本申请的主题不得被公布或向任何人披露，但是，由本保密令专门授权或今后得到专利商标局局长批准的书面修改本保密令的授权的除外。

未经授权地公布或披露本专利申请的主题的，可能导致本申请的废弃(《美国法典》第35编第182条）以及公布或披露该主题的人员受到《美国法典》第35编第186条规定的处罚。

一般规定

在美国或外国已提交的或今后提交的任何其他专利申请，含有上述识别的专利申请的主题的任何实质部分的，也落入本保密令的范围内。如果这种其他专利申请目前未被美国专利商标局施加保密令，必须按下述地址将该申请以及该共同的主题立即告知“许可和审查部”[Licensing & Review（L&R）Branch] 的主任。

保护规定

本申请是非定密的，因而不受第12356号行政令“国家安全信息行政令”、第10865号行政令“产业内部涉密信息的保护”或“国家工业安全计划工作手册”的规定管辖。但是，由于该主题的披露会危害国家安全，必须按提供足够的保护和防止未经授权的人员接触的条件，对其进行保护。该主题的副本不再需要时，应当予以销毁，销毁方法要做到防止内容的披露或文件的重建。在本保密令有效期间，有关本申请的与专利商标局的通信，必须按下列地址寄送：专利商标局局长，华盛顿特区20231，许可和审查部转交。有关本申请安全保护的其他问题，应当直接向主管国防机构提出。

许可与审查部地址……

本保密令是由下列主管国防机构向专利商标局局长建议的：

（）陆军

（）海军

（）空军

（）国土安全局

（）

不得以任何方式将本保密令解释为意味着美国政府已经采用或打算采用本申请所披露的发明，并且本保密令不是该发明的价值的任何表示。

特许为合法商业目的披露主题

责任人可以，为合法商业目的，向美国公民或遵守美国法律的在美国永久居住的人员披露本专利申请的主题，条件是要向该公民或人员提供本保密令副本并告知本保密令适用于所披露的主题。“合法商业目的”的解释要与《联邦法规全编》第 32 编第 250 部分的规定相一致。合法商业目的包括，为国内商业市场销售或生产产品；或者，在获得所要求的出口许可的前提下，为外国商业市场销售或生产产品。合法商业目的还包括，得到所要求的出口许可或美国政府批准后，向外国承包商或外国政府出售或披露技术资料。

责任人从美国商务部出口管理局获得有效许可的，或者根据技术资料管理法规从美国国务院国防贸易控制局局长获得许可的，应当通知专利商标局局长。

特许在某些外国提出专利申请

特许责任人，按下述的约束条件，在下列国家提出相应的专利申请以及进行申请程序：澳大利亚、比利时、加拿大、丹麦、法国、德国、希腊、意大利、日本、韩国、卢森堡、荷兰、挪威、葡萄牙、西班牙、瑞典、土耳其、英国（笔者注：北约国家现已增加为 28 个）。

向外国提交的申请及其申请程序中的文件，应当被传送给在此识别的主管机构，申请由责任人直接向外国提出的，由该主管机构通过外交渠道递交，申请系通过责任人的得到该外国政府授权的外国专利律师提出的，由该主管机构通过该外国律师递交……

[1]“责任人”包括专利申请人、其继承人、受让人、被许可人及其律师和代理人。

*关于施加本保密令的原因的疑问，应当直接向主管国防机构提出。本保密令附有国防机构的联系方式。

*关于本专利申请的实质审查的疑问，应当直接向专利审查员提出。

*有关本申请的行政处置或本保密令的疑问，应当直接向专利商标局的许可和审查部提出，电话：571-272-6617；传真：571-273-0314。

*面交函件的，应当在上午 9：00 至下午 4：30 之间，送交……技术中心 3600，房间号 4B31。

2.“二类保密令”（Type 2 Secrecy Order）

“二类保密令”又称“用于披露保密信息的保密令和许可”。此类保密令所适用的专利申请包含的技术信息是根据《国家安全信息行政令》（第 12356 号行政令）确定了密级的（政府有财产利益的）；或者是根据《安全导则》适宜定密（政府无财产利益的)，且专利申请人与国防部签订了保密协议的。该保密协议参见《国防部 441 表格》(DD Form 441)。“二类保密令”处置作为专利申请的保密技术信息，与处置其他保密信息的方式完全相同。该专利申请中包含的技术信息是根据国防部保密协议事先被定密的信息，在保密令中已经注明了技术信息的密级（秘密、机密或绝密)，具有相应保密资质的人或机构可以按照保密要求获知该信息。①

“二类保密令”只适用于国防部，凡是与国防部签订保密协议的专利申请人，均有义务根据《国家工业安全计划工作手册》(ISM）建立相应的保密条件，具备适当的保密设施，对保密信息进行保护和处置。《国家工业安全计划工作手册》对于保密信息的保护和处置，做了专门的规定。因此，“二类保密令”在保密信息的适当保存和处置方面，只需遵照《国家工业安全计划工作手册》执行。任何超出《国家工业安全计划工作手册》授权范围的信息披露（例如，披露给未获得相应保密资质的人员)，都是不允许的。如需披露该信息，在作出该披露之前，必须从美国专利商标局获得对该保密令的书面更改。②

“二类保密令”的施加，在保密检查任务方面对参与国防工业保密计划和国防研究服务工作的专利律师及其保密条件提出了一些保密要求，处理这种申请的专利律师或代理人应当具备适当的保密资质、保密能力和保密设施。

“二类保密令”范本如下。

美国专利商标局

申请序列号____________________

保密令（笔者注：二类）

美国法典第 35 编第 181 ～ 188 条

以及

关于披露被定密的或“可被定密的”主题的特许

根据主管国防机构的意见，上述识别的专利申请含有被定密的或“可被定密的”[1]主题。

[ ] 本申请被定密，密级为 [ ] 绝密

[ ] 本申请未被定密，但是属于“可被定密的”，可定密级为 [ ] 机密

[ ] 秘密

① Kundert L T. Invention Secrecy Guide：Foreign Filing Licenses，Secrecy Order and Export of Technical Data in Patent Applications[J]. J. Pat. & Trademark Off. Socy. 2006. 88：867.

② Kundert L T. Invention Secrecy Guide：Foreign Filing Licenses，Secrecy Order and Export of Technical Data in Patent Applications[J]. J. Pat. & Trademark Off. Socy. 2006. 88：867.

命令本申请的所有责任人[2]将该申请的主题置于《美国法典》第 35 编第 181 条规定的保密令下。

本申请的主题不得被公布或向任何人披露，但是，由本保密令专门授权或今后得到专利商标局局长批准的书面修改本保密令的授权的除外。

未经授权地公布或披露本专利申请的主题的，可能导致本申请的废弃（《美国法典》第 35 编第 182 条）以及公布或披露该主题的人员受到《美国法典》第 35 编第 186 条规定的处罚。

必须按提供足够的保护和防止未经授权的人员接触的条件，对本申请的主题进行保护。该主题的副本不再需要时，应当予以销毁，销毁方法要做到防止内容的披露或文件的重建。

不得以任何方式将本保密令解释为意味着美国政府已经采用或打算采用本申请所披露的发明，并且本保密令不是该发明的价值的任何表示。此外，本保密令本身并不是对本申请的主题定密的批准。

在美国或外国已提交的或今后提交的任何其他专利申请，含有上述识别的专利申请的主题的任何实质部分的，也落入本保密令的范围内。如果这种其他专利申请目前未被美国专利商标局施加保密令，必须按下述地址将该申请以及该共同的主题立即告知专利商标局

……

本保密令是由下列主管国防机构向专利商标局局长建议的：

( ) 陆军

( ) 海军

( ) 空军

( ) 国土安全局

( ) ____________

披露被定密的或“可被定密的”信息的特许

A. 如果该主题是被定密的：

根据第 10865 号行政令和第 12356 号行政令“国家安全信息行政令”的规定，授权向有相应保密资质的“需要知悉”的人员披露本申请的主题，向其披露时要向其提供本保密令副本并告知本保密令适用于所披露的主题。

本申请的主题的整体或部分的解密，并不改变本保密令。本保密令的要求仍然保持效力，直至本保密令被专利商标局局长撤销或书面修改。该主题被解密的，应当使主管国防机构注意此事。

B. 如果本申请主题是“可被定密的”但未被定密：

本保密令针对的责任人，其受雇的机构具有现行的“国防部安全保密协议”(《国防部 441 表格》）的，该机构应具有不低于本保密令首页标示的密级的保密资质。本保密令授权向其“需要知悉”的人员披露本专利申请的主题：披露要遵守“关于保护涉密信息的国家工业安全计划工作手册”（国防部手册 5220.22−M）的规定[3]，并且向得到披露主题的人员提供本保密令副本，并告知本保密令适用于所披露的主题。

责任人受雇的机构不具有现行的“国防部安全协议”的，责任人要向任何人披露本申请的主题，必须事先获得专利商标局局长对本保密令的书面修改。见《联邦法规全编》第 37 编第 5.5 部分。

本项关于披露被定密的或“可被定密的”信息的特许，并未授权以下述方式披露本专利申请的主题:（1）未经专利商标局的特许提交外国专利申请，或者（2）未得到所需的出口许可就出口任何物品、商品或技术资料。

[1] 在此使用的术语“可被定密的”是指，主题未被实际定密，但是按照此保密令所述主管国防机构的意见，假如该主题由美国政府所有或在美国政府控制之下的话，其敏感程度足以根据第 12356 号行政令“国家安全信息行政令”定密。

[2]“责任人”包括全部的专利申请人、其继承人、受让人、被许可人以及他们的律师和代理人。

[3] 由于本保密令所覆盖的主题并未被实际定密，《国家工业安全计划工作手册》的某些规定可能不严格适用，例如，派生定密、降密 / 解密指示、部分和页的标记。机构遵循《国家工业安全计划工作手册》的规定遇到问题的，应当直接询问主管本保密令的国防机构，以获得合适的保密指导。

*关于施加本保密令的原因的疑问，应当直接向主管国防机构提出。本保密令附有国防机构的联系方式。

*关于本专利申请的实质审查的疑问，应当直接向专利审查员提出。

*有关本申请的行政处置或本保密令的疑问，应当直接向专利商标局的许可和审查部提出，电话：571－272－6617；传真：571－273－0314。

*面交函件的，应当在上午 9：00 至下午 4：30 之间，送交……技术中心 3600，房间号 4B31。

3.“三类保密令”（Type 3 Secrecy Order）

“三类保密令”又称“保密令”。“三类保密令”用于其他两种类型不适用的情形，包括由除国防部之外的机构通知颁发的保密令。这种保密令所适用的专利申请是，其含有应保密的技术信息，但是由于政府在该发明中没有财产利益，且专利申请人与国防部没有安全保密协议（《国防部 441 表格》），因而不能被事先定密或置于“二类保密令”下。该保密令防止保密主题在未经专利商标局书面同意的情形下披露给任何人。其原因是，如果专利申请的主题应当保密，但申请人与国防部没有保密协议，他就没有义务依照《国家工业安全计划工作手册》（ISM）保护该信息。事实上，专利申请人可能是独立发明人，没有保密方面的知识，也没有适当保存保密信息的设施。针对此类专利申请，无法像发布“二类保密令”一样依赖《国家工业安全计划工作手册》对保密信息进行控制，因此只好施加“三类保密令”。三类保密令包含适用于国防部的“三类保密令”和适用于能源部的“三类保密令”。[①]

（1）适用于国防部的“三类保密令”。未经专利商标局特别批准，禁止对该发明进行进一步的披露。要想从专利商标局获得进一步披露的许可，须专门提交请求书要求修改保密令。适用于国防部的“三类保密令”包含了一个“特许 A”，即：授权专利申请人、代理人等责任人向任何政府部门、机构或主管部门的任何官员，任何由政府部门、机构或主管部门负责人或其正式授权的代表所指定的人员，以及联邦政府或受联邦政府委托对该主题进行开发、制造或使用的人员，透露本发明。这个“特许 A”，保证了政府部门、政府授权的人、承担政府任务的人为国防目的可以知悉和使用保密发明。

适用于国防部的“三类保密令”范本如下。

① Kundert L T. Invention Secrecy Guide：Foreign Filing Licenses，Secrecy Order and Export of Technical Data in Patent Applications[J]. J. Pat. & Trademark Off. Socy. 2006. 88：867.

保密令样本（适用于由国防部建议的保密令）

美国专利商标局

申请序列号＿＿＿＿＿＿＿＿＿＿＿

保密令（笔者注：三类）

美国法典第 35 编第 181 ～ 188 条

根据主管国防机构的意见，上述识别的专利申请包含的主题，如果未经授权的披露，会危害国家安全。

命令本申请的所有责任人[1]将该申请的主题置于《美国法典》第 35 编第 181 条规定的保密令下。

本申请的主题不得被公布或向任何人披露，但是，由本保密令专门授权或今后得到专利商标局局长批准的书面修改本保密令的授权的除外。

未经授权地公布或披露本专利申请的主题的，可能导致本申请的废弃（《美国法典》第 35 编第 182 条）以及公布或披露该主题的人员受到《美国法典》第 35 编第 186 条规定的处罚。

必须按提供足够的保护和防止未经授权的人员接触的条件，对本申请的主题进行保护。该主题的副本不再需要时，应当予以销毁，销毁方法要做到防止内容的披露或文件的重建。

未经专利商标局局长书面修改本保密令的授权，不得向任何人披露本申请的主题。

不得以任何方式将本保密令解释为意味着美国政府已经采用或打算采用本申请所披露的发明，并且本保密令不是该发明的价值的任何表示。此外，本保密令并不表示本申请的主题被定密或应当被定密。

在美国或外国已提交的或今后提交的任何其他专利申请，含有上述识别的专利申请的主题的任何实质部分的，也落入本保密令的范围内。如果这种其他专利申请目前未被美国专利商标局施加保密令，必须按下述地址将该申请以及该共同的主题立即告知专利商标局。

……

本保密令是由下列主管国防机构向专利商标局局长建议的：

（ ）陆军

（ ）海军

（ ）空军

( ) 国土安全局

( ) __________

附件

（“特许 A”）

特许向政府雇员和其他特定人员披露

授权本保密令所指定的责任人此后向特定类别的任何人披露该主题，条件是责任人知道该人员的公职身份与该主题直接相关，且采取了所有合理的保护措施，防止以其他方式使该发明被未经授权地披露。特定类别是：

*美国政府的任何部、机构或局的任何官员或雇员；或者

*由美国政府的任何部、机构或局的首长或其正式授权的下级专门指定为接收该主题的合适人选的任何人员。

本保密令下，进一步授权责任人向下列人员披露本申请的主题：责任人雇用的或与责任人一道工作的忠诚谨慎的最小必要数量的人员，或者其职责涉及在由美国政府或为美国政府对该主题进行的开发、制造或使用中合作的被许可人，并且要向这些人员告知本保密令。

本特许的规定并未丝毫减少由任何政府合同或现有关于国家安全的法律所施加的对该主题的安全责任。

[1]“责任人”包括专利申请人、其继承人、受让人、被许可人及其律师和代理人。

*关于施加本保密令的原因的疑问，应当直接向主管国防机构提出。本保密令附有国防机构的联系方式。

*关于本专利申请的实质审查的疑问，应当直接向专利审查员提出。

*有关本申请的行政处置或本保密令的疑问，应当直接向专利商标局的许可和审查部提出，电话：571-272-6617；传真：571-273-0314。

*面交函件的，应当在上午 9：00 至下午 4：30 之间，送交……技术中心 3600，房间号 4B31。

(2) 适用于能源部的“三类保密令”。涉及原子能的专利申请是特别敏感的，其处理程序单独规定。根据 1954 年《原子能法》，美国能源部有权对所有涉及“原子能”或“特种核材料”的专利申请进行保密审查。其中包括两个程序，一个是发明人有义

务向能源部原子能委员会报告发明，由原子能委员会决定施加保密令；另一个是发明人向专利商标局提交专利申请，专利商标局应通知原子能委员会并提供该专利申请文件，由原子能委员会决定施加保密令。被原子能委员会要求保密的，发明人未经授权不得披露有关信息。对于违反保密令的发明人，能源部有权根据《美国法典》第35编第185条、第186条的规定进行处罚。

1954年《原子能法》（美国法典第42编第181条）相关规定原文如下：

（c）向能源部原子能委员会报告发明。已做出或今后做出有用于特种核材料或原子能的生产的任何发明或发现的任何人，应向能源部提交一份完整的描述该发明或发现的报告，除非该人在提交这种报告所要求的期限内，已在向专利商标局局长提交的专利申请中描述了该发明或发现。包含这种发明或发现的报告的提交，应当在该人首次发现或首次有理由相信这种发明或发现有用于所述的生产或利用之后的180天之内。

（d）迄今或今后提交的专利申请所披露的发明或发现，被专利商标局局长认为属于根据（c）款的规定需要报告的，专利商标局局长应通知能源部原子能委员会，并向其提供这种专利申请。

（e）属于（c）款提交的报告，以及根据（d）款提供的专利申请，将被能源部原子能委员会保密的，发明人或所有人未经授权不得披露有关信息；执行国会的任何法案，或者在能源部原子能委员会确定的特定情形下所必要时除外。

适用于能源部的保密令范本如下。

保密令样本（适用于由能源部建议的保密令）

美国专利商标局

申请序列号＿＿＿＿＿＿＿＿＿＿

保密令（笔者注：三类）

[美国法典第35编第181～186条]

给申请人、申请人的继承人以及任何和所有受让人、律师和代理人，下称责任人：

特此通知您，您的上述识别的申请含有的主题，被未经授权披露的，可能危害国家安全，为此命令您，不得以任何方式，向在本保密令颁发日期之前不知悉该发明的任何人，包括责任人的任何雇员，公布或披露该发明或任何相关的实质信息，包括迄今为止未公布的该申请的主题细节，而应将该发明保密，但是获得专利商标局局长书面同意的披露除外，违反者按《美国法典》第35编第182、186条进行处罚。

已提交的或今后提交的任何其他专利申请，含有上述识别的专利申请的主题的任何实质部分的，也落入本保密令的范围内。如果这种其他专利申请未被施加保密令，应当将该申请以及该共同的主题告知专利商标局许可和审查部。如果在颁发本保密令之前，该主题的任何实质部分已被某人得知，责任人应当迅速将该保密令以及不当披露将受到处罚的信息告知该人。

不得以任何方式将本保密令解释为意味着政府已经采用或打算采用本申请所披露的发明，并且本保密令不是该发明的价值的任何表示。

一旦政府机构通知，国家利益要求保密令更新，本保密令可被更新，期限不超过 1 年。

一般的特许规定不包括本保密令。

*关于本专利申请的实质审查的疑问，应当直接向被分配审查本申请的专利审查员提出。

*关于施加本保密令的根据的疑问，应当直接向下述机构提出：

美国能源部

负责专利的总法律顾问助理办公室，……

*有关本申请的行政处置或本保密令的疑问，应当直接向专利商标局的许可和审查部提出，电话：571-272-6617；传真：571-273-0314。地址：

……

*面交函件的，应当在上午 9：00 至下午 4：30 之间，送交……技术中心 3600，房间号 4B31。

4. 三种保密令的对比

美国三类保密令的情况对比见表 2-4。

表 2-4　三种保密令的对比

	适用对象	用　途	发布依据	特点
一类保密令	国防部有财产利益、专利申请的主题不保密，但根据现有美国出口控制法律，该主题未经政府批准不能被合法出口，即不能向未经批准的外国披露	特许为合法商业目的披露发明主题，特许在某些外国提交专利申请	国防部第 5230.25 号指令，1984 年国防部授权法（《美国法典》第 10 编第 40 条 c 款）和军用关键技术清单	只适用于国防部

续表

	适用对象	用　途	发布依据	特点
二类保密令	已定密的政府有财产利益的专利申请；或者适宜定密的政府无财产利益的专利申请，且专利申请人与国防部签订了保密协议	该专利申请根据国防部保密协议事先被定密，具有相应保密资质的人或机构可以按照保密要求获知该信息	《国家安全信息行政令》（第12356号行政令），《安全导则》，《国家工业安全计划工作手册》	只有此类保密令确定密级，只适用于国防部
三类保密令	用于其他两种类型不适用的情形，包括由除国防部之外的机构通知颁发的保密令。专利申请含有应保密的技术信息，但是在该发明中没有政府财产利益，且专利申请人与国防部没有保密协议	防止保密主题在未经专利商标局书面同意的情形下披露给任何人。 向联邦政府或受联邦政府委托对该主题进行开发、制造或使用的人员，透露本发明。 要求向能源部报告已作出或将要作出的用于特种核材料或原子能生产的任何发明或发现		

2.3.4 国防部定密、定密异议、确定保密令类型和施加保密令的指南

为了对发明进行准确定密，国防部各机构针对相关技术领域制定了详细的定密指南，且规定了定密异议的处理程序。此外，国防部还制定了确定保密令类型的指南性文件，规定了施加保密令的工作程序，以帮助各机构提出保密令建议，管理好被施加保密令的专利申请。

1. 国防部有关机构制定的安全保密级别指南

美国国防部《信息安全计划》（DoD 5200.1-R）要求，对每个涉及保密信息的系统、规划、计划或项目都发布一个定密指南。按照该指令，各军种部、国防部各机构分别针对所管理的技术领域，制定安全保密级别指南，以作为该技术领域发明创造的定密导则，各机构按照该导则进行定密。① 这里，我们找到了美国陆军部关于激光制导系统制定的陆军条例第380-6号《激光制导系统安全保密级别指南》（Laser Guidance Systems Security Classification Guide）。该指南就激光制导系统的保密依据、政策、标准、程序、责任等进行了详细规范，并制定了确定密级的导则。详细内容见附件2-2。

① DoD 5200.1-R, "Information Security Program", January, 1997.

2. 对国防部定密的异议程序

关于专利申请的保密审查及定密，如果专利申请人有异议，可依据有关法律规定和程序提出异议。美国国防部《信息安全计划》第四章“解密和变更密级”第 9 条“对定密的异议”进行了规定。如前文所述，负责对专利申请进行定密的是国防部各军种部、国防部各机构，因此，定密的异议也向其提出。专利申请人可以提出定密异议，国防部机构内部的工作人员也可以提出定密异议。一般情况下，国防部各机构应当在 60 天内（最迟 120 天内）对定密异议予以答复。专利申请人或国防部机构工作人员仍有异议的，可以向部际安全定密申诉委员会提出申诉。如果国防部定密之后且专利商标局已经施加保密令，专利申请人仍有异议的话可以按照美国专利法第 181 条的规定向商务部提起申诉（下文将介绍）。美国国防部《信息安全计划》第四章“解密和变更密级”第 9 条“对定密的异议”原文如下：

1. 定密异议

1.1 如果信息持有者有充分的理由认为，对该信息的定密是不适当的或不必要的，应当向其保密管理人员或该信息的定密官表达其看法，以做出必要的修正。表达可以是非正式的，或按照第 12958 号行政令的规定提交正式的定密异议请求。在诉诸正式异议之前，鼓励提出非正式定密异议。国防部各机构[①]应制定程序，使本机构的授权持有保密信息的人可以对定密决定提出异议，并确保本机构人员知悉所制定的程序。

1.1.1 根据本节提出的正式定密异议请求应包括对所异议的信息的足够描述，使得按合理的努力能够识别该信息及其定密官。国防部人员提出的定密异议请求应当包括异议者认为该信息定密不当的或不必要的理由。可能的话，异议请求书应当是不保密的。

1.1.2 国防部各机构应确保任何雇员不会因提出定密异议而受到惩罚。

2. 国防部各机构应制定程序，处置接到的来自机构内部和外部的定密异议请求。这些程序应符合下列规则：

2.1 应建立处理、跟踪和记录正式的定密异议的制度。

① 注：国防部单位（DoD Components）是指国防部长办公室、各军部、参谋长联席会议主席、各作战司令部、以及国防部各部门。

2.2 机构应当在60天内对异议做出书面答复，如果机构无法在60天内对该异议做出全面答复，则必须告知已收到异议请求书并提供预期的答复时间。告知内容必须包括一项说明：如果在120天内未收到答复，异议者有权向部际安全定密申诉委员会①提出该异议请求。如果机构②在接到内部上诉后90天内未答复，异议者也可向部际安全定密申诉委员会提出该异议请求。

2.3 异议请求被机构驳回的，机构应提示异议者有权就该驳回决定向部际安全定密上诉委员会申诉。

2.4 异议涉及的信息是过去2年内某另一项异议的主题的，或者是悬而未决的诉讼的主题的，机构无须处置该异议请求，而应将该情形以及适当的上诉程序告知异议者。

3. 信息是定密异议的主题的，在作出对其解密的决定之前，应当继续保密和适当保护。

3. 国防部确定保密令类型的指南

对于一项特定的专利申请，原武装部队专利顾问委员会（ASPAB）制定了以下用于确定其适用于哪种类型的保密令的导则③，该导则仍被国防部国防技术安全管理局（DTSA）、各军种部、国防部内设机构沿用。主要内容如下。

（1）确定该技术信息落入两种基本类别的哪一种：①保密的/可保密的信息，或②不保密的信息，但其出口受到MCTL中包含的导则的控制。

（2）该信息是保密的/可保密的，则：如果申请人具有国防部保密协议，即《国防部441表格》，建议适用“二类保密令”；如果申请人不具有国防部保密协议，建议适用“三类保密令”。为了确定申请的所有人是否具有国防部保密协议，ASPAB的核查人员可询问相关的国防部保密办公室，如DOSCO、DSI或保存这类信息的OISI。

（3）如果该技术信息是不保密的，则核查人员进一步确定，该不保密技术资料的出口是否受到包含在“保密军事关键技术清单”中的指导方针的控制。如果是，建议适用“一类保密令”。在适用MCTL的特定部分时，核查人员利用不保密交叉参考，从

① 注：部际安全定密申诉委员会（Interagency Security Classification Appeals Panel）是1995年克林顿总统颁布的12958号行政令规定设立的。成员由国务卿、国防部长、司法部长、中情局局长、美国档案馆馆长以及总统国家安全事务助理各自指定的高级代表担任。由总统从委员会成员中选择委员会主席。定密异议是12958号行政令规定的措施。

② 注：机构（Agency）是指行政令12958号和对其修订的行政令12972号中特指的组织。就国防部而言，本术语包括国防部、陆军部、海军部和空军部。

③ 参见武装部队专利顾问委员会（ASPAB）1986年11月25日的备忘录，名称为“使用修订的保密令的暂行程序”。

商务部的“商品控制清单”或美国国务院国防贸易办公室的“国际军火贸易条例”部分，获得“出口控制商品号码”（ECCN）。ECCN 参考或 ITAR 参考都包括在 ASPAB 提出的“一类保密令”建议中。

4. 国防部关于已施加保密令的专利申请的操作程序

按照美国国防部《信息安全计划》（DoD 5200.1-R）C2.6.1 节的规定，[①] 被施加保密令的专利申请在国防部内将按下述程序进行处置：

（1）如果该专利申请含有正式确认定密的信息，将被赋予密级，作出安全保密标记，并进行相应保护。

（2）如果该专利申请的信息未被正式定密，将按下述程序行事：

①在该申请上放置一张说明单（或传送用的说明单），主要有以下文字：“所附材料含有的信息已被美国专利商标局根据其披露会损害国家安全的决定而颁发 ××× 类型的保密令。法律禁止其传送或以任何方式暴露给未经授权的人员。比照‘秘密’级（或其他适当的密级）进行处置。”

②该信息不得向公众发布；其在国防部内传播将受到控制；将指示申请人不得向任何未经授权的人员披露该申请；该专利申请将被按相当密级的保密材料所遵循的方式保护。

（3）如果根据 1951 年发明保密法案和《与共同维护涉及国防的保密发明及专利申请有关的协定》，得到批准向外国政府提交专利申请，则在为提交外国申请所准备的专利申请的复制件的每一页的页底做出以下标志：“根据 1951 年发明保密法案（《美国法典》第 35 编第 181 ～ 188 条）扣压。”“作为‘秘密’（或确定的适当的其他密级）处置。”

根据上述规定，我们可以看出：①如果专利申请中包含了保密信息，应当做出“安全保密标记”确定保密等级，并采取适当保护措施。如果该专利申请不包含保密信息[②]，则没有“安全保密标记”，但是要按照“秘密级”或其他适当的密级信息进行保护。②被施加了“一类保密令”和“三类保密令”的专利申请文件并没有“安全保密标记”，而是根据上述的封面来确定需要进行保密。只有被颁发了“二类保密令”的专利申请才有可能在其申请文件上载有“安全保密标记”。

---

① DoD 5200.1-R，“Information Security Program”，January，1997.

② 注：所谓保密信息，是指经政府机关确定为国家安全机密并包含安全保密标记的信息，密级包括“秘密”、“机密”和“绝密”。被施加保密令的专利申请不一定含有国家安全机密，例如“一类保密令”就不包含。

2.3.5 保密令的解除、变更和异议程序

1. 保密令的解除

保密令的解除包括国防机构主动解密、申请人请求解密两种情形，两种情形下都是由国防机构负责保密审查，专利商标局做出解除保密令的决定。《美国法典》第 35 编第 181 条第 6 款规定："根据原来提请发布保密命令的部门或机构首长的通知，公布或发表发明不再有损国家安全时，专利商标局局长可以废除前项保密令。"按照该项规定，当美国专利商标局接到国防机构的通知，认为该专利申请的公布或者披露不再影响国家安全时，保密令应当被解除。

此外，专利申请人可以向专利商标局请求解除保密令，提请解除保密令的请求书中必须列明所有应当解除的事实和理由。由于保密令的目的是为了避免发明的公开或者披露，因此，申请解除保密令的原因必须是该发明已经被公开或者披露，没有继续保密的必要。发明已通过出版物公开或者专利申请文件公开的，请求书还应当包括出版物或者专利申请文件的完整数据及复印件。专利商标局受理解除保密令的申请文件后，须转送给国防机构进行审查，并根据国防机构的保密审查意见做出是否解除保密令的决定。

对申请人提出保密令解除请求的情形，《美国联邦法规全编》第 37 编第 5.4 条进行了规定。原文如下：

5.4 请求解除保密令（Petition for rescission of secrecy order）

a. 受保密令影响的任何利害关系人或其代表可以提出解除或撤销保密令的请求。这种请求以信函形式，一式两份。该请求必须附有一份该申请复印件或该申请的保密令复印件，除非说明这样的复印件已被提交给导致该保密令颁发的国防部门。

b. 该请求必须引证任何和所有声称致使保密令无效或无用的事实，作为请求的基础。当陈述先前的出版物或专利时，必须提供该出版物或专利的完整资料，并应当附有这些资料的复印件。

c. 如果该申请的主题或主题的任何重要部分是在政府合同下开发的，或该主题在其他方面与这种合同有关，则该请求必须确认政府与任何利害关系人的这种合同。如果没有这种合同，请求中必须阐明。

d. 除非基于的事实是公开的记录，否则该请求必须被核实。

申请人除正式向专利商标局局长请求解除保密令之外，还可以非正式地联系做出施加该保密令通知的国防机构，请求国防机构主动通知专利商标局对保密令予以解除。

2. 保密令的变更

被施加保密令的专利申请主体，如果请求允许其向特定主体或者基于特定目的披露发明信息时，或者请求允许其向外国申请专利时，必须向专利商标局提交修改保密令的请求书，充分阐述修改保密令的目的和理由。专利商标局收到变更请求书后，移交给当时要求施加该保密令的国防机构，由该国防机构审查是否批准对该保密令进行修改，并通知专利商标局。专利商标局根据国防机构的通知，对保密令进行书面修改，或者驳回变更申请。除了“一类保密令”确定的 19 个国家的外国专利申请外，凡是申请人想申请其他国家专利的，必须额外提交保密令变更申请，获得特别授权。

对申请人提出保密令变更请求的情形，《美国联邦法规全编》第 37 编第 5.5 条进行了规定。法规原文如下：

5.5 允许披露或修改保密令（Permit to disclose or modification of secrecy order）

a.《美国法典》第 35 编第 181 条规定的对披露或者申请外国专利的同意，其具体操作是，对保密令作出一种“允许”或“修改”。

b. 请求一种“允许”或“修改”的，必须充分陈述所建议的披露的理由或目的。已知所建议的披露被国防机构作出密级鉴定的，在请求中应当对这种鉴定作出解释，包括该国防机构的名称以及鉴定日期和密级。请求的提交应一式两份，并附有一份该申请的或针对该申请的保密令的复印件，除非说明这样的复印件已被提交给导致该保密令颁发的国防部门。

c. 请求修改保密令以申请外国专利的，必须阐明建议申请的所有国家，以及在向外国专利局提交申请材料之前委托的所有律师、代理人和其他人员。该请求应包括担保所建议的这种披露的接收人的忠诚和正直的声明，而且，已知这些接收人在本国或外国的保密资格鉴定情况的，应给出所有具体细节。

d. 同意披露处于保密令下的某申请的主题，可认为是同意披露处于保密令下的另一件申请的共同主题，只要披露的材料未超出针对第一件申请的保密令修改所限定的条件。

e. 需要同意将保密令下的申请披露给予重复性的日常操作有关的个人或组织的，可以请求以一般许可证的形式获得同意。为了获得成功，此类请求书通常须列出所公开的安全许可状态，因为可能涉及最高等级机密材料。

3. 对保密令的异议程序

专利申请人对保密令的施加有异议的，应当先向专利商标局提出解除保密令的请求。如请求被专利商标局驳回，《美国法典》第35编第181条第3款规定："申请书处于上述保密命令之下以后，其所有者有权按照商务部长规定的条件就保密命令向部长提出申诉。"关于向商务部的申诉程序，依据《美国联邦法规全编》第37编5.8条的规定进行。原文如下：

5.8 上诉到商务部（Appeal to Secretary）

以保密令为案由，按照《美国法典》第35编第181条的规定，向商务部长上诉的，该上诉要在已请求解除保密令并被拒绝之后才能采取。上诉必须在该被拒绝之日起60天内采取，由商务部长或其指定的官员听取上诉和作出决定。商务部将通知上诉方以及导致保密令颁发的部门听诉的时间和地点。

2.4 保密令的法律效力

2.4.1 禁止未经许可披露发明主题

申请人自收到专利商标局颁发的保密令之日起，即承担了对发明进行保密的义务。有关该发明的主题或任何资料信息，包括该发明的未公布的细节，不得公布或披露给在保密令颁发日期之前不知晓该发明的任何人。按照DoD 5200.1-R的要求，所有被施加了保密令的专利申请，无论是否有"安全保密标记"，都应与国防部保密文件一样，采取适当的保密措施，包括施加了"一类保密令"的含有军事或者空间技术信息的申请，以及被施加了"三类保密令"的含有保密技术数据的申请（独立研发或私人研发而未被认定为保密信息的除外）。[①] 被保密的信息应当控制在国防部内部传播，应当对专利申请文件（或者其他被保护的信息）采取与其保密级别相适应的保密手段，禁止向任何未授权的主体披露。保密令适用的是专利申请中包含的发明主题，而不仅仅是专利申请本身。已提交的或以后提交的其他专利申请，包含任何该发明主题的重要部分的，也落入该保密令的范围，如果这些申请还未被专利商标局局长施加保密令，专利商标局的"220组"将对这些申请进行筛查。

① DoD 5200.1-R, "Information Security Program", January, 1997.

专利申请人必须按照“提供足够的保护、防止未经授权的人员得到”的标准，对置于保密令下的发明主题进行保护。针对受保密令约束的专利申请所提交的、直接涉及该保密令覆盖的主题的所有信函，必须以避免向未经授权的人披露的方式，按规定要求的地址传送到专利商标局，不允许使用传真传送。申请人还应确保，任何处于保密令下的申请的信件地址应该是适合接收保密信息的地址。申请人想要变更处于保密令下的申请的代理律师，应在变更通知中包括新律师的姓名、出生日期和社会保险号，以便“220 组”对其进行必要的涉密资格审查。有两种情况例外。一是得到该保密令的许可，因为保密令本身就是“许可令”。如前文所述，不同类型的保密令，明确了不同的披露程度和知悉范围。二是从专利商标局获得除保密令规定范围外的其他更有优先权的披露许可。

如果专利申请的利害关系人不当地或疏忽地披露了该专利申请的主题，则应该分两种情况加以处置。一是在施加保密令之前或之后，如果涉及该申请的主题的任何重要部分或资料信息被暴露给在美国的任何美国公民，该申请的利害关系人必须迅速向该人告知保密令以及不当披露的惩罚后果。二是如果该主题的任何重要部分是被披露给在外国的任何人或在美国的外籍人士，该申请的利害关系人不得向该人告知保密令的存在，而是必须迅速向“220 组”提供之前未提供的信息，包括以下信息：披露的日期、得到披露信息的人员的姓名和地址、这种主题的确认，以及某美国政府机构对出口这种主题的授权。如果该主题被包含在任何外国专利申请或专利中，则应加以确认。

2.4.2 禁止未经许可向国外申请专利

《美国法典》第 35 编第 184 条规定：“在美国提出关于在美国完成发明的专利申请，或请求实用新型、外观设计或款式的注册以后的 6 个月内，非经专利商标局局长发给许可证，不得在任何外国提出申请，或使他人或授权他人提出申请。”在发明不保密的情况下，根据《联邦法规汇编》第 37 编第 5.12 条规定，向美国专利商标局递交专利申请的 6 个月内，官方会发出受理通知书（Filing Receipt），其中包括“国外申请许可”（Granted a License for Foreign Filing）。得到该许可后，专利申请人就可以向外国提交专利申请。在发明保密的情况下，《美国法典》第 35 编第 182 条规定：“受保密令约束的专利申请，未经专利商标局局长同意，……在外国提出专利申请的，经局长核实有违反上述命令情节时，可认为该项发明已被放弃，而且应该认为在违反命令时即已放弃。”

外国专利申请主要包括三种情形：一是北约国家(《与共同维护涉及国防的保密发明及专利申请有关的协定》缔约国）的专利申请。美国专利商标局依据国防部的通知颁发的是“一类保密令”的情况下，该保密令即包括了向北约国家提交保密专利申请的许可证，但是，专利申请人在提交外国专利申请的同时必须选择放弃美国国内补偿的权利。二是非“一类保密令”的专利申请。如果申请人希望在北约国家以外的国家提交“一类保密令”下的专利申请，或者非“一类保密令”的所有外国专利申请，则需要向专利商标局提出申请外国专利的请求，以获得申请外国专利的许可。如果发明人在未获得外国申请许可之前擅自在其他国家申请专利，将导致该申请人不能就该发明主题获得美国专利。三是国际专利申请(PCT 申请)。如果对国际专利申请施加了保密令，则只要该保密令效力存在，该申请不得被送交国际局。直到保密令撤销，该国际专利申请的记录复印件（Record Copy）和检索副本才会被送到国际局进行处理。如果根据 PCT 规则 22.3 条规定的时限到期之日该保密令仍有效，该国际申请将被考虑撤销（放弃)，因为国际局在期限内接收不到该国际申请的记录复制件。

专利商标局可以在任何时候以书面形式撤销外国专利申请的许可。提交美国专利申请 6 个月后提起的外国专利申请许可，可能会因被施加保密令而强制撤销。此外，专利商标局还可以追加外国申请的许可。根据《美国法典》第 35 编第 184 条规定：“如果因出于无意在外国提出申请，而该项申请并没有透露属本编第 181 条范围以内的发明，仍得发给上述许可证，其效力溯及既往。本条中所用‘申请’一词包括申请以及对申请的修改、更正或补充，或分案申请。”

2.4.3 违反保密令的法律责任

违反保密令追究法律责任包括三种情形。

(1）依据第 182 条的规定①剥夺发明的专有权，即对于施加保密令的专利申请，只要被发明人、继承人、受让人或法定代理人披露，无论有意还是无意，都将失去发明的专有权，并且丧失一切请求政府因施加保密令或使用发明给予补偿的权利。发明的权利自始无效。

① 《美国法典》第 35 编第 182 条规定：“受本编第 181 条命令约束的专利申请，凡未经专利商标局局长同意，其发明已在申请中暴露，或者发明被其发明人、继承人、受让人或法定代理人或其他任何有共同利益的人公布或透露，或在外国提出专利申请的，经局长核实有违反上述命令情节时，可认为该项发明已被放弃，而且应该认为在违反命令时即已放弃。……这种放弃使申请人及其继承人、受让人或法定代理人，或其他有共同利益的人丧失其基于此项发明而对美国的一切请求权。”

(2) 依据第 185 条的规定[①]剥夺发明的专有权，即如果发明人及其继承人、受让人或法定代理人在未取得许可的情况下提交了外国专利申请，将丧失获得美国专利权的权利，已获得美国专利的也自始无效。但是，如果是出于无意申请的外国专利，且没有需要施加保密令的信息的，可以追加外国专利申请的许可。

(3) 依据第 186 条的规定[②]给予刑罚，即如果任何人明知有保密令而故意或者因重大过失，公布保密发明或者故意申请外国专利的，应当被处以 1 万美元以下的罚金或 2 年以下的有期徒刑，或者既处以罚金，又处以有期徒刑。

需要特别说明的是，违反保密令的惩罚，都在送达专利申请人的保密令中进行了明示。

2.4.4　向国防机构披露保密发明

"1917 年法案"的名称被称为《自愿提交法案》，即鼓励发明人提交其发现的具有军事价值的发明，并向发明人支付相应补偿。1951 年《发明保密法案》，通过向专利权人支付因政府施加保密令和政府使用保密发明给发明人造成的损失的补偿，以及保密令失效后授予发明人有效期 20 年的专利权等一系列措施，激励发明人向政府公开其保密发明。《发明保密法案》的一个重要目的，就是鼓励发明人发现具有军事价值的发明并向美国政府提交此类发明。

《发明保密法案》赋予了美国国防机构获取保密发明信息的权利，并对相关工作人员进行了免责。具体规定为，"专利商标局局长认为因授予专利证书而公布或发表该项发明可能有损国家安全时，局长应将透露该项发明的专利申请书送交原子能委员会、国

---

① 《美国法典》第 35 编第 185 条规定："即使法律另有规定，任何人及其继承人、受让人或法定代理人在未取得本编第 184 条所规定的许可证的情况下，而将发明在外国提出专利申请或为实用新型、外观设计或款式在外国提出注册申请，或同意他人申请，或协助他人申请的，此人及其继承人、受让人或法定代理人不能取得该项发明在美国的专利权。对此人及其继承人、受让人或法定代理人颁发的美国专利证书应无效。"其中提到的 184 条规定了"如果出于无意在外国提出申请，而该项申请并没有透露属本编第 181 条范围以内的发明，仍得发给上述许可证，其效力溯及既往。本条中所用'申请'一词包括申请以及对申请的修改、更正或补充，或分案申请。"

② 《美国法典》第 35 编第 186 条规定："在依本编第 181 条所规定的保密令对发明进行保密和扣发专利证书的期间内，任何人明知此项命令而未经正当许可，擅自公布或发表，或授权他人或使他人公布或发表该项发明或有关该发明的实质性资料的，或者，任何人违反本编第 184 条的规定，在美国完成的某项发明的专利或实用新型、外观设计或款式在外国提出申请，或使他人或授权他人申请或注册的，在证明有罪后，应处以 1 万美元以下的罚金或两年以下的监禁；或罚款并监禁。"

防部长以及总统指定的作为美国国防机构的其他政府部门的首长检查"，"知悉申请的每个人应该在注明日期的确认文书上签名，该项文书应置于申请案的档案中"，"本节中的禁止规定和罚则不适用于在其职权范围内执行职务的美国官员或代理人，也不适用于接受其书面指示或得到其许可而有相关行为的人"。

从三类保密令的设计看，"一类保密令"适用于国防部有财产利益的发明，"二类保密令"适用于国防部有财产利益或者虽然无财产利益但与国防部签有保密协议的发明，可见，"一类保密令"和"二类保密令"下被保密的发明，国防部都掌握发明信息，以便于为国防目的使用发明创造（即使被保密，那也是针对一般群体，并不影响国防机构知悉和使用）。关于"三类保密令"，由于国防部版本的"三类保密令"适用的很多发明是个人投资者做出的，政府不易掌握这些发明信息，为解决这一问题，"三类保密令"设计了一个"特许 A"，即：授权专利权主体向任何政府部门、机构，任何由政府部门、机构指定的人，以及受政府委托对发明进行开发、制造或使用的人，透露其发明创造。而能源部针对原子能相关发明创造须施加"三类保密令"的，《原子能法》要求"向能源部提交一份完整的描述该发明或发现的报告"，或"专利商标局向能源部提供这种专利申请"。由此可见，美国设计的三种类型的保密令有一个共同特点，就是在对外保密的同时，尽可能地保障政府及受政府委托的机构获知该发明，以方便政府使用。

2.4.5 专利性审查

1. 专利性审查的程序

专利申请虽然被施加保密令，但一般情况下不影响其专利性审查的照常进行。当然，《美国法典》第 35 编第 181 条第 3 款也规定："在提请发出保密命令的部门或机构首长表明，对（专利）申请的审查可能损害国家利益时，专利商标局局长应该命令将（专利）申请书保持在保密状态，并通知申请人。"可见，如果国防机构认为专利性审查可能会"危害国家利益"时，将暂停专利性审查。关于专利性审查的时间问题，华中科技大学管理学院袁晓东、凌霄霄在《基于解密发明信息的美国国防专利特征分析》一文中，以 378 件保密专利申请为样本，对专利文件上记载的保密令颁发日、保密令终止日和专利授权日等三个时间点进行统计分析，发现保密专利申请从解密到授权的时间不足 1 年的占 48%，大致可以说明这些发明在解密之前已完成专利性审查。①

① 袁晓东，凌霄霄 . 基于解密发明信息的美国国防专利特征分析 [J]. 情报杂志，2018，37（6）：20-26，3.

已被施加保密令的所有专利申请由美国专利商标局“220 组”进行专利性审查。如果分到另外组的某申请后来被施加保密令的，也将移交“220 组”。被施加保密令的申请案的专利性审查与其他申请案相同。经审查符合授权条件的，发出“可专利性通知”(《D-10 表格》)，结束审查程序。[①] 发明人接到该通知的，即取得了请求相关补偿的权利。此后直至保密令解除，所收到的任何修改文件不被接受和回应。保密令解除后，没有被驳回的修改将被接受，否则拒绝接受。

由于处置保密令案件有附加的行政管理负担，针对专利商标局就这种案件发布的所有审查行为，一般应规定充足的法定答复期限。有些情况下，进入审查的专利申请上标有安全保密标记，但没有保密令。这种情况下，审查员应当要求申请人寻求施加保密令，或寻求得到取消安全保密标记的授权。这应当是审查员进行专利性审查工作优先采取的第一项审查行为，而且在任何情况下，应在对该申请的最后处置之前完成。

2. 抵触申请的处理

关于在先的保密专利申请对于在后的普通专利申请构成抵触申请时，应当如何处理？首先，相互抵触的专利申请案中，有一件或多件是被定密的或被置于保密令下的，不得宣布抵触程序。在先的保密专利申请暂不视为抵触申请，因为普通专利申请的审查员检索不到保密专利申请，这样审查程序会比较简单。但这可能使在后的普通专利申请获得专利权，出现重复授权，这种情况只好留到保密专利申请解密后，再通过无效宣告程序解决，此时保密专利申请将被视为抵触申请。其次，如果“220 组”以外的审查员要求宣布抵触程序时，“220 组”的审查员将针对那些与普通专利申请形成抵触的保密专利申请进行检索。在经检索后驳回普通专利申请的情形下，如果普通专利申请人要求复审，这种复审只能等到保密令被解除后才能举行。这是因为，普通专利申请人不允许接触保密专利申请信息，因此只能等到保密专利申请解密后才能进行复审。

笔者对此做进一步分析。在先的保密专利申请对于在后的普通专利申请构成抵触申请情形，反映了专利保密制度与专利制度具有一定矛盾。如果按照第一种方案处理，会影响专利授权的法律稳定性；如果按照第二种方案处理，又会造成专利审查和复审程序复杂。如果保密专利申请总量不多，平均保密期较短，发生此类抵触申请的概率

① 《美国法典》第 35 篇第 151 条规定：“如果申请人按法律有权取得专利证书，应将准许通知书发给或邮寄给申请人。”

就比较低。相反，如果保密专利申请总量多，平均保密期较长，发生此类抵触申请的概率就比较高。这也是为什么必须严格定密标准、及时解密使保密专利申请数量不致过多的原因之一。实际上，如果专利保密制度的审密程序严密、定密范围和标准一致，那么当出现在先保密专利申请对于在后普通专利申请构成抵触申请时，就需考虑原保密专利申请是否还需要继续保密？如果认为仍要保密，则逻辑上在后的普通专利申请也应转为保密专利申请，由保密审查员审查，这时就可以检索到在先的保密专利申请，以抵触申请为由驳回在后的申请。如果认为不再需要保密，则应及时对保密专利申请予以解密，仍可以抵触申请为由驳回在后申请，并及时接续复审程序。这就以另一种方式解决或者减小了专利保密制度与专利制度的矛盾。反之，两件发明内容相同的专利申请，一件保密而另一件公开，难以说明其合理性。

2.4.6 暂不授予专利权

美国对涉密的专利申请实行扣压制，即在保密期间暂不授予专利权。第一，从专利制度“公开换保护”的基本原则考虑，美国不公开保密专利申请，因此在保密期间不授予专利权。假如授予专利权，就必须公开专利申请的发明主题。第二，从保密发明本身限制了商业赢利机会，而国防部门又享有为国防目的征用保密发明的权利的情况考虑，美国对保密专利申请不予授权，既保障了国防部门对保密发明的无障碍使用，又通过给予权利人补偿实现了权利人的经济利益。第三，尽管不授权意味着不颁发专利证书，但是，美国在完成专利性审查后会向申请人发出“可专利性通知”(《D-10 表格》)，这个可专利性通知就是发明具有可专利性的证明，是获得专利权的稳定预期，也是获得政府补偿的资格条件。

2.4.7 保密令的法定期限

《美国法典》第 35 编第 181 条第 4 款、第 5 款规定：“对发明保密以及扣发专利证书，均不得超过 1 年。根据原来提请发出保密令的部门或机构首长的通知，国家利益要求延长上述期限，并已做出肯定的决定时，专利商标局局长在上述期限届满或者在更新期限届满时应重申其保密令，再延长 1 年。在美国处于战争期间发布或生效的保密令，在全部战争期间以及战争停止后 1 年内持续有效。在由总统宣布的国家紧急状态期间发布或生效的保密令，在国家紧急状态期间以及其后 6 个月内持续有效。”

根据上述规定，为了有效维护国家安全利益，同时防止不合理地施加保密令，和平时期保密令的有效期都是 1 年，战争期间保密令的有效期为整个战争期间及战争结束后的 1 年，国家紧急状态期间保密令的有效期为整个国家紧急状态期间及紧急状态结束后的半年。国防机构必须每年对所有的保密令进行一次审查，对于需要继续保密的，延长保密令的有效期限 1 年，并通知专利申请人；对于不需要继续保密的解除保密令，授予专利权。保密令的定期审查与决定施加保密令时的审查程序是一样的。例如，原武装部队专利顾问委员会（ASPAB）决定颁发的保密令，其专利申请的定期保密审查必须在陆军部、海军部、空军部、NASA、国家安全局等所有 ASPAB 成员间传阅，每个机构都应当考虑保密令是否应该被撤销。只要一个机构决定该保密令不能被撤销，则对保密令延期。一旦保密令被撤销，专利商标局向申请人发出补偿通知。对于一般的被施加保密令的专利申请，如果保密期满未接到继续保密的通知，则该保密令自动失效。如果被保密的主题受第 12356 号行政令“国家安全信息行政令”[①] 或 1954 年《原子能法》修订版或其他适用法律约束的话，仅仅是保密令期满或未作更新，并不能减少负责该主题的保密的利害关系人的任何责任。除非该利害关系人已得到通知，该专利申请已被解密，并已被授权取消或删除了安全保密标记。

2.4.8　被施加保密令的专利权期限

美国在 1994 年《关贸总协定》乌拉圭回合谈判前，专利权期限为自授权日起 17 年。被施加保密令的专利权期限与普通专利一样，为专利授权并公布之日起 17 年有效。1994 年《关贸总协定》乌拉圭回合谈判后，依据《美国法典》第 35 编第 154 条 a 款（2）项的规定，专利的有效期为自专利申请日起 20 年。其中，作为过渡措施，在 1995 年 6 月 8 日之前提交专利申请而获得授权的专利，或者在 1995 年 6 月 8 日仍然有效的专利，其专利权终止日取“申请日 +20 年”与“授权日 +17 年”的较长者。

针对被施加保密令的专利申请，《美国专利法》规定，对于在 1995 年 6 月 8 日之后提交的被施加保密令的专利申请，保护期可以相应延长，延长天数等于保密令施加的天数，但最长不得超过 5 年。根据该规定，如果保密令的有效期延长了 5 年以上，则缩短了专利权的实际保护期限。极端情况下，如果保密令持续有效的时间超过 25 年，保密令还没解除，专利权就已经失效了。

① 注：第 12356 号行政令“国家安全信息行政令”确定保密安全信息，并赋予“秘密”“机密”和“绝密”的密级，作出“安全保密标识”。

针对这一问题，美国相应调整了《专利法》的相关规定。2005 年 8 月 3 日修改的专利法第 154 条 b 款（1）项 C 规定："根据第 181 条发布的命令，……专利的期限，按这些程序、命令或复查的期间每存续 1 日应延长 1 日。"按照该规定，其后提交的被施加保密令的专利申请，专利权保护期延长的天数等于保密令施加的天数，不再有最长天数的限制。

2.5 补偿

《美国法典》第 35 编第 183 条第 1 款规定，申请人或其继承人、受让人或法定代理人有权请求补偿"由于保密令或由于发表发明后政府使用该项发明或同时由于这两种原因而造成的损害"。在保密令生效之前以及专利授权后不会有损害补偿，因为《发明保密法案》要求损害是由于保密令造成的。第 183 条第 2、3 款阐述了请求补偿的多种程序。

2.5.1 索赔方式

《发明保密法案》规定了两个独立的索赔方式：一是"行政 + 司法"索赔。专利申请人先向要求施加保密令的国防机构提出行政索赔，政府部门或机构的首长可以与专利申请人达成补偿协议（终局的）；如果达不成协议的，由政府机构先行支付一笔其认为合理的补偿，专利申请人再行起诉到联邦索赔法院或地区法院。专利申请人的求偿权期限为自接到"可专利性通知"之日起，至专利授权后 6 年内；其中，因政府使用该发明的求偿权期限为自政府使用该项发明之日，至专利授权后 6 年内。二是"司法"索赔。专利申请人可等到保密令终止后，在联邦索赔法院提出诉讼，而无须先提出行政索赔。这种途径下的专利申请人求偿权期限为自颁发专利证书之日起 6 年内；其中，因政府使用而产生损害的求偿权期限为自政府第一次使用之日起，至颁发专利证书之日 6 年内。

1."行政 + 司法"索赔

《美国法典》第 35 编第 183 条第 1、2 款详细规定了"行政 + 司法"索赔途径。条文内容如下：

"申请人或其继承人、受让人或法定代理人，因上述规定而被扣发专利证书时，有权向提请发出命令的部门或机构的首长，请求补偿其由于保密令或由于发表发明后政府使用该项发明或同时由于这两种原因而造成的损害。

请求补偿的权利从申请人接到可以授予专利的通知之日开始，或自 1952 年 2 月 1 日起（以在后的日期为准），到发出该项专利证书后 6 年为止。行使因政府使用该发明而产生的损害的补偿权利，从政府开始使用该项发明之日开始。政府部门或机构的首长在收到损害补偿的请求后，有权与申请人及其继承人、受让人或法定代理人达成协议，全部补偿损害或使用费或偿付使用费并补偿损失。即使法律另有相反的规定，该项偿付协议也是最终决定性的。如果请求的补偿不能全部偿付，政府部门或机构的首长可以判定付给申请人或其继承人、受让人或法定代理人一笔款项，其数额不超过政府部门或机构的首长认为是对损害与（或）使用的公平补偿数额的 75%。损害补偿请求人可以在索赔法院或请求人居住地的美国地方法院对美国提起诉讼，请求偿付一笔款项，该款项与前述的判定款项加在一起就是对损害（或）政府使用发明的全部公平补偿。”

如前所述，被施加保密令的专利申请，一般不影响专利审查程序，经审查符合授权条件的，专利商标局将向专利申请人发出“可专利性通知”（《D-10 表格》），结束审查程序。提起行政索赔的权利，从发明人收到“可专利性通知”起产生，这与发布保密令的日期并不相同，也与政府首次使用发明的日期（如果有的话）不一定相同。对于因保密令导致的损害补偿权，从发明人收到“可专利性通知”起产生；对于政府使用保密发明的补偿权，自政府首次使用该发明之日起产生。

发明人提出行政索赔，提请施加保密令的行政机关就可能与发明人进入和解程序，通过和解协议解决所有因为保密令或者政府使用该发明造成的损害。和解协议是终局性的，并具有决定性的法律效力。如果国防机构与发明人签订了和解协议，后续的程序将不再有。但是，如果不能达成和解协议，行政机关将酌定合理补偿，向发明人先行赔付其认为合理的补偿金额的 75%。发明人收到该部分补偿金后，可以选择在联邦索赔法院或其所在地的地区法院起诉该国防机构，主张其认为应该支付的任何额外的补偿。

按照《美国法典》第 35 编第 183 条的规定，还未获得专利证书的专利申请人因保密令或政府使用发明而获得损害补偿的方式，只能是先进行行政索赔。如专利申请人不满意行政救济，或政府拒绝行政救济，或政府不合理的拖延时，可在索赔法院或地区法院进行司法索赔。关于这一点，可参考“霍恩巴克诉美国联邦政府案”。而且，一旦专利申请人启动行政索赔程序，那么必须由该机构先行裁决，才能通过司法途径寻求进一步的救济。只有专利申请被授予专利权后，专利权人才无须穷尽行政索赔程序，直接向索赔法院起诉。

案例 5 霍恩巴克诉美国联邦政府[①]
联邦巡回上诉法院
判决日期：1998 年 11 月 18 日

原告：Alton B. Hornback

被告：美国联邦政府

一、案件概要

美国联邦索赔法院审理了专利申请人 Alton B. Hornback 依据《美国法典》第 35 编第 183 条（以下简称“183 条”）就政府使用其发明提起的诉讼。索赔法院判决如下：由于在提起司法诉讼前，专利申请人未能按照 183 条规定实施行政救济，索赔法院同意美国政府提出的即决判决动议。183 条明确规定，还未获得专利证书的专利申请人可因保密令或政府使用发明而获得损害补偿的路径为行政路径。由于 183 条明确要求专利申请人寻求行政索赔，而专利申请人未提出任何行政索赔，因此，法院判定驳回其诉讼。由于空军已处理政府使用发明的问题，因此法院还否决了专利申请人提出的实施无效的论据。

原告不服该判决，遂提起上诉，要求驳回联邦索赔法院所作的判决。上诉法院经审理，认可索赔法院的判决，批准美国政府即决判决的动议，驳回专利申请人提起的诉讼。

二、案件详情

Alton B. Hornback 对联邦索赔法院在 1998 年 5 月 12 日作出的 96-CV-647 号判决提起上诉。联邦索赔法院根据 Hornback 在提起诉讼前，未穷尽行政救济，而驳回其对美国政府提起的专利诉讼请求。由于上诉法院与初审法院作出的判定（即 Hornback 须先寻求行政救济，再提起诉讼）保持一致，因此维持原判。

“当各方对案件的重要事实不存在真正的争议点，并且动议方有权获得一项法律的判决时，采用即决判决是恰当的。”[②]各方对重要事实不存在争议。案件的焦点在于联邦索赔法院是否合理解释并应用《美国法典》第 35 编第 183 条（1994 年版）《发明保密法案》。相应地，巡回法院进行了复审。

---

① Hornback v. United States，40 Fed. CI. 524，46 U.S.P.Q.2d 1304，qff’d，178 F.3d 1308 (Fed. Cir. 1998)

② 参见 Barseback Kraft 诉美国联邦政府案，收录在《联邦判例汇编（第三辑）》第 121 卷第 1475、1479 页(1997 年联邦巡回法院判例)。

Hornback 提出，原告在根据第 183 条规定提起诉讼前，无须穷尽行政救济。不过，索赔法院认为：对于尚未获得专利授权的专利申请人来说，183 条规定的是采用行政解决方法，如专利申请人不满意行政救济，或政府拒绝行政救济，或政府不合理的拖延时，可在索赔法院或地区法院进行司法索赔。这一观点可参见康斯坦特诉美国联邦政府案，收录在《索赔法院判例汇编》第 223 卷第 148 页、《联邦判例汇编（第二辑）》第 617 卷第 239、241 页（1980 年索赔法院判例）。由于法案对行政索赔程序有明确规定，因此，根据 183 条规定，原告需在寻求法院干预前，穷尽行政救济。

在一些根据 183 条提起的索赔诉讼案件中，依据事实，法院同意放宽穷尽行政救济的标准。参见 AT&T 诉美国联邦政府案，收录在《索赔法院判例汇编》第 231 卷第 360 页，《联邦判例汇编（第二辑）》第 685 卷第 1361、1365 页（1982 年索赔法院判例）。在 Farrand Optical Co. 诉美国联邦政府案中（收录在《索赔法院判例篇》第 133 卷第 555、558 页，1955 年纽约南区法院判例），原告在逾 6 年内未能与国防部达成和解协议。法院认为不能以国防部未能授予和解协议而永远禁止司法审查。但是，这些案件都不能表明：在原告从未向签发保密令的机构提出索赔的情况下，原告就可以根据 183 条提起司法诉讼。Hornback 于 1987 年 8 月 28 日发给空军的信函中明确排除因政府使用发明而提出索赔，并且没有证据证明他是基于穷尽行政救济的原则提起的诉讼。

Hornback 辩称，不需要进行行政诉讼，因为空军的多项声明都已说明政府使用了发明，这将使得进一步向政府索赔没有作用。记录表明，空军未就政府使用问题而签发任何最终决议。因此，Hornback 未提交行政索赔请求也不足为奇。

三、审判结论

根据美国法律规定："当各方对案件的重要事实不存在真正的争议点，并且动议方有权获得一项法律的判决时，采用即决判决是恰当的。"根据政府提出的即决判决的动议，索赔法院采取即决判决，判决驳回专利申请人提起的诉讼是恰当的。巡回法院维持原判。

尽管未获得专利证书的专利申请人只能先进行行政索赔，穷尽行政救济后方可向索赔法院或地区法院提起诉讼，但是，国防机构不能以此为由无限期地拖延处理补偿请求。在国防机构拖延处理行政索赔的情况下，专利申请人可向索赔法院或地区法院提起诉讼。“Farrand Optical Co. 诉美国联邦政府案”中，原告在双方未能就补偿金额达成和解协议后，向地区法院提起诉讼。法院认为，如果国防机构采取不合理的措施拖延行政解决的时间，索赔人可以自由寻求司法救济。相反，如果国防机构并没有不合理拖延时间的情形，而申请人直接向法院起诉，则会使行政索赔流于形式，则法院不应继续审理。即“霍恩巴克诉美国联邦政府案”的情形。

关于“行政 + 司法”程序的诉讼时效，第 183 条进行了规定。但该规定比较模糊，有两种截然不同的解读。一种解读是，“行政 + 司法”程序下，诉讼时效为专利申请人在接到准许通知（可专利性通知）后至专利发布前的任何时间，不包括专利发布后至 6 年期满前的时间。另一种解读是，诉讼时效为专利申请人在接到准许通知（可专利性通知）后，至专利授权后 6 年内。“Weiss 诉美国联邦政府案”就这一问题给出了答案。正确的解释是第二种，即申请人或不超过 6 年的专利权人都可以向提请发出保密令的部门或机构寻求救济，然后向地区法院或美国索赔法院寻求进一步的救济。

案例 6　Weiss 诉美国联邦政府[①]

美国马萨诸塞州地区法院

2001 年 6 月 26 日判决

原　告：Richard J. Weiss、Stephen Solender、Arthur Michael Solender、Elsie Solender

被告：美国联邦政府

一、案件概述

Richard J. Weiss 发明了“智能翼皮”，该项发明能够提供飞机机翼上的力的实时信息，而又不妨碍机翼的正常使用。他就此申请专利，但美国专利局应空军的要求，发布了保密令和在特定国家申请外国专利的许可（一类保密令）。发明者从未尝试在外国为他的发明申请专利。最终，保密令被撤销，此发明获得一项美国专利。发明人可以以专利持有人的身份提起诉讼。但是，发明人未能证明他遭受了任何损失，也未能证明保密令与他所遭受的任何损失之间有因果关系，也没有证据表明他曾经对专利进行许可或行使排他权。因此，Weiss 没有获得补偿。

① Weiss v. United States，146 F. Supp. 2d 113 (D. Mass.2001) .

二、案件详情

（一）背景

Richard J. Weiss 发明了“智能翼皮”，该项发明能够提供飞机机翼上的力的实时信息，而又不妨碍机翼的正常使用。Weiss 先生将该项发明的一半所有权转让给了其他三名原告，分别是 Stephen Solender、Arthur Michael Solender 和 Elsie Solender。Weiss 先生和上述三名受让人（合成“Weiss”）共同申请了一项专利。该发明的美国专利号为 5609952，于 1997 年 3 月 11 日颁发。

1990 年 9 月 14 日，专利局应空军的要求，根据《美国法典》第 35 篇第 181 条和第 184 条的规定，发布了“保密令和在特定国家申请外国专利的许可”（一类保密令）。该指令禁止未经授权披露该项发明，除非是出于合法商业目的向美国公民或永久居民披露，或为了申请专利向以下 17 个国家披露，包括：澳大利亚、比利时、加拿大、丹麦、法国、德国、希腊、意大利、日本、卢森堡、荷兰、挪威、葡萄牙、西班牙、瑞典、土耳其和英国。对于在上述外国申请专利的，保密令规定如下：当事人应请求外国专利局对与上述申请相对应的外国专利申请进行保密，提交该保密令和许可的副本，并将第一份文件在外国专利局存档。除非国际协议另有规定，放弃政府使用本发明或对本发明的保密措施或类似处理所造成的损失或损害提出索赔的权利。比利时、法国、德国、荷兰、挪威、土耳其和英国通常需要一份单独的文件来确认这种弃权。

但是，Weiss 并没有根据一类保密令尝试在外国为他的发明申请专利。1992 年 5 月 15 日，美国专利局发布了可专利性准许通知书，告知 Weiss 有权获得专利。[①]1992 年 6 月 25 日，美国专利局针对 Weiss 发明更新了保密令，Weiss 仍然没有尝试在外国为他的发明申请专利。1996 年 9 月 1 日，Weiss 请求美国专利局撤销其在 1996 年 5 月 15 日更新的保密令。1997 年 3 月 11 日，美国专利局向 Weiss 颁发了 5609952 号美国专利。1999 年 11 月 10 日，Weiss 致函国防部长提出以下索赔：①由于发布保密令所致的损害补偿；②因保密令所造成的限制在外国申请专利的权利的补偿，以及阻碍其实施发明所致的损害补偿；③因保密令所致的美国国防部在保密期间对发明的使用和利用所致的损害补偿。此外，所涉及的损害补偿还包括利润损失补偿金，该补偿金应参照美国地区法院专利侵权案件中特许权使用费费率的补偿进行计算。

① 《美国法典》第 35 编第 151 条规定：“如果申请人按法律有权取得专利证书，应将准许通知书发给或邮寄给申请人。”

2000年1月4日，空军向Weiss发函确认收到其在1999年11月10日的函件。2000年1月14日，Weiss向空军发函，表明他从未对该专利进行许可、提起专利诉讼或向其他人发出任何侵权通知。2000年3月24日，空军告知Weiss，驳回其声称的实施保密令而导致的损害补偿请求。2000年12月15日，Weiss根据《美国法典》第35篇第183条的规定向美国马萨诸塞州地区法院提起诉讼，要求美国就保密令的实施进行补偿。2001年2月13日，美国联邦政府请求驳回起诉或者进行简易判决。

（二）关于诉讼标的的管辖权

由于《美国法典》第35编第183条关于“专利申请人”和“专利所有人”的表述存在差异，且管辖的法院也有所不同，因此，为谨慎起见，马萨诸塞州地区法院首先查明了其是否对本案具有管辖权，并最终认定其具有管辖权。

法院查明，《美国法典》第35编第183条规定：

【1】申请人或其继承人、受让人或法定代理人，因上述规定而被扣发专利证书时，有权向提请发出命令的部门或机构的首长，请求补偿其由于保密令或由于发表发明后政府使用该项发明或同时由于这两种原因而造成的损害。

请求补偿的权利从申请人（如非该项命令）接到可以授予专利的通知之日开始，或自1952年2月1日起（以在后的日期为准），到发出该项专利证书后6年为止。

【2】行使因政府使用该发明而产生的损害的补偿权利，从政府开始使用该项发明之日开始。

【3】政府部门或机构的首长在收到损害补偿的请求后，有权与申请人及其继承人、受让人或法定代理人达成协议，全部补偿损害或使用费或偿付使用费并补偿损失。

【4】即使法律另有相反的规定，该项偿付协议也是具最终决定性的。

【5】如果请求的补偿不能全部偿付，政府部门或机构的首长可以判定付给申请人或其继承人、受让人或法定代理人一笔款项，其数额不超过政府部门或机构的首长认为是对损害与（或）使用的公平补偿数额的75%。

【6】损害补偿请求人可以在索赔法院或请求人居住地的美国地方法院对美国提起诉讼，请求偿付一笔款项，该款项与前述的判定款项加在一起就是对损害（或）政府使用发明的全部公平补偿。

【7】申请专利权的发明因需要保密而受到本编第 181 条所定的保密命令的影响，其后根据该项申请而颁发专利证书的情况下，其所有人不按上述规定请求损害补偿时，在该项专利证书颁发日期之后，有权在索赔法院提起诉讼，请求对因保密令和（或）在其发表后因政府使用其发明而产生的损害给予公平补偿。

【8】请求补偿因使用而产生损害的权利，从政府第一次使用该项发明之日开始。

【9】在本条所规定的诉讼中，美国政府在诉讼中可以援引第 28 编第 1498 条诉讼中规定的一切依据为自己辩护。

【10】任何人或其继承人、受让人或法定代理人，在为美国政府专职受雇或服务期间的发现、发明或开发的一项发明，本条并不授予提出索赔诉讼的权利。

其中，与管辖权有关的规定如下：(1）申请人因上述规定而被扣发专利证书时，有权向提请发出命令的部门或机构的负责人，请求补偿其由于保密令或由于发表发明后政府使用该项发明或同时由于这两种原因而造成的损害。请求补偿的权利从申请人（如非该项命令）接到可以授予专利的通知之日开始，到发出该项专利证书后 6 年为止。

（2）请求的补偿不能全部偿付，政府部门或机构的负责人可以判定付给申请人一笔款项，其数额不超过政府部门或机构的负责人认为是对损害与（或）使用的公平补偿数额的 75%。

（3）损害补偿请求人可以在索赔法院或请求人居住地的美国地区法院对美国提起诉讼，请求偿付一笔款项，该款项与前述的判定款项加在一起就是对损害和 / 或政府使用发明的公平补偿。

（4）申请专利的发明因需要保密而受到本编第 181 条所定的保密命令的影响，其后根据该项申请而颁发专利证书的情况下，如果其所有人不按上述规定请求损害补偿的，在该项专利证书颁发日期之后，有权在索赔法院提起诉讼，请求对因保密命令和（或）在其发表后因政府使用其发明而产生的损害给以公平补偿。

可以看出，《美国法典》第 35 篇第 183 条规定了两条补偿路线：第 1 句至第 6 句所述的行政 + 司法路线（索赔法院或地区法院均可以管辖）以及第 7 句和第 8 句所述的司法路线（索赔法院专属管辖）。第 1 句至第 5 句的表述为，“专利申请人”可以向提请发出命令的部门或机构的负责人请求补偿；第 6 句表述为，允许索赔请求人请求“偿付一笔款项，该款项与第 5 句允许的判定款项加在一起构成公平补偿”。第 7 句规定，“专利所有人”如没有按照第 1 句至第 5 句的规定请求补偿的，只能在美国索赔法院提出索赔。那么问题来了，Weiss选择了“行政＋司法”路线，但是，Weiss在向空军提起索赔时，已不是“专利申请人”；在马萨诸塞州地区法院提出诉讼时更不是“专利申请人”了。相反，他故意等到自己是“专利所有人”后才提起行政索赔。

现在的关键问题是判断行政索赔路线的有效期限是收到可专利性通知之日起，至发出专利证书后6年为止。也就是说，即便“专利申请人”已经成为“专利所有人”，仍可依据第1句中索赔。也就是说，第1句至第5句表述的“专利申请人”包括“专利所有人”。只有作出这种判断，地区法院才有管辖权，否则只能依据第7句规定“专利所有人”只能向索赔法院起诉。

专利申请人和专利所有人之间的区别，以及可以在地区法院起诉和不可以在地区法院起诉的人之间的区别是明确的，第1句中允许“申请人”在发出专利证书后6年内通过行政路线索赔。换句话说，第1句意味着一个人即使在成为“专利所有人”之后，仍然是“申请人”，这使“申请人”和“专利所有人”的概念产生了冲突。尽管Weiss是在直至成为专利所有人之后才采取行政路线，妥善解决这种冲突决定Weiss是否仍然是第1句规定下的申请人，从而决定地区法院是否对其诉讼有管辖权。

关于这个问题，有A和B两种解释。

A.“到发出专利证书后6年为止”这一短语应被理解为第7句而不是第1句规定的诉讼时效。按照这种解释，地区法院对Weiss案将没有管辖权。其主要论据包括两点：

1.“申请人”和“专利所有人”的司法解释

如“到发出专利证书后6年为止”这个短语被解释为对第7句而不是第1句的时效，那么“申请人”和“专利所有人”这两个词的普通含义将被保留。事实上，鉴于“申请人”和“专利所有人”一直出现在整部专利法中，这两个词的定义应互斥。

国会在1952年颁布现行《专利法》(1952年7月19日)时，使用了普通意义上的“申请人”一词。该法第11节“专利申请”，一直使用“申请人”一词来指申请专利的人。例如，第11节第112条规定：“在说明书的结尾，申请人应该提出包括一项或一项以上的权项，具体指出并清除主张认为是其发明的内容。”第11节第114条规定：“局长可要求申请人提供适当大小的模型，以利于展示其发明物的区别部分。”专利法的其他章节同样使用普通意义上的“申请人”一词。例如，第12节第131条规定：“局长应将申请案付诸审查。经审查后，如申请人依法应取得专利权的，局长应发给相应的专利证书。”第14节第151条规定：“应在向申请人做出书面准许申请的通知后颁发专利证书。”1952年《专利法》中“专利所有人”一词与“专利权人”一词是作为同义词使用的。例如，第 29 节第 281 条规定：“专利权人应依民事诉讼取得对侵害其专利权的补偿。”第 28 节第 271 条 d 款规定，“专利所有人”在其他情况下有权解除专利权侵害者或同谋者的责任。而“申请人”与“专利权人”是两个不同含义的词语。例如，第 25 节第 253 条规定：“任何专利权人或申请人可以将其已取得或将取得的专利权的期限的全部或临近末尾的一部分放弃或捐献于公众。”简而言之，从整个专利法所表现的一致性看，国会意指的是“申请人”和“专利所有人”这两个词的定义是互斥的。

2. 逻辑与立法历史

逻辑和立法历史支持将“到发出专利证书后 6 年为止”这个短语理解为对第 7 句而不是第 1 句的时效。事实上，立法历史明确载明，国会打算在第 183 条中制定一个 6 年期限，以反映在美国索赔法院管辖范围内的一般 6 年期索赔的法定时效，参见《美国法典》第 28 编第 2501 条。尽管“参议院报告”没有具体说明诉讼时效是适用于行政路线还是司法路线，但从逻辑来说，其适用于司法路线：第 183 条唯一出现的“6 年”指的是申请人可寻求行政救济的部分期限（见第 1 句）。由于专利准许的通知（“准许通知”）一定先于专利发布的日期，“规定”期限必定会超过 6 年（即自准许通知日期起至专利发布后 6 年为止）。另外，“诉讼时效”一词通常指的是提出司法而非行政索赔的时期。

如果这句话“到发出专利证书后 6 年为止”被解释为对第 7 句而不是第 1 句的时效，该规定就完全合理了。“申请人”可在准许通知后且专利发布前的任何时间采取行政路线，而“专利所有人”可在专利发布后但在 6 年期满前的任何时间采取司法路线。这一解释不但能解决第 1 句的冲突，同时还将为原本没有明确诉讼时效的第 7 句提供诉讼时效。

B.“申请人”一词应解释为包括拥有专利不超过 6 年的人。按照这种解释，地区法院对 Weiss 案拥有管辖权。马萨诸塞州地区法院将第 183 条第 1 句中“申请人”一词解释为包括不超过 6 年的“专利所有人”，如 Weiss。主要论据是：

1951 年《发明保密法案》是由 1917 年《自愿提交法案》修订而来。第一次世界大战版本的《自愿提交法案》规定：“当申请人因上述规定而被扣发专利证书和遵循上述专利局局长命令而将其发明提交给美国政府使用的，如收到专利证书的，在最终收到专利证书的情况下，有权向索赔法院提起索赔诉讼，该索赔请求权自政府开始使用发明物之日起算。”第二次世界大战版本的《自愿提交法案》规定：“当申请人因上述规定而被扣发专利证书和遵循上述专利局局长命令而将其发明提交给美国政府使用的，如收到专利证书的，在最终收到专利证书的情况下，有权向索赔法院提起索赔诉讼，该索赔请求权自政府开始使用发明物之日起算。但是，战争部长或海军部长或美国任何已成立的防御机构的主管（视情况而定）有权与上述申请人达成协议，以全面解决或和解由于保密命令和由于政府使用发明而对申请人造成的损害。"

《自愿提交法案》随着时间的推移而发生演变，并成为了《发明保密法案》的基础。正如上面引文所示，尽管条文有多次演变，但"申请人"一词仍然存在，且两个版本的《自愿提交法案》均规定："申请人如收到专利证书的，在最终收到专利证书的情况下，有权提起诉讼。""申请人"一词的使用是不准确的，但它明确包含了曾受限于保密令的专利所有人。鉴于"申请人"一词在《自愿提交法案》中的历史使用，很明显，《发明保密法案》也使用了"申请人"一词用以包括专利所有人。从立法历史的相关性和法律条文的延续性看，第183条支持授予马萨诸塞州地区法院管辖权。

在1951年《发明保密法案》的起草过程中，其草案仅授予美国索赔法院管辖权，1951年美国专利法协会听证会支持同时授予地区法院管辖权。参议院司法委员会向参议院报告法案草案后，参议院司法委员会主席向参议院提出了赋予地区法院管辖权的修正案，鉴于"一些索赔请求人不得不前往华盛顿索赔法院起诉非常不便"，这个修正案未经讨论就被接受了。（"第183条的立法历史表明，国会希望每个索赔人都能如其所愿地向地区法院起诉。"）然而，在国会试图根据第183条扩大管辖范围的情况下，本法院对Weiss不会就第1句做出违背该意图的解释。

最终，马萨诸塞州地区法院采纳了B解释。第183条允许申请人或不超过6年的专利所有人向提请发出保密令的部门或机构寻求救济，然后向地区法院或美国索赔法院寻求进一步的救济。

（三）关于损害补偿的条件

本案中，Weiss正确地按照第183条陈述了诉讼的理由，但证明损害的证据不足。第183条允许就由于保密命令或政府使用发明而造成的损害提出索赔，Weiss只就保密令而没有就政府对其发明的使用提起索赔。

提出损害补偿问题的一个重要案例是"James N. Constant诉美国联邦政府案"，该案是关于Constant申请一种雷达信号编码方法的专利被保密引起的纠纷。在Constant案中，Constant称：(a）他已经开始发展他的发明；(b）随后保密令的介入是他申请发展所需的贷款被拒的重要原因；(c）由于这个命令，他无法向潜在的用户和被许可人证明他的发明为这一领域的卓越技术；(d）由于这个命令，本发明的潜在用户不会接受本发明或无法对其进行评估，从而选择了竞争对手的技术，而其他潜在的客户也受到了他的系统的影响；和（e）他投入了个人资金，不惜一切代价努力发展，还花费了大笔的律师费来取消保密令。法院要求 Constant 进一步证明他所估算的损失。法院认为，无论是法院还是行政机构都不会允许纯粹的投机性损害，而必须有“真正确凿的损害证明”“实际损害”“已证实的损害”或“可能更有力的证据或更大程度的证明损害的能力”。

政府主张，保密令没有延迟专利证书的发布，那就不存在损害。法院认为，虽然保密令有效期仅为 15 个月，且保密令没有延迟专利证书的发布，但它禁止了披露该发明，那就可能会造成损害。但是，由于 Constant 未能证明由于实施保密令所造成的“实际损害”，因此在审判中其未能确立政府的责任。Constant 认为，15 个月的保密期导致了五项损害：“（1）由于阻碍商业机会造成的利润损失；（2）取消保密令支出的费用；（3）现金业务损失；（4）阻碍他在相关市场的竞争权利所造成的损失；以及（5）延误外国专利申请造成的损失。”对于第 1、3 和 4 项损害，法院认为 Constant 未能证明其因据称阻碍商业机会和阻碍竞争权而遭受“实际损害”；因此，他无法表明商业损失。Constant 在审判过程中未能提供任何潜在客户，未能提供任何证据表明任何人准备接受他的服务，也未能提供任何证据表明保密令是他失去商业机会的原因。法院注意到，Constant 从未在保密令期间请求专利局准许向其潜在客户披露专利申请内容。最后，法院认为“如 Constant 为侵犯他的竞争权寻求的是推测或名义性裁决的，他的索赔请求必将被拒绝。因为依法索赔的先决条件是证明有“实际损害”。对于第 2 项损害，法院认为《发明保密法案》不允许对法律费用进行索赔。对于第 5 项损害，法院认为，根据之前的记录，Constant 延误外国专利申请并不构成“实际损害”。

本案中，Weiss 没有任何证据表明实际损害。Weiss 主张其因（1）美国对他的发明实施保密令导致潜在客户无法了解其发明；（2）他被阻止在美国之外利用其发明。证据既无法证明 Weiss 受到损害的推断，也无法证明保密令与所称损害之间有任何因果关系。Weiss 提供了新闻稿和报纸文章作为证据证明他的发明具有价值，但这些只确认对价值的希望，而非价值的存在。Weiss 不但没有提供任何证据证明损害，还无法证明保密令和所称损害之间的因果关系。

对 Weiss 实施的保密令类型是专利局发布的三类保密令中限制最少的一种。一类保密令（保密令和在特定国家申请外国专利的许可）旨在允许最广泛地使用专利申请中的技术数据，同时控制任何可能导致非法出口的公布或披露。这种保密令是根据“商品管理清单”或“国际武器管理条例”弹药清单中的适用出口管制制定的，并相应确定了可进行外国专利申请的国家。与美国签订安全协议的国家有：澳大利亚、比利时、加拿大、丹麦、法国、德国、希腊、意大利、日本、卢森堡、荷兰、挪威、葡萄牙、西班牙、瑞典、土耳其和英国。根据保密令的解释，Weiss可以自由地向美国公民和永久居民披露他的发明,用于合法的商业目的,并向上述17个国家的专利局提出外国申请。简而言之，保密令并没有像Weiss宣称的那样只有政府能用，其他潜在客户不能用。

另外，Weiss认为保密令阻止了他在美国以外利用他的发明。但是，Weiss并没有尝试在任何外国对他的发明申请专利，尽管保密令允许他这样做。Weiss将他的不作为归咎为保密令，他认为这是要求他放弃在第183条下的索赔权利，以换取在美国以外申请专利的权利，因为保密令中载明:"当事人应请求外国专利局对与上述申请相对应的外国专利申请进行保密，提交该保密令和许可的副本，并将第一份文件在外国专利局存档。除非国际协议另有规定，使用本许可构成就任何仅由于对本发明的保密措施或类似处理所造成的损失或损害提出索赔请求的弃权。比利时、法国、德意志联邦共和国、荷兰、挪威、土耳其和英国通常需要一份单独的文件来确认这种弃权。"但是，Weiss理解错了。保密令中提到的"弃权"是指放弃对所列国家提出索赔，而不是放弃根据第183条提出索赔。如果Weiss由于保密令在美国以外受到损害，他的索赔对象是美国，而不是任何所列的外国。事实上，保密令的规定表明，"弃权"是为了外国而不是美国的利益。

三、审判结论

美国马萨诸塞州地区法院认为，第183条允许申请人或不超过6年的专利所有人向提请发出保密令的部门或机构寻求救济，然后向地区法院或美国索赔法院寻求进一步的救济。马萨诸塞州地区法院对本案有管辖权。

法院查明，没有证据表明Weiss曾经对他的专利进行许可或行使其排他权；没有证据表明包括Weiss在内的任何人曾实践或将要实践这项发明;没有证据表明有任何实际或潜在的客户，无论是国内的还是国外的，无论是当前的还是在保密令时的；没有证据支持"如果没有保密令，Weiss将会利用发明"这一主张。为此，法院判决政府不予补偿。

此外，关于诉讼时效，针对专利申请被施加保密令提出的政府使用的索赔时效，与普通专利侵权案的诉讼时效有明显区别。《美国法典》第35编第286条规定，侵权案件索赔仅能对提出控诉后6年内发生的侵权获得索赔。在专利侵权案中，如果原告已知晓被告侵权或可推定原告知晓被告侵权后没有及时提起诉讼，且延迟时间超过6年，则可推定延误。《美国法典》第 35 编第 183 条规定，允许发明人最晚可在专利下发后的 6 年提起诉讼，要求就专利申请的披露导致的损失而获得补偿，无论政府对专利发明的首次使用出现在何时。关于这一问题，可参见“Stein 诉美国联邦政府案”。

案例 7　Stein 诉美国联邦政府 [①]

美国马萨诸塞州地区法院

2001 年 4 月 6 日判决

原告：Seymour Stein

被告：美国联邦政府

1. 案件概述

涉案发明是在 1972 年 10 月 30 日第 05/301，945 号美国专利申请书（以下简称“专利申请书”）中披露的。专利申请书中描述了一种宽频无线电发射器定位技术，通过使用一个或多个移动平台上的接收器，可定位无线电发射器。美国政府（以下简称“政府”）经专利性审查，同意专利申请书中的 1-3 和 5-10 项权利要求。1973 年 4 月 9 日，政府根据《美国法典》第 35 编第 181 条下发了有关该专利申请的保密令。上述保密令每年都更新，直到 2000 年 3 月 22 日才废除。1997 年 7 月 18 日，原告 Seymour Stein（以下简称“Stein”）受让获得专利申请权。

1998 年 8 月 10 日，Stein 根据《美国法典》第 35 编第 181 条对美国政府提起索赔，要求政府为使用受保密令限制的发明而支付补偿费。政府提出抗辩，认为 Stein 的索赔存在延误（以下称“延误抗辩”）。Stein 和政府提出交叉动议，申请对“延误抗辩”进行部分简易判决。2000 年 11 月 8 日，法院开庭进行了审理。最终，法院判定“政府抗辩”缺乏法律依据，同意 Stein 的补偿请求。

2. 案件详情

1）案情

Stein 要求美国政府就使用保密发明而支付补偿。Stein 根据《美国法典》第 35 编第 183 条（以下简称“183 条”）规定，在 1997 年 11 月 1 日，要求美国陆军部进行补偿，申请对补偿进行行政裁决，但双方未达成一致。因此 Stein 向本法院提起诉讼，要求政府在政府项目中使用上述发明而进行补偿。

---

① Stein v. United States，135 F. Supp.2d 265，64 U.S.P.Q.2d 1017（D. Mass. 2001），qff’ d，37 Fed. Appx.518（Fed. Cir. 2002）.

在书面质询中，政府指出有两个系统被指使用了发明：(1)发射器定位系统(ELS)；(2)连贯发射器定位测试平台（CELT)。1975年4月，在F30602-74-C-0239合同中，GTE Sylvania和Stein有限公司设计了一种系统，通过“交叉关联”，并根据两个或两个以上空军基地接收到的不同多普勒信号（DD）和信号到达的不同时间（DTOA)，可以定位通信发射器。通过将多普勒信号和信号到达的不同时间进行交叉结合，便可以确定发射器的位置。设计合同部分基于Stein自己的研究。IBM、GTE Sylvania和Stein有限公司参与了这一设计项目的竞标，最终IBM获得了生产合同。IBM生产合同的主要目标是测试设计ELS技术的可行性。ELS项目于1978年2月完成。CELT项目是基于ELS的第二代发射器定位系统，该项目于1980年10月完成。

经查，1969年，Stein成立Stein有限公司，Stein对Stein有限公司的管理一直持续到1979年，而在1970年，Stein有限公司成为 Adams-Russell公司的一个部门。1989年之前，上述专利申请属于Adams-Russell公司。为了证明Stein及其转让人实质上知道政府对两种系统的使用，政府指出，Stein作为Stein有限公司和Adams-Russell的管理者以及Stein有限公司的所有人，在1970-1979年间，一定知道Stein有限公司签订的或参与投标的与政府使用发明相关的合同。政府认为，基于Stein有限公司参与编号为F30602-74-C-0239的合同这一事实，可以判定Stein和Adams-Russell应该了解政府对发明的使用。政府还指出，由于Stein有限公司在参与设计合同之后，参与了生产合同的竞标，因此Stein和Adams-Russell应该了解，或者至少可以推定其了解，政府打算在生产合同中生产ELS系统。也就是说，Stein及其出让人在20年前就已经实际或实质上知道政府使用了发明，但他们现在才提起诉讼。政府因此提出延误抗辩。

此外，政府还辩称，ELS系统和CELT系统中所采用的信息并不是来自Stein的专利申请，而是有其他独立的来源。根据第183条规定，发明使用索赔只能对专利局专利申请书披露所造成的损害而要求补偿。政府认为，ELS是Conductron公司John Grindon博士和IBM员工的工作成果。政府指出，F33615-73-C-1147合同以及“非脉冲发射器到达时间（TOA）定位”技术建议书丢失且可能已经被损毁。政府认为，这些文件的丢失给政府带来了损失，因为现在只能通过其他证据拼凑来证明IBM和Grindon博士对系统开发的参与和贡献。

Stein则认为，最多可以推断Stein了解这一项目的存在，但并不了解其中所使用的具体技术。

法院认为，考虑到 Stein 有限公司参与了设计合同，至少可以推定，早在 1978 年，Stein 和 Adams-Russell 就已经知道了政府对发明的使用。

2）分析

根据美国法律，为了成功进行延误抗辩，美国政府需证明：①原告在得知或根据合理推断应了解其有权要求被告索赔之后，一直延迟提起诉讼，延迟时间不合理且没法辩解。②延迟给被告造成了损失或损害。

在判定原告没有及时提起诉讼对所谓的侵权人是否公平时，应仔细衡量延迟时间长度、损害的严重性、理由的合理性以及被告的行为或过失。总之，地区法院在判定延误抗辩是否成立时，必须仔细衡量所有相关事实和权益。政府希望法院采用适应于专利侵权案的 6 年期限。但是，Stein 要求法院将 183 条诉讼案与一般侵权案区分开来。法院最终同意了 Stein 的意见。

（1）延误的推定。在专利侵权案中，如果原告已知晓被告侵权或可推定原告知晓被告侵权后没有及时提起诉讼，且延迟时间超过 6 年，则可推定延误。这一推定将举证责任转移给原告，原告必须“提出证据，证明有关延误抗辩存在实质性争议”。如果以这种方式驳回推定，则被告需承担举证责任，证明延误抗辩的所有条件成立。《美国法典》第 35 编第 286 条（以下简称“286 条”）规定，侵权案件索赔仅能对提出控诉后 6 年内发生的侵权获得索赔。但是，286 条是否适用于根据 183 条提起的诉讼？ Stein 认为，183 条允许原告直到专利下发后 6 年内提起诉讼，而由于保密令限制，专利迟迟不能下发，直到政府废除保密令，因此诉讼的推迟应看作是美国政府的过错。很明显，183 条规定已经赦免了这一延误。因此，与 286 条规定类似的补偿限制并不适用于根据 183 条提出的索赔主张。

政府则认为，尽管 183 条没有对专利下发前提起诉讼进行限制，但这并不影响 6 年延误推定原则的应用。

法院驳回了政府的抗辩。因为无论 286 条是否是诉讼时效规定，其中的 6 年补偿限制确实明确了一个时间期限，法院可以将这一期限用于确定侵权案的延迟推定时间。而 183 条中并没有类似的规定可以帮助法院判定延迟是否成立。183 条规定允许发明人最晚可在专利下发后的 6 年提起诉讼，要求就专利申请的披露导致的损失而获得补偿，无论政府对专利发明的首次使用出现在何时。286 条规定和 183 条规定之间存在明显区别，因此不能将 286 条中的 6 年期限应用于根据 186 条提起的诉讼。

法院进一步解释道，183条规定与其他侵权规定的不同之处在于，它豁免了原告的延迟，这一点可以参见“AT&T诉美国联邦政府案”（《美国索赔法院判例汇编》第231卷第360页，《联邦判例汇编第二辑》第685卷第1361页（索赔法院1982年判决））。在AT&T案中，索赔法院需判定，在采用纯司法途径时（专利授权后6年内向索赔法院起诉），诉讼时效是否可以从可专利性通知之日开始计算，这也是发明人以行政+司法途径寻求索赔的第一时间。法院最终判定，司法诉讼的时效应从专利授权日而非可专利性通知之日开始计算。在判决时，索赔法院明确，原告AT&T根据183条延迟提起诉讼不仅仅符合规定，而且也是由于政府不断更新保密令导致的延期所造成的。

尽管Stein选择行政+司法途径，AT&T案件中的理由同样也适用于本案，因为无论采用两种途径中的哪种途径，法规均允许在专利授权后6年内提起索赔这一行为。不能认为原告根据183条规定延迟提起诉讼的行为不合理，因为实际上一直都是政府在控制延迟的时间长度。在政府控制延迟时间的情况下，而推定延迟由原告负责，这本身就是不公平的。

（2）不合理且无法辩解的延迟。由于推定延误原则不适用，政府需提供证据证明Stein延迟提起诉讼的行为是不合理的且无法辩解的延迟。延迟时间从原告知道或在合理情况下应知道被告的侵权行为时开始计算。政府认为，可以推定，Stein和Adams-Russell早在1978年就已经知道政府使用发明，直到1998年，Stein才提起诉讼，这期间延误了20年。

法院认为，基于Stein和Adams-Russell参与设计合同并参与之后的生产合同竞标这一事实，可以推定，他们了解1978年政府对发明的使用。已知侵权足以作为计算延迟的起始时间。此外，Stein应对出让人Adams-Russell的知情和延迟负责。

Stein认为，他的延迟是可辩解的，因为183条规定允许这一延迟，延迟起诉的行为并不是不合理或不可辩解的，第183条规定豁免了这种延迟，而且政府控制并影响了延迟时间。

关于这一点，美国政府没有提出反对意见，而是完全依赖抱着不正确的观点不放，即坚持183条中存在6年延误推定。事实上，政府并没有提供任何证据证明Stein的延迟是不合理或不可辩解的。政府只是提出了这样一个事实，即Stein没有提供证据证明其延迟是合理的或可辩解的。政府认为Stein必须提供证据证明其延迟是合理的，政府的这一观点并不正确。如果不能推定延误，政府应提供证据证明Stein延迟不合理。鉴于政府没有提供证据证明Stein延迟不合理，Stein也没有义务提供证据来为其延迟辩解。这是举证责任的问题。因此，政府的延误抗辩不能成立。

（3）判决结果。法院经审理认为，政府根据 183 条通过持续更新保密令控制了延迟的时间长度，总时长为 27 年，导致 Stein“延迟”提起诉讼。但是，Stein“延迟”提起诉讼是得到 183 条支持的。法院判决政府的延误抗辩缺乏法律依据，支持 Stein 的索赔。

2.“司法”索赔

作为与行政救济互相独立的另一救济手段，国会允许发明人在保密令终止后向联邦索赔法院提起诉讼，即司法救济。《美国法典》第 35 编第 183 条第 3 款详细规定了“司法”救济的途径。条文内容为：“申请专利权的发明因需要保密而受到本编第 181 条所定的保密令的影响，其后根据该项申请而颁发专利证书的情况下，其所有人不按上述规定请求损害补偿时，在该项专利证书颁发日期之后，有权在索赔法院提起诉讼，请求对因保密命令和（或）在其发表（笔者注：专利申请人向政府透露了发明）后因政府使用其发明而产生的损害给予公平补偿。请求补偿因使用而产生损害的权利，从政府第一次使用该项发明之日开始。在本条所规定的诉讼中，美国政府在诉讼中可以援引第 28 编第 1498 条（笔者注：《美国法典》第 28 编第 1498 条）诉讼中规定的一切依据为自己辩护。”

在“美国电话电报公司诉美国联邦政府案”（American Telephone and Telegraph Co. v. United States）中，原告向联邦索赔法院提交了一件保密令超过 26 年的专利申请。该公司选择直接向联邦索赔法院提起索赔诉讼。政府在该案中辩称，美国电话电报公司提起的诉讼已过诉讼时效。法院根据立法历史和对法律的解读认为，由于保密令的存在而未能解决的索赔主张，只有在专利授权 6 年之后才过诉讼时效。

案例 8 美国电话电报公司诉美国联邦政府①

美国索赔法院

1982 年 8 月 11 日

原告：美国电话电报公司（American Telephone and Telegraph Co.）

被告：美国联邦政府（United States）

一、案件概述

原告美国电话电报公司申请了通信系统专利，被告美国政府要求对专利申请进行保密。6 年后，有关专利申请的可专利性通知送达美国电话电报公司，但是由于保密令限制，专利申请又被扣留了 22 年。专利最终授权后第 5 年，原告根据 1951 年《发

① American Tel. & Tel. Co. v. United States，231 Ct. CI. 60，685 F.2d 1361，219 U.S.P.Q. 316 (1982) .

明保密法案》(《美国法典》第35编第183条)提起诉讼要求补偿。被告积极抗辩,认为根据《美国法典》第28章第2501条应判定原告的索赔权已过诉讼时效。原告要求法院判定被告抗辩无效。法院认为，在专利授权时原告才获得司法索赔权，根据《美国法典》第28章第2501条,诉讼时效限制为首次获得索赔权后6年。法院根据1951年《发明保密法案》，判定原告的索赔权没过诉讼时效。

二、案件详情

1948年12月24日,原告美国电话电报公司以William M. Goodall的名义提交第67210号“通信系统”专利申请书，并将贝尔电话实验室作为受让人。1949年4月14日,武装部队专利顾问委员会根据《美国法典》第35编第42条(现在的《美国法典》第35编第181条)，建议专利局对该专利申请书进行保密。1949年5月18日，专利局局长签发保密令。1954年4月28日，有关专利申请的可专利性通知送达，但是由于保密令限制，专利申请被扣压，专利暂未授权。1975年6月13日，专利局局长根据国家安全局的要求废除了保密令。1976年11月9日，授予贝尔电话实验室第3991268号美国专利，专利命名为“带脉冲删除功能的PCM通信系统”。1981年9月29日,原告向本法院提起诉讼。原告首先根据《美国法典》第35编第183条(以下简称“183条”)要求法律救济，行使由于保密令扣压专利申请造成损害的索赔权。被告积极抗辩，认为根据《美国法典》第28编第2501条规定(以下简称“2501条”)中的6年诉讼时效限制，应完全或部分禁止原告根据183条规定提起索赔诉讼。

法院在审理该案过程中，先解读了相关法律规定的含义和适用。法院对183条规定的部分相关内容进行编号和解读如下:

①申请人或其继承人、受让人或法定代理人，因上述规定而被扣发专利证书时，有权向提请发出命令的部门或机构的首长，请求补偿其由于保密令或由于发表发明后政府使用该项发明或同时由于这两种原因而造成的损害。请求补偿的权利从申请人接到可以授予专利的通知之日开始，或自1952年2月1日起(以在后的日期为准)，到发出该项专利证书后6年为止。

②行使因政府使用该发明而产生的损害的补偿权利，从政府开始使用该项发明之日开始。

③政府部门或机构的首长在收到损害补偿的请求后，有权与申请人及其继承人、受让人或法定代理人达成协议，全部补偿损害或使用费或偿付使用费并补偿损失。

④即使法律另有相反的规定，该项偿付协议也是最终决定性的。

⑤如果请求的补偿不能全部偿付，政府部门或机构的首长可以判定付给申请人或其继承人、受让人或法定代理人一笔款项，其数额不超过政府部门或机构的首长认为是对损害与（或）使用的公平补偿数额的 75%。

⑥损害补偿请求人可以在索赔法院或请求人居住地的美国地方法院对美国提起诉讼，请求偿付一笔款项，该款项与前述的判定款项加在一起就是对损害（或）政府使用发明的全部公平补偿。

⑦申请专利权的发明因需要保密而受到本编第 181 条所定的保密令的影响，其后根据该项申请而颁发专利证书的情况下，其所有人不按上述规定请求损害补偿时，在该项专利证书颁发日期之后，有权在索赔法院提起诉讼，请求对因保密命令和（或）在其发表后因政府使用其发明而产生的损害给予公平补偿。

⑧请求补偿因使用而产生损害的权利，从政府第一次使用该项发明之日开始。

索赔法院认为，183 条规定了两种获得补偿的途径。183 条第一部分（包括前 6 句）明确了可通过行政解决方式，对保密令和 / 或政府使用发明造成的损失进行索赔。第 1 句话明确了专利申请人从可专利性许可通知送达之日起直至专利授权后的6年内，向国防机构负责人提出申请要求补偿。如果双方不能达成一致，专利申请人可向索赔法院或索赔人所在地的地区法院寻求司法救济。如果专利申请人采用了第一种途径，而国防机构没有同意补偿，则专利申请人可采用司法途径。如果专利申请人自始没有采取行政救济，专利所有人可采用第二种途径（第 7 句和第 8 句），直接诉诸索赔法院。根据第 183 条规定，采用第二种途径直接提起索赔诉讼应符合以下条件：①专利申请受制于保密令；②索赔人没有申请行政救济；③专利已授权。183 条并没有规定专利申请人应该更偏向两种途径的哪一种途径，国会为那些故意放弃或拒绝采用行政途径的专利申请人提供了司法救济途径。

本案中，原告采用了第二种途径。原告宣称且被告也认可，由于保密令限制，原告没有申请行政救济。因此，原告满足采用 183 条中的第二种途径提起诉讼的所有条件。争论的焦点在于 183 条规定的诉讼时效。关于提起索赔的时效限制问题，2501 条相关内容如下：“对于索赔法院有管辖权的索赔案，应在索赔权首次出现后 6 年之内提起诉讼，否则应禁止提起索赔诉讼。”那么，关键的问题是如何认定索赔在何时首次出现？

被告认为，2501 条的 6 年时效规定应从送达可专利性通知之日算起。送达通知之日为 1954 年 4 月 28 日，因此，原告的索赔已过诉讼时效。被告认为，依据 183 条提起诉讼的权利应在任一索赔途径可用时即生效。

原告认为，根据183条规定，专利所有人可以选择行政途径，也可以选择司法途径，这两个途径是相互独立的。原告认为，如果按照被告的理解，可专利性通知日与授权日之间如果间隔6年以上，第二条救济途径即司法救济途径将形同虚设。诉讼时效规定应从专利授权之日（1976年11月9日）算起，这才完全符合第183条第二种途径的要求。

法院认为，索赔权首次出现在确定政府责任、索赔人有权提起诉讼之时。法院指出，在1951年《发明保密法案》颁布之前，专利授权是索赔的首要条件。而现行的183条也确实为原告提供了可选择的途径。而2501条规定的6年诉讼时效，只有在索赔人“首次享有”索赔权后才能开始计算。如上所述，只有完全符合以下条件时，才能判断首次获得索赔权：①明确政府责任；②索赔人有权提起诉讼。因此，法院认为，专利授权时索赔权首次成立，被告的辩护不能成立。

法院还强调，虽然原告在可专利性通知送达日之后27年后才提起索赔诉讼，也就是在可通过行政途径寻求索赔的权利首次产生之日起27年后才提起司法诉讼，但原告并未违反法律规定。既然国会在183条规定中明确允许两种不同的索赔途径，原告选择其中的一种途径就是他的自由，而不应选择其中之一而受到惩罚。况且，并不是因为原告自己的行为导致可专利性通知和专利授权之间存在22年的延迟，相反，是因为保密令（政府为了国家安全而下发的保密令）的长期未决而导致这么长时间的延误。

三、判决结论

法院判定，不能根据诉讼时效规定禁止原告提起索赔，驳回被告关于索赔过诉讼时效的主张。

3. 两种方式的比较分析

“行政 + 司法”索赔和“司法”索赔两种救济方式并不相互排斥，只是有先后顺序而已。发明人可以在提出行政索赔以后向联邦索赔法院或地区法院提起诉讼，或者等到专利授权后向索赔法院提起诉讼。但是，如果首先提请了行政索赔，则只能沿着“行政 + 司法”的程序往下走。

发明人选择救济方式实际上是策略问题，主要取决于三个方面的因素。第一个因素是发明人的财务状况和实力。财务状况较好的，资金实力雄厚的，可以等到保密令解除后，选择“司法”索赔方式解决。从“美国电话电报公司诉美国联邦政府案”看，美国电话电报公司（AT & T）可以等待26年后，再发起索赔诉讼，而且AT & T有实力挖掘政府对其发明的所有使用情况，利用解密后几年时间的实际市场运作，获取并积累该发明的市场价值的相关证据，以证明其受到的“实际”损害。如果财务状况不够好，一般会选择行政索赔。因为行政索赔可以及时解决，拿到补偿费用，且索赔人的开支很小。第二个因素是预测保密令解除后该专利发明的市场价值。如果这项发明具有很好的商业前景，等到保密令终止后再提起索赔主张对发明人更有利，因为这种情况下，发明人可以收集到足够的受到较大实际损害的证据。如果这项发明没有很好的商业前景，那么很难对其损失进行举证，因此选择行政索赔获得一定的补偿可能更有利。第三个因素是发明人的位置。如果发明人距离联邦索赔法院比较远，那么寻求行政索赔的时间、精力和金钱成本可能会更低，如果不成功，则向发明人所在的地区法院提起诉讼。美国国会在立法时之所以做出这一司法管辖设计，就是考虑到发明人的诉讼便利性，为发明人提供方便。①

2.5.2　补偿条件

针对由于保密令造成损害的补偿，其补偿范围、补偿条件、索赔需要提出哪些证据等等，都是非常重大和疑难的问题。根据美国专利法的规定，补偿因保密令而引起的损害，必须是“实际”损害，而不是投机性质的或者任何假设的损害。司法实践中，认定遭受“实际”损害的，只有“实际付诸实践”的专利。

事实上，在保密令禁止披露专利申请、禁止授权的情况下，很难确定发明的市场价值，因此发明人获得补偿的难度非常大，获得补偿的案例也极其罕见。1980 年美国众议院政府内务委员会关于发明保密法案的听证会报告显示，1945 年至 1979 年间，向国防部提出行政补偿请求仅 29 例。在这 29 个案例中，只有 9 个补偿请求收到了全部数量的补偿。武装部队专利顾问委员会施加保密令的每 1 000 个专利申请中，只有 1 个提出了补偿请求。只有那些“财力雄厚并坚持不懈”的索赔人可以最终获得补偿。②

1. 关于“实际”损害

1980 年初，美国众议院政府内务委员会重点针对因保密令造成损害的补偿问题举行了听证会。所有委员会成员和证人都不认同“因施加保密令而造成的损害”的简单表述。委员会认为，保密发明的专利申请人如果没有为实施专利做相关准备工作，并

① Citrin A J. Are the Secrecy Order Compensation Provisions of the Patent Act Constitutional Under the Fifth Amendment?[J].Akron Intell. Prop. J.2007.1：275.

② Sabing H L. Protecting the Private Inventor under the Peacetime Provisions of the Invention Secrecy Act[J]. Berkeley L. J. 1997.12（2）：345.

不一定减少其预期收益。如果仅仅是因为被施加了保密令而进行补偿，这是在投机获取损害补偿。委员会坚持认为，1951 年《发明保密法案》规定的损害补偿只是“实际”损害的补偿，不包括投机性质的补偿。①

听证会期间，委员会专门讨论了少数几个可以考虑补偿的情形。第一种情况是，由于保密令，发明人在提交外国专利申请时被推迟。由于保密令导致的延误，发明人可能失去将美国申请日期作为其外国专利有效申请日的权利（超过优先权日期）。因此，其他发明人可能在保密令有效期内研发相同的技术，从而导致该国拒绝了美国申请人的专利申请。这种情况下，美国发明人可以就该外国专利权的损失提出补偿要求。第二个情况是，发明人已经建立了工厂并雇用了销售人员来筹备利用该发明。在他花钱开拓市场之后的某段时间，突然被强加了保密令。这种情况下应当考虑给予损害补偿。但是，委员会也意识到，这两种考虑补偿的情况，都是建立在被保密的专利将会带来经济利益的假设上。事实上，一项专利即使获得国外专利或者有效开展市场行为，也不一定能够获利，甚至因为被施加保密令，反而避免了发明人因失败的投资而造成的损失。委员会认为，确定损害补偿本身是一件非常复杂的事情，立法机构不能确立非常详尽的评判标准，而只是提供了一些基本原则，供行政机构达成和解或者供法院在司法裁判时具体把握。②

因保密令造成的损害必须是“实际”损害的要求，可以参考“Constant 诉美国联邦政府案”。该案中，法院强调了“实际”损害的标准，并要求请求人提供有关损害、实际损害、已证明的损害，或具有更大证实力的或证明损害的真实具体的证据。

2. 关于“实际付诸实践”

发明的行为或过程通常被分解为两个事实部分：概念设想和付诸实践。概念设想指的是创造一项完整而有效的发明的心理活动。付诸实践指的是将概念设想运用到实践中。概念设想和付诸实践都必须满足专利的“法定三要件”，即创造性、实用性和新颖性。

付诸实践也有可能是“实际的”付诸实践，也可能是“建设性的”付诸实践。在“实际付诸实践”中，发明人通过某种方式展现其发明具有实际效用，并且在该条件下，该发明会实现预期的功能。顾名思义，实际付诸实践是通过一系列物理行为展示

① Sabing H L. Protecting the Private Inventor under the Peacetime Provisions of the Invention Secrecy Act[J]. Berkeley L. J. 1997.12（2）：345.

② Sabing H L. Protecting the Private Inventor under the Peacetime Provisions of the Invention Secrecy Act[J]. Berkeley L. J. 1997.12（2）：345.

想法。“建设性付诸实践”则不需要发明人物理上展示该发明或者实际操作。相反，这一行为是通过提出专利申请完成的，专利权也有可能在没有实际产品存在的情况下被授权。“建设性付诸实践”的发明获得的专利与“实际付诸实践”的发明获得的专利一样有效。[①]

1951 年《发明保密法案》并没有区分以上两种专利，至少从理论上讲，两种方法所获得的专利都同样有权提起损害补偿。但现实情况有所不同。法院在判决中，只补偿“实际付诸实践”的发明。基于索赔的投机性，从未投入实际使用的专利（即纸张专利）被排除在补偿之外，只有实际投入使用的专利才能确定发明人遭受损害的程度。其主要考虑是，如果一项发明从未被实际付诸实践过，那么它的实用性甚至是它的存在都只是一个假设。就其本质而言，对“纸张专利”施加保密令的补偿，只是基于其带来商业上的成功是实际发生的，但是，“纸张专利”是否可以在商业上成功只是一个假设，施加保密令也可能阻止其遭受商业上的损失。只有实际付诸实践的发明，才可能判断其是否遭受“实际”损害。[②]

案例 9　Farrand Optical Co. 诉美国联邦政府[③]

美国联邦第二巡回上诉法院

1963 年 5 月 21 日提出；1963 年 11 月 6 日判决

原告、上诉人：Farrand Optical Co.，Inc.

被告、上诉人：美国联邦政府

一、案件概述

原告 Farrand Optical Co.，Inc.（以下称为 Farrand 公司）受让了其员工 Robert W. Tripp 发明的一种在飞机射击和投弹器上使用的瞄准器，并取得了专利。原告以被告披露并使用其发明为由寻求补偿。此前，双方就制造射击瞄准器的试验模型达成了研发合同。原告主张所述射击瞄准器是在合同之前付诸实践的。初审法院做出了有利于被告的判决，认为原告的仿制品没有商业或实际用途，所述发明在合同日期之前没

---

① Hausken L G. The Value of a Secret：Compensation for Imposion of secrecy Order Under Invention Secrecy Act[J]. Mil. L.Rev. 1988. 119：201.

② Citrin A J. Are the Secrecy Order Compensation Provisions of the Patent Act Constitutional under the Fifth Amendment?[J].Akron Intell. Prop. J.2007.1：275.

③ Farrand Optical Co. v. United States，325 F.2d 328，139 U.S.P.Q. 249（2d Cir. 1963）.

有付诸实践，而被告已经支付了专利开发的费用。巡回法院经审理认为，Farrand 公司的 Robert W. Tripp 发明是由 Farrand 公司在政府开发合同之前付诸实践的，因而推翻了初审法院的判决。但是，关于被告补偿原告的专利费用的范围，巡回法院认为，鉴于被告就发明的开发支付了高额费用，因而被告只有责任就原告之前的发明范围内的项目付费，因而驳回了初审法院的判决并发回重审。

二、案件详情

寻求救济的基础是编号为 2719457 的专利（Robert W. Tripp 专利）的权利要求 4，所述权利要求提出在望远镜的物镜系统中使用柱面透镜，可以具有分散入射光孔并使其照射到两个焦点上的效果，每个棱柱上一个。由此可以使用小型棱柱，而不需要减少入射光孔的尺寸而导致视角降低。该发明用于飞机射击瞄准器和投弹瞄准器，扫描地平线并瞄准目标。

1945 年 3 月 10 日，政府（空军）与 Farrand 公司签订的一份研发合同很关键，该合同约定为 SB-45 飞机制造一种半球形瞄准器的样机，该样机中包括 Mark 33 射击瞄准器，该瞄准器使用了 Robert W. Tripp 发明。1945 年 3 月 10 日的政府委托合同，明确了在履行合同过程中实现或首次付诸实践的发明，Farrand 公司向政府授予非独占、不可撤销的免费许可权，政府可以制造或委托他人制造物品。Farrand 公司称，Robert W. Tripp 发明是在 1945 年 3 月 10 日之前付诸实践的，因此不在合同范围之内。政府辩称，Robert W. Tripp 发明直到 1945 年 3 月 10 日以后很长时间才付诸实践，因此，政府的许可证在开发合同范围内，政府应拥有免费许可权。那么问题的关键是判断 Robert W. Tripp 发明是否付诸实践，以及如果付诸实践的话，其付诸实践的范围。

（一）关于付诸实践的认定

Farrand 公司之所以提出 Robert W. Tripp 发明已付诸实践的主张，主要是基于 1945 年 3 月 10 日之前构建且蕴含了权利要求 4 中所述光学原理的设备。该设备放置在棕色壳体内。通过用伸出窗台的方框，观察者能够在其位置上从建筑物内部观察整个半球形。在此范围内，Farrand 公司在“棕色壳体”中呈现了与 Robert W. Tripp 发明相同的光学原理。此阶段的付诸实施是基础的棱柱状设备，因为空军显然不打算直接下令制造“棕色壳体”，方便其战斗机飞行员能够坐在窗台上察看半球形。为此，初审法院称，所述“棕色壳体”样机仅提供了半球形大视野，仅仅具有整合到火力控制系统的潜质而已。Farrand 公司或空军都从未想过直接将“棕色壳体”或所呈现的发明本身用作完整部件安装在机头或飞机侧面，作为火力或轰炸控制系统。付诸实践的“棕色壳体”样机，距离在飞机上安装的射击瞄准器，还有很长的路要走。

但是，虽然原告和被告都认可“棕色壳体”并未解决将所述瞄准器整合到飞机火力控制系统上所存在的问题，但双方也发现通过进一步的开发，有可能实现这种整合。Farrand 公司就 Robert W. Tripp 发明只是部分付诸了实践，其他的并没有实际付诸实践。正是基于这一评价和预期，空军向 Farrand 公司授予了开发合同，以期将 Robert W. Tripp 的创造性光学发明实际用于射击瞄准器和/或投弹瞄准器上。尽管初审法院确实陈述称，所述“棕色壳体”以可操作和可使用的形式呈现出了政府所称的“设备的真正创新”，即权利要求 4 所述的发明，但鉴于法院的许多其他相反发现，该棕色壳体不能够安装到战斗机或轰炸机上，不可能“可以操作”或“可以使用”。该设备从未整合到射击瞄准器或投弹瞄准器上，也从未在瞄准器上进行过测试，也从未用于飞机之上或飞机之外其可能遇到的任何实际状况。因此，初审法院认为 Robert W. Tripp 发明不构成付诸实践。

尽管初审法院作出这一判断，但有些事实是不容忽视的。即对于根据 Robert W. Tripp 发明制造的“棕色壳体”，本领域的技术人员在进行审查、检查和操作后发现，对于空军无法解决的问题来说，该发明构成了令人满意的答案和解决方案。能够透过原告的设备并且能够观察 180 度的半球形，这一情况不存在任何推测的因素。空军追求的目标在原告的设备中已经达成。“棕色壳体”以所要求的方式实现了所要求的功能。事实确实如此。在棕色壳体中演示了权利要求 4 所涵盖的光学原理。

那么，到底什么样的标准才算构成“付诸实践”？这曾经是许多案件中需要查明的主题。“通常公认的规则是在实际工作条件下进行测试是认定构成付诸实践的必要条件。”对上诉法院过去 15 年来裁决的相关案例进行查阅，揭示了“付诸实践”的要素。例如，在“Gaiser v. Linder 案”中，涉及一种配有透明导电膜的飞机风挡，通过该透明导电膜可以传输电流，从而加热风挡、避免结冰。有观点认为由于所需要的测试只需要显示该膜能够产生均匀的温度，因而实验室测试即已充足。但法院驳回了这种观点，法院称:“被测物品的设计用途不是在实验室中，而是要在飞机的工作条件下产生均匀的温度。在实验室条件下可以充分运行的涂层，完全有可能会因实际使用中遇到的阳光、风、雨水、振动及压力等可变条件而发生故障。”在“Radio Corp. of America v. International Stand 案”中，涉及一种雷达系统，法院认定不存在付诸实践。法院称，所要求的发明据称是在船舶和大型飞机上使用，但该发明却未在任何场所中进行过实验，这对于雷达系统来讲肯定是不行的。在“Chandler v. Mock 案”中，涉及一种实现了用于控制空气和燃料混合物的自动化装置的飞机化油器。在认定该设备没有被付诸实践时，法院称，对包含飞机化油器的复杂机械设备进行的测试，必须证明化油器在真实或模拟使用条件下能够正常运行，所述使用条件即为飞行条件。发明的实用性，应该在满足了化油器在飞机上实际使用时可能需要的必要条件下，通过进行及时测试予以证明。在“Balogh v. Crot 案”中，涉及一种液体传导接头用于飞机起落架的液压制动器，法院认定不存在付诸实践。法院称，能够证明实际付诸实践的证据是必要的，所述证据应证明在设计运行的实际条件下实现了成功运行。显然，上诉人在实施测试时不存在实际工作条件。可以想象，在实验室温度下且在没有振动的情况下，密封圈能够在数分钟内或数次运动中发挥作用；但如果使用期限延长，在大量运动之后、在所述配件使用时所面临的温度和振动下，可能会发生故障。在“Burns v. Curtis 案”中，涉及一种用于向飞机引擎供应燃料的液体泵总成，法院认定不存在付诸实践。法院称，除非证明涉案发明可满足高空飞行的飞机使用需求，否则涉案发明即未被付诸实践。飞机使用中所遇到的条件，如温度、振动和压力等，似乎不太可能在实验室里重现。在“Powell v. Poupitch 案”中，涉及一种专门设计用于将飞机的整流板耦合到一起的金属紧固件，法院认定不存在付诸实践。法院称：“一般的规则是只有在实际使用时或者在模拟实际使用的条件下才能证明付诸实践。在本案中，考虑到飞机部件在使用时面临的应力和振动，如果不进行实际使用测试，显然无法确定整流板紧固件能否正常运行。”“由于该设备没有在其设计使用位置进行测试，因此，无法在未进行实际测试的情况下，仅基于因其适用性明显可能用于某些用途的推测而认定付诸实践。”

当然，付诸实践并非“在一切情况下都是不可动摇的条件”，而只是认定发明是否“丰富了技术”时的一个考虑因素。当且仅当本领域合格的技术人员在制造、销售发明之前必须要求进行测试时，才有必要实施工作条件下的测试。这一原则在“American Mach. & FoundryCo. v. Liggett & Myers Tobacco Co. 案”中得到了遵守。对于某些产品，显然需要实际使用才能证明付诸实践。不过，对于其他产品，实验室（或类似的）测试即已充分。决定性的考虑因素有两个：首先，在实际使用中或在实验室内实施的测试是否证明产品实现了其设计用途，且所述证明具有决定性，可以使实际使用者在立即将其投入实际商业生产或使用时不会承担更多风险。第二，实施现场试验的时间、努力和费用，是否会得不到正当支持，因其实质上揭示更多关于产品性能信息的可能性很小。付诸实践显然并不意味着所有成果都需要采用可以进行商业销售的形式。另一方面，必须证明发明的理念能够实现的事物，不是发明人想象并构思出应该能够运行、可能会运行的事物，而是能够实现其预期用途的事物。“我们认为，如果对发明的测试证明该发明能实现其预期用途，实际付诸实践不一定需要制造出商业上可接受的产品。所需要的测试量取决于具体情形下的状况。我们认为法律的规定是指，存在设备实际实现了其设计功能的确证证言时，付诸实践即可得到证明。”

在付诸实践判例中，尤其是设备预期在飞机装置上使用时，若不能证明涉案设备在振动、温度、压力、湿度及气流等实际飞行条件下能够实现其预期功能，则法院很明显会认为没有付诸实践。但是，这并不意味着除实际的飞行测试以外，拟在飞机上使用的设备部件就无法付诸实践。此处的实质性疑问在于发明所呈现的技术进步，即所谓的“灵光一现”，是否落实到了可运行的设备中，其中所述设备能够证明其可以实现所宣称的功能。“实际条件下的测试”这一规则不能作为绝对的要求。该规则的适用性须取决于设备的性质、设备预期用途的情形以及技术状况。要解决这一问题，必须依赖各种情况下的具体事实。

在本案中，所呈现的技术进步是一种可能解决射击瞄准器或投弹瞄准器大视野问题的设备。Robert W. Tripp 发明，即在望远镜中使用柱面透镜，从而可以使用小型棱柱而不需要减少入射光孔的尺寸及引起视角降低，确实解决了问题，并且他的样机证明了其理念可以提供针对上述问题的答案。这是本发明的实质，而如初审法院所述，遗留的问题“很可能”通过运用现有技术予以解决。此外，本领域中的技术人员认为样机是一项重大进步，是针对所呈现问题的令人满意的答案。涉案发明的设计主要针对在飞机上使用，而涉案发明所呈现的技术进步是其克服飞行特有的苛刻条件的能力。这里，仍然存在在飞行条件下的适用性问题，但所述进步不在于克服飞行中所遇到的具体光学问题；相反，这是一种实际上能够将观察者的目光立即扩大到其所处结构以外的设备构造。

因此，巡回法院认为，如果发明的范围以所述仿制品中实施的部件为限，即权利要求 4，则可以认为 Robert W. Tripp 发明已经被充分地付诸实践。

（二）关于补偿范围的认定

政府称，本设备为可拆分单元，应当作为补偿基础的部件仅指可包含到发明本身的部件，而初审法院错误地将光罩、目镜和支架后半部分纳入了发明范围。按照专利法的基本理念，权利要求书唯一地确定专利的范围，政府辩称这些项目不应纳入可补偿的范围。所述样机或权利要求 4 都没有涵盖目镜、光罩和支架后半部分，这部分是原告在履行开发合同时开发的。

经审理查明，上述三个部件是为了在飞机上使用而对Robert W. Tripp发明进行改装所需要的创新或改良。这些部件是根据开发合同开发的，且政府已经付费。如果没有使用政府的资源，所述样机中包含的Robert W. Tripp发明可能永远无法发挥任何商业价值。政府已经承担了三个部件的开发成本，没有令人信服的理由要求政府就这些项目对原告进行补偿。因此，本案必须在排除这三个部件的情况下重新计算Robert W. Tripp发明在整个设备中的贡献的百分比。

这一结果对双方来说实现了实质正义。一方面，对于光学领域和作战行动来说，Robert W. Tripp发明是一项重大贡献，在射击瞄准器和投弹瞄准器中发挥了重要作用。认定样机构成付诸实践，对于鼓励在国防建设中利用创新来说能发挥促进作用。另一方面，Farrand公司根据政府开发合同进行了四年工作，和其他人士一起努力将这些目镜推进到实际用于军事目的的阶段。对于改装Robert W. Tripp发明以便在飞机上使用所需要的开发，政府花费了大量的资金，不应该再次要求政府支付费用，而对原告的补偿不应该包含原告发明所包含的有限范围以外的任何项目。

（三）关于2.5%补贴

原告在上诉中辩称其有权按照5%的费率取得额外的利息补偿，并主张地区法院错误地没有授予该补偿。经查，初审法院判决政府从Eastman Kodak公司采购目镜之日起按照每年2.5%计算的金额，作为“延迟付款”，赔付原告。法院表示该金额并非作为利息而授予，而是根据合同约定的每年2.5%的延迟赔付金，作为完整正当补偿的一部分而授予。

关于对政府提出的索赔利息的传统规则，由最高法院在“United States v. Alcea Band of Tillamooks案”中进行了简要阐述：“若相关成文法或合同中没有明示的相反规定，则不得取得对政府索赔的利息。即使成文法针对具体情形而规定了“正当补偿”，该规则仍然排除了授予利息。唯一的例外是申请人有权根据第五修正案而取得正当补偿。只有在此情况下，所授予的补偿才应当包含利息。”最高法院在许多场合阐述过这一规则的不容置疑性和普遍性。在“United States v. Thayer-West Point Hotel Co.案”中，索赔法院增加了自行为之日起每年4%的金额，作为“实现截至付款之日正当补偿的额外补贴”。最高法院推翻了该判决，称：必须具有“明文规定支付利息”的条款，才能赔付额外利息补偿；所述条款必须是肯定性的、明确的、无歧义的；若双方关于“正当补偿”一词应解释为包含利息的意图没有明文表达出来，即为不充分。

不存在通过默示或通过使用模糊性语言达成的合意。若意图没有落实到肯定性的成文法或合同条款中，则成文法或合同起草人员关于准许收取利息的意图即不成立。因此，在本案中，美国政府没有以所需要的方式就授予利息达成合意，我们不能将该合意强加给政府。

可能支持授予利息的唯一——个剩下的理由是所述利息授予是第五修正案规定的宪法要求。根据美国宪法第五修正案，美国政府征收并占有财产时，所有权人享有正当补偿的宪法权利。根据《美国法典》第 28 编第 1498 条，政府应对专利权人给予合理全部的补偿。其中的全部，即包括利息。最高法院在以未经许可使用已取得专利的发明为由而对美国政府提起的诉讼中运用了这一规则。若专利所有权人起诉了承包商，其有权取得利息。由于政府完全承担了承包商的责任，因此政府承担了支付利息的责任。

但是，本案不是以征用领域含义下的占有为基础的。地区法院明确地认定："本案不是专利侵权之诉。本案中所主张的索赔是明示或默示的使用许可的补偿。"地区法院查明的情况明确地说明 Farrand 公司同意 Eastman Kodak 公司生产目镜。美国政府没有行使主权权力而征用 Robert W. Tripp 发明，而是就付费使用达成了协议。"原告"在本案中的索赔是针对合法使用而支付正当补偿，并非因未经授权使用而寻求补偿，如针对侵权行为。在此情形下，由于政府明文同意支付固定许可费率，不可就收款进行利息估算。当然，如果政府确实行使了其征用领域的权力，那么政府将有责任支付合同违约大额款项的利息。

当然，2.5% 是合同明文约定的"延迟付款"，并非作为利息授予，而是作为完整正当补偿的一部分而授予。这一约定得到了初审法院的支持。由于该延迟赔付并非利息，而是合同明文约定的，因此在上诉中也得到了巡回法院的支持。原告在上诉中要求的 5% 的利息没有得到支持。

三、判决结论

经巡回法院审理，初审法院关于 Robert W. Tripp 发明未付诸实践的判决存在错误，关于将光罩、目镜和支架后半部分纳入赔付范围的判决存在错误，关于 2.5% 的延迟赔付的判决正确。鉴于初审法院在多个问题上存在差错，巡回法院决定驳回初审法院的判决，发回重审。

2.5.3 补偿范围及方法

合理补偿的范围包括四个方面：一是政府使用发明的补偿，二是因保密令造成损害的补偿，三是政府使用发明延迟赔付的利息，四是必要的律师费用和其他合理支出。其中，律师费用和其他合理开支与一般案件无异，因此这里只介绍前三个方面。

1. 政府使用发明的补偿

政府使用保密发明包括政府履行工作职能而使用发明，以及政府委托他人使用发明。为了方便专利申请人查询政府使用保密发明的情况，政府的任何人或政府委托的任何人在使用该发明时，都应当签署一份确认书，并且该确认书将被保存下来，以备查阅并确定补偿数额。政府签署的使用确认书，大大减轻了专利申请人的举证负担，因为专利申请人几乎无从知晓其发明被政府使用。但是，发明的价值、补偿的金额仍应由原告举证。

政府使用保密发明主要采取三种方式：第一种方式是专利申请人自己为政府生产专利产品，使用该发明的利润将被包含在政府的生产成本中，不存在补偿专利申请人的问题。第二种方式是政府直接与专利申请人签订使用合同，参见“Farrand Optical Co. 诉美国联邦政府案”。第三种方式是，如果政府没有与专利申请人签订合同，那么政府必须依照前述规定，签署一份确认书，记录使用该发明生产的物品的数量。如果准确的记录不可用，可以使用合理的近似值。

关于政府使用保密发明的补偿金额，大致包括四种计算方法。①

第一种方法是，参考商业市场的规则，用合理的专利使用费率乘以总营业额。这种方法是计算补偿金额的最合理方法，也被国防机构和法院优先采用。但是，如果发明处于保密状态则商业市场受到很大限制，那么发明人等待保密令失效并实际进行商业运作后再提起索赔，对于发明人举证是最有利的。“美国电话电报公司诉美国联邦政府案”就是最好的证明。

第二种方法是，比照已经签订许可合同的相近似发明，根据其许可费确定。这种方法不尽如人意，因为很难建立一个具有可比较性的市场，也很难确定近似的许可费。由于假设中的商品市场与保密令下的政府垄断是矛盾的，导致这个方法脱离实际。

① Hausken L G. The Value of a Secret：Compensation for Imposion of Secrecy Order under Invention Secrecy Act[J]. Mil. L.Rev. 1988. 119：201.

第三种方法是，假设政府第一次使用某保密发明时，创建一个自愿的卖方或者买方市场，各方假设基于合同使用该发明。合理的补偿是以销售价格减去生产成本和合理利润，所剩下的部分即被视为公平的专利使用费。但是，在发明保密领域，这种方法很难准确地计算许可费，因为这个保密发明的唯一市场是向政府销售。因此，假设合同还必须包含假设的公开市场价格。假设的因素太多，以至于和实际情况之间的关联性很弱。

第四种方法是，试图查明因为政府使用而给发明人带来的利润损失。该方法首先应当确定合同中规定的利润，然后确定政府购买的最小可分单位，继而确定该发明占最小单位的百分比，再将归属于该最小单位的利润乘以百分比，得到本发明的单位利润。最后，本发明的单位利润乘以购买的单位数量，其结果是对本发明使用的合理补偿。对于处于保密状态，没有公开市场的发明来说，这个办法总体上是科学可行的。但这个方法也有它的缺点。即由于它不能反映设施和供应的实际成本，则计算结果可能不够准确。此外，该物品在公开销售时的利润率可能过高，可能导致过度补偿。

2. 保密令造成损害的补偿

1951 年《发明保密法案》允许发明人针对保密令造成的损害提起损害补偿。在司法实践中，美国法院认定补偿的条件是“真正的损害补偿金”、“实际损害补偿金”，发明人负责对保密令所造成的“实际”损害的存在及大小进行举证，必须提供损害补偿的具体证据，必须提供损害补偿数额的具体证据。由于补偿的标准是“实际”损害，且发明人的举证责任较重，每项损失的补偿必须非常具体，因此，因保密令造成的损害补偿是非常有限的。

因保密令而补偿的损失包括两类：一是开拓发明市场已经投入成本的损失，二是丧失市场的损失。开拓发明市场已经投入成本的损失是保密令导致发明人停止推销发明所造成的确定损失。对这种实际损害进行举证并不困难，因为已经做出的相关投入、发生的成本、终止该经营活动的成本是可以计算的。市场损失是指发明人必须举证因为保密令的存在阻碍了其销售产品，造成了前期投入的损失。当发明人花费资金研发该技术，并且为开拓市场进行了资金投入，期望获取较大商业利益，强加保密令影响了发明人的市场运作，使发明人基本丧失了获益机会，发明人的研发投入、市场投入等将“打水漂”，这种损害是“真实的”“实际的”损害。市场损失并不是只证明潜在市场的存在或者获利的预期，否则就具有很大的投机性。很多情况下，市场损失很难确定。当发明的市场尚不存在时，不好预测未来市场的规模和持续时间。例如，在一个地区的市场已经盈利的情况下，计算其他地区的市场价值就有了参照，但是，如果一个发明从来没有打开任何市场，就很难准确计算市场价值，当然也就很难确定市场损失。

关于因保密令导致发明人无法申请国外专利的损害，只能在该专利确实能够在国外市场进行销售的前提下获得补偿。如果政府是基于其他原因不允许该产品在外国销售，则不能依据保密发明法案获得补偿。例如，某项专利技术被施加保密令禁止申请外国专利，而恰好该发明根据国际武器贸易法规的要求被禁止输送到某国，那么，发明人不能依据发明保密法案要求政府补偿损失。因为，即使没有被强加保密令，该发明也不能被输送到某国。发明人的利益并不是因为被施加保密令而受到损害。①

此外，如果发明是纯军用的，则不会因保密令而造成损害。因为军事用途的发明只能向联邦政府销售，或者由政府向其他国家政府进行销售，而不能开展市场活动。并没有因为保密令的实施而影响发明人的市场开拓行为，因此没有利益损失。

在“Constant 诉美国联邦政府案”中，原告诉称由于保密令，要求政府对五个事项进行补偿：①原告已投入研发；②保密令的介入导致原告开发发明所必须的贷款申请被驳回；③因为保密令，原告不能向潜在用户以及被许可方证明其发明的先进性；④因为保密令，潜在用户将不能了解或评估该发明，因此选择了竞争对手的产品；⑤原告在其艰难开发发明过程中投入了大量个人资金；⑥试图撤销保密令中花费了高昂的律师费。在这些索赔中，只有①和⑤提供了充分的证据证明发明人已受到保密令的“实际”损害。②③④不属于补偿事由，因为发明人没有遭受“实际”损失，该损害表现为没有足够资金支持后续研发，但是这样的损害是高度投机的，这一假设建立在产品的开发可以在贷款的数额内完成，且产品还必须能带来盈利才行，这只是一种假设，并不是“实际”发生的。⑥也不属于补偿事由，因为保密令施加的出发点是维护公共利益，这是无可厚非的。发明人可以试图撤销保密令，以谋求其合法商业利益，但其作出的努力所带来的开支，并不能由政府负担，所以这部分费用不应补偿。

① Gilbert L A. Patent Secrecy Orders：The Unconstitutionality of Interference in Civilian Cryptography under Present Procedures[J]. Santa Clara L. Rev. 1982.22（2）：325.

案例 10 Constant 诉美国联邦政府[①]

美国索赔法院

原告：James N. Constant

被告：The United States

1. 案件概要

被告对原告的专利申请实施了一项保密令，禁止原告以任何方式向任何人公布或披露在保密令签发前制造发明或有关该发明的任何重要信息。在实施保密令 15 个月后，保密令被废除，原告获得了专利权。原告遂根据《美国法典》第 35 编第 183 条，针对保密令提起司法索赔。原告声称，由于保密令禁止其向潜在用户、被许可人以及融资机构披露发明，大大干扰并挫败了其对发明所付出的金钱及营销努力。被告辩称，保密令并未耽搁授予专利权并披露专利，声称索赔法院没有管辖权，要求撤诉。法院经审理认为，原告诉请获得因保密令造成损失的补偿是符合法律规定的，法院具有管辖权；但是，原告诉请补偿的损害必须是实际损害，而不能是假设的损害。

2. 案件详情

原告 James N. Constant 在 1969 年 9 月 22 日提出了可用于车辆识别系统领域的雷达信号编码方法的专利申请。1970 年 5 月 18 日，联邦政府施加了一项保密令，禁止原告以任何方式向任何人公布或披露在保密令签发前制造的发明或有关该发明的任何重要信息，否则原告将根据《美国法典》第 35 编第 182、186 条规定遭受罚款、监禁或放弃发明的权利。为了撤销保密令，Constant 在 1970 年 5 月 23 日向专利局局长提出撤销保密令的申请。1971 年 4 月该申请被驳回。原告就该驳回决议于 1971 年 6 月 8 日向商务部长提起申诉。1971 年 8 月 27 日，保密令被撤销。保密令实施了大约 15 个月。1971 年 12 月 10 日，即撤销保密令后约 3 个月，原告获悉其可提出专利索赔。1972 年 5 月 5 日，正式准许通知书发布。1972 年 9 月 12 日授予专利证书（编号为 3691557）。

原告并未根据《美国法典》第 35 编第 183 条第一部分规定寻求行政救济，而是在 1978 年 9 月 11 日，按照第二部分规定在索赔法院提起诉讼。原告援引《美国法典》第 35 编第 183 条规定，诉称因保密令禁止其向潜在用户、被许可人以及融资机构披露发明，指控 1970 年至 1971 年保密令的存在大大干扰并挫败其对发明进行融资及营销的努力，并因发明可用性、适销性及潜在盈利性受到消极影响而使其无法获得利益。原告主张了六个方面的索赔：(a) 原告已投入研发；(b) 保密令的介入导致原告开发发明所必需的贷款申请被

① Constant v. United States，223 Ct.Cl. 148，617 F.2d 239，206 U.S.P.Q. 313 (1980) .

驳回;(c)因为保密令，原告不能向潜在用户以及被许可方证明其发明的先进性;(d)因为保密令，潜在用户将不能了解或评估该发明，因此选择了竞争对手的产品;(e)原告在其艰难开发发明过程中投入了大量个人资金;(f)试图撤销保密令中花费了高昂的律师费。

被告美国联邦政府辩称，由于在原告专利申请被认可并被授予专利证书前数月已废除保密令，因此，被告认为该索赔不属于第183条规定范围，索赔法院不具有本案的管辖权，要求驳回原告请求。原告则认为，不管保密令是否造成被拒绝授予专利或延迟授予专利，条文都规定其有权获得因实施保密令而造成的损害补偿，损害补偿的本质源于保密令的实施。

关于法院管辖权问题，关键是判断第183条规定是否允许法院审理没有因保密令而导致延迟颁发专利证书的索赔案件。法院查明，第183条设立了获得补偿的两个独立路径。第一部分（法条前6句）规定发明人在了解其专利申请符合授权条件之日起至获得专利权之前，可以采取行政救济措施，如对行政救济不满意时可以采取司法救济。第二部分（法条第7句和第8句）规定专利授权后，专利权人有权在索赔法院提起诉讼以寻求获得因保密令或政府使用所引起的合理损害补偿。两部分是分别独立的。根据第183条的内容，在索赔法院提起司法诉讼的先决条件是三个：一是索赔人需遵守保密令，二是索赔人未申请行政救济，三是专利已授权。本案中三个条件都符合，因此，法院对原告提起的索赔具有管辖权，并不因为专利授权前保密令已撤销而没有管辖权。

关于原告提起的索赔问题，法院经审理认为，需要补偿的损害必须是“实际”损害，原告须提供有关损害、实际损害、已证明的损害，或具有更大证实力的或证明损害的真实具体证据。法院不认可纯粹预期的损害。

3. 结论

驳回被告提出的撤案动议，驳回原告提出的(b)(c)(d)(f)项诉请，支持(a)(e)的补偿请求。

3. 利息

关于损害补偿中的利息，仅存在于政府使用保密发明的案件中。这笔款项被称为延迟赔付所产生的利息，用于弥补政府因延迟赔付发明人所造成的利息损失。因为，如果按照正常的许可合同，政府应当在更早的时间支付使用费，但是由于政府赔付时间较晚，所以应当向发明人支付利息。计算利息的公式是，利息 = 损害补偿数额 × 损害补偿与判决之间年数 × 年百分比。[①]

---

① Hausken L G. The Value of a Secret : Compensation for Imposion of Secrecy Order under Invention Secrecy Act[J]. Mil. L.Rev. 1988. 119 : 201.

2.5.4　第 183 条、第 1498 条、第 1491 条之间的关系

简言之，《专利法》第 183 条的规定，限于政府未经发明人许可使用保密发明的救济。根据发明保密相关规定，专利局局长有权向国防机构公开与安全有关的发明，以便政府使用发明，一旦政府行使该权利，发明人在专利获得授权之前的专属权利就被剥夺了。政府使用保密发明是未经权利人授权的，而是法定的，权利人只能要求补偿而已，并不能主张禁止政府使用。

《美国法典》第 28 编第 1498 条的规定，限于针对政府未经专利权人授权使用专利的行为提供救济。第 1498 条与第 183 条的区别在于，针对发明人申请专利被政府下达保密令进而使用其保密发明的索赔，是依据第 183 条进行判决，地区法院和索赔法院均有管辖权；在被下达过保密令的发明获得专利授权后，政府未经授权使用专利的，其索赔应依据第 1498 条进行判决，只有索赔法院有管辖权。其共同点在于，第 1498 条与第 183 条的前提都是发明人未与政府达成许可协议。所以，第 183 条与第 1498 条基本原则是统一的，只是一个在授权前，一个在授权后。

《美国法典》第 28 编第 1491 条的规定，限于发明人与政府达成明示或默示合同，其索赔以发明人与政府达成明示或默示合同为前提。如果索赔超过 10 000 美元，只有索赔法院有管辖权；低于 10 000 美元，则由地区法院管辖。

案例 11　Farrand Optical Co. 诉美国联邦政府 ①

美国联邦第二巡回上诉法院

1962 年 6 月 5 日辩论；1962 年 10 月 19 日判决

原告、上诉人：Farrand Optical Co.，Inc.

被告、上诉人：美国联邦政府

一、案件摘要

该上诉案件来自美国纽约南区联邦地区法院。原告是科技和工业用光学设备的制造商，根据 1951 年《发明保密法案》，原告以美国政府使用其发明为由对其提起诉讼。美国政府辩称地区法院没有管辖权，理由是原告的主张是基于法律默示的合同，根据《美国法典》第 28 编第 1491 条（以下简称“1491 条”），其属于索赔法院的专属管辖范围。法院审查了该法的立法历史，认定地区法院没有管辖权。巡回法院经审理认为，

① Farrand Optical Co. v. United States，317 F.2d 875 135 U.S.P.Q 165（2d Cir. 1962）（en banc）.

原告的侵权主张是以合法使用为基础的，而地区法院对美国政府合法使用发明的损害补偿案件没有管辖权。巡回法院驳回了地区法院做出的损害补偿判决并发回重审，指令将本案移交索赔法院。

二、案件详情

原告Farrand Optical Co., Inc.(以下称为Farrand公司)是一家科技和工业光学仪器制造商。该公司在第二次世界大战期间由政府协助成立，其战时主要工作是设计、生产投弹瞄准器或火力控制装备，以供空军使用。1943年下半年，原告的董事长Clair Farrand和首席工程师Robert W. Tripp获悉，空军在紧急寻找用于B-29轰炸机的新式射击瞄准器。瞄准器需要能够透过侧面半球进行观察，并且在极坐标系中提供方位角和海拔信息，用于指导从机头发射的弹药。据了解，当时没有任何火力控制设备能够完成这一功能。Robert W. Tripp迅速开展工作，以期解决该光学难题。到1944年4月，Robert W. Tripp所发明的新式“半球型目镜”的“样品”已准备就绪，可以向空军展示。空军对Robert W. Tripp的发明做出了正面回应。不过，对于该新式目镜的大多数实际光学和机械设计的应用，仍然存在各种设计问题。

在经过广泛协商后，1945年3月10日，Farrand公司与军方签订了旨在解决这些遗留的设计问题的研发合同。该合同第30条与“再生产和许可权”有关，针对Farrand在履行合同过程中产生的或首次付诸实践的所有发明，“授予政府非独占、不可撤销的免费许可权”。对于在合同开始时Farrand公司已经拥有的专利或其他权利，仅向政府授予免费的许可权，且“期限仅为政府当前所处的任何战争时期外加其后6个月”。

1945年至1950年，为制造半球形目镜而开展的技术完善工作一直在持续。不过，到1947年下半年，空军确定Farrand公司无法满足政府关于该设备的所有需求。因此，经空军提议并经Farrand公司同意，选择了Eastman Kodak Co.作为第二供货来源。此后，Farrand公司与Eastman Kodak公司在设计和其他工程信息交换方面展开了合作。

1946年8月19日，Robert W. Tripp就半球形目镜向美国专利局提出了专利申请，随后该申请被转让给了Farrand公司。1948年12月，Farrand公司被专利局告知就Robert W. Tripp的发明可以授予专利权(可专利性通知)。此后不久，Farrand公司向专利局局长通报称，该专利申请的主题是某些空军合同的标的，而这些合同条款禁止专利申请的公开，需要根据《发明保密法案》发出保密令。1949年2月23日，保密令在美国空军的指示下由专利局发出。该命令的有效期截止到1954年12月2日，此后，在1955年12月4日，Robert W. Tripp的专利申请被授予了专利权。

1950年至1960年,政府花费约2 500万美元,向Farrand公司大量采购涉及Robert W. Tripp发明要素的半球形射击瞄准器。与此同时,政府向Eastman Kodak公司采购了约1 646个半球形目镜，累计金额超过4 000万美元。此外,政府还向Eastman Kodak公司采购了价值约500万美元的目镜备件。

1955年在Robert W. Tripp的专利被授权前，Farrand公司先是通过行政救济方式，向空军提出索赔请求，要求空军就其使用Farrand公司的发明给予补偿，但空军一直拖延。按照《发明保密法案》的规定，在行政救济未果的情况下，发明人可向索赔法院或者其所在地的地区法院提起诉讼。1955年5月5日，Farrand公司向美国纽约南区联邦地区法院提起诉讼，根据《美国法典》第35编第183条（以下简称“183条”），以政府使用Robert W. Tripp发明为由要求补偿。在该诉讼中，Farrand公司就政府向Eastman Kodak公司采购的涉及Robert W. Tripp发明的所有目镜和部件寻求补偿。纽约南区联邦地区法院驳回了美国联邦政府提出的地区法院缺乏管辖权的动议和就法律责任问题另行审判的动议，判决被告补偿原告657 622.17美元。该判决涵盖了自1950年制造启动时起到1960年11月1日关于损害补偿的诉讼程序时止，对政府向Eastman Kodak公司采购且涉及Robert W. Tripp发明的所有目镜和所有部件的补偿。

对于该判决，原告和被告都提起上诉，其中原告主张该裁决的金额不足，而被告则主张，地区法院对该案件无管辖权。美国联邦政府在上诉中称，原告的使用费损失不是因保密令或依法向政府公开并由政府未经授权地使用Robert W. Tripp专利申请引起的，不能依据183条进行补偿，所以地区法院没有管辖权；而是在Robert W. Tripp提出专利申请之前很长时间实施的合同协商所产生的结果，原告对补偿的主张是以默示合同为基础的，并且金额超过了10 000美元，因此根据1491条应由索赔法院管辖。

美国联邦第二巡回上诉法院支持政府的主张，认为地区法院对原告的补偿主张没有管辖权。巡回法院在审理过程中，提出并查明了一个关于183条的法律解释问题，即:《发明保密法案》的补偿规定仅仅适用于政府在保密令持续期间实施的未经授权的使用，还是既适用于未经授权的使用也适用于授权的使用？关于这一问题，原告认为且下级法院也认定，由于《发明保密法案》仅提及政府使用，并未具体规定是未经授权使用，因此可以进行广义的解释以便将案件涵盖在内，如本案，即就政府根据明示或默示的许可之使用而寻求补偿，地区法院也可以依据183条进行管辖。

巡回法院认为：①依据1951年《发明保密法案》，专利局局长有权向国防机构公开与安全有关的发明，以便政府使用发明，一旦政府行使该权利，发明人在专利获得授权之前的专属权利就被剥夺了。政府使用保密发明是未经权利人授权的，而是法定的，权利人只能要求补偿而已，并不能主张禁止政府使用。②从侵权索赔诉讼时效看，183条规定的向联邦索赔法院提起补偿之诉的时效是自专利授权时起为期6年，这一规定与专利侵权诉讼的6年法定限制相一致，这一相关性也表明183条补偿的是政府未经发明人授权的使用。1951年《发明保密法案》中规定，美国政府可以“在本条所规定的诉讼中援引《美国法典》第28编第1498条诉讼中规定的一切依据为自己辩护”。而1498条仅针对政府未经专利权人授权使用专利的行为提供救济，因此，183条规定只限于政府未经发明人许可使用保密发明的救济。以上3条分析，都不容置疑地表明了183条是仅针对美国政府非授权地使用保密发明而授予的救济。那么，政府在明示或默示许可下使用发明，就构成了原告根据183条提出的诉讼程序的完整抗辩。鉴于政府与发明人在此前有使用合同，因此，地区法院的判决因没有管辖权而应当被发回重审，移送索赔法院。

巡回法院进一步解释，在发出保密令之前，发明的所有人自愿向政府公开并同意政府使用时，任何后续的保密令都只是其补偿主张的附属因素。其诉讼以1491条下的明示或默示合同为基础，而如果其索赔超过10 000美元，则恰当的管辖机构应为索赔法院。如果是发明人自愿向政府公开并同意其使用，则构成默示的许可合同，依据1491条而非1498条判决。如果发明人并未与政府达成许可协议，而是发明人申请专利被政府下达保密令进而使用其保密发明，其索赔应依据183条进行判决；在被下达过保密令的发明获得专利授权后，政府未经授权使用专利的，其索赔应依据1498条进行判决，所以，183条与1498条基本原则是统一的，只是一个在授权前，一个在授权后。

三、审判结论

巡回法院经审理认为，只有在专利授权之前，政府未经授权实施的保密发明并导致发明根据《发明保密法案》第181条的公开，才构成《发明保密法案》下的损害补偿。因此，对《发明保密法案》下的索赔被授予管辖权的地区法院，对因已授权政府使用而引起的超过10 000美元的索赔没有管辖权。巡回法院驳回了地区法院的判决，本案发回索赔法院审理。

2.5.5　司法审判中关于国家秘密的处理

在保密令有效期间，地区法院或联邦索赔法院对索赔案件进行的公开审理活动，存在泄露受保密令保护的国家秘密的风险。因此，在遇到国家秘密的情况下，或者在国防机构主张司法审判可能泄露国家秘密的情况下，法院将采取不公开审理，或者暂时不予审理直到保密令解除后。

“Halpern 诉美国联邦政府案”中，初审阶段，国防机构主张案件应保留到保密令被解除后再行审理，因为披露进行审判所必需质证的细节将不利于国家安全。然而在上诉阶段，第二巡回法院认为：发明保密法案允许在保密令有效期间进行司法审判；为了保护国家秘密可以进行不公开审理，前提是不公开审理不会导致军事机密严重泄露；如果即使是不公开审理也可能导致军事机密严重泄密，则暂不予审理。

案例 12　Halpern 诉美国联邦政府①

美国第二巡回上诉法院

1958 年 6 月 13 日辩论；1958 年 8 月 4 日判决

原告、上诉人：Otto Halpern

被告、被上诉人：美国联邦政府

1. 案件概要

上诉人 Otto Halpern 作出了一项具有军事用途的发明，其专利申请因保密原因被扣发。Halpern 向地区法院起诉，要求美国联邦政府补偿因保密令以及因使用其发明造成的损害。地区法院以对诉讼标的没有管辖权为由驳回了起诉。地区法院认为，Halpern 在保密令被解除之前，不得就公开后会损害国家利益的专利申请提起诉讼。Halpern 质疑地区法院的判决，遂向巡回法院上诉。巡回法院撤销了这一决定，理由是根据法律规定，尽管专利尚未发布，但一旦关于补偿的行政申请被驳回或裁决结果令人不满，就可以提起诉讼。法院认为，保密令尚未解除并没有剥夺地区法院的管辖权，因为不公开审判是允许的。巡回法院决定将案件发回重审，认为地区法院有权受理上诉人的诉讼，因为可允许在不泄露机密信息的情况下，剥夺美国联邦政府的保密特权，进行不公开审判。

① Halpern v. United States，258 F.2d 36，(2d Cir. 1958)．

2.案件详情

上诉人 Otto Halpern 宣称他在 1941 年作出了一项发明，且他意识到该发明具有重要的军事用途。因此，他跑到科技发展局，向有关人员解释了其发明的科学原理，引起了相关人员的兴趣，于是上诉人被推荐给麻省理工学院的辐射实验室。随后，上诉人与该机构签订了发展该发明的合同。该合同约定，上诉人先前的发明视作其个人财产，但基于该发明的任何进一步的发明或改进都将成为麻省理工学院辐射实验室的财产。在接下来的一年，即 1942 年，在上诉人受雇于该辐射实验室期间，该发明已经“付诸实践”了。此后，上诉人继续在此实验室工作直到 1945 年 5 月，在此期间，许多基于原始发明的修改和改进已经被研发出来。

1945 年 3 月，上诉人就其 1941 年的原始发明进行专利申请。1945 年 5 月 3 日，专利局局长认为披露专利申请内容将损害公共安全和国防利益，因此，根据前《美国法典》第 35 编第 42 条（1942 年版本的《发明保密法案》）发布了一项保密令。由于这个保密令，上诉人没有获得专利证书。从那时起，美国政府官员就定期重新考虑继续执行该保密令的必要性。最后一次这种情况发生在 1956 年 7 月 25 日，美国决定该保密令即使是在不损害国家安全的情况下都不能被撤销或修改。

1951 年 7 月，美国专利局通知上诉人他在 1945 年提交的专利申请中所包含的 14 项权利要求被准许（可专利性通知），但由于被施加了保密令，专利权暂不能授予。此后，上诉人向国防部、陆军、海军以及空军就使用他的发明提出补偿请求。然而，该索赔最终都被驳回。1956 年 4 月，上诉人向地区法院提起索赔诉讼，要求美国联邦政府补偿由于施加保密令以及由于使用其保密发明而造成的损害。

美国联邦政府要求驳回起诉。美国的主要抗辩理由是，《美国法典》第 35 编第 183 条（1951 年《发明保密法案》版本，以下简称“183 条”）并未批准在保密令未决期间提起索赔诉讼。此外，政府还主张其关于处理国家机密的特权，声称地方法院不具有进行不公开审判的权力。随后，政府正式提出了海军部长的特权声明，载明“原告的专利申请以及与其技术主题相关或可能涉及的所有文件、陈述及证词，都属军事和海军机密。此类信息的产生和披露将会严重妨碍海军研发项目的管理，损害美国的安全，而且还损害公众利益”。除此之外，美国还提交了一份专利法务部主管、海军研发部官员以及一名海军军法署长签发的宣誓书，声明披露申请中包含的任何信息都将危及国家安全。海军部长仅授权律师向法院披露一个专利申请的信息，即“涉及使监测对象可避开雷达观测和探测的方式和方法”。

地区法院 Edelstein 法官认为，根据 183 条规定在保密令撤销前不得开始诉讼，并以对诉讼标的没有管辖权为由驳回了起诉。接下来便有了本次上诉。

巡回法院经审理查明，现行的《美国法典》第 35 编第 181 ～ 188 条，即 1951 年《发明保密法案》，于 1952 年 7 月作为《专利法》(《美国法典》第 35 编）的一部分被编入《美国法典》。它们的规定与《美国法规汇编》(United States Statutes at Large,缩写为 Stat.）[①] 第 66 卷第 4 页起（66 Stat. 4)，即前《美国法典》第 35 编第 151 ～ 159 条（实际上就是 1951 年《发明保密法案》）中法条基本相同。《发明保密法案》之前的版本，起始是 1917 年 10 月 6 日法案（《美国法规汇编》第 40 卷第 394 页起，40 Stat. 394)，后修改为 1940 年 7 月 1 日法案（《美国法规汇编》第 54 卷第 710 页起，54 Stat. 710)。《发明保密法案》的基本目的是，无论何时，只要由于专利发布而披露的信息会危及国家安全，授予政府阻止传播专利申请中所包含信息的权力。

《发明保密法案》第 181 条授予专利局局长在收到国防部长或其他国防机构首长认为“因授予专利证书而公布或发表该项发明可能有损国家安全”的通知时，发布保密令和扣发专利证书的权力。第 182 条旨在实施保密令，规定发明人未经专利局局长批准擅自披露专利相关信息都将可能使其丧失专利的权利。第 186 条对故意披露或公布规定了刑罚。强调保密的同时，《发明保密法案》鼓励发明具有军事价值的发明，并将其提交给美国政府。第 183 条“请求补偿的权利”赋予了专利申请人“请求补偿其由于保密令和/或政府使用该项发明而对其造成的损害的权利”。该请求权自申请人收到其专利申请被准许的通知（可专利性通知）或者是 1952 年 2 月 1 日（以两者中较晚日期为准）时生效。请求补偿政府使用发明造成的损害的权利，自政府首次使用该发明之日起生效。该权利仅在专利授权后的 6 年之内有效。

《发明保密法案》提供了两种可供选择的程序，以确保因保密令被扣发专利证书的专利申请人的“公平补偿”权。第一种程序是从 1940 年法案延续下来的，即等到专利被发布后，再向索赔法院提起索赔诉讼。但由于专利只有在撤销保密令后才能发布，这种诉讼只有在保密令撤销后才能提起。显然，上诉人无法使用这一程序，因为保密令仍然有效，且专利还没发布。但国会显然认为，这一补救措施并不足以公正地处理那些其申请涉及保密的发明人的合法索赔。为此，1952 年法案增加了另一种程

① 注：《美国法令汇编》(United States Statutes at Large，缩写为 Stat.)。通常是每个立法会期编辑一卷，也即每届国会编排两卷。

序，规定了先行的行政救济，对行政救济不满意后，可以在法院提起诉讼。索赔人自接到可专利性通知之日开始，即可向提请发出命令的部门或机构的负责人请求补偿其由于美国使用该项发明和由于保密命令而造成的损害。部门负责人有权与权利人协商并对索赔做出全部补偿。不能协商一致的，部门负责人可以判定付给一笔款项，其数额不超过其认为是公平补偿数额的75%。索赔人可以在索赔法院或其居住地的地区法院对美国提起诉讼，请求偿付一笔款项，该款项与前述的判定款项加在一起就是对损害和/或政府使用发明的公平补偿。没有明确规定要求撤销保密令后才提起该诉讼。

被告美国联邦政府认为，如果《发明保密法案》被解释为允许在保密令未决期间提起这种诉讼的，法定的保密目的将无法达成。为了支持这一抗辩，政府认为，法案规定在地方法院起诉的权利，只是为了说明发明人不限于行政上判定的款项，如果法案允许地区法院在保密令未决期间对专利进行公开审理，那么法律对发明人禁止在未经授权的情况下进行披露以及受刑罚的规定将变得毫无意义。然而，上诉人认为，进行不公开审判就可以消除对国家安全的任何危险。政府则答复说，严重质疑法庭人员是否属于保密令允许披露的对象，政府坚持认为，不公开审判不能有效保护国家保密利益。此外，美国认为，其已适当声明其有关国家机密的特权，仅就这一方面来说，就应该驳回起诉，因为从诉讼的性质可以看出，它的起诉和辩护都将违反这一特权。

巡回法院认为，就本案所涉事项进行公开审判，将有悖于法案的精神。因为美国已适当声明了国家机密的特权，且显然在不泄露军事机密的情况下无法起诉或在诉讼中进行辩护。关于保护国家军事机密的考虑，1940年法案直接规定发明人在其专利申请处于保密令的情况下不得提起诉讼，只有申请人“最终获得专利时”才有权起诉。由于在保密令有效的情况下不能颁发专利，因此1940年的法案将保密令的撤销作为司法管辖权的先决条件。1952年法案在对关于发明者的补偿方面有了重大变化。申请人因其发明被使用而获得补偿的行政程序，不需要以撤销保密令为条件。相反，该法案字面上规定：“申请人因上述规定而被扣发专利证书时，有权自接到可专利性通知之日开始请求补偿。”上诉人在1951年7月收到该通知，该时间是在他请求行政补偿之前，且在此诉讼开始之前很久。法案接上关于行政补偿的规定后面，继而规定了司法救济，即在索赔法院或者地区法院的诉讼权：“损害补偿请求人可以在索赔法院或请求人居住地的地区法院对美国提起诉讼，请求偿付一笔款项，该款项与前述的判定款项加在一起就是对损害和/或政府使用发明的公平补偿。”

法律规定的是尽管专利尚未颁发，但当行政申请被驳回或处理结果令申请人不满时，即可提起诉讼。保密令未撤销的事实并没有剥夺地区法院的管辖权。巡回法院的结论在 1952 年法案的其他条款可得到印证，该法案显示出国会越来越关注其申请处于保密令下的发明人的权利。例如，第 181 条授予了就保密令向商务部长提出上诉的权利，规定“对发明保密以及扣发专利证书，均不得超过 1 年”，且规定“根据国家利益要求延长上述期限”，并已做出肯定的决定时，保密令可再延长 1 年。巡回法院还考虑了 1952 年法案相对稀少的立法历史，并在众议院和参议院报告中提出的关于该法案的大致相同的段落中找到了一些支持，该段落指出 1952 年法案与 1940 年法案的不同，在于没有规定“等到申请的专利被发布后才提出索赔请求”。

据此，巡回法院得出结论，在保密令期间申请人提出的诉讼，地区法院有管辖权。

巡回法院转而讨论在这一申诉中提出的其他问题——该法案是否授权进行不公开审判，以及关于国家机密的特权能否阻止对案件的审理。

巡回法院认为，国会已经授权联邦法院受理那些在行政申请中失败的申请人在保密令撤销前所提起的诉讼。显然，国会一定已经预见到对于这一类型的案件是无法进行公开审判的，赋予地区法院受理这类案件的权力，相当于授权地区法院在合理范围内调整公开审判程序，以满足个别情况的需要。在这种情况下，巡回法院认为不公开审判是可取或可行的。上诉人认为，唯一的证人是那些将知道所有本发明的人，即使有些不知道，他们也可以待在接待室里，直到被传唤。在法院找到一名获得必要机密工作许可的笔录员和其他必要的法庭人员，并不难。如有必要，为海军部撰写这项发明文件的速记员可以用来记录证词。因此，地区法院如果认为这么做不存在泄露军事机密的任何重大危险时，就可以这么做。

不可避免地，审理涉及处于保密令下专利申请的案件，就案件的性质而言，总会涉及这一特权范围内的内容。除非国会授予的权利完全是虚幻的，只存在于政府官员的支配之下，否则，该法必须被视为政府放弃特权。当然，任何这样的放弃都取决于在审判过程中保护国家安全最大利益的其他方法的有效性和充分性。国会已授权联邦地区法院对上诉人等发明人进行关于公正补偿的审判，且规定在国家利益所需时保密。如有可能，这两个法定目标都应该执行。巡回法院认为，地区法院在认定有关政府特权问题，以及审判的方式上制定灵活的程序，为实现这两个目标行使自由裁量权，将最有效地实现法定目的。

巡回法院认为，在不公开审判中向联邦地区法院披露信息并不构成保密令禁止的未经授权的披露，因为《发明保密法案》允许向“与该命令的内容直接有关”的“美国政府任何部门官员”披露；且“本节中的禁止规定和罚则不适用于在其职权范围内执行职务的美国官员或代理人，也不适用于接受其书面指示或得到其许可而有所行为的人”。当在不公开审判中向法院人员披露不会使信息公之于众或危害国家安全时，国家机密特权也不再适用。

3. 审判结论

地区法院有权在保密令未撤销期间受理诉讼，如果地区法院认为不公开审判并不会造成泄露机密信息的风险，那么在美国联邦政府行使国家机密特权下，进行不公开审判也是允许。为此，巡回法院驳回原判，发回重审。

“American Telephone & Telegraph Co. 诉美国联邦政府案”适用不公开审理似乎是不恰当的。1948 年，贝尔电话实验室申请了一项“脉码调制通信系统”的专利，该系统可以对传输的信息进行加密。专利商标局局长对其施加了保密令，直到 1975 年才失效。1976 年，专利被授权，原告在 1981 年向联邦索赔法院提起索赔诉讼。为了计算损害补偿，AT & T 要求查看政府使用该发明的信息。政府拒绝，并声称它使用的加密设备的数量和类型是“国家机密”。当时，AT&T 是几份机密合同的当事人，它已经被批准能够存储相关保密文件，且它的雇员拥有检查这些文件所需的安全许可。尽管如此，法院还是裁决了禁止 AT & T 查看政府使用该发明的信息。这使得 AT & T 无法确定政府使用其发明的损害程度，因为涉及专利发明的所有采购都是保密的。由于 AT & T 请求获取的保密文件的保密期限不确定，导致因国家保密特权的原因，阻碍专利授权 6 年后仍不能进行审判，这样将使得发明人过了诉讼时效。因此，在这种情况下，发明人在诉讼时效内提起诉讼，法院可以因为保护国家秘密原因，中止诉讼时效，待解密后再行审判。此外，政府还可能因发明人没有获得国家安全许可而主张国家机密特权。

“克利夫特诉美国联邦政府案”中，法院注意到原告缺乏国家安全许可，因此连不公开审理程序都不适用，只能否决原告克利夫特的证据开示动议，暂停审判。

案例 13　克利夫特诉美国联邦政府①
美国联邦第二巡回上诉法院
庭审日期：1979 年 3 月 7 日；判决日期：1979 年 4 月 10 日

上诉人：尤金·艾默生·克利夫特

被告：美国联邦政府

一、案件概要

原告尤金·艾默生·克利夫特旨在根据《发明保密法案》（参见《美国法典》第 35 编第 181 ～ 188 条）寻求美国政府补偿。克利夫特是一项加密系统的发明人，该加密系统获得了第 3495038 号美国专利。他对康涅狄格州地区法院所作的判令提起上诉。康涅狄格州地区法院依据国家机密特权，以及《美国联邦民事诉讼规则》第 37 条规定，否决克利夫特根据《美国联邦民事诉讼规则》第 34 条提出的要求政府向其提供所要求文件的动议（证据开示动议），巡回法院判定初审法院有关否决提供文件的动议的判令成立。

二、案件详情

克利夫特于 1968 年 3 月 21 日提交了加密设备专利申请。1968 年 11 月 6 日，他获知针对该申请，颁发了一项保密令，参见《美国法典》第 35 编第 181 条。1969 年 2 月，他根据《美国法典》第 35 编第 183 条规定就保密令所引起的损害以及政府使用发明提起行政补偿诉讼。1969 年 6 月 12 日该保密令被废止，并在 1970 年 2 月 10 日颁发专利。1970 年 1 月 23 日，由于政府从未使用该发明，并且克利夫特未提交其因保密令所造成损害的证据，因此该行政补偿请求被驳回。

6 年后，克利夫特根据《美国法典》第 35 编第 183 条规定，在康涅狄格州地区法院对美国联邦政府提起诉讼，要求获得因保密令以及政府使用该发明所造成的损害补偿。为了说明政府使用了他的发明，他根据《美国联邦民事诉讼规则》第 37 条规定，要求政府依据《美国联邦民事诉讼规则》第 34 条编制七类文件，包括各类政府使用的加密设备生产合同（即要求政府证据开示）。他宣称在报纸及杂志文章中都可找到这些证据。政府辩称该要求是针对不存在的或构成保密信息的设备。

① Clift v. United States, 597 F.2d 826, 203 U.S.P.Q. 561 (2d Cir. 1979).

根据《美国法典》第18编第798条规定，向未经授权人士披露保密信息将构成犯罪行为。美国国家安全局局长及海军上将英曼所作的誓章确认如下：如原告要求提供合同，那么该合同将涵盖政府研发的加密系统设计、施工、维护或维修内容。该加密系统已被视为涵盖高度保密信息以及美国军事秘密。披露该信息将严重危害美国国家安全局通信安全以及美国利益。初审法院同意政府的观点，即根据《美国联邦民事诉讼规则》第34条规定，试图公示的文件属于保密信息，因此否决了证据开示动议。

原告就初审法院的判决提起了上诉。尽管否决证据开示的判令通常属于不可上诉的裁定，但在本案件中，否决证据开示动议构成了初审法院作出驳回判决的基础，因此巡回法院受理了该上诉。

上诉案件审理过程中，美国联邦政府称，国防部长无须提出特权主张，因为国会于1951颁布的《美国法典》第18编第798条即规定：使得未授权人士知晓或有意向未授权人士披露保密信息的行为将构成犯罪行为。同时，海军上将英曼的誓章充分表明所要求的事项符合法律规定，在法庭上提供涵盖政府研发的加密系统设计、施工、维护或维修内容的合同，将透露该发明的使用范围，而这些事实属于国家机密，而且属于超出克利夫特先生获悉国家秘密信息范围的其他机密信息。法院查明，克利夫特先生不再持有知悉国家秘密的许可证。巡回法院认为，公共政策禁止法院审判如下诉讼案件，即：该类案件审判将不可避免地引起披露法律规定应该保密的信息，并且遵循此要求，不得违背保密规定。有些保密信息的泄露具有一定风险，可能泄露高度敏感信息。因此，巡回法院否决了证据开示的主张。

三、审判结论

巡回法院经审理认为，在不影响进一步考虑的前提下，否决证据开示动议的判决成立。

2.5.6　政府的抗辩

《美国法典》第 35 编第 183 条规定："在本条所规定的诉讼中，美国政府在诉讼中可以援引第 28 编第 1498 条规定的一切依据为自己辩护。"第 28 编第 1498 条[①]的内容及相关解读，我们在《知识产权与国防使用》一书中详细进行了阐述。

《美国法典》第 28 编第 1498 条为美国联邦政府提供了三种抗辩：①联邦政府获得了许可；②联邦政府其他合法权利，包括"合同权利"、"雇主权"和"部分所有权"；③政府雇员发明。其中，关于政府雇员发明，发明保密法案直接将其排除在外。《美国法典》第 35 编第 4 条规定："任何人或其继承人、受让人或法定代理人，在为美国政府专职受雇或服务期间的发现、发明或开发的任何一项发明，本条并不授予其提出索赔诉讼的权利。"

此外，第 1498 条还规定，获得补偿的前提条件是该发明获得美国专利权，任何证明该专利权无效的抗辩将成立。虽然《发明保密法案》规定在专利授权之前就可以索赔，但该索赔权也必须建立在专利可以被授权的前提下，联邦政府如果提出该发明不满足专利三性（实用性、新颖性、创造性），将是对发明人索赔的有效抗辩。此外，关于超过诉讼时效的抗辩也构成否定发明人索赔主张的抗辩，联邦政府不需要进行补偿。

---

① 注：《美国法典》第 28 编第 1498 条（a）款规定：(a) 对于美国专利所描述且包含的发明，如果由美国或为美国，没有合法权利或未经专利所有人许可，使用或制造，那么专利所有人的救济应当是向联邦索赔法院起诉，请求合理的、全部的补偿。合理的、全部的补偿应当包括专利所有人在起诉过程中的合理成本，其中包括合理的专家证人费和律师费，条件是，专利所有人是独立发明人、非营利机构，或者在由美国或为美国使用或制造该专利发明 5 年期间的任何时间，雇员少于 500 人的实体。尽管存在上述文句，除非自诉讼提起之日起，专利所有人请求上述成本和费用之日，诉讼已持续 10 年仍没有结果，则合理的、全部的补偿不应当包括上述成本和费用，条件是，法院判定美国的做法本质上是合乎情理的，或者在特殊的情况下，判给上述成本和费用是不公平的。就本条而言，得到政府授权或者同意的承包商、子承包商或者任何个人、公司或企业，为政府使用或制造美国专利所描述且包含的发明，都应当解释成为美国使用或制造。根据本条规定，如果提出索赔是基于由美国或为美国使用或者制造的由美国政府在 1918 年 7 月 1 日之前所有、出租、使用或者处理的任何物品，则法院应当不判给补偿。按本条规定，政府雇员应当有权起诉政府，除非其能够责成、影响或诱导政府使用发明。对于个人在政府雇用期间或者服务期间所发现或创造的任何发明，本条不得给予任何专利权人或受让人诉讼权利，因为发明涉及政府雇员的公职，所述公职包括研究、发展工作，或在发明创造过程中，使用政府的时间、材料或设施。

2.5.7 原子能委员会关于原子能发明补偿的特殊规定

依据1954年《原子能法案》第154条规定："对于任何在原子武器中使用特殊核材料或原子能的发明或发现,不得授予专利权。任何已授权的此类发明或发现的专利应被撤销，并且应给予公正补偿。"为了确定公正补偿，《原子能法案》设立了以下标准：

(1) 在确定合理的补偿时……委员会应考虑以下因素：①专利补偿委员会的意见；②任何辩护意见，一般或特殊的，可能是被告在侵权诉讼中的辩护；③如果有这样的发明，通过联邦资助的研究来开发这种专利的程度；④发明或发现的实用性、新颖性和创造性的程度,并可能考虑到开发这项发明或发现或获得该专利的专利所有人成本。

(2) 确定公正补偿构成要素时……委员会应该考虑本条第 (1) 款所述的因素和这种发明或发现的实际使用情况。这种补偿可能由委员会定期支付或一次性支付。

可以看出，原子能委员会关于与原子能有关的发明的补偿，并没有要求按照"实际"损失的标准进行。其原因在于，与原子能有关的发明，发明人几乎不存在为进行该发明的商业化进行投资的可能，也无法估算其商品市场价值，因此无法计算"实际"损失。鉴于此,《原子能法案》计算保密发明的补偿标准主要依据研发投入、政府资助的比例，以及对发明的新颖性、实用性、创造性的评判等，并专门成立一个专利补偿委员会加以处理。

附件 2-1

专利安全类别审查清单[①]

为了对专利申请进行保密审查，美国武装部队专利顾问委员会（Armed Services Patent Advisory Board，ASPAB）子委员会制定了《专利安全类别审查清单》（Patent Security Category Review List，PSCRL-1）。该文件制定于1971年1月，原来被确定为秘密级，现已解密。以下为《专利安全类别审查清单》全文。

① ASPAB，"Patent Security Category Review List"（PSCRL-1），January 1971.

《专利保密范围审查清单》

主席：H.L. MOURNING，陆军装备司令部（AMC）；J.C. MORRIS，空军（AF）；BERT CONVEY，海军（NAVY）

1971 年 1 月

本清单是 ASPAB 首次编辑的发明范围的综合性范围审查清单，按照美国法典第 35 编第 161 条的规定而制定。它是对专利局过去使用的综合清单的审查和修改的结果。本清单由 ASPAB 的范围清单修改子委员会编撰，该子委员会的成员代表来自陆军（AMC）、空军和海军，合作部门是陆军工兵（CE）、原子能委员会（AEC）、国家航空航天局（NASA）和国家安全局（NSA）。CE 的 Charles Pistorino 先生、AEC 的 Anthony Campana 先生、NASA 的 Howard Maines 先生和 NSA 的 John Utermohle 先生的帮助对于本清单的编撰具有很大的价值。

目录

第十八类－放大器、记录器、传感器和电子管

第十九类－杂项综合

第二十类－合同

第二十一类－独特的材料、装置或性能数据和特征

第二十二类－保护性措施（陆军于1984年8月29日的修改）

ASPAB 综合范围清单

在本范围清单中使用下述缩写词，以指示与所列举的项目利益相关的国家军事当局和其他政府机构：

陆军部（ARMY）Department of the Army

陆军装备司令部（AMC）Army Materiel Command

陆军工兵（CE）Corp of Engineers

海军部（NAVY）Department of the Navy

空军部（AF）Department of the Air Force

原子能委员会（AEC）Atomic Energy Commission

能源部（DOE）Department of Energy，1994年成立，取代原子能委员会

国家航空航天局（NASA）National Aeronautics & Space Administration

国家安全局（NSA）National Security Agency

第一类－炸药和易燃物

项目1. 成形（空心）装药（AMC）（NAVY）

项目2. 炸药（AMC）（NAVY）（AF）

项目3. 炸药的制造方法（AMC）（NAVY）（AF）

项目4. 炸药生产中有用的原材料和中间材料（AMC）（NAVY）

项目5. 包覆炸药或推进剂的装置与方法（NAVY）

项目6. 雷管、火帽和点火器及其混合（AMC）（NAVY）

项目7. 示踪（曳光）混合物（AMC）（AF），红外示踪混合物（NAVY）

项目8. 纵火（燃烧）混合物及其制造方法（AMC）（AF）

项目9. 装填炸药和推进剂装药的方法（AMC）（NAVY）（AF）

项目10. 火炮、枪、迫击炮以及其他身管发射射弹推进剂组合物（固态、液态或气态）（AMC）（NAVY）

项目 11. 控制和 / 或熄灭作战平台中弹药着火的方法和装置（AMC）（AF）

项目 12. 弹壳、无壳弹药、可燃弹壳、微声枪弹（AMC）（AF）

项目 13. 爆炸装置受控破片及其制造方法（AMC）（NAVY）（AF）

项目 14. 超过 10 000 英尺 / 秒的超高速粒子喷射（NAVY）（AF）

项目 15. 最佳燃烧率的枪炮弹膛（药室）点火方法（AMC）

第二类 – 导弹、弹药和爆炸装置

项目 1. 导弹，制导（包括弹头）以及控制和引爆装置（包括雷达和其他引信装置）（AMC）（NAVY）（AF）

项目 2. 子弹（纵火燃烧、爆炸、可燃、无壳）（AMC）（AF）

a. 子弹，高密度破片（AMC）

项目 3. 小型杀伤导弹或细长有硬金属弹芯的子弹（AMC）

项目 4. 弹托（射弹）（AMC）（AF）

项目 5. 火箭（AMC）（NAVY）（AF）

a. 烟幕 / 标记（AMC）（8/29/76）

项目 6. 导弹、射弹的爆炸装置和炸弹

a. 导弹、射弹的爆炸装置和炸弹（生物）（AMC）

b. 射弹（化学战）（AMC）（NAVY）

c. 控制骚乱化学弹药（AMC）

d. 炸弹（化学战）（AMC）（NAVY）（AF）

e. 射弹 / 迫击炮弹（烟幕）（AMC）8/29/78

项目 7. 炸弹（化学战）（AMC）（NAVY）（AF）

项目 8. 地雷（人员杀伤的）（AMC）

项目 9. 用于战斗中清除雷场和障碍的射弹和火药推进的爆炸装置，包括两栖攻击（AMC）

项目 10. 水下爆炸装置（AMC）（NAVY），装药和水雷（只涉及 NAVY），鱼雷，通常包含在水面或在期望的深度推进鱼雷的推进装置，包括受岸边或其他基站控制或制导的鱼雷，有合适的转向装置控制航程、方向、速度等。还包括将鱼雷保持在预定深度和改变深度的装置，关于鱼雷制导、转向设备、深度控制以及推进的组件和系统（只涉及 NAVY）

项目 11. 包括人员杀伤、反装甲、反装备、化学（杀伤或非杀伤）弹头和多用途弹头的射弹，爆炸物（AMC）（NAVY）（AF）

项目 12. 炸弹爆炸物（AMC）（NAVY）（AF）

项目 13. 榴弹爆炸物（AMC）

a. 榴弹，烟幕 / 标记（AMC）8/29/78

项目 14. 榴弹发射器（AMC）

项目 15. 击穿装甲和硬目标材料的动能侵彻弹和射弹（AMC）

项目 16. 清除飞机着陆场地的炸药、推进剂、燃烧装置（AMC）

项目 17. 反导弹装置（AMC）（NAVY）（AF）

项目 18. 火箭助推火炮射弹（AMC）（NAVY）

项目 19. 烟幕罐（AMC）8/29/78

第三类 – 炸药启动方法和装置：引信、点火器、扫雷和鱼（水）雷

项目 1. 近炸引信（AMC）（NAVY）（AF）

项目 2. 发火装置，可变延迟型（AMC）（AF）（NAVY）（海军对只是向前燃烧步骤的技术不感兴趣，如机械计时引信。可变延时的水下导弹引信海军专用）

项目 3. 接触式和非接触式启动、延迟和非延迟引信（AMC）

项目 4. 地雷清除方法，射流和 / 或脉冲式（AMC）

项目 5. 水下扫雷（NAVY）

项目 6. 反鱼雷装置（NAVY）

项目 7. 爆炸物、导弹或火箭的点火器或引信（AMC）（NAVY）

项目 8. 制导装置和 / 或爆炸物装置或破坏装置的战术性能特征（NAVY）

项目 9. 气压继电器，高度敏感装置，保险装置（AMC）

第四类 – 武器、对抗措施和火控

项目 1. 火炮，自动的和半自动的（包括电磁的）（AMC）（AF）

a. 独特类型的火炮，例如使用液体推进剂的或火箭推进剂的和 / 或具有独特弹药装填装置（只涉及 NAVY）

项目 2. 火炮腐蚀，关于火炮腐蚀的披露例如减少腐蚀的化学添加剂（NAVY）（AF）（AMC）

项目 3. 喷火装置（AMC）

项目 4. 定向能或能量投射装置和系统，使用电子粒子、波辐射或激光束产生对人员或机器损害的（AMC）（NAVY）（AF）

项目 5. 化学战。化学战剂、武器和制造方法（AMC）（NAVY）（AF）

项目 6. 化学战防御方法和装备（AMC）（NAVY）（AF）

a. 烟幕 / 喷雾发生器 – 大面积掩蔽（AMC）8/29/78

b. 烟幕 / 喷雾发生器 – 装甲车辆保护（AMC）8/29/78

c. 飞机烟幕 / 喷雾喷洒箱（AMC）8/29/78

项目 7. 生物战。生物战剂和制造方法（AMC）（NAVY）（AF）

a. 生物战剂探测仪（AMC）（NAVY）

项目 8. 反生物战（AMC）防御（NAVY）（AF）

项目 9. 武器座架，导弹发射架和装填机（AMC）（AF）（导弹发射架 – NAVY）

项目 10. 火力控制（AMC）（NAVY）（AF）

a. 夜视 – 夜视装置（被动或主动的，包括使用激光技术）

b. 目标探测装置，使用雷达、光电或激光技术

c. 用于战术火控的计算机和软件

项目 11. 机载炮塔（AF）

项目 12. 设计成使后坐力或其效应消除或最小的武器，例如，无后坐力炮和火箭发射架（AMC）（AF）（海军对减小小型武器后坐力不感兴趣）

项目 13. 目标、指挥控制、发射机和接收机、目标增强、反射率测量、脱靶量测量系统、远程跟踪雷达和用于目标的遥测（NAVY）

项目 14. 核防御战（NAVY）（AF）（AMC）

项目 15. 辐射战（AMC）

项目 16. 反潜战（NAVY）

项目 17. 假目标和电子战（AMC）

第五类 – 爆炸装置探测方法和装置

项目 1. 探雷器，坦克载的（AMC）

项目 2. 地雷拉发线探测器（AMC）

项目 3. 水下雷探测器、定位器和分类器；包括雷监视装置和沉底水雷识别（AMC）（NAVY）

项目 4. 金属和非金属雷探测器，组合（AMC）

项目 5. 地雷对抗措施探测器（AMC）

项目 6. 超敏感的、探测少量金属的探测器（AMC）

项目 7. 化学战地雷的探测器（AMC）

项目 8. 通过识别地雷爆炸物化学成分反应的探测器（AMC）

第六类 – 目标定位方法和装置

项目 1. 目标定位器、探测器和识别器，使用雷达、声呐、电视或其他形式的能量进行敌我识别和 / 或目标监测与跟踪

a. 使用雷达、电视和声呐的目标定位和探测（NAVY）（AMC）

b. 微波或激光测距装备（AMC）（AP）（NAVY）

c. 对低飞目标的定位和测距的雷达装置（AMC）（NAVY）

d. 机载声呐（AF）（NAVY）

项目 2. 红外、紫外和低级别可见光投射和接收装置（图像增强器）及其制造方法（NAVY）（AF）（AMC）（不涉及 CE，除非上述装置用于地形信息获取，包括航空测绘）

项目 3. 声呐系统，其主要部件和可用于定位军事目标的换能器（NAVY）

项目 4. 军用声呐浮标（NAVY）

项目 5. 上述以外的目标定位和自定位（方向和距离）的方法和装置（AMC）6/79（AF – 地面和机载）（NAVY– 包括用于探测、定位和识别水下目标的电路、方法和装置，其信号处理和相互关系显示、数字装置或相关技术），不包括仅指示目标存在的装置，如交通检测器和计数器

电子管 – 新颖大功率微波 / 毫米波放大器，高速微波功率开关 – 新颖磁材料 / 电路结构

a. 入侵监测设备，建筑物内部的，以及开阔区域或围墙区域的，防盗警报，仓库和货栈保护装置（CE）（AMC）（AF），红外、紫外、电子震动或声学入侵监测和参数防御装置

项目 6. 投弹瞄准器（AF）（NAVY）

项目 7. 测量水下声音强度和频率的装置（NAVY）

项目 8. 探测隐匿来源的低强度核辐射探测装备（AMC）

项目 9. 核威力测量装置（AMC）

项目 10. 化学发光材料或制剂（AMC）（NAVY）（AF），电发光材料或制剂（AMC）

项目 11. 化学探测手段的探测（AMC）

项目 12. 枪炮瞄准器，机载的（AF）

项目 13. 目标跟踪系统，机载的（AF）（NAVY）（AMC）

项目 14. 用于测绘和测地学的高精度、角度、距离和位置测量装置，以及应用以下原理的方法：电子、光学、激光、微波、光电、陀螺、磁和重力（CE）（AMC）

项目 15a. 军用环境使用的天线，例如军用通信、飞机和雷达用的（AMC）（AF）（NAVY—特别是舰船和浮标的）

b. 使用电子束 / p–n 结放大器驱动相控阵天线系统的微波天线部件（NAVY）

c. 毫米和近毫米波天线和 / 或发射装置用于目标探测、定位和跟踪（AMC）

项目 16. 导弹弹着定位系统（NAVY）（AF）

项目 17. 潜艇探测装置和 / 或方法及其主要部件（NAVY）

项目 18. 接收信号的视频显示（例如雷达示波器显示），信号表现的信息来自的设备例如声呐浮标、磁性机载探测器、（MAD）、涉及反潜战、扫雷装置和监测及跟踪装置的火控（NAVY）（AF）（AMC）6/79

第七类 – 地图绘制、制图和测地学

项目 1. 测绘，野战炮兵（AMC）

项目 2. 远程制导导弹导航测地学（CE）（AMC）（AF）

项目 3. 直升机测绘的方法（AMC）（CE）

项目 4. 卫星测绘和测地学（CE）（AF）

项目 5. 地外测绘（CE）（AF）

项目 6. 自动地图编制装备和方法（CE）

项目 7. 计算机产生的地图图像硬件和软件（AMC）8/29/78

第八类 – 导航设备

项目 1. 航向参照陀螺罗盘、导航，用于地面车辆的（AMC）

项目 2. 罗盘、陀螺，微型的（AMC）

项目 3. 透镜磁罗盘（AMC）

项目 4. 方位确定方法和装置（AMC）（CE）（NAVY）

项目 5. 位置指示器，地面的，便携的（AMC）（CE）（AF）

项目 6. 自动天空导航系统（NAVY）（AF）

项目 7. 船速指示装置（NAVY）

项目 8. 潜望镜（不是对光学本身感兴趣）（NAVY）

项目 9. 机载导航罗盘（AF）（NAVY）（AMC）

项目 10. 导航仪，机载的（AF）（NAVY）

项目 11. 飞行仪（AF）(传感系统，机载的 – NAVY）

项目 12. 飞机离地高度、障碍以及防撞系统（NAVY）(AF)(AMC）

项目 13. 陀螺和陀螺轴承包括环式激光器和光纤陀螺（NAVY）(AF）(AMC）

项目 14. 飞机、导弹、火箭以及其他军事用途使用的加速度计，尤其是高精度或高敏感的以及在说明书中描述了性能信息的。加速度计的轴承（NAVY）(AMC)(AF)

项目 15. 舰船惯性导航系统（NAVY）

项目 16. 飞机和导弹的惯性和多普勒导航系统（NAVY）(AF)(AMC）8/29178

项目 17. 测量深度超过 350 英尺的海洋水深测量装备（NAVY）

项目 18. 重力导航装置(测量地球磁场并识别非寻常重力条件以确定定位的)(NAVY)

项目 19. 精度超过 1/1012 的频率控制装置和技术，或超过 1/1013 的卫星（AF)。微计算机补偿的晶体振荡器（AMC）

项目 20. 向包括舰船和潜艇的地球表面点提供精确的位置确定信号的卫星系统导航，以及这种系统的主要部件，例如接收机（NAVY）(AMC）8/29/78

项目 21. 利用卫星信号导航的地面系统（NAVY）(AMC）8/29/78

项目 22. 双曲线和距离导航及测量系统（AF）(CE）

项目 23. 使用敌我识别 IFF 的飞机自动着陆系统（NAVY）(AF）(AMC）

项目 24. 微波着陆设备（AMC）8/29/78

项目 25. 地面车辆导航设备（AMC）

项目 26. 航向参照、导航、机载的（AMC）

项目 27. 高度和航向参照、导航、机载的（AMC）

项目 28. 地形相关方法（AMC）

项目 29. 卫星导航设备（手持的、车载的和机载的）(AMC）

第九类 – 隐蔽、通信、对抗手段和反对抗手段

项目 1. 冰或雾的抑制，方法或装置（例如用内燃机废气）(AMC)(AF)

项目 2. 除被动视觉方法以外的伪装涂料和涂层（AMC)(AF – 只针对飞机）

项目 3. 激光或多频雷达屏蔽材料 / 涂层(AMC)(NAVY)。声呐屏蔽 – 只限于 NAVY

项目 4. 烟幕 / 气雾屏蔽材料和散布技术（AMC)(AF）8/29/78

a. 多光谱屏蔽材料（紫外至微波）(AMC）8/29/78

项目 5. 散烟

a. – 驱散云层（CE – 为航空测绘和侦察目的）

项目 6. 信号发送和通信，保密，其装置和方法，包括敌我识别（NAVY）（AMC）（AF）

a. 国家安全局 – 密码术 – 通信保密，特别是：

（1）密码系统用于手册、打字机、电传打字机、任何和所有数据系统、计算机、隐私和保密的模拟或数字话音、传真、包括掩蔽传真系统的手段、以及电视包括掩蔽电视系统的手段、任何和所有只能由收件人接收情报的通信系统

（2）隐显墨水以及保密微缩摄影

（3）系统性质旨在只能由接收人得知信号存在，或只有收件人能够截获、记录或处理这种信号的所有手段。包括但不限于：很短的信号，使用非寻常介质包括水下传输的信号，隐私和保密手段控制的频率变换，隐私和保密手段控制的任何和所有信号，以及任何和所有外部调制手段，利用光纤或相关光学原理的物理或光学性质提供通信安全、防止截获或信号注入和 / 或光纤线路监控的任何和所有系统（AMC）

（4）从工程的观点看可实施的任何和所有手段，其所描述的密码原理或通信安全原理是过去就已知的，但过去由于缺乏能够实施的发明未能实现

（5）任何和所有完成通信系统或其子系统的附件，使得用户可以选择对系统施加隐私或保密手段

（6）限定为任何序列、系统或细节的隐私或保密手段，这些序列、系统或细节必须为所希望的接收人所知，以进行任何方式的通信的①接收，②处理，③记录，④变换，⑤识别，⑥解码，⑦破译等，任何人或①～⑦的任何组合都可涉及在内

（7）高信噪比、不受自然干扰、抗有意干扰等，事实上具有防截获、记录或处理的效果的信号系统

（8）产生“伪随机数字”所有系统，对数字消息、数据、远程计算机输入接口、数字化话音或信号参数单独或组合地施加“伪随机数字”的所有手段

（9）噪声和 / 或低可推断性的通信系统，包括扩频系统

（10）抑制或开发电子或机械发射（辐射）的手段，A–O 技术 / 装置

项目 7. 用于导弹系统、火箭、雷达系统、声呐系统、跟踪、红外、紫外以及其他军事应用的对抗和反对抗措施（AMC）（NAVY）（AF）

干扰装置和其他军事对抗措施，包括电子对抗装备（AMC）（NAVY）（AF）

项目 8. 雷达、红外、紫外对抗反对抗手段，包括目标背景识别技术（AMC）（NAVY）

项目 9. 高频（10 兆周和 10 兆周以上）（极高频 EHF）和极低频（ELF）（几分之一周秒至 10 周秒）和超低频（VLF）（10 周秒至 100 周秒）记录器（NAVY）（AF）

项目 10. 无线电频率干扰、探测、传播测量或抑制手段（AMC）

项目 11. 隐秘系统的探测，电子的或机械的（AMC）

项目 12. 反鱼雷装置（NAVY）

项目 13. 涉及雷达和通信截获能力的潜望镜（NAVY）

项目 14. 用于潜艇之间、飞机之间、潜艇与飞机之间、潜水通信、卫星通信、激光通信的通信系统及其主要部件，及其调制器（NAVY）（AMC）8/29/78

项目 15. 意在探测和确定从激光目标指示器和测距仪接收的入射能角度方向的预警系统（AMC）8/78

项目 16. 战斗车辆使用的对抗措施，产生复制的车辆信号（磁的、声的、红外等），投射在车辆前方，以提前引发遇到的地雷（AMC）8/78

项目 17. 通信电子战，包括无线电通信干扰和欺骗、通信发射机的方向和位置探测，以及信号截获与分析（AMC）

项目 18. 光缆和包括光缆电话设备的通信系统，包括声音、数据和视频信号的传输以及相关的倍增、插接和修理装置（AMC）

项目 19. 毫米波和亚毫米波无线电（AMC）

项目 20. 热红外特征抑制 / 改变（AMC）

项目 21. 声特征抑制 / 改变（AMC）

项目 22. 装备、人员和行动的假目标和其他模拟（AMC）

项目 23. 意在为物理安全系统提供通信的通信系统和 / 或部件，并包含对抗措施以窃听和 / 或信号注入（AMC）

第十类 – 推进系统、推进剂以及燃料

项目 1. 冲压式喷气发动机（直接冲压或以发动机形式），用于导弹、遥控无人驾驶飞机的持续推进（AMC）（NAVY）（AF）

项目 2. 辅助起飞飞机和导弹的推进装置（AMC）（NAVY）（AF）

项目 3. 推进爆炸物、火箭、导弹和其他弹药的装置（AMC）（AF）

项目 4. 火箭和导弹的推进剂和推进剂组成（包括单基、双基和三基推进剂）（AMC）（AF）（NAVY）

项目 5. 改善常规火箭燃料性能的添加剂（AMC）（AF）（NAVY）

项目 6. 火箭、飞机等使用的特种燃料，具有高温稳定性（或高能、高密度或高吸热容量）。包括肼代烃、非烃润滑剂混合物、其中的动力用乙炔和衍生物、烃和无机成分（例如金属泥）燃料混合物和高能非烃燃料（AMC）（NAVY）（AF）

A. 产生以下任何特征的推进剂（燃料和氧化剂）：

a. 在海平面每平方英寸 1 000 磅操作压力下每磅推进剂每秒推力大于 350 磅的比冲（NASA）（AF）

b. 燃烧率的低温系数（NASA）（AF）

c. 超高密度（NASA）（AF）

d. 极低压力指数（NASA）（AF）

e. 耐温（NASA）（AF）

f. 低储存温度（NASA）（AF）

B. 用于陀螺和推力轴承的润滑剂（AF）

项目 7. 润滑剂添加剂（AF）

a. 稠化烃燃料添加剂和烃燃料污染物（AF）

项目 8. 潜艇和水面舰船推进装置（包括核动力装置和水翼，以及每容量高能电池）（NAVY）（AEC－如果推进装置是核动力的）

项目 9. 除简单的开环之外的涡轮螺旋桨和喷气（AF）

项目 10. 脉动式喷气发动机和 / 或间歇式冲压发动机（NAVY）（AF）

项目 11. 组合式火箭和冲压发动机（NAVY）（AF）

项目 12. 火箭发动机，液体和固体燃料的（AMC）（NAVY）（NASA）（AF）

a. 涉及火箭部件构成以及新的结构材料和绝热材料（NASA）（AF）（NAVY）

b. 火箭发动机、运载器和运载器各级转向的方法（NASA）（AF）（NAVY）

c. 火箭发动机推力级控制方法（NASA）（AF）（NAVY）

d. 具有随后再起动能力的火箭推力中止方法（NASA）（AF）（NAVY）

e. 改进的喷管形状（喷气发动机的除外）（NASA）（NAVY）（AF）

f. 火箭点火系统（NASA）（AF）（NAVY）（AMC）

项目 13. 燃气涡轮，特种循环和独特设计的（AF）（AMC）8/78

项目 14. 降噪方法和设备，包括使飞机，或舰船、潜艇推进机构和提供高效率推进的螺旋桨等推进附件。还包括提供低噪声、高性能、轻重量、减小体积和不用螺旋桨的方法和装置（NAVY）

项目 15. 潜水员水下推进装置（NAVY）

项目 16. 推进系统用的过氧化氢（AMC）（NAVY）（AF）

项目 17. 密封。用于极端条件例如深度潜航和舰船轴系环境的高压密封（NAVY）

项目 18. 火箭和导弹液体推进剂安全贮存和处置的手段（AMC）（AF）

项目 19. 用于推进系统的硼氢化物（AF）（NAVY）

项目 20. 在高加速度下支持和 / 加强推进剂药柱防止其塌陷方法（AMC）

项目 21. 燃气轮机、部件、压缩机、涡轮、燃烧室、加力燃烧室、控制系统、附件等的改进（AF）

项目 22. 两栖车辆的水推进装置（AMC）

项目 23. 阻力减小装置和方法（NAVY）（AF）

降低车辆或船只通过流体时与流体材料之间的阻力的装置和方法，通过对车辆或船只应用某种方法或材料，影响与车辆或船只相关的流体材料的特性。这类材料、方法或装置的例子有，热或其他形式的能量的使用，以及覆盖物或聚合物涂层和混合及喷射某种材料的手段。（只是海军）完全在水下运行的船只或能沉入水中的船只以及为在海底航行而设计的船只

项目 24. 核的、离子的、自由基的、等离子体的、磁流体的有关推进方法和装置（AF）（NAVY）（NASA）（AEC）—如果涉及核

项目 25. 适用于太空船的所有类型的辅助电源系统（NASA）

项目 26. 获得质点速度超过 60 000 英尺 / 秒的方法（AF）

项目 27. 机载燃气涡轮发动机相关的污染控制（AF）

项目 28. 燃气涡轮发动机相关的噪声抑制（AF）（AMC）8/78

项目 29. 燃气涡轮发动机部件、轴承、密封及附件（AMC）8/78

项目 30. V/STOL 传动系统、连接器和润滑（AMC）8/78

项目 31. 燃料稳定添加剂（AMC）（AF）

项目 32. 着火安全燃料概念（AMC）（AF）（NAVY）

第十一类 – 电源

项目 1. 二次电池，用于低温或高温使用的；延长低温储存的电池（AMC）（AF）单位体积高能电池（潜艇、鱼雷和战斗部用的）（NAVY）

a. 热激活电池（AMC）（NAVY）（AF）

项目 2. 导弹用燃气动力和液力辅助电源（NAVY）

项目3. 燃料电池：从通过持续供应化学反应剂维持的化学反应中得到的能量被转换为电能的电化学装置（AF）（NAVY）（AMC）－仅限于提到军事应用的

a. 电化学装置：其他非寻常的有效的能量转换装置，例如热电发电机、热电子发电机（包括安装程序），生物化学传感器、以及生物发电装置（AMC－只是军用的）（NAVY）（AF）（AEC—只是使用了辐射材料的）

项目4. 热电子转换器：通过在真空管或充气管中从热阴极发射电子并在冷阳极收集这些电子，把热能直接（稳定地）转换为电能的装置（AF）（NAVY）（NASA）（AMC）8/78（AEC－只是使用了辐射材料的）

项目5. 通过形成电路回路并处于不同温度下的两种不同金属或半导体，把热能直接（稳定地）转换为电能的装置（AF）（AMC）8/78（NAVY）（AEC－只是使用了辐射材料的）

项目6. 生物化学燃料电池和生物化学发电机（NAVY）（AF）

项目7. 磁流体发电（NAVY）（NASA）（AF）（AMC）8/78

项目8. 太阳能光电发电机（AMC）－如果效率 >20%（NASA）（AF）

项目9. 转换效率超过70%～80%的能量转换系统（AF）（NAVY）（AMC）8/78

项目10. 引信用新型能源和能源贮存装置（AMC）（AF）（NAVY）

项目11. 高功率激光用脉冲能源（AMC）（AF）（NAVY）

第十二类－计算机

项目1. 弹道数据计算、飞机飞行控制等军事应用的计算机和软件（AMC）（NAVY）（AF）。反潜战的计算机只涉及NAVY

项目2. 专用于军事作战和战术应用的计算机、软件和计算系统、存储装置和外围设备（NAVY）（AMC）

项目3. 计算机辅助设计（AMC）

项目4. 特定军事用途的、具有实时处理能力的微处理器和微处理器系统以及网络和分发数据库（AMC）

项目5. 模拟复杂军事系统的计算机系统（AMC）

项目6. 特定军事用途的、具有人工智能能力的计算机系统（AMC）

第十三类－气象学

项目1. 气象取样（遥感）（AMC）

a. 取样，烟雾 / 浮尘（遥感 / 实时）（AMC）8/78

项目 2. 研究云层状态和变化以及中间大气层的手段（AMC）（AF）

项目 3. 控制气候以影响温度、大气水蒸气含量、海水温度、降雨等的方法。具有局部或小规模效应的排除播云、加热器、风机、烟熏炉等（AF）（AMC）

第十四类 – 运载工具

项目 1. 应用新原理的陆地或两栖作战车辆组件或附件（AMC）

a. 车辆烟幕 / 气雾保护系统（AMC）8/78

项目 2. 可充气小艇和筏（AF）

项目 3. 马赫数低于 0.92（AMC）高于 0.92（AF）的飞机和组件

空军对以下部件不感兴趣：起落架、螺旋桨、直升机、消声器、推力反向器、往复式发动机以及弹射座椅，只是（AMC）关注

空军对腐蚀抑制剂也不感兴趣

项目 4. 飞机拦停和飞机拦阻装置（AF）（NAVY – 只是舰载和海岸型的飞机拦阻装置，具有 150 节或以上拦停能力）

项目 5. 飞机，自动飞行控制和稳定装置（AF）（NAVY – 包括自动驾驶仪）

项目 6. 飞机结构元件（AF）

项目 7. 飞机翼型和平面图（AF）

项目 8. 飞机油箱，自密封（AF）（AMC）

项目 9. 水翼艇及其控制系统，包括保持水下翼高度的电路或机械装置以及高度系统（NAVY）

项目 10. 太空船，卫星和相关设备，包括月球和行星探索方法（NASA）（NAVY）– 只涉及给舰船和潜艇等地球表面点提供精确位置确定信号的导航卫星及其主要部件，例如接收机

项目 11. 为核武器提供阻力的展开减速器（降落伞、旋转器、气球）（AF）

项目 12. 地面效应机器（GEM’s）（AMC）

项目 13. 水上运载工具的独特布局（为减小波浪或摩擦阻力等）（NAVY）

项目 14. 垂直起飞和降落飞机，包括直升机倾转旋翼、倾转螺旋桨、升力风扇和升力射流（AMC）8/78

项目 15. 车辆诊断系统（AMC）

项目 16. 车辆人员加热器（AMC）

第十五类－军用摄影

项目 1. 空中摄影设备（AF）。空军对商业摄影或业余摄影不感兴趣。（AMC）（CE－只关注测绘和侦查）（NAVY－与太空船兼容的空中摄影设备，极远距离工作的光学独特设计装置和材料，在极端不利天气和光线条件下被动获得摄影图像的装置和技术，但正常天气和光线条件下常规使用的通用摄影设备不在感兴趣之列；涉及潜艇潜望摄影的任何设备或技术）

项目 2.（彩色）摄影（AF）（AMC）（CE－只关注测绘和侦察）

项目 3. 影印的快速生产（AMC）（AF）（CE）

项目 4. 高速摄影技术（AF）（AMC）（CE）

项目 5. 摄影监测的无人值守装置和技术（AM C）

第十六类－材料

项目 1. 合金，包括可能有军事用途的具有独特性质的粉末冶金和快速固化产品，这类合金的生产工艺（AF）（NAVY）

导弹推进系统和舰船螺旋桨使用的热解石墨（作为熔炉电极和衬里的非军事用途的除外）

项目 2. 涂层（NAVY）（AMC）（AF）

a. 用于防止枪炮磨蚀的涂层或覆盖物，推进剂或火炸药的涂层或覆盖物，或者用于其他军事用途例如用于红外或雷达和声呐屏蔽的涂层、作为保护目标免于探测的吸收体的涂层和覆盖物。光学材料的抗辐射涂层

b. 可用于军事伪装的材料配色方案的涂层和成分

c. 陶瓷涂层及其成分和制造方法，可用于军事目的的，例如火箭或导弹的烧蚀，在红外、声呐、雷达等设备中的应用

项目 3. 在华氏温度 2 500 度以上工作的陶瓷涂层或固态陶瓷体－在华氏温度 3 500 度以上工作的陶瓷涂层或固态陶瓷体。在华氏温度 4 500 度或更高温度下工作的导弹推进系统中使用的成分、制造方法和工艺，非军用的除外（AF）（AMC）8/78

项目 4. 飞机油箱自密封材料（AMC）（AF）

项目 5. 在华氏温度 4 500 度或更高温度下使用的绝热材料（NAVY）（AF）－用于推进系统；非军用的除外）。（AEC）－适用于核潜艇的。（AF）－适于上述温度范围使用绝热材料的成分、配方、处理、固化、制造和物理特性

a. 在华氏温度 100 度以下使用的低温绝热材料（AF）

项目 6. 轻重量的辐射防护材料（包括分级 Z 材料）（AMC）

项目 7. 极端条件包括暴露在水中、高温（高于 600 华氏温度）和低温（低于 35 华氏温度）下使用的特种黏合剂或键合剂（NAVY）（AF）

项目 8. 用于潜水员呼吸装备的材料成分或复合物（NAVY）

项目 9. 可用于高温环境如火箭的热防护和烧蚀的塑料（AF）（NAVY）

项目 10. 包封推进剂或炸药的塑料和方法（NAVY）（AF）（AMC）

项目 11. 防火涂料（AF）

项目 12. 具有类似橡胶性质的可用于涂层的塑料，防止枪炮磨蚀、推进剂或炸药包覆，或用于其他军事目的的诸如红外或雷达和声呐屏蔽和吸收以保护目标不被探测的涂层或覆盖物（AMC）（NAVY）（AF）

项目 13. 用于纵火和易挥发液体着火的灭火的特种灭火材料（AF）

项目 14. 保护免受极热或极冷的材料（AF）

项目 15. 军事装备保护材料。空投目的的包装、减震缓冲和军事装备专用容器（AF）（AMC）

项目 16. 用于制造舰船、车辆、火箭、导弹或其他军事装备的材料。可用于海军军事目的的、具有超出现有技术的超常性能特征的任何材料，例如超常性能的陶瓷和铁氧体（NAVY）（AF – 只关注火箭和导弹）

项目 17. 可军用部署的装备焊接材料和方法（NAVY）

项目 18. 抗氧化高熔点合金（钼、钨、钽、铌的合金）（AMC）

项目 19. 破片弹药材料（AMC）

项目 20. 弹道性能特征变化的侵彻弹或复合侵彻弹使用的任何材料。包括钢、钨、碳化钨和铀（AMC）8/78

项目 21. 钢和海绵钛或钛合金（NAVY）（AF）

项目 22. 反应材料或合金的自复涂层，例如自封燃料箱（AMC）

项目 23. 减小运载工具通过流体介质的阻力的材料，例如气态喷涂的聚合物涂层，聚合物（固态或液态），通过加热、蒸汽和覆盖接于表面的（NAVY）

项目 24. 装甲，用于制造指示了性能特点（弹道特征）的装甲或复合装甲的任何材料，包括诸如铝、镁、钢、钛金属和塑料叠层、陶瓷叠层等（AMC）（NAVY）（AF）（AMC – 装甲材料的空间布置）8/78 包括建议的定密指南

项目 25. 化学发光剂（AMC）（NAVY）（AF）

项目 26. 高性能复合材料结构件（AMC）

项目 27. 防止化学和生物污染的涂层、薄膜等；除污的方法和材料（AMC）

项目 28. 合成器、亚微型器件、超矩阵、超点阵结构 / 器件、新型磁材料 / 电路结构、高速集成电路 / 微电子学：随机存取磁盘硬故障容错、故障安全（AMC）

项目 29. 导弹结构用复合材料（AMC）（NAVY）（AF）

第十七类 – 辐射学

项目 1. 辐射发射物的探测、测量和净化除污以及防护。（AMC）（AF– 不关注净化）。光化学材料的化学成分和性能特点 – 对光作为变色反应 – 对核爆炸光能的防护；个人保护的屏蔽和屏蔽材料

注意：关于项目 1，空军规定，如果涉及本项目的专利申请正在由原子能委员会（AEC）审查，按照美国法典第 35 编第 181 条提出颁发保密令和解除保密令的建议，则空军不必对这些案卷进行保密审查或解密审查。然而，陆军装备司令部（AMC）要求仍对这些案卷进行保密和解密审查。AMC 要求，未经其同意，本项目被颁发的保密令，不得依 AEC 或其他机构的建议被解除。

项目 2. 核武器、部件和系统，核武器的模拟器、训练器材、测量仪器（AF）

项目 3. 防御电离和微波辐射的保护装备和措施（AF）

项目 4. 放射剂（AMC）

第十八类 – 放大器、记录器、传感器和电子管

项目 1. 军用流体放大器（AMC）（NAVY）（AF）

项目 2. 参量放大器的特性改善，诸如在 200 至 300 兆周范围增益带宽乘积改善，100 或以上增益带宽乘积，或稳定性和频率控制的简化（NAVY）

项目 3. 激光器和微波激射器及其组成部件（NAVY）（AMC）（AF），但不关注激光常规全息照相装置。然而，全息照相装置对海军可能有审查价值，如果其落入本范围审查清单其他地方列举的海军感兴趣的类别中的话。以下是安全审查特别关注的：

a. “气动激光器”或“燃烧驱动激光器”本身目前是保密的

b. 提供平均超过 1 kW 功率输出的 CW 激光装置

c. 3 ～ 5μm 范围的和产生超过 10W 功率的激光器或技术

d. 在 8 ～ 14μm 范围用 109 或以上 D–（D 星）激光辐射探测

e. 激光在武器、侦察或水下通信的应用。AEC 也关注

项目 4. 高频（10 兆周及以上）（EHF）和极低频（ELF）（几分之周秒至 10 周秒）和超低频（VLF）（10 周秒至 100 周秒）的记录仪（AMC）（NAVY）（AF）

项目 5. 有军事应用的传感器（包括可能使用激光的传感器），可用于通过温度或其他形式的能量提供敏感性感知或探测（AMC）（NAVY）（AF）

项目 6. 可用于红外和其他军事目的的半导体和其他固态材料（AMC）（NAVY）（AF）

项目 7. 电子管，尤其是可用于近炸引信之类军事应用的微波或小型电子管（AMC）（NAVY）（AF）

项目 8. 利用电子束 / 半导体二极管混合概念的放大器，尤其是在甚宽带宽传递高无线电频率（超过 100W 连续波在每秒 200 百万周）功率输出的放大器，特别关注独特相控技术（AMC）（NAVY）（AF）

项目 9. 防止由于暴露于相干电磁辐射造成身体伤害的装置（AF）

项目 10. 具有军事和 / 或物理安全应用的光纤传感器，可用于通过超声波或其他形式的能量提供敏感性感知或探测的，或在探测方式上提供几何灵活性的

第十九类 – 杂项综合

项目 1. 可能用于保密军事装备的训练器材（AF）（NAVY）（AMC）

项目 2. 军事演习等类似活动的决策训练器材（AF）

项目 3. 红外、热电和热电子应用的固态材料（NAVY）（AEC）

a. 具有超过 70 千兆周能力固态器件和电路（AF）

项目 4. 超导体（AF）（NASA）

项目 5. 高速离心机、气体轴承、高温封装、以及离心分离机（AEC）

项目 6. 水下呼吸装置（NAVY）

项目 7. 通过加入聚合物控制液体喷涂性质的方法（AMC）

项目 8. 通过包裹或加入表面效应化学制剂保护和维持气溶胶粒子的方法（AMC）（AF）

项目 9. 保持小于 10 微米尺寸粉末的方法，自有流动的（AMC）（AF）

项目 10. 心理战 – 噪声装置（AMC）（AF）

项目 11. 专用于军用目的的、动作快速的和 / 或动作安静的阀门（NAVY）

项目 12. 系统

a. 轰炸系统及其主要部件（NAVY）（AF）

I.）电子战 / 情报（EW/I 系统）

b. 潜艇之间、飞机之间、潜艇与飞机之间的通信系统，潜水员通信、卫星通信（NAVY），以及激光通信系统及其调制器（NAVY）（AMC）（AF 只涉及航空航天通信）

c. 导弹系统，导弹制导或指挥系统，其主要部件以及反导系统（NAVY）（AMC）（AF）

d. 火箭系统及其主要部件（NAVY）（AMC）（AF）

e. 进行目标定位和跟踪的跟踪系统，其主要部件，包括跟踪数据的处理电路（NAVY）（AMC）（AF）

f. 声呐系统及其主要部件，包括用于声呐系统的换能器（NAVY）

g. 使用任何带来独特效果的部件的武器系统（NAVY）（AF）

h. 减小运载工具与所穿行的空气或水之间的摩擦力的减阻系统。运载工具包括舰船、鱼雷和潜艇（NAVY）飞机应用 –（NAVY）（AF）

i. 核武器系统和主要部件，包括战斗部、引信系统、保险系统、雷管和点火系统（NAVY）（AMC）（AF）

j. 鱼雷系统，包括反鱼雷系统，其主要部件，包括制导等（NAVY）

k. 水雷探测系统和扫雷系统或装备（NAVY）

第二十类 – 合同

项目 1. 专利申请的主题是在陆军部、空军部、海军部的合同下开发的，或者申请仅指出是在国防部合同下开发的没有指出国防部特定机构的。

第二十一类 – 独特的材料、装置或性能数据和特征

项目 1. 可以用于军事目的和 / 或可用于为军事目的给现有系统提供新效果的任何新材料、新装置、新物品或新方法，即使在本审查清单其他类目的关注点中没有详尽提及，但具有超出一般现有技术的非同寻常特点的（AMC）（AF）（NAVY）

特别关注的专利申请有，提供了以下性能数据和特点的，例如有效射程、速度、精度、高度、毁坏性、战术用法、在飞行前或撞击期间的运行原理、制造、工艺、尺寸、坚固耐用性、包装、敏感性、频率、带宽、深潜能力、吸波百分率数据、对抗措施有效性，以及对抗措施弱点（AMC）（AF）（NAVY）

第二十二类 – 保护性措施（陆军于 1984 年 8 月 29 日的修改）

项目 1. 抗核加固的护壁技术，包括超压力、热防护、电磁干扰和电磁脉冲防护、辐射屏蔽和弹道学（ARMY）

项目 2. 抗核加固应用中使用的衬垫密封技术，并提供化学战剂防护（ARMY）

项目 3. 涉及化学战剂防护性能的织物技术（ARMY）

项目 4. 抗核加固防护物，特别关注超压力能力、热防护、电磁干扰和电磁脉冲防护、辐射屏蔽和弹道学（ARMY）

项目 5. 化学战剂防护掩体，包括帐篷式的和刚性墙壁的掩体（ARMY）

项目 6. 保护眼睛免受激光伤害的装置和技术，尤其是敏捷激光技术（ARMY）

项目 7. 未公开。

项目 8. 保护人员免受化学 / 生物武器伤害的材料和措施（ARMY）

项目 9. 使化学和生物战剂失活的方法（ARMY）

项目 10. 探测和测量化学和生物战剂的方法，尤其是快速和敏感的方法（ARMY）

项目 11. 起到伪装功能和化学 / 生物防护剂功能的两用目的材料（ARMY）

项目 12. 反监视材料和设计模式，热、视觉、红外和雷达抑制或压制（ARMY）

项目 13. 弹道导弹防护，特定的弹道导弹威胁（ARMY）

国家航空航天局关注的保密范围类别

第二十三类结构（仅 NASA 关注的）

A. 太空活动（地球大气层外用的）

项目 1. 太空交通工具构型（包括有人轨道实验室、重复使用航天器、空间站和卫星）

项目 2. 太空交通工具对接和联结装置

项目 3. 运载火箭构型

项目 4. 级间分离装置

项目 5. 可直立空间结构

项目 6. 高强度抗疲劳飞行重量结构构型

项目 7. 承受剧热的结构设计

项目 8. 在外空间获取材料样品的遥控装置

项目 9. 热导装置（例如热导管）

B. 航空活动

项目 1. 飞机构型（包括亚音速、超音速、垂直起降、短距离起落、直升机和倾转旋翼机构型，变后掠、扭转展弦比、可移动机翼和尾翼等）

项目 2. 机翼设计

项目 3. 翼尖涡流消除装置

项目 4. 升力增大装置（例如升力板、缝、吹风缝等）

项目 5. 升力风扇

项目 6. 旋翼机（包括直升机和倾转旋翼机）

a. 旋翼（例如无铰链型的）

b. 旋翼控制系统

c. 多叶系统（例如几何类型可变的）

d. 叶稍（尖）形状

e. 叶片、机体、旋翼等翼型

项目 7. 高强度、抗疲劳、重量轻的结构构型，尤其是复合材料制成的结构

项目 8. 用于节省燃料、提高效率、减少空气和噪声污染或提高安全性的任何发明。

第二十四类用于航空和 / 或太空交通工具的材料（仅 NASA 关注）

A. 抗断裂、疲劳和高温的材料，尤其是包括：

项目 1. 有纤维 / 无纤维（例如碳等）复合材料

a. 树脂基复合材料（例如环氧、聚酰胺和其他聚合物复合材料）

b. 金属基复合材料（例如铝、钛、高温合金和难熔金属复合材料）

c. 陶瓷基复合材料

项目 2. 复合材料保护涂层

B. 高温绝缘材料（包括防热层材料）

C. 低温绝缘材料

D. 热烧蚀材料

E. 热导材料

F. 超导材料

G. 航天器涂料（例如热控制涂料或涂层）

H. 太空用润滑剂（例如金属陶瓷结合之类的固态润滑剂）

I. 耐火、低烟、无毒材料（包括泡沫、涂料、织物）

J. 燃气涡轮发动机用高温材料，包括：

项目 1. 高温合金（包括镍基、钴基和铁基类型的）

项目 2. 共晶复合材料（原位纤维成形）

项目 3. 陶瓷（包括碳化硅、氮化硅、硅铝氧氮聚合材料）

第二十五类动力装置（仅 NASA 关注）

A. 火箭发动机（不依赖空气的）

项目 1. 液体推进剂发动机系统，及其部件和燃料

项目 2. 固体推进剂发动机系统，及其部件和燃料

项目 3. 离子推进剂发动机系统，及其部件和燃料

项目 4. 等离子体推进剂发动机系统，及其部件和燃料

项目 5. 用于连接火箭发动机的部件，包括：

a. 火箭喷管热蚀控制材料和工艺

b. 火箭喷管推力校中和工艺

B. 航天交通工具和运载火箭的辅助电站

项目 1. 化工材料和装置（如电池）

项目 2. 太阳能电池和集热器

项目 3. 热电材料和装置（例如放射性同位素电源）

项目 4. 热电子燃料电池

项目 5. 核装置

C. 飞机喷气发动机

项目 1. 降噪装置

项目 2. 污染减排装置

项目 3. 燃料存储技术

项目 4. 代用燃料

项目 5. 风扇和压气机（轴流的和离心的）

项目 6. 涡轮机（冷却和气动）

项目 7. 燃烧室和加力燃烧室增强系统

项目 8. 传动系统机械部件（例如密封、轴承、润滑油、变速器、齿轮、转轴等）

D. 通用航空发动机（包括斯特林、转子和柴油机循环）

项目 1. 污染降低装置

项目 2. 增加效率的装置

项目 3. 氢浓缩技术

第二十六类发射设施（仅 NASA 关注）

A. 发射台

B. 检验和搬运设备

C. 发射测量仪器

D. 推进剂贮存和输送设备

E. 危险物排放和污染监控

F. 通信和控制

G. 自治系统

H. 材料科学

第二十七类太空交通工具制导和控制（仅NASA关注）

A. 无线电指令系统

B. 惯性制导系统

C. 惯性平台参考装置

D. 精密陀螺（尤其是电悬浮类型的）（加速度计）

E. 天文－惯性系统

F. 水平传感器和太阳传感器

G. 重力梯度传感器

H. 星象跟踪仪

I. 无线电测高计

J. 多普勒速度测量系统

K. 姿态控制系统

L. 姿态和稳定性控制机构（例如减振器、控制射流、反作用轮、陀螺处理、磁场矩）

M. 制导和控制计算机

N. 遥测与记录设备

O. 跟踪系统和装置

P. 制导和控制通信系统（包括飞行器对地、地对飞行器以及飞行器对飞行器）

Q. 末段制导和着陆系统

第二十七类航天器环境控制（仅NASA关注）

A. 保护航天器不受太空环境影响的系统和部件

B. 生命保障系统和部件（例如生物医学传感器和系统、空气呼吸系统和废物转化系统）

第二十八类卫星应用（仅NASA关注）

A. 通信系统和部件（包括激光通信和部件）

B. 导航系统和部件

C. 气象系统和部件

D. 测地学应用

E. 地球物理学测量系统和部件

F. 地志学系统和部件

G. 航空交通管制系统

H. 搜索与营救

第二十九类航空与航天研究工作中有用的仪器技术（仅 NASA 关注）

A. 用于地球、月球和星际观察的传感器和传感系统，包括磁力计、辐射计和辐射扫描装置、干涉仪、光电器件、固态扫描阵列和其他的能够遥感太空的类似系统和装置

B. 光学和光电图像处理装置，包括数字化、激光和全息技术，从接收的遥感信息产生照片的，以及照片再处理进行特定特征加强的

C. 太空生命保障的测量仪器和技术（例如太空服、空气呼吸系统、生物医学传感器和系统、废物转化系统）

D. 探空火箭、轨道卫星和太空交通工具中进行科学实验的仪器和技术

E. 测量流体参数（机翼周围流动的）的多普勒系统

F. 在太空制造所用的仪器和技术，包括计算机软件

G. 飞行模拟器，移动基面的和固定基面的（包括模拟加速度的视觉显示装置等）

H. 不完全重力或零重力模拟器

I. 从飞机进行实验的仪器和技术（例如安装在飞机上的望远镜）

J. 涉及太空交通工具发射的自动雷电探测系统

K. 卫星对地通信的图像压缩系统

L. 机器人技术，包括机器人模拟和控制的过程和计算机程序

M. 事件时序安排的过程和计算机程序

第三十类涉及上述类目的计算机软件（仅 NASA 关注）

注意：

上述类目清单不是排他的。根据审查员的判断，在航空航天活动中有重要用途的任何申请都在审查之列。本清单将适时修改，尽可能保持现行。

附件 2-2

激光制导系统安全保密级别指南①
AR380-6 陆军条例第 380-6 号
1983 年 12 月 1 日，1984 年 1 月 1 日生效

概述。本条例贯彻国防部指示 DODI5210.62 号附件 A。本条例对有关激光制导系统的信息指定安全保密级别。本修订版修改解密导则。

适用性。本条例适用于——

a. 从事激光制导系统的研究、开发、试验、评价、生产和操作使用以及激光制导系统军事应用的现役陆军单位。

b. 从事激光制导系统操作使用的陆军国民警卫队和美国陆军预备役部队单位。

临时变更。对本条例的临时变化是非正式的，除非这些变化得到陆军部付官署署长的认证。用户应在临时变化到期时注销这些变更，除非这些变化被更早地替代或废除。

建议的改进。本条例的倡议机构是负责研究、开发和采办的副参谋长办公室。欢迎使用者按照 DA 表格 2028（对公布和空白表格的修改建议表）直接向 HQDA（DAMA-CDC）提交评论和修改建议。

发放。美国现役陆军，陆军，陆军国民警卫队，陆军预备役部队：按照陆军 DA 表格 12-9A 要求发放，安全——D。

1. 目的

a. 本条例规定关于激光制导系统的信息的安全定密管理的陆军责任、政策和标准。

b. 本条例覆盖为以下目的利用激光能量的装置：

（1）确定目标的距离范围；

（2）搜索和跟踪目标；

（3）指定目标；

（4）导引武器击向目标。

c. 本条例不覆盖以下激光类别：

（1）用于通信的激光；

（2）用于情景显示（通常与夜视传感器相关）的激光；

（3）用作武器的高能激光（见 AR380-2）。

① AR 380-6,“Laser Guidance Systems Security Classification Guide”, 1 December, 1983.

2. 依据

下列出版物为所需依据：

a. 在第 1 条 c（3）引用的 AR380-2（高能激光系统技术：安全定密指南）。

b. 在第 4 条和第 6 条引用的 AR380-5（陆军部信息安全计划）。

3. 责任

a. 对激光制导系统技术的研究、开发、试验和评价工作有管辖权的计划或项目主任和官员。他们将负责：

（1）根据附件 A 确定是否需要安全定密；

（2）与操作使用者协调，制定和维护当前的与附件 A 一致的定密导则；

（3）为计划或项目制定适当的安全定密导则。

b. 系统主任。对含有激光制导的系统负责的系统主任将把（在附件 A 中规定的）定密要求加入该系统。

4. 政策

所有激光制导系统的安全定密指南将经受审查。需要时，将修改这些指南，以与附件 A 相一致。（见 AR380-5，AR2-801 段，在合同和资助协议中的先前未定密的信息的定密）

5. 批准

附件 A 中的安全定密导则已经负责政策的国防部长助理批准，该助理是绝密级原始定密的权威。

6. 保护

按照附件 A 定密的信息将按照 AR380-5 保护。

附件 A：国防部指示 5210.62 号　1982 年 12 月 3 日

主题：激光制导系统，安全定密

依据：

（a）国防部指示 5210.62,“激光制导系统的安全保密级别”,1980 年 4 月 25 日（就此取消）

（b）国防部指示 5210.61，“涉及高能激光的信息的安全保密级别”，1981 年 9 月 18 日

（c）国防部指令 5200.1-R，“信息安全计划条例”，1982 年 8 月，由国防部命令 5200.1 号授权，1982 年 6 月 7 日

（d）国防部指令 5230.9，“国防部向公众发布的公开信息的保密审查”，1982 年 4 月 2 日

（e）至（h），见附件 1

A. 再颁布及目的

本指示对依据（a）再次颁布，并规定管理有关以下子部分 B.2. 所定义的任何激光制导系统的信息的安全定密的政策、标准和准则，所述激光制导系统全部或部分的开发是采用来自国防部的或为国防部开发的信息或知识；本指示还为国防部单位提供导则，这些单位负责针对其所控制的系统和装备发布安全定密指南。

B. 适用性和范围

1. 本指示适用于国防部长办公室、各军部、参谋长联席会议组织、联合及特种司令部以及国防机构（以下统称“国防部单位”）。

2. 其规定涵盖利用激光束作为指定、搜索、寻的和跟踪一个被指定的军事目标并导引武器击向目标的手段的装置。用于通信或用于情景显示（通常关联夜视传感器）的激光，以及用于武器的高能激光（由依据（b）覆盖），不被本指示所包括。

C. 定义

1. 突破

a. 在进行研发过程中，如果在明显偏离某种趋势的情况下，一项技术开发即将实现或实现，甚至对于有关学科的专业人员来说，显示出时间上预料不到，而且质量上不可预测的进展。

b. 技术的性能或能力的增加，打开了向各种新的军事系统的应用领域。

2. 目标指示器。将相对小的激光能光点打到军事目标上的装置。

3. 目标指示器 – 测距仪。既具有目标指示器功能也能确定目标距离的两用装置。

4. 激光制导。利用激光能导引武器到目标，可以是通过武器跟随激光束的方式，也可以是通过检测到从目标反射的激光能的方式。

5. 激光制导武器（LGW）。从发射到击中目标的运动过程中任何阶段使用激光制导的武器或武器系统。

6. 测距仪。与接收机配合的脉冲激光能源，能够确定军事目标距离。

7. 搜索跟踪装置。搜索存在的激光能反射并跟踪反射源的装置。

8. 显著进步。技术进步足够大，具有用于作战或先进系统的潜力，并在诸如显著改善性能、提高可靠性或降低易损性等方面带来明显的、特定的军事利益。

D. 政策

1. 密级。为了互操作性和共性，所有从事激光制导武器的研究、发展、试验与鉴定（RDT&E）以及使用的国防部单位应当确保对于其激光制导系统赋予的密级是统一的、一致的，并符合本指示，而且确保针对这类激光制导系统发布的定密指南可被其他从事激光制导武器活动的国防部单位所得到。

2. 数据交换。为确保最大程度地利用科学和技术基础，在所有国防部单位和有保密资质从事激光制导武器工作的承包商中，应具有数据和信息的互交换性，这些数据和信息应与国家安全利益相一致。

3. 公之于众。根据国防部应向公众提供关于其重大计划的准确的和及时的信息的义务，在某些情形下，要求国防部单位进行详细的公布信息规划，并与其他国防部单位协调，以加快国防部与公众之间的信息流动。但是，国防部首要关切的是国家安全和美国武装力量的安全。对国家安全有不利影响或危及军事人员的信息不得被披露。

E. 程序

1. 定密导则的准备、发放和审查

a. 依照国防部指令 5200.1–R（依据（c））第Ⅱ章第 4 条，计划官员、项目系统官员或激光制导系统的主任，或其继任者，通过与所针对的操作使用者协调，负责准备、维护当前定密导则，使之与本指示相一致。这种导则应当以主管定密权威为计划、项目或系统作出的或批准的书面定密决定为基础。

（1）从系统的研发到试验、生产、部署和供应的进展过程中，只要有关该系统具有需要定密的信息项目，则上述责任是持续的。当系统陈旧过时后，该责任包括确保主管进行降密和解密的审查，直到关于该系统的所有信息项目被解密。

（2）对该系统的控制权被移交或分配给另一个办公室或官员后，维护该系统的当前定密导则的责任也应移交。

（3）定密指南应被涉及计划、项目或系统的所有方所得到。应按上述 D.1. 条的指示，以及国防部指令 5200.1–R（依据（c））保证复制件可得到。

b. 上述 E.1.a. 中规定的负责准备和维护定密导则的计划官员、项目系统官员或主任，通过与操作使用者协调，应至少每 2 年一次，审查导则的适时性和准确性。如果审查的结果表明，附件 2 规定的密级应当被修改，或按照本指示定密的信息应被解密，则上述官员应向负责政策的国防部长助理提交建议及其依据解释。建议解密的理由举例如下：

（1）根据技术的发展或关于外国发展情况的情报，附件 2 阐述的密级应该改变。

（2）由于在作战中系统损失造成该信息泄露。

（3）该信息被官方发布给公众。

2. 定密导则的内容

定密指南应清楚识别有关激光制导系统的、需要定密的信息项目。还应包括适用的密级选定，解密指示说明，以及适用时包括降密指示说明。所有这些应符合本指示和附件 2 中的导则。

a. 除附件 2 中有专门规定外，根据本指示的定密的信息，在该激光制导武器使用寿命期间，或直至如 E.1.b.（1）、（2）和（3）中规定的条件或事件发生而造成保密的基础失效之前，应持续保密。除此之外，只要经过国家安全考虑要求保密，信息就应被保密。可能的情况下，原始定密权威在对信息进行原始定密时，应当确定解密日期或导致解密的事件。如果无法确定特定的解密日期或事件，则在所有这类信息上标志“需要原始机构的确定”或标志简称“OADR”。

3. 传播

a. 公开发布。有关任何本指示范围内的激光制导系统的技术资料的公开发布的批准请求，应按照国防部指令 5230.9（依据（d）），通过适当渠道提交给负责公共事务的助理国防部长办公室的信息自由和保密审查处。

b. 对外披露。向外国政府或国际组织披露激光制导数据和信息的批准请求，应经历在国防部指令 5230.11（依据（e））、国防部指示 5230.17（依据（f））以及各军部的有关贯彻指示中所制定的程序。

c. 其他限制。本指示的内容不得解释为授权对外出口或发放有关任何激光制导系统的硬件或技术资料。这种出口或发放受国务院和商务部发布的出口控制规章、国防部指令 5030.28 和 2030.4（依据（g）和（h））的约束。

F. 责任

国防部单位首长应确保由国防部全部或部分支持的、从事工业化研究和发展活动的国防承包商、子承包商和受款人应用本指示。

G. 生效日期和贯彻

本指示即刻生效。在 120 天内向负责政策的国防部副部长办公室送交一份贯彻文件的复制件。

附件 1. 依据

附件 2. 激光制导系统定密导则

5210.62（附件 1）

依据（续）

（e）国防部指令 5230.11，“向外国政府和国际组织披露保密的军事信息”，1979 年 3 月 2 日

（f）国防部指示 5230.17，“向外国机构披露军事信息的程序和标准”，1979 年 8 月 17 日

（g）国防部指令 5030.28，“国务院提交给国防部的美国军火清单出口许可申请的军火控制程序”，1970 年 3 月 10 日

（h）国防部指令 2030.4，“战略贸易控制计划的国防部保障”，1962 年 12 月 11 日

5210.62（附件 2）

激光制导系统定密导则见表 2–5。

表 2–5　激光制导系统定密导则

主题	解　　释	密级	备　　注
100	总体工作		
101	美国拥有激光制导武器并且继续发展它	不保密	
102	特定的突破或显著进步	机密	待国防部长办公室级别的审查与鉴定
103	研究、发展、试验与鉴定拨款信息	不保密	见主题 106 的备注
103.1	揭示关于激光制导武器发展趋势和重点的重要信息的项目	不保密	见主题 106 备注
103.2	过去年间的研究、发展、试验与鉴定拨款，揭示了激光制导武器的趋势和重点，可能对评估现有技术相对所需求的或所期望的性能的发展水平有意义	不保密	见主题 106 的备注
104	拨款总额，以美元计	不保密	
105	最终成品的单位成本	不保密	见主题 106 的备注
106	特定激光制导武器的库存清单	不保密	只有当其他定密权威要求时，可以定密，以保护关于在国外某区域的兵力能力或武器位置的保密信息

续表

主题	解 释	密级	备 注
107	生产能力、交付率、交付时间表	不保密	见主题 106 的备注
108	使用的激光类型	不保密	如果是独特的并带来显著进步的，定为机密。例如，效率提高 5%，可以是显著进步。该定密事宜在国防部长办公室级别进行审查和鉴定
200	目标指示器、目标指示 - 测距仪、测距仪的性能和能力		
201	瞄准放大和扩大	秘密	注：所有保密信息的一般的降密和解密指示，见上述 E.2. 条
202	每脉冲能量输出	秘密	
203	脉冲宽度	秘密	
204	束发散性	秘密	
205	目标光点尺寸和能量密度	秘密	
206	有效距离	秘密	
207	跟踪精度	秘密	
208	占空因数	秘密	
209	重量	不保密	
210	耐久性	不保密	
211	功率	秘密	
212	激光效率	不保密	见主题 108
300	激光制导武器和搜索跟踪装置的性能和能力		
301	导引头灵敏度	秘密	
302	视场	秘密	
303	万向节角度	秘密	
304	最大转换速率	秘密	
305	最大跟踪率	秘密	
306	跟踪精度	秘密	
307	处理逻辑的详情	秘密	
308	末段制导精度	秘密	
309	射程（最大 / 最小 / 最佳）	秘密	
310	机动能力	秘密	
311	目标运动能力	秘密	

续表

主题	解　　释	密级	备　　注
312	发射速度范围	秘密	
313	多目标能力	秘密	
400	激光波长		
401	美国激光制导武器以1.06微米波长工作的事实	不保密	
402	考虑中的其他特定波长	秘密	野外试验后或受到不可控的观测后的不保密
403	赋予特定系统的波长	秘密	野外试验后或受到不可控的观测后的不保密
500	脉冲重复频率（PRF）		
501	PRF 装置（硬件）	不保密	
502	特定分配的实用 PRF	秘密	被新分配的 PRF 取代 24 小时后自动解密
503	PRF 研究、发展、试验与鉴定	不保密	见主题 108
504	PRF 编码	秘密	
600	脉冲间隔调制（PIM）		
601	PIM 单码间隔序列	秘密	
602	编码器（编码发生器）的设计	不保密	一旦嵌入键控变量（程序存储器模数）则定为秘密（见主题 800）
603	解码器的设计	秘密	除非其披露了对抗措施或反对抗措施（PIM 技术除外），按照所披露的信息定密，见主题 800
604	键控变量（存储器模数）	秘密 - 密码	一旦废弃则解密。直至用键控变量编程之前，PIM 存储器模数硬件不保密。见主题 800
700	对抗措施（CM）和反对抗措施（CCM）		这些准则适用于所有报告、文件和 1971 年收集和公布的数据。要求追溯性降密和解密标志
701	有关特定的、一般的、被提议的或假定的 LGW 系统的成果或预计成果的 CM 报告、文件和数据（CM 技术 / 装备 / 类型；LGW 易损性 / 脆弱性）	机密	

续表

主题	解　释	密级	备　注
702	有关特定的、一般的、被提议的或假定的 LGW 系统的成果或预计成果的 CCM 报告、文件和数据（CCM 技术 / 装备 / 类型；性能 / 有效性详情，独特设计信息）	机密	作为 CCM 类型的相关的 PIM 详情是秘密级
703	将激光制导武器与特定的、一般的、被提议的或假定的 CM 技术 / 装备联系起来的 CM/CCM 试验指令 / 计划	秘密	
704	将激光制导武器与特定的、一般的、被提议的或假定的 CM 技术 / 装备联系起来的 CM 报告 / 文件	机密	
705	不与美国的特定系统关联的假设试验数据	不保密	
800	最终成品（硬件）		
	硬件包含的保密信息，除主题 200 ～ 500 下列举的 PIM 码、CM 或 CCM 保密信息外，应当在作战适用性试验完成和分析后立即解密。硬件本身披露 PIM、CM 和 CCM 的，只要其揭示的特定保密信息保持保密，则应当保持保密。但是，当投放战地使用后，该硬件及其有关软件应被进行解密审查。如果不适于解密，应适用国防部指令 5200.1-R（依据（c））第 1-203 段的规定。只要合理地认为，对于某特定硬件成品以及 PIM 码、CM 和 CCM 信息的控制已经损害，则通过检查、试验、使用或分析该特定硬件成品可获得的所有信息，应被按照国防部指令 5200.1-R（依据（c））第 2-210 段的规定再评估		

第 3 章

德国专利保密制度

本章导读

德国专利保密制度始于 1877 年，与其颁布的第一部《专利法》同步建立。德国早先的专利保密制度包括三个特点：一是采取“授权制”，即对满足授权条件的保密专利申请授予专利权；二是专利信息不公开，未经允许不得查阅；三是专利权人享有适当的补偿请求权。两次世界大战期间，德国要求私人提交的保密专利申请转让给国家，这些早期的规定与英国当时的专利保密制度基本类似。“二战”后，作为战败国，德国的专利保密制度曾经被同盟国管控了一段时间，直到 20 世纪 50 年代才逐步恢复。

德国现行专利保密制度基本沿用了之前的做法，但对保密专利权的效力问题没有作出明确规定，仅仅通过《专利法》第 13 条“联邦政府使用”条款排除专利权在国防事务中的行使。这与其他“授权制”国家明确对保密专利权采取征收或者征用措施有所不同。德国关于因保密令的施加而给权利人造成损失的补偿规定值得我们借鉴。补偿需要考虑的因素包括 6 个方面：①专利申请首次在国内提出；②发明具有可专利性；③民事用途的使用可能性；④由于保密令而放弃使用；⑤由于放弃使用而产生财产损失；⑥受损人独自承受损失不合理。关于政府使用保密专利的补偿，则按照《专利法》第 13 条“联邦政府使用”中的相关规定执行。

自 19 世纪中叶以来，随着第二次工业革命的蓬勃兴起，科学技术越来越多地渗透到所有工业国家的国防领域。涉及国防利益的发明创造，一方面为了维护国防安全利益需要保密，另一方面为了促进经济产业发展需要以专利的形式予以保护和公开。因此，国防发明的保密与公开问题，成为摆在各个工业国家面前的现实问题。由于有了英国军需品发明专利法案的借鉴，德国在 1877 年颁布的第一部《专利法》就包含了保密条款，专利保密制度由此建立。至今，德国专利保密制度已有 140 多年的历史。①

3.1　德国专利保密制度的历史沿革

3.1.1　第一次世界大战前（1877 年至 1914 年）

德国与国家秘密相关的法律条款早于专利法。1872 年德国《刑法典》第 92 条第 1 款规定："明知为了德意志或联邦州的安全而应当向其他政府势力保密，却依然故意告知其他政府关于本国的国家秘密、要塞计划，或有关证件、公文或消息的，或将之公之于众的，将受到刑事追究。" 1877 年，德国颁布了第一部《专利法》，与专利保密制度相关的条款包括 3 处。其中，第 5 条第 2 款规定："在德国首相确定该技术应用于陆军、海军和公共福祉，专利暂不生效。但是专利权人享有适当的补偿请求权……" 第 23 条第 2 款规定："如果专利是以德国政府的名义就应用于陆军或海军领域的发明申请的，专利的申请情况和具体内容都不予公开。" 第 19 条第 3 款规定："如果专利不是以德国政府名义应用于陆军或海军领域的，自专利授予开始，任何人有权查阅案卷、说明书、图画、模型和样品。" ② 由此可见，德国建立专利保密制度伊始就采取 "授权制"。1891 年，德国对《专利法》进行修订，原封不动地采纳了 1877 年《专利法》中第 5 条第 2 款和第 19 条第 3 款，只是第 23 条第 2 款的专利保密条款被重新归纳为第 23 条第 5 款，进一步规定保密专利不载入一般的专利登记簿。第 23 条第 5 款规定："如果一件专利是以德国政府名义申请并将应用于陆军或海军领域的，基于申请的专利授予无须公开。在此情形下，该专利也不会被载入一般的专利登记簿。"

① 笔者注：本章参考了 Alfred W. Kumm 先生撰写的《保密发明的国家秘密保护和专利保护》，以及 Hans-Jürgen Breith 先生撰写的《涉及国家秘密的发明专利与实用新型》。

② Kumm，Alfred W.：Staatsgeheimnisschutz und Patentschutz von geheimen Erfindungen[M].Bad Honnef: Bock und Herchen，1979：10-11.

1877年和1891年的德国专利保密制度有四个要点：一是对满足授权条件的用于军事目的的专利申请授予专利权；二是该专利权在保密期间暂不生效；三是专利内容不公开，未经允许不得查阅；四是专利权人享有适当的补偿请求权。可以看出，德国从建立专利保密制度之初即明确了保密专利权在保密期间不发生效力，不能对抗国家对保密发明的使用，但国家给予保密发明的权利人合理补偿。其中，代表国家的主体一般包括总理或其特别代理人、德国军事部门（如德国海军局），以及联邦州政府（例如巴伐利亚州、萨克森州、符腾堡州或其他各州的军事部门）。①

3.1.2 第一次世界大战期间

第一次世界大战期间，由于1891年《专利法》关于保密专利的规定不足以满足德国在战时对涉及国家安全和军备需求的专利申请的有效管理，陆军和海军管理部门制定了关于保密专利申请的内部规定。这些内部规定，最终通过1917年2月8日的《德意志联邦委员会法令》得到确认。法令第1条规定：如果为了国防利益有必要保密的，可以在不公告的情况下授予发明专利或注册实用新型。其被登记在发明专利或实用新型卷的特别登记簿中，不能被查阅。第2条规定：陆军和海军管理部门有权审查专利申请文件；经两部门同意，其他人也可以查看这些专利文件。第3条规定：如果专利不再需要保密，那么《专利法》的一般规定将适用于该专利的处理。第4条规定：未经授权查阅相关保密专利文件和卷宗或获取相关内容的，将追究刑事责任。②

从法令内容看，保密专利申请虽然可以被授予专利权，但真正能够对该专利行使支配权的是陆军、海军的管理部门，而不是权利人本身。只有在专利不再需要保密后，《专利法》的一般规定才适用于该专利的处理。此外，关于第2条的具体落实，是由陆军、海军管理部门挑选技术专家，在德国专利商标局的特定部门（即隶属于陆军和海军管理部门的审核处）审查所有专利申请，并根据情况将某些申请做出保密标记，对所有做了保密标记的发明专利和实用新型申请临时不予公布。

---

① Kumm, Alfred W.: Staatsgeheimnisschutz und Patentschutz von geheimen Erfindungen[M]. Bad Honnef: Bock und Herchen, 1979: 12.

② Kumm, Alfred W.: Staatsgeheimnisschutz und Patentschutz von geheimen Erfindungen[M]. Bad Honnef: Bock und Herchen, 1979: 16.

3.1.3　两次世界大战之间（1919 年至 1939 年）

1934 年 4 月 24 日，德国新修订的《刑法》第一次对“国家秘密”进行了定义，第 88 条规定：“本章节条文中的国家秘密是指为了帝国的稳定，特别是为了国防利益，在外国政府面前要求对关于文字、图画、对象、事实或新闻进行保密的信息；本章节条文中的背叛是指任何人故意将可能危害帝国利益的国家秘密传达给他人，特别是向外国政府或向为外国政府工作的人或公开宣布为外国政府工作的人。”1936 年，德国修订发布新的《专利法》。1923 年《专利法》中第 19 条第 3 款，作为 1936 年《专利法》中的第 24 条第 3 款被保留下来，表述为：“任何人都有权查阅专利卷宗、说明书、图画、模型以及样本，只要该专利不属于出于国防目的而以帝国名义或由国家机构申请的专利。”1936 年《专利法》中第 30 条第 5 款对应 1923 年《专利法》中第 23 条第 5 款，表述为：“如果一项专利属于出于国防目的而以帝国名义或由国家机构申请的专利，那么该专利将在被授予专利权时不予公告，专利申请登记也不会被记载在专利登记簿上。”其中，第 24 条第 3 款和第 30 条第 5 款扩大了保密范围，由原来的“以帝国政府名义，出于陆军和海军的目的”，修改为“以帝国或者独立的帝国交通运输机构的名义，出于国防目的”。[①] 依照 1936 年《专利法》，纳粹德国国防军和航空部，以及邮政总局、火车总局、经济重建局、经济部、农业部和卫生部等都有权通过查阅专利文件的方式审查专利申请中是否包含国家保密。[②]

专利保密制度的相关规定不仅适用于帝国相关部门以自身名义提交的保密专利申请，还包括私人公司提交的保密专利申请。其中，私人公司提交的保密专利申请，将被要求转让给国家。换句话说，如果一个保密专利申请被帝国政府采用，那么通常发明的申请人会被要求将其权利转移给国家。德国的这一规定，类似于英国专利保密制度的早期规定，即要求私人将其军需品发明转让给国家。通过这一转让行为，排除了保密专利的排他权在国防事务中的行使，保障了政府为国防目的的使用。

---

① Kumm, Alfred W.: Staatsgeheimnisschutz und Patentschutz von geheimen Erfindungen[M]. Bad Honnef: Bock und Herchen, 1979: 18.

② Kumm, Alfred W.: Staatsgeheimnisschutz und Patentschutz von geheimen Erfindungen[M]. Bad Honnef: Bock und Herchen, 1979: 18.

3.1.4 第二次世界大战后的接管时期（1939 年至 1955 年）

二战期间，德国的专利保密制度几乎没有变化。战后，德国作为战败国先后被美军行政公署，美、英、法共同组成的同盟国高级委员会接管，直到 1955 年 5 月 5 日同盟国撤出。在此期间，德国专利商标局曾一度撤销，直到 1949 年 10 月 1 日重新建立，但专利保密制度被暂停了，其目的在于限制德国的军事发展。1949 年 12 月 16 日，同盟国高级委员会公布了第 17 号法案——《关于特定研究领域与生产领域专利申请的监督法案》。该法案规定：德国专利商标局以官方名义或者根据其军事安全部门的指示，如果专利申请表现出“对于同盟国安全的威胁”，将推迟专利申请的公布。除此之外，德国专利商标局每半个月要向同盟国的军事安全部门递交相关专利申请的摘要，涉及的专利申请包括军事性质的专利和受管制的工业行业的专利。[①] 可见，作为战败国的德国，这一时期的专利保密制度不再服务于德国的国家安全，而是服务于同盟国的国家安全。

随着同盟国的逐步撤出，德国逐步恢复了其作为独立国家的主权地位。1951 年，德国再次修订《刑法》，第 99 条对国家秘密和背叛的定义如下：“(1) 本段中的国家秘密意指事实、物体或者认知，尤其是文字、图画、模型或者公式，或者情报，该情报涉及德意志联邦共和国或任一联邦州的利益而必须对外国政府保密。(2)本段中背叛意指，某人故意向未经授权人泄露国家秘密，或者将国家秘密公开并以此损害德国利益或任一联邦州的利益。”与 1934 年《刑法》修正案第 88 条相比，1951 年《刑法》修正案将背叛罪的客体扩大到知识、模型和公式。值得注意的是，德国对国家秘密的界定，不仅包括军事性质的，还包括工业行业的。1953 年，德国制定了新《专利法》，继续强调如果联邦需要对一项发明专利进行审查，顾及联邦的安全而需要对其进行保密，须按要求停止该专利的公布及登记程序。此外，专利保密的范围调整为“联邦的安全”，这与《刑法》第 99 条规定相呼应，即德国对“国家秘密”的界定范围不局限于国防利益，还包括涉及工业行业方面的安全保密信息。

3.1.5 重建时期（1955 年之后）

1955 年同盟军最高委员会撤出德国后，德国进入了战后的重建时期。专利制度也逐步恢复到正常轨道。1961 年，联邦德国颁布的第六号过渡法案重新规定了专利商标局的法律地位，最大的变化是专利商标局不再是专利保密决定的执行机构，而是专利

① Kumm，Alfred W.：Staatsgeheimnisschutz und Patentschutz von geheimen Erfindungen[M].Bad Honnef：Bock und Herchen，1979：22-23.

保密的决定机构。[①]1961 年《专利法》第 30a 条第 1 款规定："如果申请专利的发明属于国家秘密（《刑法》第 99 条），那么审查部门将依职权施加不予公开的命令。在作出决定前要听取联邦最高主管部门的意见，他们可以申请施加保密令。"依据该规定，国防部有权查阅专利申请文件，进行保密审查，并向专利商标局提出保密决定的申请。专利商标局会告知专利权利人，并组织听证程序，作出是否施加保密令的决定。关于保密专利申请的处理程序如下：先在慕尼黑由技术鉴定人员进行保密初审，紧接着在波恩由国防部进行审查确认。统计表明，这段时间的保密发明，几乎无一例外都是受联邦政府委托完成的发明，政府对其享有使用权。

3.1.6　保密专利的国际合作

联邦德国于 1955 年加入北大西洋公约组织，北大西洋公约组织成员国签订了《与共同维护涉及国防的保密发明及专利申请有关的协定》。按照该协定，对于向德国提交的涉及外国国家秘密的专利申请，可以向外国公民或法人授予保密专利，使得外国保密专利的申请人可以在德国受到专利保护。基于互惠协议，对于属于德国国家秘密而非外国国家秘密的发明，德国申请人也能够在外国为其申请专利。保密专利的国际合作，其作用有二：一是便于盟国之间互相维护国家安全、共同防御敌对势力；二是便于盟国之间建立专利保护的合作机制，使得专利申请人可以不受保密的影响而在多个国家尽早确定申请日，便于专利申请人开拓国外市场，促进技术经济合作。换句话说，一件专利申请涉及德国的国家秘密，根据协定向成员国提交申请，同样被成员国视为秘密信息并加以保密，同时在成员国可以尽早确定专利申请时间并保留取得专利的权利。需要特别说明的是，涉及外国国家秘密的发明在德国提交的专利申请，德国不予补偿。

3.2　德国现行保密专利制度相关法律法规

1968 年至今，德国与专利保密制度相关的《刑法》和《专利法》又经过几次修改，但实质内容并没有太大变化。现行相关法律如下：

---

① Kumm，Alfred W.：Staatsgeheimnisschutz und Patentschutz von geheimen Erfindungen[M].Bad Honnef：Bock und Herchen，1979：25-26.

3.2.1 德国《刑法》

现行德国《刑法》(2017 年版)第 93 条第 1 款关于“国家秘密”的规定如下:

第 93 条:国家机密的概念

(1)国家机密是指:为使联邦德国免遭重大不利的危险,而只对有限范围的人员公开,对外国保密的事实、物品或情报。

(2)违反自由民主基本秩序的事实,或者对与联邦德国的签约国予以保密的事实,若违反了国际军备限制条约,不属于国家机密。

第 94 条:叛国

(1)向下列人员泄露国家机密,因而使联邦德国的外部安全遭受重大不利的危险的,处 1 年以上自由刑:

①外国或其中间人,

②向无权获得国家机密的人公开或将其公布于众,意图危害联邦德国或有益于外国的。

(2)情节特别严重的,处终身自由刑或 5 年以上自由刑。情节特别严重一般是指:

①负有保管国家机密义务的人员,滥用职权泄露国家机密,或

②因其行为导致联邦德国外部安全遭受重大不利的危险的。

第 95 条:公开国家机密

(1)将公务机关的或者其要求他人保守的国家机密,向无权获得的人公开或公布于众,因而导致联邦德国的外部安全遭受严重不利的危险,如该行为没有在第 94 条规定应受刑罚处罚的,处 6 个月以上 5 年以下自由刑。

(2)犯本罪未遂的,亦应处罚。

(3)情节特别严重的,处 1 年以上 10 年以下自由刑。相应适用第 94 条第 2 款第 2 句的规定。

第 96 条:叛国的侦察;刺探国家机密

(1)意图叛国而刺探国家机密的(第 94 条),处 1 年以上 10 年以下自由刑。

(2)意图公开国家机密而侦察公务机关或由其要求他人保密的国家机密的(第 95 条),处 6 个月以上 5 年以下自由刑。犯本罪未遂的,亦应处罚。

第 97 条：泄露国家机密

（1）将公务机关或由其要求他人保密的国家机密，向无权获得该秘密的人公开或公布于众，由此过失造成联邦德国的外部安全遭受严重不利的危险的，处 5 年以下自由刑或罚金刑。

（2）将公务机关或由其要求他人保密的国家机密，借自己的职务、职位或公务机关委任的机会，轻率地向无权获得该机密者公开，因而造成联邦德国的外部安全遭受严重不利的危险的，处 3 年以下自由刑或罚金刑。

（3）本行为非经联邦政府的授权不得追诉。

第 353 条（b）款：侵害职务秘密和违反特别的保密义务

（1）下列人员，未经许可而公开其知悉或了解到的机密，因而危及重大公共利益的，处 5 年以下自由刑或罚金刑。过失犯本罪而危及重大公共利益的，处 1 年以下自由刑或罚金刑：

①公务员，

②对公务负有特别义务的人员，或

③依《身份代理法》接受任务或委托之人。

（2）除第 1 款的情形之外，对于某一事实或消息：

①依据联邦或州立法机构或其所服务的委员会的决议，负有保守秘密义务的人，或

②被另一个公务机关指明，违反保密义务将受刑罚处罚因而负有保守秘密义务的人，将该事实或消息未经许可转告他人或予以公开，因而危及重大公共利益的，处 3 年以下自由刑或罚金刑。

（3）犯本罪未遂的，亦应处罚。

（4）本行为非经授权不得追诉。该授权

① a 在第（1）款情形下，行为人在为联邦或州的立法机关工作时获知的秘密；

b. 在第（2）款第①项情形下，由立法机关的议长作出。

② a 在第（1）款情形下，行为人在为联邦机关或联邦的其他公务机关工作时获知的秘密；

b. 在第（2）款第②项情形下，行为人被联邦的公务机关赋予保密义务的，由最高联邦机关作出。

3.2.2 德国《专利法》

现行德国《专利法》（2015年版）中的保密条款为第三章“专利审查程序”中的第50条至第56条，共7个法条。

第50条：国家秘密

（1）对一项涉及国家秘密（《刑法》第93条）的发明寻求专利保护的，审查部应当依职权命令对其不作任何公布。施加该命令前，应当听取有权的联邦最高主管部门的意见。联邦最高主管部门可以要求发布该命令。

（2）当施加不公布命令的理由不存在时，审查部应当依职权或者依有权的联邦最高主管部门的要求、申请人或者专利权人的请求，废止依据第（1）款施加的命令。审查部应当每年对依据第（1）款施加命令的情形是否继续存在进行审查。在废止依据第（1）款施加的命令时，应当听取联邦最高主管部门的意见。

（3）如果在申诉期限（第73条第（2）款）内无人对审查部拒绝施加第（1）款规定的命令提起申诉，或者无人对审查部废止第（1）款规定的命令提起申诉，审查部应当通知当事人。

（4）对外国基于国防理由要求保密并且经其同意交由联邦政府继续保密的发明适用第（1）款至第（3）款的规定。

第51条：案卷查阅

专利局应当准许联邦最高主管部门查阅案卷，审查是否应当依据第50条第（1）款规定不公布该专利或者是否应当废止依据第50条第（1）款规定作出的命令。

第52条：域外专利申请

（1）经联邦最高主管部门书面同意，才可以在本法适用范围外提起涉及国家秘密（《刑法》第93条）的专利申请。有权的联邦最高主管部门可以在满足有关条件时同意该申请。

（2）有下列行为之一的行为人，将处5年以下的有期徒刑或者罚金。

①违反第（1）款第1句规定递交专利申请；

②违反第（1）款第2句规定的条件。

第53条：保密

（1）在向专利局递交申请之日起4个月内，未向申请人送达依据第50条第（1）款颁发的命令，申请人或者了解发明信息的其他任何人对该发明是否必须保密（《刑法》第93条）存有疑问的，都可以认为该发明毋须保密。

（2）不能在第（1）款规定的期限内完成对是否依据第 50 条第（1）款不公布该申请的审查工作的，专利局在第（1）款规定的期限内向申请人送达通知后，最多可以将审查期限延长两个月。

第 54 条：授予专利

对施加了第 50 条第（1）款规定的命令的申请授予专利的，应当登记在专用登记簿上。专用登记簿的查阅，参照适用第 31 条第（5）款第 1 句的规定。

第 55 条：补偿

（1）依据第 1 条至第 5 条具有可专利性的发明，申请人、专利权人或者其合法继受人因第 50 条第（1）款的规定，被限制或者停止为和平目的实施该专利的，对其因此遭受的难以承担的损害，有权请求联邦共和国进行补偿。在判断当事人请求补偿的合理性时，应当特别考虑受害人的经济状况、完成发明或者获得对发明的权利带来的开销、产生前述费用后其对发明必须被保密的可能性的认知程度、以及受害人从发明的其他实施方式中获得的收益。只有在授予专利权后，才可以请求获得补偿。补偿请求只能在产生损失后提起，并且在期限上不短于 1 年。

（2）当事人应当向联邦最高主管部门请求补偿。诉讼可以向普通法院提出。

（3）该发明首次在德国专利局提出申请，且在依据第 50 条第（1）款颁发命令前未由外国基于国防理由要求保密的，才可以依据第（1）款的规定给予补偿。

第 56 条：管辖权

联邦政府有权颁布法令确定第 31 条第（5）款、第 50 条至第 55 条和第 74 条第（2）款所指的联邦最高主管部门。

3.2.3　《实用新型法》

德国《实用新型法》第 9 条规定，德国的保密实用新型参照《专利法》中有关保密专利的规定执行。

第 9 条：保密

（1）实用新型申请的主题涉及国家秘密（《刑法》第 93 条）的，主管的审查部有权依据《专利法》第 50 条的规定，决定不提供公开查阅（第 8 条第（5）款）以及不在专利公报上公告（第 8 条第（3）款）。在作出决定前，应当听取主管的联邦最高主管部门的意见。联邦最高主管部门可以要求发布该命令。涉及国家秘密的实用新型应当登记在专用登记簿内。

（2）此外，参照适用《专利法》第 31 条第（5）款、第 50 条第（2）款至第（4）款和第 51 条至第 56 条的规定。依据第（1）款的规定有权发布命令的审查部也可以参照适用《专利法》第 50 条第（2）款的规定作决定，并且有权参照适用《专利法》第 50 条第（3）款和第 53 条第（2）款的规定采取措施。

3.3 德国专利保密相关机制

3.3.1 专利申请的定密

1. 定密部门

专利申请经保密审查需要保密的，由专利商标局施加保密令。联邦国防部协助进行保密审查，经济和技术部参与部分保密事项的审查工作。

2. 国防部门的查阅权

德国专利保密制度中关于国防部门查阅专利申请文件的规定，始于 1917 年 2 月 8 日发布的德意志联邦委员会法令。[①] 现行《专利法》第 51 条规定："当施加不公布命令的理由不存在时，审查部应当依职权或者依有权的联邦最高主管部门的要求、申请人或者专利权人的请求，废止依据第（1）款施加的命令。审查部应当每年对依据第（1）款施加命令的情形是否继续存在进行审查。在废止依据第（1）款施加的命令时，应当听取联邦最高主管部门的意见。"可见，授予国防部查阅专利申请文件或专利文件的权利，是国防部行使保密审查权的必备条件。联邦国防部在查阅专利案卷之前，须向专利商标局提出申请，申请必须标明卷宗的相关信息，且这一申请不需要送达或通知专利申请人或者专利权人。一般情况下，专利申请人或者专利权人不得就国防部的查阅提出异议。

3. 定密流程

专利申请的定密程序是一个多重的过滤程序。在层层递进的过程中，无须保密的专利申请将被"筛除"。

第一步：保密初筛。当一件专利申请递交到专利商标局后，首先由专利商标局初审部门进行筛查，所有属于国际专利分类号某个类别的发明专利申请和实用新型专利申请（该国际分类号由德国国防部给出，在这些分类号下的专利申请可能包含国家机

① Breith，Hans-Jürgen：Patente und Gebrauchsmuster für Staatsgeheimnisse[M]. Zugl.：München，Univ. der Bundeswehr，Diss.，2002：99-100.

密)，会被移送到设置在专利商标局的“99 号办公室”。“99 号办公室”负责专利保密的初审、保密专利申请的专利性审查等工作，其人员都经过保密审查。“99”的代号源于《原刑法》第 99 条“国家秘密”。

第二步：保密初审。在“99 号办公室”,上述专利申请将被归入四类专业领域（见表 3-1)，并且由国防部的专业鉴定人员负责初审。保密初审的目标在于，筛除显然无须保密的专利申请,对于确定不属于国家秘密的专利申请,可以直接进入正常的专利审查程序，否则将书面告知专利商标局该专利申请须转交位于波恩的国防部审查部门进行保密终审，并且在终审结果出来前，专利申请材料将被暂时作为“机密”信息管理。

表 3–1　可能被定密的四个保密发明类别 ①

序号	类　别	说　明
1	国防和军备工艺	例如装甲、炸药、弹药、测向和测量装置
2	核能技术	例如气体超速离心机、聚变反应堆、等离子核技术
3	有价文件和安全文件	例如有价证券、纸币、证件
4	秘密通信技术	例如编 / 解码系统，通信技术

第三步：保密终审。终审由国防部的技术专业评估部门进行，如有必要，其他相关部门（联邦经济和技术部、联邦信息技术安全局、联邦刑事调查局和联邦银行）也可共同参与。对于相关部门的意见，国防部将就其逻辑性和合理性再次进行审查。对于该专利申请是否包含国家秘密，国防部会出具一份意见书，连同专利申请一道重新送回专利商标局。如果国防部的意见书同意对该专利申请进行保密，专利商标局在听取申请人意见并视情组织相关听证程序后，作出针对专利申请和实用新型申请的保密决定，施加保密令。如果国防部未对该申请定密，那么该申请将进入专利商标局的普通处理程序。②

根据《专利法》第 50 条第 2 款关于保密专利的年度审查规定，专利商标局要审查已被施加保密令的专利文件，如果专利商标局认为存在撤销保密的情形，将向国防部移送该材料，由国防部安排专业人员审查该材料是否有继续保密的必要。接下来的程序与前述定密程序相同。

① Breith，Hans-Jürgen：Patente und Gebrauchsmuster für Staatsgeheimnisse[M]. Zugl.：München，Univ. der Bundeswehr，Diss.，2002：38-39.

② Kumm，Alfred W.：Staatsgeheimnisschutz und Patentschutz von geheimen Erfindungen[M].Bad Honnef：Bock und Herchen，1979：31-32.

4. 定密标准

实践中，对于一项专利申请是否包含国家秘密并没有固定的判断标准。通常，它会受到每个人主观看法的影响。但总的来看，会考虑以下三个因素：①

(1) 外交和安全政策的总体情况。国家受到威胁和遭受危险的总体情况，构成了做出评估的框架条件。随着国家不同时期安全形势的变化，对可能导致保密措施的安全需求的判断也不尽相同。在安全需求十分迫切的情况下，保密审查呈现严格态势；在和平环境下，这一态势则相反。例如，1991 年冷战结束后，德国保密专利数量急剧下降，被保密的专利申请或专利在很大范围内得到公开。

(2) 是否泄漏国家重要领域情报。创新型国防科技领域的专利或专利申请，是情报机构侦察的重点。因此，评估专利申请是否具有保密需求的一项重要判断标准，是该发明是否对敌国势力具有情报价值的重要体现。例如，我方的某项技术进步被敌方知晓，可能使得敌方在获取该情报的基础上对其武器装备进行改进升级，从而对我方造成威胁。

(3) 科技进步。科学技术日新月异，专利作为科技进步的标志性载体，以其具有军事应用前景的全新技术方案而具有保密价值。如果一项专利或专利申请不存在大幅的、阶跃式的技术进步，那么原则上不需要保密。或者，如果其技术方案已经被超越，也无须继续保密。

5. 定密决定作出时限

根据《专利法》第 53 条的规定，保密专利申请的定密决定作出时限一般为自专利申请日起 4 个月，4 个月内未向申请人送达保密令的，视为该专利申请无须保密。如果 4 个月内无法完成保密审查的，可在通知专利申请人后延长 2 个月。值得一提的是，即便《专利法》第 53 条所规定的期限届满，也不意味着定密程序结束。实际上，保密令也能够在《专利法》第 53 条规定的期限届满之后施加。因为根据《刑法》第 93 条，保密令施加的理由仅仅是“国家秘密确实存在”这一实质要件，与时间是否届满无关。在期限届满之后才施加保密令，当事人不得以《专利法》第 53 条规定的“申请人或者了解发明信息的其他任何人对该发明是否必须保密（《刑法》第 93 条）存有疑问的，都可以认为该发明毋须保密”这个理由进行抗辩。

---

① Breith, Hans-Jürgen: Patente und Gebrauchsmuster für Staatsgeheimnisse[M]. Zugl.: München, Univ. der Bundeswehr, Diss., 2002: 40-42.

3.3.2　保密专利的数据统计

根据德国专利商标局公开的1964年至2001年的保密专利数据，1964年到1975年间，每年仅有100～150件专利申请被保密；1976年至1990年，每年仅有50～100件专利申请被保密；从1991年起，被保密的专利申请数量在20件左右波动。其中，1976年保密专利数量下降的原因与联邦专利法院的判决导致保密审查趋于严格有关。1991年之后保密专利数量下降的原因，则与冷战结束后联邦德国在军备领域明显放松的态势有关。此外，从专利类型看，被采取保密措施的专利申请绝大部分是发明专利申请，实用新型由于其本身的特性，须保密的数量每年均维持在个位数，且近年来数量趋近于零。从投资主体看，几乎不存在自筹经费投资研发的专利申请人，而主要是国家投资研发的专利申请人。值得一提的是，德国严格的保密审查，使得保密专利数量相比我国少很多。德国1964年至2001年保密发明专利数据和保密实用新型专利数据分别见表3-2和表3-3。[①]

表 3-2　德国 1964 年至 2001 年保密发明专利统计表

年　度	发明专利申请	保密初审	保密终审	施加保密令
1964	64 775	5 030	270	150
1965	66 470	5 570	233	160
1966	67 468	5 080	205	140
1967	67 495	5 568	196	130
1968	65 422	5 259	207	96
1969	66 626	4 425	298	119
1970	66 132	4 986	293	112
1971	65 756	4 677	271	112
1972	67 354	4 335	265	146
1973	66 223	4 497	280	138
1974	63 545	4 423	281	123
1975	60 095	4 755	267	110
1976	61 705	4 935	226	55
1977	60 401	4 989	214	79

① Breith, Hans-Jürgen: Patente und Gebrauchsmuster für Staatsgeheimnisse[M]. Zugl. : München, Univ. der Bundeswehr, Diss., 2002: 45-52.

续表

年　度	发明专利申请	保密初审	保密终审	施加保密令
1978	58 492	4 582	255	71
1979	52 821	4 738	215	57
1980	49 631	4 220	397	78
1981	49 002	3 315	550	55
1982	47 826	2 991	535	57
1983	47 103	3 232	674	54
1984	45 209	2 927	642	73
1985	45 213	1 374	551	63
1986	43 493	1 412	505	103
1987	41 848	1 265	648	85
1988	41 745	1 307	487	98
1989	41 244	1 323	369	66
1990	40 451	1 251	211	53
1991	41 799	1 158	146	29
1992	43 663	968	95	26
1993	45 380	945	84	24
1994	49 011	871	67	11
1995	53 703	978	64	18
1996	64 894	1 038	70	18
1997	75 576	940	42	12
1998	83 338	969	117	41
1999	94 067	715	113	22
2000	110 392	590	62	15
2001	127 428	662	62	13

表 3-3　德国 1964 年至 2001 年保密实用新型专利统计表

年　度	实用新型申请	保密初审	保密终审	施加保密令
1964	19 111	270	4	1
1965	18 777	306	4	1
1966	19 676	285	5	3
1967	21 242	382	2	2
1968	22 736	411	4	1
1969	17 620	324	6	-

续表

年　　度	实用新型申请	保 密 初 审	保 密 终 审	施加保密令
1970	17 563	271	16	7
1971	17 179	259	3	3
1972	16 585	269	6	5
1973	14 638	282	11	4
1974	14 142	352	25	3
1975	13 801	415	17	8
1976	13 180	413	15	1
1977	12 623	454	10	1
1978	11 655	674	4	-
1979	10 962	392	3	1
1980	10 805	322	12	1
1981	10 888	139	33	1
1982	11 672	93	23	-
1983	12 275	222	32	8
1984	12 249	234	39	3
1985	11 906	68	25	3
1986	11 319	66	15	3
1987	15 677	80	29	3
1988	15 211	107	22	4
1989	14 626	113	2	-
1990	14 354	145	2	1
1991	15 553	157	2	-
1992	17 004	178	-	-
1993	20 084	196	1	-
1994	20 581	193	4	-
1995	20 598	163	3	1
1996	22 276	183	1	-
1997	23 062	148	-	-
1998	22 541	162	-	-
1999	23 584	91	5	-
2000	22 310	56	1	1
2001	20 285	66	2	-

3.3.3 对保密令的申诉

1. 申诉主体

通常针对保密令的申诉由专利申请人提出，但是联邦最高主管部门（国防部）也可以提起申诉。根据《专利法》第 50 条第 1 款和第 2 款的规定，联邦最高主管部门有权要求签发保密令。如果要求被拒绝，根据《专利法》第 74 条第 2 款的规定，联邦最高主管部门可以提起申诉。

2. 申诉机制

依据《专利法》第 73 条第 3 款，申诉的管辖部门可以是专利商标局或联邦专利法院。对于专利申请人来说，针对保密令的施加和保密令撤销申请的驳回，申请人拥有申诉的权利。而针对保密令申请的驳回和保密令的撤销，由于其不会对申请人和专利权人造成不利影响，因此申请人没有申诉权，法院或者专利商标局也不会予以受理。从德国的实际情况看，专利申请人对保密令的施加提起申诉的数量很少（最多一年两次），因为专利商标局签发保密令是非常慎重的，通常会组织听证程序，申请人的异议一般在听证程序中已经得到解决。①

对于国防部来说，根据第 74 条第 2 款，即使联邦国防部没有参与专利申请程序，也有申诉权。针对保密令签发申请的驳回，国防部可以以当事人的身份提起申诉。针对保密令本身，国防部则不具有申诉权。根据第 50 条第 3 款，国防部可在任何情况下就保密令的撤销提起申诉，即使保密令的撤销符合国防部最初的表态甚至满足其申请要求，国防部提起的申诉也将被受理。专利商标局作出的撤销保密令的决定，对国防部不具有最终的约束力，国防部仍然可以随时以重大理由申请重新签发保密令，因为保护国家秘密的利益优先。即便国防部在规定的程序中没有行使其申请权和申诉权，其仍然可以根据《专利法》第 50 条第 1 款的规定，重新申请一份保密令。

3. 申诉行为的效力

根据《专利法》第 73 条第 1 款，申请人可以就保密令的签发向专利商标局提起申诉（期限为保密决定送达后 1 个月内，参见德国《专利法》第 73 条第 2 款），但根据第 75 条第 2 款的规定，申诉行为不具有中止保密令的效力，以防止泄露国家秘密。如果没有就保密令的驳回或撤销提起申诉，那么在申诉期限届满后须通知当事人，该通知的效力与第 53 条未接到保密令的效力相同，可以视同专利申请无须保密。

---

① Breith，Hans-Jürgen：Patente und GebrauchsmusterfürStaatsgeheimnisse[M]. Zugl.：München，Univ. der Bundeswehr，Diss.，2002：84-85.

3.3.4　保密令的效力

专利商标局针对一项发明或实用新型作出的保密决定会对该申请的后续流程产生深远影响，这一影响不仅涉及专利商标局，也涉及申请人。保密令的主要效力包括：

（1）专利的国家秘密特征被确定下来，即刻起，申请人公开使用专利将会被追究刑事责任。然而，第 50 条第 1 款所称命令并不是禁用令，也不是征收财产的命令。

（2）专利申请信息未经允许不得公开。

（3）授予的保密专利不会被载入公开的专利登记簿，而是被载入专用登记簿。

（4）如果申请人基于特别利益而申请查阅保密专利申请文件或保密专利文件，且不会因此使国家安全遭受严重不利的危险，专利商标局只能在听取国防部意见后准许相关文件的查阅。

（5）将产生第 55 条第 1 款所称的赔偿请求权。

（6）未经许可不得提交外国专利申请。

需要说明的是，对于是否准许提交外国申请，以及向未授权人泄密的刑事法律责任，起决定作用的不是是否签发保密令的形式要件，而是是否具备国家秘密的实质要件。但是，从刑法角度来看，不签发保密令可以为无过错提供依据，权利人无罪且免受刑罚。

3.3.5　保密令的撤销

专利的公开与国家秘密的不公开是一对矛盾，考虑到专利的公开要求，保密令的存在只能以其必要性为限，一旦其公开不再危害国家安全，就必须撤销保密令。保密令的撤销程序可以由专利商标局依职权，或应专利申请人、专利权人或联邦国防部的申请而启动。为了促进不再有保密必要的发明公开，专利商标局每年组织一次以解密为目的的保密审查，联邦国防部、申请人或专利权人参与保密令是否继续存在的必要性审查。如果联邦国防部没有申请撤销保密令，那么，专利商标局应当向联邦国防部告知专利申请人或专利权人的申请情况，并在撤销决定作出前听取其意见。即使申请人或专利权人没有申请撤销保密令，他们仍然有权在撤销决定作出前发表意见。保密令的撤销以决定的方式作出，决定须送达申请人或专利权人，以及联邦国防部，以便于国防部能够审查其适当性并提起申诉。

保密令的撤销，意味着专利申请或授予的专利自此可以向公众公开。如果还未被授予专利，那么专利申请在满足法定条件下将予以公开。如果已经授予了专利，那么专利将在普通专利登记簿上登记，并公布专利说明书。保密专利解密后，将享有与普通专利同样的保护，查阅文件的限制也将取消。

3.3.6 保密专利申请的审查和授权

德国对于发明专利申请进行实质审查，重点是审查专利申请的“三性”，即新颖性、创造性和实用性，而对实用新型专利申请仅根据德国《实用新型法》第 4 条和第 4a 条进行形式审查。前文提到，德国对于保密专利采取的是“授权制”，对于施加了保密令的专利申请，专利商标局仍将继续进行审查，以确定该专利申请是否具有可专利性。保密专利授权程序与一般专利授权程序的主要区别在于，保密专利授权不得公开，正因如此，复审和无效宣告的异议程序不适用于保密专利。

3.3.7 保密专利权的效力

如前所述，德国在 19 世纪下半叶建立的专利保密制度中，明确规定保密专利在保密期间不生效。“一战”期间及“一战”后的很长一段时间，德国的法律中都有私人保密专利转让给国防部的规定，以排除保密专利的排他权在国防事务中的行使。德国现行专利保密制度中，没有明确保密专利权的效力问题，也没有针对保密专利进行征收的规定，这与丹麦、挪威、加拿大等“授权制”国家对保密专利予以征收或征用的做法不同。我们经过认真分析，认为其原因在于，德国关于“国家秘密”的概念不仅包括涉及国家安全的信息，也包括涉及重要经济秘密的信息。

我们分析一下保密专利权分别在国防事务和商业领域的行使问题。首先，关于德国的保密专利在国防事务中的行使问题，德国《专利法》第 13 条“联邦政府使用”第 1 款规定，“如果联邦政府下令为公共福利实施发明，专利不得产生效力。专利的效力也不得延及由最高联邦主管部门或根据其指示由一个下级机关为联邦共和国的安全下令进行的任何对发明的实施”。该规定排除了保密专利在国防事务中的行使。其次，关于保密专利在商业领域的行使问题，由于专利保密的原因，公众不可能知道该专利的存在，根据“公开换保护”的原则，该保密专利对于普通公众不得行使效力。近年来的实践表明，由于德国主要是由国家投资研发国防专用技术，几乎不存在私人保密专利，加之德国有“国防使用规则”的保障，因此“保密专利权”在实践中并没有与国家利益、公众利益产生冲突。

德国法律界存在对专利保密制度进行改革的呼声。“二战”后德国重建专利制度，德国学者 Reitstötter 建议取消保密专利的授权，取而代之的是：发明保密期间中断授权程序，发明公开后继续授权程序。换句话说，Reitstötter 建议德国采用“扣压制”。Reitstötter 认为：“与专利制度所设定的、通过保护专利来激励发明人公开发明的目标，并不适用于专利保密制度。”① 当然，Reitstötter 的建议未被采纳。

3.3.8　保密专利的补偿

1960 年之前，德国没有针对专利申请因被施加保密令而给予补偿的规定。当时，向私人授予的保密专利都由联邦政府与权利人签订合同予以接管。1959 年至 1960 年，在关于保密专利的补偿的讨论中，参与者认为施加保密令可能会以某种方式妨碍专利的使用，导致专利申请人或专利所有人遭到的损害超过合理程度。② 随后，德国建立了因发明被保密而给予补偿的制度。

1. 获得补偿的条件

权利人有权就其专利或专利申请被施加保密令而向法院诉请补偿，但补偿的实现需要满足大量形式和实质要件。主要包括如下要求：③

（1）专利申请首次在国内提出，且施加了保密令。这是请求补偿需要满足的形式条件。显然，没有保密令就谈不上补偿。但是，如果一项发明属于外国的国家机密，并且由外国要求德国将该专利申请作为保密专利申请，那么德国对专利申请人不负有补偿义务，而应当由外国依据其本国法律补偿权利人。

（2）发明具有可专利性。只有在具有可专利性的情况下，发明才可能被授予专利权，权利人才享有专有权，发明被保密才会对权利人产生不利影响，权利人才享有损害补偿的请求权。否则，发明不应当被补偿。此外，补偿请求只有在发明被授权后才能提出，但补偿应当涵盖保密令的整个期间。

---

① Breith, Hans-Jürgen: Patente und GebrauchsmusterfürStaatsgeheimnisse[M]. Zugl. : München, Univ. der Bundeswehr, Diss., 2002: 89-90.

② Breith, Hans-Jürgen: Patente und GebrauchsmusterfürStaatsgeheimnisse[M]. Zugl. : München, Univ. der Bundeswehr, Diss., 2002: 106-108.

③ Breith, Hans-Jürgen: Patente und GebrauchsmusterfürStaatsgeheimnisse[M]. Zugl. : München, Univ. der Bundeswehr, Diss., 2002: 112-114.

(3) 保密令、放弃使用和财产损失之间存在因果关系。首先,“保密令的施加”与“发明没有得到使用”之间必须要有直接因果关系。为国家安全目的被限制或停止实施(施加保密令)只是给予补偿的条件之一。假设一项发明本身就缺乏实施条件,则无须对权利人给予补偿。只有在发明具有民用前景的情况下,才考虑给予补偿。此外,一项发明创造具有使用的可能性,并不代表权利人有实施的意图。使用意图必须有实际证据加以证明,例如,权利人在保密令施加之前已经与相关企业开展许可权的谈判,或者自己已经为实施发明建设厂房、办理贷款等,但这些准备工作因保密令的施加而中断。其次,在放弃使用与财产损失之间,必须有直接的因果关系,从而排除其他原因造成的损失。这种财产损失应当是实际的、直接相关的损失,而不是机会成本、预期盈利的削减。此外,补偿应当包含损失的利润,但同时还需要扣除权利人由于放弃使用而节省的开支。

2. 合理补偿应当考虑的因素

德国《专利法》第 55 条规定只有在遭受的损害难以承担的情况下,权利人才有可能获得补偿,并具体列举了在判断合理性时需要特别考虑的几个因素:①

(1) 权利人的经济状况。受损人的财务状况对合理补偿的评估有较大影响,经济状况良好的权利人只能获得较少的补偿,甚至不补偿;经济状况较差的权利人在遭受同等的损害时,可能获得更多的补偿。

(2) 发明人完成发明或者取得专利权所花费的费用。这些费用包括发明开发成本、技术试验成本、材料和劳动力成本,以及获得相关文献的成本等。需要指出的是,根据投入资金来源的不同分为两种不同情况:一是权利人利用自有资产投入研发的,二是接受政府资助投入研发的。一般情况下,投入自有资金产生的发明将获得补偿,而接受政府资助产生的发明不会获得补偿。

(3) 受损人从发明的其他实施方式中获得的收益。被施加保密令的发明可能用于军事领域,并从政府获得因政府使用保密发明的补偿,或者获得较高数额的销售收益,此时,因保密造成损失的补偿数额将会较少。

① Breith, Hans-Jürgen: Patente und GebrauchsmusterfürStaatsgeheimnisse[M]. Zugl.: München, Univ. der Bundeswehr, Diss., 2002: 114-118.

(4) 对发明必须被保密的可能性的认知程度。对发明被保密的认知包括两种情况：一种是明知发明有保密可能性仍然继续投入资金研发，另一种是没有或不可能认识到发明有保密可能性而投资进行研发。显然，前者既然意识到发明可能被保密，还继续投入研发，那么他所瞄准的本身就是军品市场，因此有意放弃补偿。这种情况下，补偿数额相比后者应当更低。

(5) 发明的民用前景。假如一项保密专利属于相关民用领域的核心专利，具有很好的民用前景，那么理应获得更高的补偿。

总结起来，补偿包括两个形式要件：①“保密令”的施加，②专利申请首次在国内提出。还包括五个实质要件：①发明具有可专利性，②民事用途的使用可能性，③由于保密令而放弃使用，④由于放弃使用而产生财产损失，⑤受损人独自承受损失不合理。需要特别说明的是，放弃使用和损失之间要存在因果关系，且数额仅限制于因果关系范围内所造成的损失。关于补偿提出的时限，补偿请求只能在专利授权后才可以提出，且产生损失的期限不得短于 1 年。

3. 因政府使用保密专利的补偿

德国《专利法》第 55 条所规定的补偿，仅限于因对发明施加保密令而给予权利人的补偿。那么，德国政府为国防目的使用保密专利的补偿呢？关于国家使用保密专利的补偿在《专利法》第 13 条“联邦政府使用”中进行了规定。第 1 款和第 3 款规定：“(1) 如果联邦政府下令为公共福利实施发明，专利不得产生效力。专利的效力也不得延及由最高联邦主管部门或根据其指示由一个下级机关为联邦共和国的安全下令进行的任何对发明的实施。(3) 在本条第 (1) 款提到的情况下，专利权人应有权向联邦共和国主张合理补偿。如果就补偿数额发生争议，可以向普通民事法院提起法律诉讼。”

3.3.9　国外保密专利申请

根据德国《专利法》第 52 条的规定，向国外就涉及国家秘密的发明提交专利申请原则上是被禁止的。但是，由于德国与其他国家之间有相关多边协议或双边协议，从而确保在这些国家申请专利仍然可以保守国家秘密，排除了给德国国家利益带来损害的可能性。因此，就可能含有国家机密的发明提交的外国专利申请，须向德国专利商标局提交，德国专利商标局送交国防部审查后，不涉密的将给予申请人一份申请外国专利的书面许可。

3.3.10 保密专利申请的代理人资质要求

由于保密专利申请涉及国家秘密，因此对于处理保密专利事务的相关人员有特别的资质要求和管理规定。对授权处理机密信息的专利代理人的资质管理和安全审查，首先由专利商标局负责，而最终则由联邦宪法保护局负责。这些被授权处理保密专利的人员类似于我国的国防专利代理人。为加强这部分代理人的保密管理，专利商标局就人员、组织和技术层面的安全措施做了详细要求，其中最重要的措施包括：

（1）代理行为只能由专利商标局授权处理机密文件事务的代理人进行，代理人必须保证，只有经授权的雇员有权接触保密专利文件。

（2）对于保密专利文件的管理、编辑、保存和移送，适用专门的安全措施。

（3）申请人须被告知保密的必要性，并有权获得管理上和技术上的安全措施建议。

第 4 章
世界主要国家专利保密条款解读

本章导读

专利保密制度是在专利制度运行实践中，基于实际需求和问题导向所创设的制度。它不为我国所特有，而是世界主要国家普遍建立的一项制度，是现代专利制度中的一个重要组成部分。作为一种解决问题的做法，每个国家的专利保密制度既有着共同的特点，同时也存在一定的差异。本章基于国家知识产权局条法司组织翻译的《外国专利法选译》①，以及中国人民大学知识产权学院组织翻译的《十二国专利法》②等资料，摘选了美国、英国、荷兰、德国、加拿大、俄罗斯等20个国家专利法中的专利保密条款，并对其进行解读和对比。

综观世界主要国家的专利保密制度，其基本内容大体包括三个方面：一是专利保密制度中的保密事务。包括专利申请的保密筛查、保密审查、保密决定的作出、保密决定的异议、违反保密义务的责任承担、解密、提交国外专利申请的国内保密审查、外国人提交本国保密专利申请的国际合作，以及因强制保密而给予权利人的补偿等。二是专利保密制度中的专利事务。包括保密专利申请的专利性审查、授权及专利信息的内部登记（专指授权制国家）、专利官费、保密专利的无效宣告和复审

---

① 国家知识产权局条法司．外国专利法选译［M］．北京：知识产权出版社，2014.

② 中国人民大学知识产权教学与研究中心，中国人民大学知识产权学院．十二国专利法［M］．北京：清华大学出版社，2013.

(专指授权制国家)、解密后与普通专利制度的衔接等。三是专利保密制度中的专利运用事务。包括为国防目的对保密发明的查阅、征用、征收，以及因征用或征收而给予的补偿等。

总的来说，欧美国家专利保密制度的历史较长，也相对完善。此外，由于北大西洋公约组织成员国签订了《与共同维护涉及国防的保密发明及专利申请有关的协定》，因此各成员国的专利保密制度都相对完善。

4.1 美国

美国《专利法》(美国《法典》第35编——专利，2005年8月3日修改）保密条款集中在第十七章“某些发明的保密及向外国提出申请案”，从第181条至第188条，以及第154条，共9个法条。

第181条：某些发明的保密及专利的扣压授予

（1）如果政府对发明具有财产上的利益，有关政府机构的首长认为因授予专利证书而公布或发表该项发明可能有损国家安全时，专利商标局局长接到该项通知后，应命令对发明保密，并且应该按照下面规定的条件扣发专利证书。

（2）如果政府对发明无财产上的利益，专利商标局局长认为因授予专利证书而公布或发表该项发明，可能有损国家安全时，局长应将透露该项发明的专利申请书送交原子能委员会、国防部长以及总统指定的作为美国国防机构的其他政府部门的首长检查。

（3）知悉申请的每个人应该在注明日期的确认文书上签名，该项文件应该置于申请案的档案中。如果原子能委员会、国防部长或被指定的其他政府部门或机构的首长认为因为授予专利证书而公布或发表发明可能有损国家安全时，原子能委员会、国防部长或上述其他机构首长应该通知专利商标局局长，局长应立即命令对该项发明保密，并在国家利益需要期间内扣发专利证书，并通知其申请人。在提请发出保密命令的部门或机构首长表明，对（专利）申请的审查可能损害国家利益时，专利商标局局长应该命令将（专利）申请书保持在保密状态，并通知申请人。申请书处于上述保密命令之下以后，其所有者有权按照商务部长规定的条件就保密命令向部长提出申诉。

（4）对发明保密以及扣发专利证书，均不得超过 1 年。根据原来提请发出保密令的部门或机构首长的通知，国家利益要求延长上述期限，并已作出肯定的决定时，专利商标局局长在上述期限届满或者在更新期限届满时应重申其命令，再延长 1 年。

（5）在美国处于战争期间发布或生效的保密令，在全部战争期间以及战争停止后 1 年内持续有效。在由总统宣布的国家紧急状态期间发布或生效的保密令，在国家紧急状态期间以及其后 6 个月内持续有效。

（6）根据原来提请发布保密命令的部门或机构首长的通知，公布或发表发明不再有损国家安全时，专利商标局局长可以废除前项保密令。

解读：

本条款明确了对专利申请的定密权、保密审查程序、保密期限、战时或紧急状态时期的保密令，以及解密权。

（1）定密和解密权属于国防部等与国防相关的政府机构，而专利商标局是颁发和废除保密令的执行机构。

（2）根据政府是否对发明拥有财产利益，制定了两种专利申请的保密审查程序，分别处置两类涉密发明。

一类是政府具有财产利益的发明，包括政府雇员作出的发明和大学、承包商履行政府合同作出的发明。由于美国针对政府雇员发明和政府资助科研活动产生的发明建立了发明报告制度，政府机构在专利申请之前完全掌握这类发明。因此，政府机构可以直接对发明进行保密审查和定密，在申请专利时即通知专利商标局，由专利商标局颁发保密令并实行保密管理。

另一类是政府没有财产利益的发明，主要是企业或者个人利用自有资金形成的发明，我们可以称之为“民间发明”。这部分发明按照通常的专利申请渠道向专利商标局提出申请，专利商标局和国防机构建立了一道保密的“过滤器”，识别、筛选这类发明。专利商标局根据国防机构提供的保密审查清单对专利申请进行保密筛查。认为申请的公开可能危害国家安全的，专利商标局将专利申请文件送交国防机构进行保密审查。经国防机构保密审查认为专利申请文件的公开会危害国家安全的，将通知专利商标局对该申请颁发保密令，且暂时不予授权；认为不会危害国家安全的，则按照普通专利申请处理。一般情况下，颁发保密令并不影响发明的专利“三性”审查，直到专利申请处于待授权状态；但是，如果专利性审查可能危害国家安全的，则在颁发保密令的同时对该发明也暂停专利性审查。

(3) 所有接触过涉密专利申请文件的政府机构工作人员，都需要在纳入专利申请档案的确认文件上做出书面记录，使保密责任落实到人并具有可追溯性。

(4) 对于颁发保密令的决定，专利申请人拥有知情权和申诉权。专利申请人对于专利商标局施加保密令不服的，可以向其上级政府部门商务部提出申诉。这有利于纠正某些不合理的保密令。

(5) 和平时期，保密令的有效期不超过 1 年。如果期限届满，因国家利益仍需继续保密的，专利商标局应重新颁发保密令，延长的期限仍为 1 年。战时或紧急状态期间，保密令的效力在整个特殊时期及其后的 1 年或者 6 个月持续有效。由此促使国防机构定期对发明进行保密复查，对不再需要保密的发明及时解密，以实现发明的广泛使用，并最大限度地发挥发明的价值。战时和紧急状态期间，保密令持续有效，以维护国家安全和国防利益。美国专利申请的保密与解密制度的设计，实际上是在确保国家安全和国防利益不受损害的前提下，力图最大限度发挥发明的军事效益和经济效益，兼顾国家利益和私人利益的平衡，并根据情势变化而灵活调整平衡点。

(6) 负责保密审查的国防机构也是负责解密的机构，当专利申请文件的公开不再损害国家安全时，国防机构应当通知专利商标局，由专利商标局解除保密令。

(7) 本条中有 4 处提及“国家安全”,3 处提及“国家利益”。可见维护在国家安全方面的国家利益是设置和实行发明保密制度的最主要考量。

(8) 由于美国对于涉密专利申请实行“扣压制”，对于未解密的专利申请，即使已经通过了可授予专利权的审查，也暂不授予专利权，而要到解密后才予公开和授权。因而在美国，有保密发明（已经确定涉及国家安全需要保密，但尚未提出专利申请的发明）、保密专利申请（被施加保密令的专利申请），但是没有“保密专利”和“保密专利权”，更没有“保护保密专利权”的政策。这与专利制度“公开换保护”原则在实质上和形式上（程序上）都保持了一致。

第 182 条：由于未经授权的发表而放弃发明

受本编第 181 条命令约束的专利申请，凡未经专利商标局局长同意，其发明已在申请中暴露，或者发明被其发明人、其继承人、受让人或法定代理人或其他任何有共同利益的人公布或透露，或在外国提出专利申请的，经局长核实有违反上述命令情节时，可认为该项发明已被放弃，而且应该认为在违反命令时即已放弃。如果没有得到原来提请发布保密命令的部门机构首长的认可，专利商标局局长不能作出上述同意。这种放弃使申请人及其继承人、受让人或法定代理人，或其他有共同利益的人丧失其基于此项发明而对美国的一切请求权。

解读：

针对已经被定密（被施加保密令）的专利申请，其专利申请人承担有特殊义务——禁止专利申请人公开该发明或者申请外国专利，除非经过国防机构的特别批准。同时规定了对擅自公开或提交外国专利申请的罚则，即丧失获得美国专利的权利以及一切基于该项发明的其他请求权，如请求补偿的权利。

第 183 条：请求补偿的权利

（1）申请人或其继承人、受让人或法定代理人，因上述规定而被扣发专利证书时，有权向提请发出命令的部门或机构的首长，请求补偿其由于保密命令或由于发表发明后政府使用该项发明或同时由于这两种原因而造成的损害。

（2）请求补偿的权利从申请人接到可以授予专利的通知之日开始，或自 1952 年 2 月 1 日起（以在后的日期为准），到发出该项专利证书后 6 年为止。行使因政府使用该发明而产生的损害的补偿权利，从政府开始使用该项发明之日开始。政府部门或机构的首长在收到损害补偿的请求后，有权与申请人及其继承人、受让人或法定代理人达成协议，全部补偿损害或使用费或偿付使用费并补偿损失。即使法律另有相反的规定，该项偿付协议也是最终决定性的。如果请求的补偿不能全部偿付，政府部门或机构的首长可以判定付给申请人或其继承人、受让人或法定代理人一笔款项，其数额不超过政府部门或机构的首长认为是对损害与（或）使用的公平赔偿数额的 75%。损害补偿请求人可以在索赔法院或请求人居住地的美国地方法院对美国提起诉讼，请求偿付一笔款项，该款项与前述的判定款项加在一起就是对损害（或）政府使用发明的公平补偿。

（3）申请专利权的发明因需要保密而受到本编第 181 条所定的保密命令的影响，其后根据该项申请而颁发专利证书的情况下，其所有人不按上述规定请求损害补偿时，在该项专利证书颁发日期之后，有权在索赔法院提起诉讼，请求对因保密命令以及（或）在其发表（笔者注：专利申请人向政府透露了发明）后因政府使用其发明而产生的损害给以公平补偿。请求补偿因使用而产生损害的权利，从政府第一次使用该项发明之日开始。在本条所规定的诉讼中，美国政府在诉讼中可以援引第 28 编第 1498 条诉讼中规定的一切依据为自己辩护。

（4）任何人或其继承人、受让人或法定代理人，在为美国政府专职受雇或服务期间的发现、发明或开发的任何一项发明，本条并不授予其提出索赔诉讼的权利。

解读：

（1）政府基于保护国家安全与国防利益不受损害的目的，可以对私人权利进行限制，但是应当给予专利申请人合理补偿。这种补偿包括两种类型。一是因政府施加保密令给专利申请人的补偿。由于发明涉及国家安全和国防利益需要保密，导致发明人的商业化开发并获得经济利益的机会受到限制，申请人可能因此蒙受一定损失，需要对发明人给予合理补偿。这种损失必须是实际损失，而不是主观预期损失。二是因政府使用被施加保密令的发明而对专利申请人给予的补偿。发明之所以被保密，是因为它涉及国家安全和国防利益，那么它就具有军事上的潜在应用价值。虽然因为保密而暂时限制了商业领域的盈利机会，但是并不影响它在本国国防领域的应用。为了弥补发明人的损失，政府仍可以在国防事务中运用市场规则，由政府作为国防市场的买方，对保密发明人这个国防市场的供方付费，以体现保密发明的价值。政府运用先进发明对武器装备和军事设施进行了升级改造，提升了国防实力；保密发明的发明人也获得了相应的回报。

（2）对保密发明的专利申请人给予补偿，是激励发明人通过申请专利的方式向政府提交保密发明的重要措施。“民间发明”的发明人作出一项发明，基本能够预计其发明是否将会被政府“扣压”。他可以选择秘而不宣，也可以选择将发明提交给政府。除了培养公民的爱国精神之外，在制度设计上给予发明人合理的经济补偿也是激励发明人向政府公开其发明的一个很重要措施。事实上，美国《专利法》第 181 条至第 188 条的规定，早在 1917 年被称为“自愿提交法案”，意指发明人自愿向政府提交保密发明的法案。

（3）从字面上看，第 183 条规定的是专利申请人请求补偿其向政府提交发明后政府使用该项发明所造成的损害，实质上隐含的意思是，政府为国防目的，可以不经权利人许可使用其发明。法律并没有赋予专利申请人禁止政府使用其发明的权利，而是赋予他向政府请求补偿的权利。这与《美国法典》第 28 编第 1498 条规定的政府为国防目的可以不经专利权人许可使用受美国专利保护的发明是一个意思。因此，第 183 条的第（3）款规定，在专利申请人就政府使用其保密发明向索赔法院提出的索赔诉讼中，美国政府可以援引《美国法典》第 28 编第 1498 条诉讼中规定的一切依据为自己辩护。被扣压的专利申请和授权专利，在政府组织的国防建设活动中待遇一样。特别说明的是，这个被扣压的专利申请，必须是经过专利性审查可授予专利权，已经处于待授权状态的专利。

事实上，保障国防机构充分使用私人发明，首先是申请人有意愿就其保密发明提交专利申请，其次是政府能够从专利机构获悉保密发明，最后是政府有为国防目的配置和使用保密发明的权力，三个环节，缺一不可。从前面的法律条文看，通过对申请人给予补偿鼓励申请人向政府提交专利申请，经专利机构保密筛选出来的专利申请文件必须送国防机构进行保密审查，政府为国防目的有权配置和使用保密发明，三项制度，样样齐全。通过这一揽子制度设计，不仅保证了美国的国防建设活动能够充分利用“民间发明”，同时确保了涉及国家安全和国防利益的“民间发明”不被不当泄露。

（4）专利申请人请求补偿包括两个途径。第一条途径是第 183 条的第（1）款和第（2）款，即专利申请人向作出保密决定的国防机构提出请求的，补偿程序按照协议解决、行政裁决和法院判决的步骤进行。第一步，国防机构与专利申请人进行协商，协商一致达成的协议具有最高效力。第二步，如果双方协商不成，由国防机构作出行政裁决，并向专利申请人补偿行政裁决数额的 75%；专利申请人再向法院提起诉讼，诉请国防机构补偿行政裁决数额的 75% 之外的其余部分。那么，为什么国防机构在作出行政裁决的情况下只实际补偿 75% 呢？接下来我们比较一下 100% 和 75% 两种做法。在实际补偿 75% 的情况下，假如国防机构有意补偿权利人 10 万美元，如果权利人接受即可与国防机构达成协议并得到 10 万美元，如果不接受则只拿到 7.5 万美元，并向法院提起诉讼请求额外的补偿。法院判定的数额可能高于 10 万美元，也可能低于 10 万美元，如果只判给 8 万美元，权利人则只能再得到 0.5 万美元，如果考虑到司法诉讼中的各项成本开支，权利人更加得不偿失。因此，75% 的规定，将敦促权利人充分考虑到行政裁决程序的风险，使得其更有意愿与国防机构达成一致，而不会提过分的要求；而国防机构对权利人的补偿也不会过低，毕竟，当差额较大的情况下，权利人将选择通过司法程序予以解决。在实际补偿 100% 的情况下，权利人在不与国防机构达成协议的情况下，仍可得到 10 万美元补偿，而且由于权利人未能与国防机构达成协议，其必然向法院提起诉讼请求额外的补偿。这种做法不利于国防机构与权利人协商解决补偿问题，也会给司法机构带来很大负担。①

另一条途径是第 183 条规定的第（3）款，即专利申请人等到专利授权后直接向法院起诉索赔。

---

① Citrin A J. Are the Secrecy Order Compensation Provisions of the Patent Act Constitutional under the Fifth Amendment?[J].Akron Intell. Prop. J.2007.1：275.

(5) 对于政府雇员发明、政府资助产生的发明不予补偿。其原因在于，补偿是针对专利申请人、针对发明投资的，而不是针对发明人的。政府雇员作出的发明，其专利申请人、投资人是政府。政府无须对自己进行补偿。对政府资助产生的发明，政府依法已经取得免费（或称已付费的）使用权，自然无须再予补偿。所以补偿只是针对“民间发明”才有的。

第 184 条：在外国提出申请

在美国提出关于在美国完成发明的专利申请，或请求实用新型、外观设计或款式的注册以后的 6 个月内，非经专利商标局局长发给许可证，不得在任何外国提出申请，或使他人或授权他人提出申请。对于应该遵从本编第 181 条由局长发出保密令的发明，未经原来提请发出扣发命令的部门机构的首长同意，不得发出许可证。

如果因出于无意在外国提出申请，而该项申请并没有透露属本编第 181 条范围以内的发明，仍得发给上项许可证，其效力溯及既往。本条中所用“申请”一词包括申请以及对申请的修改、更正或补充，或分案申请。

解读：

(1) 第 182 条是针对已经被定密（被施加保密令）的专利申请，禁止专利申请人公开或者申请外国专利。第 184 条是关于申请外国专利的国内审查程序的规定，无论其是否涉及国家秘密。具体要求是，在自专利申请日起 6 个月内，未经官方许可不得申请外国专利；6 个月期满后，未有禁止性规定的可提交外国专利申请。作出这一规定的原因在于，申请外国专利须经专利商标局保密筛查确认无须保密后才能作出许可，在查明是否可能损害美国国家安全之前暂时禁止向外国披露，而政府完成这项工作需要一段时间，因此在此之前限制向外国申请专利。美国规定这一段时间的期限为 6 个月。

(2) 针对已经定密的专利申请，未经国防机构特别批准，专利商标局不得擅自发出申请外国专利的许可证。这是对第 182 条关于被扣压的专利申请禁止申请外国专利的重申。

(3) 如果是出于无意在外国提出了专利申请，而且被证实不涉及国家秘密的，专利商标局可以补发申请外国专利的许可证。

(4) 美国专利商标局提交的 PCT 申请中包括临时申请程序、非临时申请程序和国际申请程序，都隐含了外国专利申请的许可证申请程序。如果某件专利申请不涉及国家秘密，则专利申请人会接收到美国专利商标局关于其外国专利申请被批准的通知，申请人得以向外国专利机构提交专利申请。如果在美国未提交相应的国内或国际申请，则必须单独提交外国专利申请的许可申请，并附上希望获得许可的材料的副本。

第 185 条：无许可证不得申请的专利

即使法律有其他规定，任何人及其继承人、受让人或法定代理人未取得本编第 184 条所规定的许可证的情况下，而将发明在外国提出专利申请或为实用新型、外观设计或款式在外国提出注册申请，或同意他人申请，或协助他人申请的，此人及其继承人、受让人或法定代理人不能取得该项发明在美国的专利权。对此人及其继承人、受让人或法定代理人颁发的美国专利证书应无效。

解读：

本条是对违反第 184 条规定的罚则。凡是未取得申请外国专利的许可证的，无论是否涉及国家秘密需要施加保密令，都取消该发明在美国取得专利的权利。

第 186 条：罚则

在依本编第 181 条所规定的保密令对发明进行保密和扣发专利证书的期间内，任何人明知此项命令而未经正当许可，擅自公布或发表，或授权他人或使他人公布或发表该项发明或有关该发明的实质性资料的，或者，任何人违反本编第 184 条的规定，在美国完成的某项发明的专利或实用新型、外观设计或款式在外国提出申请，或使他人或授权他人申请或注册的，在证明有罪后，应处以 1 万美元以下的罚金或两年以下的监禁；或罚款并监禁。

解读：

本条是对违反保密令的刑事处罚。对于明知有保密令的存在而故意泄露发明的，以及未经许可申请外国专利导致泄露国家秘密的，在证明有罪后处以罚款和（或）监禁。

第 187 条：对某些人不适用性

本节中的禁止规定和罚则不适用于在其职权范围内执行职务的美国官员或代理人，也不适用于接受其书面指示或得到其许可而有相关行为的人。

解读：

对相关职务行为予以豁免，因为这些公职人员按规定接触、透露保密发明是其职责所在，是依法所为。

第 188 条：细则与规程、权力的委托

原子能委员会、国防部长、经总统指定为美国国防机构的任何其他政府部门或机构的首长以及商务部长，可以分别制定细则与规程，以便各有关部门执行本条的规定。也可以将本节中所赋予的权力委托他人代为行使。

解读：

本条规定了原子能委员会、国防部、经总统指定的国防机构、商务部可以依照本法制定相关细则和规程。具体内容我们在美国评述中进行了详细介绍。

第 154 条：专利证书的内容和期限；临时的权利

（1）一般规定

……（2）期限在缴纳本编规定的费用的情况下，专利的期限自授予专利之日开始，于专利申请在自美国提交之日起计算的 20 年届满时终止。……

（2）专利期限的调整

……由于抵触、保密令及申诉而延误的保证或调整……如果原始专利的颁发由于下列情形而延误：……（ii）根据第 181 条发布的命令；……专利的期限，按这些程序、命令或复查的期间每存续 1 日应延长 1 日。

解读：

专利申请被保密扣压的，保密令每存续 1 日，专利期限相应延长 1 日。这意味着，保密令的施加在专利制度意义上的影响是暂停了专利授权程序，使得专利权的行使因保密令的施加而相应推迟（发明的商业化开发进程也被相应推迟），但不会造成专利权有效期的压缩（发明的商业利益不会被压缩），从而使保密发明在商业领域得到与普通发明同等的待遇。

评述

我们认为，美国发明保密法案的立法宗旨主要包括三个方面：一是确保涉及国家安全和国防利益的发明不被泄露；二是保障国防建设活动充分、高效地使用保密发明；三是维护保密发明的专利申请人的合法权益，体现创新价值，促进技术进步和商业化。这三者缺一不可，最终实现的是统筹兼顾国防建设和经济建设发展需求，最大限度发挥保密发明的军事价值和经济价值，促进国家利益与私人利益的合理平衡和良性循环。

该法案对涉及国家秘密的专利申请的保密筛选、审查、定密、解密程序进行了详细规定，对不遵守保密令的人、不遵守外国专利申请的国内审查程序的专利申请人，规定了相关惩罚措施和刑事责任，以确保国家秘密不被泄露。该法案对施加保密令造成专利申请人商业利益的损失给予赔偿、对政府使用保密发明给予专利申请人补偿的规定，以及保密令所导致的禁止公开期限不计算在 20 年专利权期限内的规定，最大限度地保护了专利申请人的经济利益，实现了专利申请人的创新价值，鼓励了研究人员继续留在与国家安全相关的领域从事研发工作，并且愿意向政府提交其开发的具有国防应用价值的发明。而国防机构查看保密发明专利申请文件的规定，以及为国防目的配置和使用保密发明的规定，则确保了国防建设活动能够充分、高效地使用发明，以最大限度提升国防实力。国防机构以 1 年为限对保密发明进行动态审查，能够确保发明能够及时解密并应用到商业领域，有效防止发明“沉睡”，促进技术进步和经济发展，推动军民融合发展。

此外，就机构管理体制来讲，美国就涉及国家秘密的专利事务由国防机构和专利机构按分工负责。原子能委员会、国防部、国家航空航天局、国家安全局等与国防和国家安全相关的机构负责定密、解密、保密审查等与国家秘密相关的事务，重点把好国家秘密关。专利商标局负责专利受理、审查、授权、公告、许可证发放、保密令施加等与专利相关的事务，重点把好专利业务关。国防机构与专利机构在具体工作有交互机制，以衔接国家秘密事务和专利事务。就保密专利事务本身来讲，美国的工作机制实际上是一种良好的军民融合机制，把专利审查授权事务交由专利商标局负责，国防部门负责处理好国家秘密的核心事务。

就专利运行机制来讲，美国对涉密的专利申请实施“扣压制”，即保密期间不授权、不公开，专利申请日实质上相当于优先权日，保密扣压实质上是因为保密因素的加入中断了专利制度的正常运行，待解密后一切都回到专利制度的正常运行轨道，而且保密期间专利制度的相关期限（包括专利权期限）中止。这种模块化、组合化的制度设计，能够保证在有“涉密”因素影响时，有一套相对独立的机制发挥作用；在“涉密”因素不再影响时，能够回到原有的专利制度轨道上，按照通用规则发挥作用，互不混淆干扰。

4.2　英国

英国《专利法》(2004 年修订版）中的保密条款为“国家和公众安全”章节。包括第 22 条、第 23 条共两个条款。

第 22 条：有损国家安全或公共安全的信息

（1）一件向专利局提交的专利申请（不管是按照本法或任何条约或任何联合王国参加的国际公约以及不管在本法开始实施的日期之前还是之后)，专利局局长认为，该申请含有的信息描述，是国务大臣通知他的属于公布可能危及国家安全的信息，专利局局长可以发出保密令，禁止或限制该信息的公布或向任何特定人员或人群的传播。

（2）假如专利局局长认为，所提交的任何申请含有公布后可能损害公共安全的信息，他可以指示禁止或限制该信息的公布或向任何特定人员或人群的传播，直至不超过 3 个月的期限到期，期限自第 16 条规定的期限到期起算。

解读：

（1）英国关于涉及国家秘密的专利申请的处理，与美国的制度大同小异。其中，国家秘密包括涉及国家安全的信息、涉及公共安全的信息两类。当专利局审查认为专利申请涉及这两类信息时，将作出限制专利申请信息公开的决定。

（2）对于涉及国家安全的专利申请，专利局发出的保密令没有期限限制，一切都以国务大臣的保密决定为准，直到国务大臣专门通知撤销保密令为止。对于涉及公共安全的信息来说，这一保密令的期限为“普通专利申请的公布日”之后的 3 个月内，即专利申请日之后的 18 个月再延后 3 个月，即 21 个月。第（2）款提到的第 16 条规定即为发明专利申请的公布，具体内容为：“……除非专利申请在专利局完成其公布准备工作之前被撤回或被拒绝接受，专利局局长应在规定的期限届满后尽快将其以提交的形式公布（不仅包括原始权利要求，还包括对那些权利要求的修改和替换的新权利要求），并且可以在申请人的请求下提前将申请公布，在任何情况下应在刊物上公告专利申请的公布情况和日期。”

（3）专利局的限制公开决定是一个临时性决定，最终由国务大臣负责定密。

（3）根据本条就某申请作出保密令的，按下列规定处理：

（a）如果该申请是根据本法提交的，它可以进行到准备授予专利的阶段，但是不得公布申请，也不得公布有关信息，就该申请不授予专利；

（b）如果该申请是一件欧洲专利申请，不得送给欧洲专利局；

（c）如果该申请是国际专利申请，不应向国际局或根据专利合作条约授权的任何国际检索当局送副本。

（4）上述第（3）款（b）项不禁止专利局局长向欧洲专利局传送任何根据《欧洲专利公约》属于其职责向欧洲专利局传送的信息。

解读：

（1）英国与美国一样对于保密专利申请采取“扣压制”，保密令撤销之前限制专利申请信息的公开，专利性审查照常进行，但不得授予专利权，也不得申请欧洲专利和国际专利。

(2) 第（4）款是对第（3）款（b）项的补充，以《欧洲专利公约》第 130 条（1）款为依据。该条款规定："除本公约或者国家法律另有规定外，欧洲专利局和任何缔约国中央工业产权局根据请求，应当相互送交关于欧洲或者国家专利申请和专利以及关于申请和专利的程序的任何有用的信息。"

（5）专利局局长根据本条就任何申请作出保密令的，将向国务大臣通知该申请和保密令，然后下列规定将生效：

（a）国务大臣一经收到通知，应考虑申请的公布或有关信息公布或传播是否会损害国家安全或公共安全；

（b）国务大臣根据（a）项确定专利申请的公布或申请信息的公布或传播会损害公共安全的，应通知专利局局长；专利局局长应维持其按照本条第（2）款作出的保密令，直至这些保密令按照（e）项被撤销为止；

（c）国务大臣根据（a）项确定专利申请的公布或申请信息的公布或传播会损害国家安全或公共安全的，应当（除非之前国务大臣已向专利局局长发出（d）项所称的通知）在提交申请日期起 9 个月内重新考虑该问题，并在以后的每 12 个月内至少再考虑一次；

（d）假如国务大臣在任何时间考虑专利申请时，认为该申请的发表或该申请信息的发表或传播，不会或不再损害国家安全或公共安全的，应将此意见通知专利局局长；

（e）专利局局长在接到（d）项的通知后，应撤销原先的保密令，并可以根据他认为合适的条件（如果有），延长任何根据本法要求需要做的事项或授权对该申请要做的事项的期限，无论该期限在之前是否到期。

解读：

(1) 专利局作出的保密令，无论是涉及国家安全的还是涉及公共安全的，都应当送交国务大臣进行保密审查。国务大臣应当自专利申请日起的 9 个月内完成保密审查。对于涉及国家安全的专利申请，国务大臣经保密审查决定维持保密令的，不再专门通知专利局，专利局原来发出的保密令继续有效；国务大臣经保密审查认为不损害或不再损害国家安全的，将通知专利局撤销保密令。对于涉及公共安全的专利申请，国务大臣经审查决定维持保密令的，须专门通知专利局维持保密令继续有效；国务大臣经保密审查认为不损害或不再损害公共安全的，将通知专利局撤销保密令。

(2) 国务大臣负责的保密审查定期进行，12 个月内必须重新审查一次，以决定维持或者撤销保密令。

（3）涉及公共安全的专利申请的保密令有效期为自“普通专利申请的公布日”起3个月内，“普通专利申请的公布日”为自专利申请日起18个月，那么，保密令的默认有效期为自专利申请日起21个月。国务大臣作出保密审查决定的时限为自专利申请日起9个月，其后的每12个月重新考虑一次，即第21个月之前第二次作出保密决定。由于“普通专利申请的公布日”的存在，国务大臣自专利申请日起的9个月内作出的第一次保密审查决定，对专利申请的公开不造成影响，只有随后的12个月内，即专利申请日起第21个月作出的保密审查决定会对专利申请的公开造成影响，而这恰好是保密令21个月有效期的时间节点。国务大臣在这个时间节点上决定涉及公共安全的保密令是否继续有效，刚好与专利局作出的保密令有效期衔接上。因此，英国关于该保密令时限的规定非常合理。

（4）与美国一样，保密令的施加中断了专利事务相关程序，《专利法》规定的相关期限因此中断的，专利局可以决定相应延长。

（6）为了对上述第（5）款（c）项所称的问题作出决定，国务大臣可以如下行事：

（a）申请包含的信息，涉及原子能的生产或使用的，或者涉及与这种生产或使用相关事项的研究的，可以在任何时候采取下列措施之一或两者同时采取：

（i）审查该申请和送交专利局局长的任何与之相关的文件；

（ii）授权负责原子能生产或与原子能生产相关的研究的政府机构或由该政府机构任命的人员，对该申请和送交专利局局长的任何与之相关的文件进行审查；以及

（b）在任何其他情况下，在为第16条的目的规定期限到期之后（或者征得申请人同意在该期限到期之前），审查该申请和任何此类文件；政府机构或由政府机构任命的人员按（a）项授权进行审查的，该机构或该人员应当尽快向国务大臣报告审查结论。

解读：

本款规定了国务大臣保密审查的具体方式：涉及原子能的可自行审查或交由原子能机构审查，原子能机构完成审查的应向国务大臣报告审查结论。

（7）根据本条就某发明的专利申请作出保密令，在规定的期限之前保密令尚未被撤销，并且专利申请已经进行到可授予专利的阶段，则

（a）如果该发明由政府部门（或由政府部门书面授权或指示）实施，且该保密令仍有效的，将适用下述第55条至第59条的规定，可当作：

（i）该实施是第55条规定的使用；

（ii）该申请已在期限结束时公布；以及

（iii）在申请进行到可授予专利之时（将该专利期限看作是该申请按顺序审查时获得专利的期限），就该发明已授予专利；以及

（b）国务大臣认为，保密令的持续使申请人受到损失的，经财政部同意后，国务大臣可以给予申请人国务大臣和财政部认为合理的补偿，合理性考虑的因素包括该发明的创造性价值、用途、设计的目的以及任何其他相关情况。

解读：

（1）本条多处出现的“规定的期限”，是指发明专利申请日至公布日的 18 个月期限（注：英国只有发明专利，没有实用新型专利）。根据英国《专利法》第 16 条“申请的公布”规定：“除非受第 22 条规定的限制，如果一项专利申请有提交日，除非申请在专利局完成其公布准备工作之前被撤回或被拒绝接受，专利局局长应在规定的期限结束后尽快将其以提交的形式公布，并且可以在申请人有如此请求的情况下如前所述的将申请公布，在任何情况下应在刊物上公告公布申请的情况和日期。”英国关于该“规定的期限”是自专利申请日起 18 个月，“规定的期限”届满日即“普通专利申请的公布日”。

（2）第 55 条至第 59 条（详细内容及其解读见英国《专利法》，以及《知识产权与国防使用》一书）规范的是政府或政府授权的第三方为国防目的使用已授权专利的行为。第 22 条第（7）款规范的是，政府或政府授权的第三方为国防目的使用被保密扣压且进行到可授权阶段的专利申请（这种专利申请的“保密令撤销日”（授权日）晚于“规定的期限”届满日），其规则与第 55 条至第 59 条规定相同。第一，对这类发明的使用可以当作对专利的使用；第二，尽管这类发明没有公开，但是可以当作这类发明在 18 个月期满后已经被公布；第三，如果经专利性审查可授权的发明，当作已经授权。第 22 条第（7）款规范的是图 4-1 所示的专利申请。政府或者政府授权第三方使用这类发明时，将其视同为授权专利，并给予合理补偿。

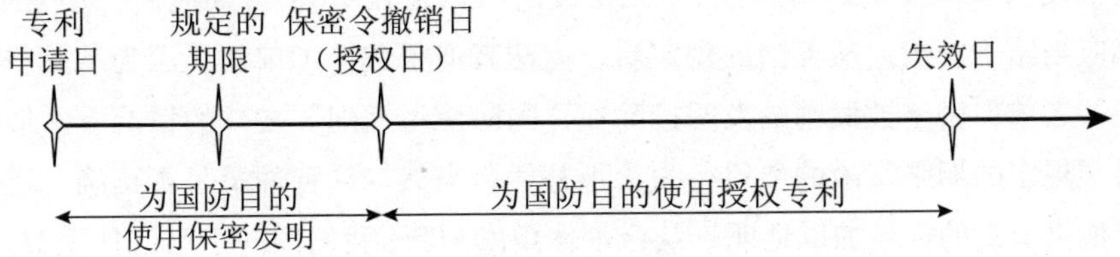

图 4–1　英国为国防目的使用保密发明和专利

关于为国防目的使用保密发明的规则，这里有四个问题值得探讨：第一，对于“规定的期限”之前保密令被撤销的发明，应当适用什么样的规则？英国《专利法》为什么没有对其进行规范？我们理解，英国立法者认为，“规定的期限”之前，专利申请按照专利制度本身的设计本应处于不公开、非授权状态，在“规定的期限”内，发明既没有得到专利权的保护，也没有得到专利申请的临时保护，因此，在“规定的期限”之前政府为国防目的使用保密专利申请，自然而然不受限制。因此，对于在“规定的期限”之前保密令被撤销的发明，无须进行规范。当然，对于普通民众来说，“规定的期限”前无法获得专利申请信息，不具备使用该发明的条件。政府因为掌握该专利申请信息，因此具备使用该发明的条件，但是这种使用是在保密范围内的使用。尽管英国这么规定，其合理性仍然值得商榷。其他国家大都以专利申请日为起点进行全周期规范，即为国防目的可以使用专利，以及提交专利申请但暂未公开的发明，包括被保密扣压的专利申请，以及暂未公开的普通专利申请。例如，印度尼西亚《专利法》第100条规定，关于国防使用规则，参照适用于已经申请专利但未公布的任何发明。以色列把“国防使用规则”的客体定位为“发明”，“不论是否已经为其授予专利或是否已经为其申请专利”，可见，包括专利、被保密扣压的专利申请和暂未公开的普通专利申请。第二，对于“规定的期限”之后保密令被撤销的发明，政府为国防目的使用此类发明的补偿应当怎么计算？有两种理解，一种理解是以“规定的期限”届满日至专利授权日为限。理由是，在“规定的期限”内，发明既没有得到专利权的保护，也没有得到专利申请的临时保护，而且政府在“规定的期限”内的使用，并没有压缩专利申请人在商业领域的预期利益，因此无须就该使用行为对专利申请人予以补偿。另一种理解是以专利申请日至专利授权日为限。理由是，专利申请人向政府提交了发明，只要该发明具有可专利性（迟早被授予专利权），那么政府对该发明的使用就意味着专利申请人贡献了他的价值，政府应当就其使用行为对专利申请人予以补偿。从美国的规定看，立法者选择了后者，即：“行使因政府使用该发明而产生的损害的赔偿权利，从政府开始使用该项发明之日开始。”无论使用行为是在18个月期满后，还是期满前，政府都应当给予补偿。从英国的规定看，立法者似乎选择了前者。因为从其将“规定的期限”之前保密令被撤销的发明排除在“国防使用规则”之外的情况看，似乎并不打算对“规定的期限”内的使用行为给予补偿。当然，这种理解是否正确，还需案例或者其他更丰富的资料加以证明。从合理性角度判断，我们倾向于第二种理解。第三，对于不具有可专利性的发明，由于其不具有创造性，或者由于其属于公知技术，专利申请人不能获得法定权利，因此无须因使用该发明而补偿专利申请人。第四，如英国《专利法》第 16 条的规定，对于普通专利来讲，申请人还可以在 18 个月期限届满前请求提前公开专利申请信息。那么，为什么第 22 条第 7 款 只以“规定的期限”为期限？其原因在于，对于因涉及国家安全需要保密的专利申请来说，专利申请人本来就不可能按照第 16 条的规定，申请在 18 个月期限届满前提前公开专利申请信息以获得临时保护。

(3) 对于因保密令造成损失的合理补偿，有三个问题需要说明：

第一，“规定的期限”之前保密令被撤销的发明无须补偿。这是因为，“规定的期限”之前，专利申请按照专利制度本身的设计本应处于不公开的状态，保密令施加与否，都不改变这段时间专利申请的状态。专利申请人并没有因为保密令的施加，而导致其专利申请的推迟公开而造成损失。因此，对于“规定的期限”之前保密令被撤销的发明无须补偿。同样的道理，对于“规定的期限”之后保密令被撤销的，对因保密令造成损失的补偿只限于“规定的期限”之后至保密令被撤销之日，不含“规定的期限”。第二，不具有可专利性的专利申请，无须因施加保密令而补偿专利申请人。这是显而易见的。第三，合理补偿的数额应当考虑的因素包括创造性价值、用途、设计的目的等。其中，创造性价值是指发明的创造性程度、实用程度、利用价值等，对利用价值较高的发明，被保密扣压造成的损失也较大，因此补偿应较多，反之则较少。用途主要区分军用和民用，对于民用前景较好的发明，被保密扣压造成损失也较大，补偿应较多；对于不具有民用前景或民用前景较小的发明，被保密扣压不会或较少造成损失，补偿应较少。设计的目的主要考虑开发该项技术的初衷是军用还是民用，如果开发人瞄准民用市场开发该项技术，那么被保密扣压造成影响较大，补偿应较多；如果开发人瞄准军品市场开发该项技术，那么被保密扣压并不影响或较少影响开发人的预期收益，应不补偿或少补偿。

8. 根据本条被作出保密令的专利申请，被授予专利的，在保密令生效期间，无须支付申请维持费。

解读：

此处的申请维持费是指英国专利申请满 2 年仍未授权的，需要申请人从第 3 年开始按年缴纳的申请维持费，否则该申请将被视为撤回。如欧洲专利在授权之前，第 3 年开始需要缴纳申请维持费，第 3 年的申请维持费为 380 欧元，直到专利授权。我国过去也收申请维持费，每年 300 元。2010 年修改的《专利法实施细则》取消了该项收费。英国对保密专利申请免收申请维持费，原因在于专利申请未授权是政府施加保密令导致的，应免除申请人的相应义务。此外，英国《专利法》规定，授权专利需缴纳年费。参见第25条“专利期限”：“(3) 如果与一项专利有关的任何延展费未在规定缴纳的时段结束前缴纳，该专利应在该时段最后一个月中在可以规定的日期结束时停止生效。”

（9）未能遵守本条的指示的，将承担：

（a）即席判决的，不超过1 000英镑的罚款；或

（b）根据指控判决的，监禁不超过两年或罚款，或两者并罚。

第23条：联合王国居民提交国外申请的限制

（1）根据本条的下述规定，未经专利局长书面授权，联合王国居民不得就发明在联合王国之外提交或促使提交下述第（1A）款所适用的专利申请，除非

（a）在向外国申请不少于6周之前，已在专利局提交同一发明的专利申请（无论在本法生效日之前、当日或之后）；而且

（b）在联合王国没有就该申请根据上述第22条作出保密令，或者这类保密令已被撤销。

（1A）本款适用于以下申请：

（a）该申请包含涉及军事技术的信息或者因任何其他原因导致该信息的公布可能损害国家安全；或者

（b）该申请包含的信息若公布，可能损害公共安全。

（2）上述第（1）款不适用于由外国人已在外国首先提交的专利申请。

解读：

本款是对英国居民向国外提交专利申请的限制。凡向外国提交专利申请的，必须经过专利局局长书面授权。例外情况是，先在本国提交了申请的，自申请日起超过6周以上，英国专利局并未发出保密令或者发出的保密令已被撤销的，表明该申请文件的公开不会危及国家安全或公共安全，可以向国外提交专利申请。专利局将在这6周的时间内完成保密审查。

（3）提交或促使提交专利申请，触犯本条的，将承担：

（a）即席判决的，罚款不超过1 000英镑；或

（b）根据指控判决的，不超过两年的监禁或罚款，或两者并罚。

（3A）根据上述第（3）款承担责任的，要具有以下情节：

（a）其知道提交该申请或促使提交会触犯本条；或

（b）其不顾是否提交该申请或促使提交会触犯本条。

解读：

违反本条的罚则——罚款、监禁。其中的一个构成要件是有主观故意或重大过失。

（4）在本条中

（a）提及某专利申请的，应包括提及对发明进行其他保护的申请。

（b）不论提及上述哪一种申请，均是指根据本法，或根据除联合王国之外的任何国家的法律或根据联合王国是一方成员的任何条约与国际公约的申请。

解读：

本条所述的“专利申请”是广义的，不仅包括发明专利申请，也包括实用新型专利申请等，无论什么类型，都应当遵守本条的规定。之所以作出这样的规定，是因为世界各国的专利法存在不同程度的差异，例如，英国没有实用新型专利，但其他国家有。

评述

英国《专利法》中对保密发明的定密、解密、扣压、审查、授权，以及为政府目的使用被扣压的保密发明及费用补偿等，做了十分详细的规定。英国对于保密发明采取“扣压制”，可以进行实质性审查，但是不授予专利权，因而没有“保密专利”。

4.3　荷兰

荷兰 1995 年《王国专利法》关于涉及国家秘密的专利申请专门设立了一个章节予以规范，即第三部分“专利申请内容的保密”，从第 40 条至第 46 条，共 7 条。

第 40 条

（1）如果专利局认为对专利申请的内容进行保密符合本王国或者其盟友的国防利益，应当尽快通知申请人、但不得晚于申请日起 3 个月。国防部长应当就是否涉及保密对专利局作出指导。

（2）在发出通知的同时，专利局应当向国防部提交该申请的说明书和附图的副本。

（3）如果适用了第（1）款，应当暂停将申请载入专利登记簿。

解读：

(1) 本条规定了保密筛查程序。被保密筛查出来的专利申请暂时不予公开，专利局向专利申请人发出初步保密的通知，同时向国防部提交该申请的说明书和附图的副本，供国防部正式进行保密审查。专利局保密筛查期限为 3 个月。专利局的保密筛查是在国防部的指导下完成的，具体方式与美国类似，即国防部给专利局提供保密清单，凡是落入清单的专利申请，专利局通过保密筛查程序将其挑选出来。

(2) 荷兰只对涉及国防的专利申请采取保密措施。

(3) 专利申请涉及国防利益需要保密的，专利局中止专利公开和授权程序，其中最重要的标志是中止将申请载入专利登记簿。关于专利登记簿，荷兰《专利法》第19条规定："专利局应当根据本法设立专利登记簿登记专利申请和专利的事项。登记簿应当免费公开，接受任何人的查阅。"第21条规定："自专利申请登记于专利登记簿时起，任何人均可免费查阅与该申请或者根据该申请授予的专利相关的、专利局收到或者发给申请人或者根据本法的规定发给第三人的所有文件。"第31条规定："专利局应当在申请日起满18个月后尽快将专利申请载入专利登记簿"。第33条规定："专利局应当在专利申请载入专利登记簿后尽快授予专利权"。可见，专利登记簿是对外公开、供人查阅的，专利授权以在专利登记簿上公开为前提。

第41条

（1）在第40条所述专利申请提交之日起8个月内，国防部长应当通知专利局专利申请的内容是否涉及本王国或者其盟友国防利益需要保密。

（2）第（1）款所述确认通知应当具有自该通知发出之日3年内中止将申请载入专利登记簿的效力。否定的通知应当结束该中止。未发出通知应被视为否定的通知。

（3）国防部长可以在该3年期限届满前6个月内通知专利局申请的内容涉及本王国或者其盟友的国防利益需要继续保密，从而延长中止的时间。

（4）前述部长可以在任何时间通知专利局申请的内容不再需要保密。该通知应当结束该中止。

（5）专利局应当及时将第（1）款、第（3）款或者第（4）款规定的通知告知申请人。专利局还应当及时将没有收到第（1）款或者第（3）款规定的通知告知申请人。

解读：

(1) 荷兰《专利法》规定，保密令有效期为自保密令发出之日起3年，专利局只负责将国防部的通知（含预期未收到国防部通知的情况）送达专利申请人。国防部的保密决定须在专利申请日起8个月内作出，须保密的由国防部发出保密令，无须保密的由国防部通知专利局中止保密措施，逾期未作出决定的视为无须保密，专利局采取的保密措施即行中止。

(2) 国防部对专利申请进行动态保密审查：无须保密的随时通知专利局中止保密措施；需要继续保密的在保密令失效前 6 个月内通知专利局，延长保密令期限；国防部在保密令到期前未通知专利局的，视为无须继续保密。

（6）只要中止尚未结束，专利局与申请人之间交流的所有相关文件的副本送交国防部长。

（7）中止结束后 3 个月内，申请仍然不得载入专利登记簿，除非申请人提出相反请求。

解读：

1. 第 40 条第（2）款和第 41 条第（6）款，都是保障国防部保密审查和知悉保密发明信息的程序设计。

2. 为专利申请的公开设置 3 个月缓冲期，有利于国防部作出纠正决定。

第 42 条

（1）其专利申请属于第 40 条、第 41 条或者第 46 条所述主题的人，因执行这些条款受到损失的，有权请求获得国家赔偿。

（2）应当在中止结束时确定赔偿的数额。如果因第 41 条第（3）款的规定延长了中止的期限，应申请人的请求应当分期确定赔偿的数额，第一期应当为首次延长之前的中止期限，第二期应当为两次延长之间的期限，最后一期应当为最后一次延长的开始至中止的结束。应当在相应期限届满时确定赔偿额。

（3）如果可能，赔偿额应由国防部长和申请人共同协商确定。如果自赔偿期限届满之日起 6 个月期满仍未能达成一致，应比照适用第 58 条第（6）款第 1 句的规定。

解读：

本条是关于因保密令限制公开而导致损失的补偿规定。特点是规定了分期补偿，这可以保证补偿的及时性。补偿的程序是协商优先，未能协商一致的通过司法途径解决。第 58 条第 6 款第 1 句为："在没有协议的情况下，应最积极一方的请求，法院应当就支付给专利权所有人的许可费作出裁决。"因而，专利申请人和国防部长都可以提请法院裁决。

第 43 条

（1）如果申请人因其专利申请涉及其他国家的国防利益要求对其专利申请的内容予以保密，或者如果其他国家的政府发出此类请求，在申请人书面声明放弃因执行本条所应获得的赔偿的情况下，专利局应及时将该请求、该专利申请的说明书和附图以及前述放弃声明送交国防部长。在这种情况下，应当中止将该申请载入专利登记簿。如果未提交放弃声明，专利局应当及时通知前述国防部长。

（2）在请求提交之日起3个月内，国防部长可以通知专利局专利申请的内容因涉及国防利益应当保密，前提是已经查明该国已经要求申请人保守秘密，并且该申请人被该国允许就该保密的内容提交专利申请。

（3）第（2）款所述通知应当导致中止将该申请载入专利登记簿，直到国防部长通知专利局申请的内容不再需要保密。没有前述通知的，不得中止。

（4）第41条第（6）款和第（7）款比照适用于第（1）款所述申请。

解读：

荷兰是北大西洋公约组织国家，是北约《与共同维护涉及国防的保密发明及专利申请有关的协定》的成员国。依据《与共同维护涉及国防的保密发明及专利申请有关的协定》，专利申请涉及其他北约组织国家的国家安全利益需要保密的，荷兰专利局经国防部审批后对其予以保密，但前提是专利申请人书面声明放弃在荷兰获得补偿的权利。

第44条

（1）如果国防部长认为，为本王国的国防利益，需要使用、实施适用了第40条、第41条或者第43条的专利申请的内容，或者使其得到使用、实施的，其应当在通知申请人之后采取相应措施。通知应当详细说明国家必须采取措施的理由。

（2）国家应当就使用、实施第（1）款所述申请的主题补偿申请人。

（3）如果可能，赔偿额应当由前述部长和申请人共同协商确定。如果自第（1）款所述通知发出之日起6个月期满仍未能达成一致，应比照第58条第（6）款第1句的规定。

解读：

本条是关于为国防目的使用保密发明的规定。国防部应当在使用前告知专利申请人（含必须使用的理由），并在之后给予补偿。政府或受政府委托的人为国防目的使用保密发明的补偿程序，与对保密令造成损失的补偿程序是一致的，即协商优先，未能协商一致的，通过司法途径解决。荷兰关于为国防目的使用专利的规定为《专利法》第59条。

第45条

如果专利申请人本身就是国家，并且国防部长通知专利局申请的内容涉及本王国或者其盟友的国防利益需要保密的，应当中止将申请载入专利登记簿，直至前述部长通知专利局申请的内容不再需要保密。

解读：

国家作为发明所有人的专利申请，由国防部在申请专利的同时直接定密和解密。类似美国“政府有财产利益的发明”的专利申请。

第 46 条

（1）如果欧洲专利申请的申请人得知或者应当得知其内容涉及本王国或者其盟友的国防利益需要保密的，应当向专利局提交该申请。

（2）专利局应当及时将该申请的说明书和附图的副本送交国防部长。

（3）在《欧洲专利公约》第 8 条第（3）款所述期限届满前 3 周内，国防部应当通知专利局，该申请的内容是否涉及本王国或者其盟友的国防利益需要保密。

（4）如果本条第（3）款所述的通知是否定的或者根本没有通知，专利局应当将欧洲专利申请在《欧洲专利公约》第 77 条第（3）款所述期限内送交欧洲专利局。

（5）专利局应当及时将第（3）款所述通知或者未发通知告知申请人。

解读：

本条是关于申请欧洲专利的国内保密审查程序，可能涉及国防利益需要保密的须通过荷兰专利局提交，由荷兰专利局送交国防部进行保密审查。经审查不涉及国防利益无须保密的，由荷兰专利局送交欧洲专利局。

评述

荷兰对涉及国防利益需要保密的专利申请实行“扣压制”，其制度安排与美国、英国大同小异。保密令的施加意味着专利程序的中止，保密令的撤销则意味着重新回到正常的专利程序。第 40 条至第 46 条的规定非常详细周密，涵盖了专利局对专利申请的保密筛查与暂停公开、国防部的保密审查与保密令施加、保密令的效力与期限、动态保密审查及保密期限的延长、政府为国防目的使用保密发明的机制、因保密令而限制公开的补偿、政府为国防目的使用保密发明的补偿、外国人提交的涉密专利申请的处理、国家作为所有权人的专利申请的保密解密程序，以及申请外国专利的保密审查程序。

荷兰专利申请实施保密并扣压的法律规定非常详细周密，堪称典范。其中，关于因保密扣压造成专利申请人损失的分段补偿规定非常细致周到，能够有效打消专利申请人对于其发明被政府采取保密措施的顾虑，激励专利申请人向政府提交具有军事价值的发明，有利于服务本国国防。与此同时，将民间具有军事价值的发明纳入国家秘密管理轨道，有利于更好地掌控国家秘密不被他国利用。关于为国防目的使用保密发明的规定非常清晰具体，有效保障了国防利益的实现。关于保密令撤销后延迟 3 个月公开专利申请的规定，体现了对保护国防秘密的特殊关照。

4.4 澳大利亚

澳大利亚1990年《专利法》第十七章“王国”第4部分“禁止令”对保密发明专利申请做了相关规定，包括173条、174条和175条。

173. 禁止公布关于发明的信息

（1）在不违反部长的任何指示的情况下，如果局长觉得这样做对联邦的国防来说是必要的或者适当的，局长可以书面命令：

（a）禁止或限制关于一件专利申请（包括一件国际申请）主题信息的公布；或者

（b）禁止或限制取用为实施第41条而被保藏在位于澳大利亚境内的规定的保藏机构的微生物。

（2）除按照局长的书面同意之外，任何人不得违反保密令。

罚则：监禁2年。

解读：

澳大利亚专利局对于涉及国防的专利申请发布保密令，禁止对该专利信息的公开。违反保密令的将被处以2年监禁。保密令由专利局局长发布，但专利局局长应当将专利申请文件送有关国防部门，由有关国防部门最终决定保密令的施加、变更和撤销。

174. 禁止令的效力

（1）当涉及一件标准专利申请的上述禁止令是有效的，该申请可以继续进行，直到该专利请求书和完整说明书的审定，但该完整说明书不得被公开供公众查阅，该审定不得在公报上被通知，并且一件专利不得基于该申请被授予。

（2）当涉及一件标准专利申请的上述禁止令在该专利请求书和完整说明书的审定之后被撤销，该审定必须在规定的期限内在公报上被通知。

（3）当涉及一件革新专利申请的上述禁止令是有效的，该申请可以继续进行，直到该专利请求书和完整说明书的审定，但一件专利不得基于该申请被授予。

解读：

澳大利亚对涉密发明的专利申请实施“扣压制”。专利申请文件不公开，专利性审查照常进行，专利权暂不授予，保密令撤销后授予专利权。实用新型专利申请的处理程序与发明专利申请相同。

175. 向联邦官方机构的信息披露

不得因为本法的任何规定而妨碍关于一项发明的信息为使联邦的某一部门或者机构获得关于上述禁止令是否应当被作出、修改或者撤销的意见的目的而向其披露，或者妨碍其为上述目的而取得微生物或者微生物的样品。

解读：

本规定规定了国防部门享有为审查专利申请文件是否涉及国防秘密而查阅专利申请文件的权力。专利机构向国防部门披露发明信息，不违反专利机构有关人员的保密规定。实质上，国防部门履行这一法定程序除进行保密审查外，另一个重要目的是获悉该发明的详细技术信息，从而为国防所用。因此，国防部门对专利申请文件的保密审查，一是通过保密审查和扣压程序防止涉及国防安全的技术不被泄露而为敌人所用，二是通过查阅专利申请文件保证国防部门知悉涉及国防安全的技术而为己所用。

评述

澳大利亚发明保密制度与美国、英国、荷兰大同小异，实行“扣压制”，保密令中止了专利程序，解密后恢复专利程序，保密扣压不影响专利性审查。尽管第 173 条至第 175 条没有关于为国防目的使用保密发明的规定，但是《专利法》在第十七章“王国”第 2 部分“王国的实施”对其进行了规范。第 163 条规定：“在一件专利申请已经被提出之后的任何时间，当所涉及的发明被联邦或者一个州为联邦或者该州的公共事务而实施的，该实施不构成对以下事项的侵权：(a) 如果该申请尚未结案——具名的人对该发明的权利。”第 165 条规定：“实施发明的条件（包括关于应支付给具名的人或者专利权人的报酬条件），应是由相关机构与具名的人或者专利权人之间通过协商一致的条件，或者通过协商一致的方法确定的条件，或者在未能达成协议时，由规定的法院根据任一当事人的请求确定的条件。……法院可以考虑对该发明或者该专利享有权益的人已经直接地或间接地就该发明从相关机构所收到的任何补偿。”因此，澳大利亚对于政府为公共事务使用保密发明的活动是有相关规定的，且其补偿程序也是先协商解决后司法解决。

4.5　以色列

以色列《专利法》中保密条款集中于第六章“国家的权力”，该章之下共有 5 节、22 条。

第一节：为国防要求的权力

第 94 条：为国家安全对注册官行为的限制

（1）如果国防部长认为，为包括保护国防秘密的国家安全有必要这样做，经与司法部协商，可以通过命令：

（a）命令注册官（笔者注：注册官即专利局局长，由司法部任命）不就某一类申请采取其在本法之下被要求或允许采取的任何行动，或推迟采取行动；

（b）禁止或限制公布或发布与特定意向申请有关的信息，或与申请信息有关的信息；

（c）国防部命令的副本应送交申请人。

第 95 条：向国防部长送交某些申请

国防部长可以指示注册官将某一类申请的副本送交其指定的人，注册官可以向国防部长送交在他看来与国家安全有关或包含一项国防秘密的申请，所有均为使国防部长能够权衡是否作出第 94 条之下的命令；国防部长应不迟于送交后 4 个月内就每一项申请作出决定，只要他未作出决定或所述期限终止，以其中较短者为限，注册官不应就该申请采取任何行动，在第 14 条之下就送交申请进行通知除外。

解读：

(1) 第 94 条和第 95 条分别是关于保密令的施加程序和保密审查程序。

(2) 国防部为维护国家安全有权通过施加保密令以干预专利程序，包括命令中断专利申请的审查授权程序，以及命令禁止或限制专利申请信息的公开。由此可以看出，以色列对保密专利申请实行“扣压制”。与美、英不同的是，保密令由国防部作出并由国防部通知专利申请人。

(3) 专利局负责对专利申请进行保密筛查并送交国防部进行保密审查，国防部应当在 4 个月内作出是否保密的决定。在国防部未作出决定之前或者在 4 个月期限到期之前，专利局应当暂停专利程序，除了发出专利申请受理通知以外不能采取其他任何行动。其中，第 14 条内容为“按规定方式提交专利申请的，注册官向申请人确认此情况和提交日期”，相当于我国的《专利申请受理通知书》。

(4) 国防部作出的扣压决定应当事先与司法部协商。

第 96 条：对行为限制令的争议

（a）申请人可就第 94 条之下的一项命令向由司法部长任命的包括三名成员的争议委员会提出争议，其成员应包括一名作为委员会主席的最高法院法官和一名司法部长推荐的人。

（b）委员会的任命和地址应在公报上公布。

（c）提交异议不应中止命令的执行。

（d）争议委员会可以确认、变更或取消命令。

第 97 条：进一步争议的权利

申请人有权就第 94 条之下的命令提出异议，只要该命令有效；并且他可以在就争议作出决定后再提出争议，如果他认为作出决定时存在的情况已经改变；但是，如果委员会认为提交进一步争议不恰当，可以命令申请人缴纳相关费用。

解读：

（1）第 96 条是关于保密令的异议程序。以色列规定，专利申请人就国防部的保密命令提出异议的，由特设的争议委员会处理，争议委员会有权确认、变更或撤销国防部的保密令。争议委员会作出决定前，不影响保密令的效力。如前所述，美国关于保密扣压决定的异议，由专利申请人向商务部提出；印度明确规定保密令的施加和撤销决定是终局决定。

（2）第 97 条是关于保密令的进一步争议的处理程序。申请人在保密令有效期间，可以持续就保密令向争议委员会提出解密申请，以要求解密。实质上，在申请人提出再异议的情况下，争议委员会还负责了保密令的动态解密工作。这与上述各国由国防部门负责动态解密的规定有所不同。

第 98 条：对在国外提交专利申请权的限制

以色列的国民、以色列的永久居民或任何其他应效忠这个国家的人不得在国外为一项主题是武器或军火或另外有军事价值或第 95 条涉及的发明提交专利申请，并且它不应直接或间接造成该申请被提交，除非以下之一适用：

（1）事前得到国防部长的书面许可；

（2）就该发明在以色列提交了申请，而且在该申请送交后 6 个月内国防部长未就其在第 94 条之下发出命令，或他发出此命令但命令不再有效。

解读：

本条是关于外国专利申请的国内保密审查程序。与保密令的施加相同，外国专利申请的许可和审查也由国防部做出。如果在递交外国专利申请前至少 6 个月提交了本国专利申请且没有被保密扣压，或者在递交外国专利申请前提交国防部保密审查并获得书面许可，发明人方可提交外国专利申请。

第二节：与核能有关发明的权力

第 99 条：对于核能有关活动的限制

（1）如果国防部长认为被提交专利申请的发明对于在以色列发展和利用核能具有重要性，或公开一项发明可能对以色列的核研究造成损害，他可以经与司法部长协商命令：

（a）让注册官不就该申请采取其在本法之下被要求或允许采取的行动，或推迟采取行动；

（b）禁止或限制公布或发布有关于该申请的信息或与申请中信息有关的信息。

（2）国防部长命令的副本应送交申请人。

第 100 条：某些申请的送交

国防部长可以指示注册官将某一类申请的副本送交给国防部长指定的人，注册官可以将他认为第 99 条之下的一项命令对其合适的专利申请，送交国防部长，所有均为使国防部长能够权衡是否应发出该命令；国防部长应不迟于送交后 4 个月就该申请的每一项作出决定，只要他未作出决定或所述期限为终止，以其中较短者为限，注册官不应就该申请采取任何行动，在第 14 条之下就送交申请进行通知除外。

第 101 条：对行为限制令的争议

（1）申请人可就第 99 条之下的一项命令向由司法部长任命的包括三名成员的争议委员会提出争议，其成员应包括一名作为委员会主席的最高法院法官和一名司法部长推荐的人。

（2）委员会的任命和地址应在公报上公布。

（3）提交争议不应中止命令的执行。

（4）争议委员会可以确认、变更或取消命令。

第 102 条：进一步争议权

申请人有权就第 99 条之下的命令提出争议，只要该命令有效；并且他可以就争议作出决定后再提出争议，如果他认为作出决定时存在的情况已经改变；但是，如果委员会认为提交进一步争议不恰当，可以命令申请人缴纳相关费用。

第 103 条：对在国外提交专利申请权的限制

以色列的国民、以色列的永久居民或任何其他应效忠这个国家的人不得在国外为一项第 100 条涉及的发明提交专利申请，并且他不应直接或间接造成该申请被提交，除非以下之一适用：

（a）事前得到国防部长的书面许可；

（b）就该发明在以色列提交了申请，而且在该申请送交后 6 个月内国防部长未就其在第 99 条之下发出命令，或他发出此命令但命令不再有效。

解读：

本节是关于与原子能有关的专利申请的处理程序，完全重复了第一节的规定。

第三节：为国家利益使用发明

第 104 条：国家实施发明的权利

国防部长可以允许政府部门、国有企业或机构、与国家有合同的人实施发明，不论是否已经为其授予专利或是否已经为其申请专利，如果他认为这为国家安全或为维持关键供给和服务所必需。

第 105 条：国家允许实施发明的权利

如果认为这为第 104 条列举的目的所必需，国防部长可以在该条之下授予许可给一个与国家有合同的人，以保证或便于执行该合同和仅出于国家的要求。

第 106 条：授予使用许可的通知

当在本节之下授予一项许可，国防部长应向发明所有人或专利权人和独占许可持有人通知许可的授予和许可使用的范围，除非国家安全另有要求。

解读：

第 104 条至第 106 条是关于为国防目的使用发明的规则，即国防部拥有为国家安全目的授权政府机构、国有机构，以及与国家有合同的人不经权利人许可使用发明的权力，并就此通知权利人并给予补偿。该发明“不论是否已经为其授予专利或是否已经为其申请专利”。具体参见《知识产权与国防使用》一书。

第四节：支付赔偿和使用费的国家义务

第 107 条：限制行为的补偿

如果在第 94 条或第 99 条之下作出命令，或如果未在第 98 条或第 103 条之下授予许可，财政部应按当事方之间协议确定的或在没有协议时按在第 109 条之下成立的补偿和使用费委员会确定的数额向发明所有者支付补偿。

第 108 条：国家使用发明的使用费

如果在第 104 条或第 105 条之下授予一项许可，财政部应以当事方之间协议确定的或在没有协议时按照补偿和使用费委员会确定的数额视情况向发明所有者、专利权人或独占许可持有人支付使用费。

解读：

（1）第 107 条规定了国防部长作出限制公开的命令或限制向外国申请专利的命令的情况下，由国家向权利人支付补偿。这种补偿是针对保密令本身所造成损失的补偿，补偿数额由双方协商确定，协商不成的由补偿和使用费委员会裁决。

（2）第 108 条规定了为国家安全目的使用被保密扣押的专利申请，或者已授权的专利的情况下，由国家向权利人支付使用费。使用费数额由双方协商确定，协商不成的由补偿和使用费委员会裁决。

第 109 条：补偿和使用费委员会

司法部长应就补偿和使用费任命一个委员会，委员会应就本节之下补偿和使用费的主张作出决定；委员会成员应为一名最高法院的法官、注册官和另一名来自《高等教育委员会法》（1958 年第 5718 号法令）中定义的高等教育机构的教师的成员。

第 110 条：确定使用费的指导原则

确定使用费时，委员会应考虑被准许实施的范围和性质，可以考虑条件相似的许可中规定的使用费。

第 111 条：委员会的专属管辖权

法院或仲裁机构均不应考虑补偿和使用费委员会管辖权内的任何事项，且委员会作出的每一项决定应是最终决定。

解读：

补偿和使用费委员会所决定的补偿费或使用费数额是终局性的，不再设置其他救济途径。

第五节：总则

第 112 条：定义

本章中，“部长”是指政府任命的部长。

第 113 条：委员会的程序规则

第 96 条或第 101 条所称争议委员会以及补偿和使用费委员会（本节中以下统称“委员会”）应当由本法或根据本法，就尚未规定的程序规则各自自行作出规定。

第 114 条：审理不公开

委员会的审理不对公众开放，但是，因特殊事项委员会事先命令开放的除外，而且，任何人不得发表秘密审理的任何事项，但得到委员会准许的除外。

第 115 条：委员会的权力

（1）委员会有下列权力：

（a）获取其认为必要的任何书面或口头证据；

（b）传唤任何人来当面给出证据或者出示其掌握的任何文件，对其进行质问，以及要求其提供所掌握的任何文件；

（c）对未服从传唤并且不能就此给出令委员会满意的理由的任何人，强制其出席，命令其支付由于其未服从传唤或强制其出席所发生的费用，并对其处以不超过 75 谢克尔的罚款；

（d）以法庭惯例的发誓或确认方式强制任何证人提供证据；

（e）对被传唤的任何人，其被要求以发誓或确认方式提供证据或者出示文件，但被其拒绝并且没有合理理由的，处以不超过 75 谢克尔的罚款，但是，回答问题可能使其受牵连的，不要求回答，也不因拒绝回答被罚款；

（f）认可任何书面或口头证据，即便是在民事或刑事审理中不予认可的证据；

（g）对出席委员会审理会议的被传唤人给予补偿金，数额为委员会判定的其由于出席传唤所带来的花费。

（2）补偿和使用费委员会可以命令，在作出最终决定之前，不予全部或部分地支付处于争议的补偿金或使用费。

解读：

本节主要是关于争议委员会、补偿和使用费委员会的权力和工作程序。

评述

以色列发明保密制度与美国、英国的发明保密制度大同小异。不同的是，保密令和申请外国专利的许可都由国防部作出。此外，以色列设置了争议委员会和补偿和使用费委员会专门处理保密令异议和费用补偿事务。以色列专利保密制度涵盖了专利申请的保密筛查、保密审查、保密令的施加、保密令的异议处理、保密令的撤销、国外专利申请的国内保密审查程序、为国防目的使用保密发明的规则及使用费支付、因保密令限制公开的补偿等，涵盖内容较为全面。

以色列《专利法》中把对专利申请保密、限制向外国申请、为国家利益使用发明都设定为国家权力，这保障了专利制度服务于而不是有损于国家利益。这里需要特别指出的是，为国家利益使用的“发明”，包括已授权的专利、已申请专利的发明或尚未申请专利的发明，这其中包含被保密扣压的专利申请。以色列《专利法》同时明确了国家为保障国家利益所需承担的支付补偿费、使用费等义务，对专利申请人和专利权人给予了较多的权利救济，并设立了专门机构处理争议、实施救济。

以色列长期处于战争环境中，国防需求强烈；同时又是一个“创新国度”，国民极具创新能力。因而其《专利法》中处理国家利益与专利制度关系的规定较为完备，值得我们研究借鉴。

4.6 印度

印度《专利法》第七章为“某些发明的保密规定”，包括第35条至第42条，共8个法条。

第35条：有关为国防目的的发明的保密令

（1）对于本法实施前后提出的专利申请，负责人（笔者注：专利局局长）认为要求保护的发明属于中央政府向其通报的有关“为国防目的的发明类别”的，或者该发明属于其他类别，但是与国防目的非常相关的，可以指令禁止或者限制有关该发明的信息公布或者传播。

（2）负责人根据本条第（1）款的规定作出任何指令的，应该将该申请和指令通知中央政府，中央政府收到该通知后应当审查该发明的公开是否会损害印度国防利益，如果根据审查认为该发明的公布不会损害印度国防利益的，通知负责人。负责人应当据此撤销该保密指令并相应的通知申请人。

（3）在符合本条第（1）款规定的条件下，中央政府认为负责人未曾指令保密的发明涉及国防利益的，可以在授权前的任何时候通知负责人，该发明视为中央政府通报的保密类别，适用本条第（1）款的规定，相应的负责人应当将其作出的指令通知中央政府。

解读：

(1) 本条规定了对专利申请施加保密令的程序。专利局根据中央政府提供的“为国防目的的发明类别”文件进行保密审查并发出禁止公开的指令（保密令），相关专利程序中止。适用保密令的只有涉及国防利益的发明。

(2) 专利局须将发出保密令的专利申请文件送中央政府审查，经中央政府审查认为专利申请的公开不会损害印度国防利益的，通知专利局局长撤销保密令；认为专利申请的公开将损害印度国防利益的，无须再告知专利局，专利局作出的保密令得到了中央政府的认可。

(3) 专利局未发出保密令的专利申请，如果中央政府认为该发明涉及国防利益需要保密的，通知专利局发出保密令。可见，与美国、英国相类似，保密筛查和保密令的施加由专利局负责，保密审查最终由中央政府负责。

第 36 条：对保密指令的定期审查

（1）中央政府应当每隔 6 个月，或者根据申请人提出的负责人认为合理的请求，对已经根据本法第 35 条的规定作出保密指令的发明是否仍然涉及国防利益的问题重新进行审查，如果经重新审查中央政府认为发明的公开不再损及印度国防利益或者外国申请人提出涉及该发明的专利申请已经在国外公开的，则应当即时通知负责人撤销保密令，负责人应当据此撤销此前由其作出的保密令。

（2）根据本条第一款进行的重新审查的结果，应当在规定的时间，以规定的方式通知申请人。

解读：

本条规定了专利申请的解密程序。解密程序的启动有两种方式：一是中央政府每 6 个月（间隔时间比美国、英国更短）重新进行一次保密审查，二是应专利申请人的请求进行保密审查。中央政府确定解密的，由专利局局长撤销保密令，并通知专利申请人。这里，印度特别提到了一种解密情形，即“外国申请人提出涉及该发明的专利申请已经在国外公开的”，应当撤销保密令，这是显而易见的。

第 37 条：保密指令的法律效力

（1）只要本法第 35 条规定的有关专利申请的任何指令仍然有效，则：

（a）负责人不得作出拒绝对该申请授权的命令；并且

（b）尽管已有本法的任何规定，都不得对负责人作出的有关专利申请的任何命令提起申诉。

但是，该专利申请可以依照指令继续处理，直至授权阶段，但是该申请及其说明书符合授予专利权条件的，不得公布并且不得授予专利权。

（2）已经根据本法第 35 条的规定作出保密令的专利申请的完整说明书符合授予专利权条件的：

（a）在该指令生效期间，如果该发明已经被政府或者其代表或者根据其命令的主体进行使用，则该专利申请视为已经授权，对于这种使用应当适用本法第 100 条、第 101 条，以及第 103 条的规定；并且

（b）如果中央政府认为，专利申请人已经因为该保密令的持续生效受到损害，则中央政府可以向其支付相对于该发明的新颖性、实用性、发明目的以及其他任何情况而言合理的赔偿费。

（3）已经根据本法第 35 条的规定作出保密令的专利申请被授予专利权的，无须缴纳在该指令生效期间有关任何期限的申请维持费。

解读：

（1）被施加保密令的专利申请，既不公开也不授权，但不影响专利性审查的正常进行。其中，第（1）款（a）项的意思是涉密专利申请不得拒绝授权，只是暂时不授权而已。

（2）为国防目的使用符合授权条件的保密专利申请，视同已授权的专利，这种使用无须得到权利人的许可，但应当对权利人给予补偿。其中，第 100 条、第 101 条、第 103 条，均属于印度《专利法》第十七章“为政府目的使用专利发明和中央政府取得专利发明”的内容（详细内容及其解读参见印度《专利法》及《知识产权与国防使用》一书）。

（3）因保密令的施加影响专利申请的公开和授权而给申请人利益造成损害的，中央政府应当给予合理补偿，补偿金额应当考虑新颖性、实用性、发明目的等情况。其中，关于“新颖性”“实用性”和“发明目的”等考虑因素，与英国基本相同，英国是“创造性价值”“用途”“设计的目的”。

（4）被保密扣压的专利申请，在保密期间无须缴纳申请维持费。本规定与英国类似。

第 38 条：保密指令的撤销和期限的延长

负责人撤销根据本法第 35 条作出的任何保密指令时，尽管有本法规定的有关专利申请期限的任何规定，负责人可以根据情况适当延长根据本法规定要求做或者批准做有关专利申请的任何事情的期限，无论该期限是否已经在此前届满。

解读：

保密令的施加中止专利程序，保密令的撤销则继续专利程序。本条虽然没有明确规定所有期限依中止时间长短往后顺延，但是规定了专利局可以适当延长期限，而不受这些期限的限制。

第 39 条：印度居民未经在先许可不得向国外申请专利

（1）除根据以规定方式请求并且经负责人或者其代表颁发的书面许可证的授权外，在印度居住的任何人不得就发明在国外提出或者促使提出专利申请，除非：

（a）至少在国外提出专利申请 6 个月之前，就相同发明的专利申请已经在印度提出；并且

（b）对于国内申请没有根据本法第 35 条作出任何保密指令，或者所有保密指令都已经撤销。

（2）负责人应当在规定期限内处理上述申请。但是，如果该发明涉及国防利益或者原子能，则未经中央政府的在先同意，负责人不得颁发许可证。

（3）该发明由居住在外国的人，首先在国外提出申请保护的，不适用本条的规定。

解读：

本条是关于向国外申请专利的国内保密审查程序，该规定与美国、英国等相同。要点有三：一是未经专利局许可不得提交外国专利申请，但在提交外国专利申请之前至少 6 个月在印度提交的专利申请且未被施加保密令的除外；二是对于涉及国防利益或原子能的专利申请，专利局未经中央政府同意不得许可提交外国专利申请；三是外国人首先在外国提交的专利申请不适用本限制性规定。

第 40 条：违反本法第 35 条或者第 39 条的法律责任

在符合第二十章规定的条件下，任何人违反有关负责人根据本法第 35 条作出的保密指令的，或者违反本法第 39 条的规定向国外提出或者促使向国外提出专利申请的，本法规定的专利申请应当被认为已经放弃，已经授予专利权的，该专利权应当根据本法第 64 条的规定予以撤销。

解读：

本条规定与美国相同，对于专利申请人违反相关保密规定的，剥夺专利申请权或专利权。

第 41 条：负责人和中央政府所作命令的终局性

负责人和中央政府作出的有关保密的命令均为终局性的，不得以任何理由在任何法庭对其提起诉讼。

解读：

本条表明专利局和中央政府作出的有关保密的决定是终局性、不可诉的。

第 42 条：向政府公开信息受保护

本法任何规定不得被认为禁止负责人为审查专利申请或者其说明书是否应当根据本章的规定作出保密指令或者撤销保密指令之目的，就该申请或者其说明书的信息向中央政府公开。

解读：

印度《专利法》第十四章“专利局及其设立”第76条“专利局官员和雇员不得提供情报等”规定：“除本法授权或者要求，或者根据中央政府、申诉委员会或者负责人书面指令或者法院命令之外，专利局官员和雇员不得：(a) 提供有关根据本法正在处理或者已经处理的事项的情报；(b) 准备或者协助准备根据本法要求或者允许在专利局存放的文件；(c) 在专利局记录中进行检索。”出于对专利申请进行保密审查的目的，专利局向中央政府的公开不受限制。本条规定与美国《专利法》第187条的规定类似。

评述

印度发明保密制度借鉴了美、英等国的发明保密制度，对保密的专利申请实行“扣压制”，在很多具体规定上几乎照搬了美、英等国的规定，而且博采众长。印度的特点是保密令审查的间隔时间较短（6个月），专利局和中央政府关于保密令的决定是终局的，不得申请司法救济。

印度发明保密制度的相关条款涵盖了专利局对专利申请的保密筛查、专利局保密令的施加、中央政府对保密令的审查、为保密审查目的对中央政府公开专利申请信息的豁免、保密令的效力、动态保密审查、政府为国防目的使用保密发明的机制及补偿、因保密令而限制公开的补偿、外国专利申请的国内保密审查、申请外国专利的保密审查程序、保密决定的不可诉性，以及违反保密令的责任等。印度发明保密制度所涵盖的上述内容，构成了一个完整的发明保密制度体系。

4.7 波兰

波兰的发明保密制度为其《工业产权法》中的专门一章，即第四章“保密发明”的第56条至第62条，共7个法条。

第56条

（1）波兰公民作出的涉及国防或者国家安全的发明可作为保密发明。

（2）下列发明为涉及国防的发明：新型武器、军事设备或者战斗方法。

（3）下列发明为涉及国家安全的发明：被授权从事特殊任务或者侦察活动的公务员使用的技术方法，以及他们用于此类活动的新设备、材料及其使用方法。

第57条

（1）保密发明视为国家秘密。

（2）涉及国防或者国家安全的发明的保密决定分别由主管国内事务的国防部长或者国家安全局局长作出。

解读：

波兰的保密发明包括涉及国防的发明和涉及国家安全的发明，且范围规定得比较具体。分别由国防部和国家安全局定为国家秘密。

第58条

（1）保密发明只能为获得优先权的目的向专利局申请专利保护。保密发明申请的全过程中进行保密，专利局不得处理该申请。

（2）对于专利局收到申请后，该发明被认定属于保密发明的，同样适用第（1）款。

解读：

(1) 本规定道出了就保密发明提交专利申请的行为，在专利制度意义上的本质——尽早敲定专利申请日，以抢占“优先权”。原因在于，在保密期间，申请人是不能获得专利权的，但可以避免由于他人在本专利申请日后就相同发明提出了专利申请，使自己不能取得专利权的风险。同时也表明，保密的专利申请仍然是在后相同发明专利申请的“抵触申请”，可以破坏在后专利申请的新颖性。

(2) 需要说明的是，本条提到的优先权，不是专利法一般意义上的优先权。我国《专利法》第29条规定：“申请人自发明或者实用新型在外国第一次提出专利申请之日起12个月内，或者自外观设计在外国第一次提出专利申请之日起6个月内，又在中国就相同主题提出专利申请的，依照该外国同中国签订的协议或者共同参加的国际条约，或者依照相互承认优先权的原则，可以享有优先权。申请人自发明或者实用新型在中国第一次提出专利申请之日起12个月内，又向国务院专利行政部门就相同主题提出专利申请的，可以享有优先权。”这里提到的优先权包括国际优先权和本国优先权。其中，国际优先权是指申请人在一个成员国首次提出申请后，在一定期限内就相同主题在其他成员国提出申请的，其在后申请在某些方面被视为是在首次申请的申请日提出。国际优先权是在1883年签订的《巴黎公约》中明确的，为了方便成员国国民就其发明在其本国提出专利申请后，在其他成员国申请获得专利权的制度保障。本国优先权是中国《专利法》为了方便国内申请人在提交专利申请后，基于各种原因放弃该申请后而提出新的包含相同发明的替代性申请所设置的，国内的申请者可以将首次申请的申请日作为后续申请中相同主题的优先权日。归根结底，无论国际优先权还是国内优先权，优先权就是申请人提出的在后申请与其他人在申请人首次申请的申请日之后、在后申请的申请日之前就相同主题所提出的申请相比，享有优先的地位。

可以看出，波兰在第58条提到的优先权的概念，与一般意义上的优先权的区别在于：第58条提到的优先权不存在在后申请的概念，其优先权日其实就是专利申请日，而且只有一个申请日；一般意义上的优先权有两个申请日，只是在新颖性认定上，出于某种考虑而以在先申请日为准。当然，波兰之所以用“优先权”的概念，也是因为保密专利申请的申请日在某种程度上类似优先权日。第一，尽管专利申请处于保密状态，但是他人在申请日后就相同主题提出的专利申请，无论公开还是保密，都不构成对该专利的抵触申请，不影响该专利的授权。此外，专利申请日之后的出版公开、公开使用等行为都不会损害该专利申请的新颖性。第二，尽管专利申请处于保密状态，但是专利申请日之后他人作出的相同主题的发明的，不得享有先用权，即不能按照先用权的有关规定，继续实施该发明。根据我国《专利法》第69条规定，先用权是指第三方“在专利申请日前已经制造相同产品、使用相同方法或者已经做好制造、使用的必要准备，并且仅在原有范围内继续制造、使用的”权利。虽然专利申请被保密导致发明人无法得到专利权保护或者无法得到专利申请的临时保护，但是尽早提交专利申请给发明人带来的好处是，锁定专利申请日，在新颖性认定上获得在先优势，而且在专利申请日之后不会产生第三方的先用权。

(3) 对于涉密专利申请，波兰的做法是不进行任何处理，不进行专利性审查，全程处于保密状态。

(4) 第1款指的是在提交专利申请的时候即被认定为国家秘密的发明，第2款指的是提交专利申请后被有关国家机关定密的发明，即需要保密的民间发明。这与美国的规定类似。

第59条

（1）为获得优先权而向专利局提出的保密发明，其权利应当通过支付补偿金的方式转让给代表财政部的主管国内事务的国防部长或者国家安全局局长。

（2）第（1）款所述的补偿金数额应当由发明的市场价值确定。

（3）若双方无法就第（1）款所述的补偿金额和补偿期限达成一致的，由主管国内事务的国防部长或者国家安全局局长决定该补偿金的数额，并以一次性支付或者按年支付的方式从国家财政中支付，按年支付的单次期限不得超过5年。

解读：

(1) 波兰对保密发明实行国家征收制度，申请人将涉及国防的专利申请的“权利”转让给国防部，将涉及国家安全的专利申请的“权利”转让给国家安全局。第 (1) 款中“其权利”的表述，从第 58 条看，并不是指专利申请权转让给政府，而是该专利申请在保密期间的独占使用权转让给政府。

(2) 关于对保密发明实行国家征收制度的合理性，我们分别从法理上和效益（含军事效益和经济社会效益）上对其进行分析如下：第一，从法理上进行分析。我们知道，世界主要国家都建立了为国防目的使用“已授权专利”，以及“已经申请专利但未公布的发明”(包括被保密扣压的专利申请和暂时未公布、未授权的普通专利申请）的规则，在国防目的内限制专利权和专利申请权的行使，同时向权利人给予合理补偿。发明在保密期间，一方面，因为保密的原因，限制了在商业领域实施以谋取利益的机会（这是一个刚性要求）；另一方面，没有禁止政府为国防目的使用的排他权利，剩下的只有在国防目的内被使用并保留向政府的求偿权。除此之外，申请人就其保密发明提交的专利申请，还保留了预期获得专利的权利。保密发明在解密后，能在商业领域和国防事务同时使用，专利权人在专利被政府使用的情况下有求偿权，在未经专利权人许可被商业使用的情况下有禁止权（排他权)。既然发明人对于处于保密期间的发明只剩下向政府的求偿权，那么政府对于保密期间发明“独占使用权”的“征收”，就是对发明人求偿权的回应，即通过补偿费的形式支付整个保密期间的使用费。因此，从法理上讲，政府对保密期间发明权利的征收，是对权利人求偿权的对应做法，且与国防使用规则相统一。第二，从军事和经济社会效益进行分析，由于发明为国防所需而被保密，因此申请人对发明进行商业化开发受到限制，只能面向国防需求提供给军事机构、政府机构或国防领域内的单位使用。因此，征收被保密扣压的发明，既能够保障国防使用需求，而且不会给商业化开发造成较大负面影响。当然，这里需要强调的是，不影响商业化开发的前提在于，政府对于发明权利的征收仅限于保密期间内，解密后应当返还给专利申请人。原因在于，假如将征收期限扩大到整个权利周期，由于政府不是市场主体，不适宜也不擅长对技术进行商业化开发，如此将造成技术资源的浪费，无法最大程度地发挥技术的价值。我们知道，美国、英国、印度等多个国家所采取的做法，并不是征收保密发明，而是明确地设置为国防目的使用（提交了专利申请的）保密发明的规则，即根据需要使用保密发明并按次支付补偿费，并不转移发明的相应权利。从支付的对价上比较两种做法，我们认为征收发明的做法不一定是精打细算的。不征收的情况下，需要支付因保密令给申请人造成损失的补偿，以及因使用保密发明给予的补偿。前者是有针对性地就实际损失进行补偿，后者是使用一次、补偿一次，不使用则不予补偿，两种补偿都很务实。征收保密发明的情况下，由于一次性支付了对价，因此无须再支付因保密令给申请人造成损失的补偿，也无须支付使用保密发明的补偿。但是，由于一项发明被保密扣押并不意味着一定造成实际损失，也不意味着会被使用或者被经常使用，事实上在一次性支付独占许可费时往往对发明的实用价值和市场价值是预期不足的，如果按照“市场价值”征收该发明的独占许可权，管理上更加粗放，容易造成财政资金的浪费。因此，从政府经费管理上讲，美、英的做法似乎更经济，波兰的做法似乎更粗放。

综上所述，征收保密发明独占使用权的做法符合法理逻辑，有利于实现国防利益，不会对发明的商业化开发造成较大不利影响。但是，一次性征收的做法，从政府经费管理上讲不一定是最科学的做法，这因各个国家的国情而定。

第 60 条

（1）主管国内事务的国防部长或者国家安全局局长负责作出发明停止保密的决定。在此情况下，应主管机关的要求，专利局应当启动或者继续专利授权程序，只要自申请日起尚未超过 20 年。

（2）第（1）款所述期限届满后涉及保密发明的申请视为未提出。

解读：

(1) 波兰实行“扣压制”，国防部或者国家安全局负责解密工作，解密后继续专利审查、授权程序。

(2) 波兰《工业产权法》第 63 条规定：“专利保护期限为 20 年，自申请日起计算。”保密发明也不例外。从第 60 条第（1）款“专利局应当启动或者继续专利授权程序，只要自申请日起尚未超过 20 年”的表述看，波兰采取的做法是，不因为保密令而中断专利有效期的计算时间。专利有效期并不按照保密时间而相应延长。我们对波兰的做法做如下分析。

如果保密发明的权利人在保密期间没有得到相应利益，那么这种规定会造成保密发明与普通发明的不公平待遇，因为权利人就保密发明进行垄断性商业化开发的时间相比普通发明要短。这种做法肯定是不可取的。但是，如果保密发明的权利人在保密期间得到了相应的利益，则另当别论。由于波兰采取保密发明的征收制，以市场价值征收发明保密期间的权利，申请人在发明保密期间获得了相应的利益，因此，波兰认为，无须因保密令的施加相应延长法定有效期限，否则将给保密发明的权利人带来相比普通发明的额外的垄断利益。从本质上讲，“解密前的保密发明”与“解密后的授权专利”的区别在于，“解密前的保密发明”的权利人是以向政府公开为代价，换取政府在保密期间内的“买单”;“解密后的授权专利”的权利人是以向社会公众公开为代价，换取公众在发明解密后至 20 年期限届满（或权利人主动放弃权利之日）期间内的“买单”，其本质上是一样的。

(3) 保密期限超过 20 年发明专利最长有效期的，专利申请自始未获得授权，因此视为专利申请本身即未提出。我们可以理解为，如果发明解密时，未满 20 年，意味着授予专利权具有法理依据和现实价值。如果满 20 年后才解密，意味着申请人已经得到了 20 年的“市场价值”利益，由国家财政代替社会公众支付了相应的对价，20 年期满后应当进入公知领域为公众服务，公众应当获得免费利用的权利，因此不应再授予专利权。从本质上讲，满 20 年后解密的发明，除了以发明的形式转让给政府并获得相应对价外，与其是否提交过专利申请、是否获得专利权没有任何关系。其在专利制度意义上的唯一效果就是构成了后续专利申请的“在先申请”或“现有技术”。

第 61 条

内阁应当通过法规规定属于国防或者国家安全的发明的类型，以及在相关部门作出是否属于保密发明的决定前后应当办理的手续。

解读：

哪些发明属于国防或者国家安全的发明类型，以及保密审查部门与专利局之间的工作衔接机制，前述法律条款没有详细规定。因此，授权政府制定行政法规予以明确。

第 62 条

(1) 在相关机构同意的范围内，专利局应当与主管国内事务的国防部长或者国家安全局局长传送涉及国防或者国家安全的发明清单，并应主管机关的要求，传送相关说明书及附图。本法第 45 条第 3 款第 1 句同样适用。

(2) 有关保密发明的申请文档可由主管内务的国防部长或者国家安全局局长授权的当事人获得。

解读：

(1) 专利局将其筛选的专利申请文件传送给国防部、国家安全局的目的有二：一是为了国防部、国家安全局履行保密审查职责，二是为了保障国防部、国家安全局为国防目的和国家安全利益知悉并使用这些发明。

(2) 国防部、国家安全局为履行保密审查职责，或者为国防目的和国家安全利益使用保密发明时，有权在其指定的范围内传递专利申请文件，而不构成对专利申请的公开。

评述

波兰《工业产权法》分别从发明的保密筛查、专利申请文件的传递、保密令的施加、保密令的效力、涉密专利申请的性质，以及以政府征收的方式保障政府使用、补偿申请人等方面，对发明保密制度进行了规范，制度设计较为严密、具体，符合法理逻辑。从表面上看，波兰处理保密发明的方式比较特殊，既实行“扣压制”，又实行“征收制”。但从本质上看，波兰的做法与美英几无二致。这种保密期间对发明使用权利有偿“征收”的性质，与为国防目的不经专利申请人许可使用保密发明并给予补偿的效果是一致的，都带有强制性。它追求的是为维护国防利益而对保密发明的强制使用利益，同时以经济上的补偿为对价。需要特别评述的是，波兰明确规定了“保密发明只能为获得优先权的目的向专利局申请专利保护”，这句话道出了就保密发明提交专利申请的行为，在专利制度中的意义。

4.8 韩国

韩国《专利法》（1961 年 12 月 31 日第 950 号法案颁布，根据 2007 年 5 月 17 日第 8462 号法案最后修正）、《实用新型法》（1961 年 12 月 31 日第 952 号法案颁布，根据 2007 年 1 月 3 日第 8193 号法案最后修正）中均有保密条款。

4.8.1 韩国《专利法》

保密条款有两处：第一处是第二章“专利登记的条件和专利申请”之下的第 41 条，第二处是第五章“专利权”之下第 87 条的第（4）款。

第 41 条：为国防需要的发明等

（1）如果一项发明为国防所必需，政府可以命令发明人、申请人或者代理人不得向有关外国提交该发明的专利申请或者对该发明保密。但是，如果这些人得到了政府的允许，他们可以向外国提交申请。

（2）如果一项向韩国特许厅提交的发明被认为为国防所必需，政府可以拒绝授予专利，并且为国防的原因如在战争、事变或者其他类似紧急情况时，可以征用可获得专利的权利。

（3）政府应对根据第（1）款的规定禁止向外国提交专利申请或者保守秘密而造成的损失给予合理补偿。

（4）根据第（2）款的规定不授予专利或者征用可获得专利的权利的，政府应给予合理补偿。

解读：

（1）韩国对“国防所必需的发明”实行“扣压制”，保密令限制发明的公开和申请外国专利，并暂时不授予专利权。政府对因保密令限制发明公开或申请外国专利而给申请人造成的损失给予合理补偿，对于不授予专利并征用保密发明也给予合理补偿。

（2）政府为国防目的可以“征用”获得专利的权力，即政府为国防目的使用被保密扣压的专利申请的权力。韩国《专利法》第 106 条关于国防使用规则也是用的“征用”一词。第 106 条“专利权的征用”规定：“（1）在战争、突发事件或其他的类似紧急情况下，如果专利发明属于上述情形之一的，政府可以征用该专利权。……（3）政府根据第（1）款的规定征用专利权，政府或政府之外的人实施专利发明的，政府或该人应向专利权人、独占被许可人或非独占被许可人支付合理的报酬。”可见，韩国为国防目的既可征用专利，也可以征用被保密扣压的专利申请，但是都应当给予权利人补偿。这与美国、英国、荷兰、以色列、印度等国家的规定类似。

（3）值得研究的是，上述法律把禁止公开和禁止提交外国专利申请作为同类事项，把不授予专利和征用保密发明作为同类事项。我们理解，从性质上讲，禁止公开和禁止提交外国专利申请的性质是一样的，其目的都是保守国家秘密，禁止不当公开。

不授予专利和政府征用保密发明的性质是一样的。发明被保密因而暂时限制了商业领域的使用机会，只能在国防目的内被政府或者政府委托的人使用。而在国防目的内政府对专利和被保密扣压的专利申请的使用，专利权的排他权是被限制的，因此授权专利权变得没有意义。此时，不授予专利与政府征用是紧密联系在一起的，从权利行使的角度来讲，两者是相统一的。

5. 违反根据第（1）款的规定禁止向外国提交专利申请或者保守秘密的命令的人，其就发明获得专利的权利被视为放弃。

6. 违反根据第（1）款的规定保守秘密的命令的人，其享有的要求支付由于保守秘密而导致损失的补偿的权利被视为放弃。

7. 根据第（1）款的规定禁止向外国提交专利申请、保守秘密的审判，或者根据第（2）～（4）款的规定征用获得专利的权利或者支付补偿金的审判，有关这种程序的具体事宜，由总统法令规定。

解读：

（1）韩国对于违反保密令公开发明或提交外国专利申请的，剥夺专利权及向政府的求偿权。这与美国的规定几无二致。

（2）韩国法律规定，对于政府征用保密发明并给予补偿，以及政府施加保密令的补偿，以总统令的形式明确司法救济程序。可以看出，这里只提了施加保密令的补偿，并没有提关于保密令异议的司法救济程序，可见保密令的施加是不可诉的。此外，韩国还规定了违反保密令的司法审判由总统令另行规定。

第 87 条：专利权的登记与登记的公告

4. 对于要求保密的发明的专利登记公布必须推迟，直到该发明被解密为止；一旦解密，必须立即公告该登记。

4.8.2 韩国《实用新型法》

在其第11条中规定了"《专利法》第41条比照适用于实用新型注册和实用新型申请"。

评述

韩国《专利法》关于涉及国家秘密的专利申请的规定，明确了禁止公开、禁止申请外国专利、政府征用保密发明、对施加保密令的补偿、对政府征用的补偿、违反保密令的惩罚措施等进行了规定，虽然相对简单，但是也基本覆盖了发明保密制度的要点。韩国对发明专利申请、实用新型专利申请均实行"扣压制"，并规定了政府为国防目的的征用权。

4.9 马来西亚

马来西亚1983年《专利法》第六章"申请、授权程序和期限"对保密专利做了简要的规定。

第 30A 条：严禁公开可能损害国家利益的信息

（1）根据部长（笔者注：马来西亚《专利法》第 3 条规定，是指负责知识产权事务的部长）的指示，向知识产权局提交了专利申请或者被视为提交了专利申请的，如果在登记主任（笔者注：马来西亚《专利法》第 8 条规定，知识产权局局长为专利登记主任）看来该专利申请含有公开后将损害国家安全或者利益的信息，登记主任可以发布禁止或者限制其公布或者在特定的人或者人群传播的命令。

（2）根据部长的指示，如果登记主任认为一件申请包含的信息的公布不再对国家安全或者利益有害时，可以解除其根据第（1）款施加的禁止或者限制传播的禁令。

（3）登记主任根据本条第（1）款发布的指令所涉及的专利申请，应处于待授权阶段，但不得授予专利权。

（4）本条的任何规定不阻止登记主任向部长、政府部门或者机构披露关于发明的信息，只要是为获得是否应当发布、修改或者撤销本条所述命令的建议。

解读：

（1）马来西亚知识产权局对于公开后将损害国家安全或国家利益的专利申请，发布保密令，对专利申请实施“扣压制”。对于被“扣压”的专利申请，专利局将继续进行专利性审查，直到待授权阶段。

（2）保密令由知识产权局发布，但决定权在政府负责知识产权事务的部长。专利局应当向有关政府部门披露专利申请信息，这种披露不违反专利局的有关保密义务。

（3）马来西亚没有因扣压专利申请而对专利申请人给予补偿的规定。

4.10　加拿大

加拿大《专利法》中的保密条款为“政府拥有的专利”章节下的第 20 条、第 21 条，以及标题为“与核能有关的专利”章节下的第 22 条。

第 20 条：政府拥有的专利

（1）向国防部长转让

任何王室的或王室服务机构或代理机构的政府官员、公务员或雇员，在履行职责和完成工作过程中发明的军事器械或军需品，如果国防部长要求，该发明所带来的所有利益和就该发明取得的或即将取得的任何专利权应当转让给代表女王陛下的国防部长。

（2）向国防部长转让

第（1）款规定人员之外的任何人完成的该款规定的发明，该发明所带来的利益和就该发明取得的或即将取得的专利权可以转让给代表女王陛下的国防部长。

（3）申请人获得补偿的权利

申请人根据第（2）款的规定向国防部长转让发明的，有权获得补偿。如果转让补偿数额不能达成一致的，由专利局局长决定。对该决定不服的，可以向联邦法院上诉。

（4）联邦法院的诉讼程序

第（3）款规定的联邦法院的诉讼程序应当根据任何一方当事人向法院提出的请求不公开进行。

解读：

(1) 加拿大对涉及国防的发明采取“征收制”，并取得专利权。

(2) 第 (1) 款是关于国家雇员在履行职责和完成工作过程中作出的军需品发明，即国家机构、政府机构等单位拥有的军需品发明的规定，类似于美国政府有财产利益的发明。由于政府对此类发明有财产利益，因此只要国防部需要，就必须将该发明、发明取得的专利权或即将取得专利的权利转让给国防部，且这种转让是无条件的、不付费的（从第 (3) 款可以判断），因为政府对其雇员的职务发明自始就有财产权利。

(3) 第 (2) 款是对第 (1) 款规定的进一步扩展，针对的是非国家雇员完成的军需品发明，即“私人发明”。政府对此类发明没有财产利益，但只要国防需要，国防部长也可以通过征收方式强制获得此类发明、发明取得的专利权或即将取得专利的权利。从第 (3) 款判断，这种转让是强制性的，因为转让数额不能达成一致的情况下由专利局决定。可见，加拿大基于国防利益，对私人发明实行“征收”，即以合理的对价征收私人作出的军需品发明。

(4) 第 (1) 款和第 (2) 款合在一起，覆盖了所有主体作出的军需品发明，这体现了加拿大政府对军需品发明统一掌控，维护国家和社会安全的意图。军事器械或军需品发明都是需要保密的发明，加拿大政府通过征收发明，以确保国家秘密不被泄露，并保障其对发明的使用。从本质上讲，加拿大是以征收保密发明为手段，排除了专利权在国防事务中的行使。

(5) 政府征收私人发明的情况下，申请人有求偿权和对补偿数额不满的诉权，没有拒绝转让的权利。补偿金额按照双方协商、行政裁决、司法救济三个步骤依次进行。其中，诉讼程序应一方当事人请求应当不公开进行。

（5）基于转让的权利归属

根据本法向国防部长进行转让的，该发明和专利的利益归属于代表女王陛下的国防部长，其中该转让中为保守发明秘密或者其他目的而订立的所有合同和协议合法有效，不管是否存在其他任何重要考虑事项，都可以由国防部长予以执行。

解读：

(1) 转让行为的法律效力就是发明、发明取得的专利权或即将取得专利的权利全都归属于国防部门。

(2) 由于转让行为涉及国防利益，因而法律对此类转让合同给予特别保护，即使那些在通常情况下影响合同效力的事项客观存在，也不能使转让合同无效。“不管是否存在其他任何重要考虑事项”的措施，凸显了维护国防利益的优先价值位阶。

(6) 转让人和知情人

根据本法向国防部长进行转让的任何人对于为保守发明秘密或者为与该发明有关的所有其他事项而订立的该转让中的任何合同和协议，其他任何知晓该转让以及知晓该合同和协议的任何人，为信息安全法之目的，应当视为持有或者控制保密信息之人。该信息由女王陛下委托的任何人委托其进行保密。前面所述人员将上述信息向其他任何人泄露的，属于违反《信息安全法》第 4 条规定的行为。获悉该信息之人已经国防部长授权或者是代表国防部长的除外。

解读：

本款是关于保密义务的规定。转让行为的当事人，以及知晓转让行为、转让合同的知情人都应当按照《信息安全法》的要求保守国家秘密，未经国防部授权不得向他人泄露保密信息。

(7) 国防部长可以提交专利申请

根据本法向国防部长转让发明的任何协议达成后，国防部长可以就该发明向专利局局长提交专利申请，同时提交对其专利性进行审查的请求。如果该申请是可授权的，国防部长应当在授予专利前向专利局局长书面证明：为公众利益考虑，发明的具体内容和实施方式应当予以保密。

(8) 保密申请

国防部长按照第 (7) 款的规定进行书面证明的，该专利申请和说明书及其附图 (如果有)，包括该申请的任何修改文本，以及上述文件和附图的任何复印件和依此授予的专利证书，均应当由专利局局长置于经国防部长批准的密封袋内。

(9) 保密申请的保管

第 (8) 款规定的密封袋应当由专利局局长密封保存，直至该发明专利有效期届满为止；非经国防部长的批准不得开启。

（10）保密申请的送交

第（8）款规定的密封袋，应当在专利有效期内的任何时候送交国防部长授权的人，如果需要返回专利局局长，应由该人密封。

（11）送交国防部长

专利保护期届满时，第（8）款规定的密封袋应当送交国防部长。

解读：

（1）加拿大《专利法》对涉密专利申请实行“授权制”。

（2）由于军需品发明在申请专利前，已经通过转让程序转让给了国防部，因此，加拿大不再需要设置专利局的保密筛查程序，而是由国防部直接定密。具体程序是：国防部提交专利申请的同时提交实质性审查请求，专利局在保密状态下进行专利性审查，经审查可授权的，由国防部出具保密证明通知专利局对相关专利文件进行保密。非经国防部批准，专利局不得公开。为使用保密发明的需要，专利文件可送交经国防部授权的人，并由该人负责送还专利局。

（3）第（9）款中的“直至该发明专利有效期届满为止”是相对于“由专利局长密封保存”而言的，并不是有效期届满即解密。专利有效期届满时，如果专利申请还处于保密状态，则密封袋送交国防部长，不再可能通过专利程序公开了。

（4）由于是保密发明，因此无须经过自专利申请日起满 18 个月的专利申请公开程序，而是在提交专利申请的同时提交实质性审查申请，进行实审。

（12）撤销

非经国防部长批准，申诉或者其他任何程序不得宣告国防部长根据第（7）款作出书面证明的已授权发明专利无效。

解读：

由于保密专利的专利权并不能实际行使，因此没有必要设置无效宣告程序。而且，由于保密专利不对外公开，他人难以提出无效请求。因此，加拿大规定保密专利不得宣告无效。

（13）禁止公布和查阅

本条规定必须置于密封袋的有关一项发明和专利的任何说明文件或者其他文件或者附图，不得以任何方式出版或者供公众查阅，但除本条另有规定之外，本法的其他规定应当适用于该发明和专利。

（14）国防部长放弃权利

国防部长可以在任何时候放弃本条赋予的对任何特定发明的权益，相关的说明书文件和附图应当随后（笔者注：解密后）按照普通方式保存和处理。

解读：

(1) 保密专利申请和保密专利，与普通专利申请和普通专利在程序上的区别仅在于不能公开，其他应当适用《专利法》对于普通专利申请和普通专利的一般规定，如授权条件、专利权期限等。

(2) 国防部长可以放弃专利权，解密后该发明可以公开并进入公共领域。

（15）权利保护

针对在本条规定的专利保密期间发生的善意侵权行为的侵权指控，不应当得到支持。在专利公布之前，已经善意进行依照本款不构成侵权责任的行为的人，在专利公告后，有权获得制造使用和销售专利发明的许可，许可的条件由双方当事人协商，协商不成，由专利局局长决定，对专利局局长的决定不服的，可以向联邦法院上诉，由法院决定许可的条件。

解读：

(1) 本条是关于保密专利的专利权效力的条款。

(2) 从专利保密期间发生的善意侵权行为的侵权指控不应当得到支持的规定看，保密期间专利权实际上不能行使。这是保密专利与普通专利最大的不同。其原因还在于，专利制度的本质是以公开换取保护，保密专利未对公众公开，因此得不到专利权保护，保密专利权是一种期权。

(3) 解密后，该专利权才产生效力，因为专利已经公开了。但是，加拿大为了保护保密期间他人作出发明或者善意使用发明的利益，对专利权设定了一定限制。即，不得禁止在先使用该专利技术的人继续使用，但是使用人需要向专利权人支付使用费。这一规定与普通专利的先用权有一定差别。普通专利申请日前作出发明和使用发明的人，可以在原使用范围内继续使用该发明，且无须支付使用费。从第 (15) 款规定看，加拿大即使对保密发明授予专利权，但在其效力问题上仍然坚持“公开换保护”原则。

（16）对国防部长的信息传递

将对军需品的改进的任何发明传送给国防部长或者其授权的任何人，以便调查该发明或者其优点的，以及为调查目的所进行的任何行为，均不应视为影响专利权的授予或者有效性的对该发明的使用或者公开。

解读：

（1）为了保障国防部门知悉与军需品有关的发明，前述国家都规定了专利局向国防部门传递专利申请文件的职责，并明确了专利局工作人员进行的这种传递活动不违反其保密义务。与之不同的是，本款规定的是军需品发明向国防部门公开的行为及国防部门的相关调查、试验行为不破坏专利申请的新颖性。那么，加拿大的规定为什么与其他国家不一样呢？原因在于，加拿大的制度是先将发明传送给国防部并供其判别后，再转让给国防部并由国防部申请专利，向国防部的公开日期在前，申请专利的日期在后，因此必须作出这一关于不破坏新颖性的例外规定。而前述国家都是申请专利在前，专利局向国防部的公开行为在后，不存在破坏新颖性的问题，只存在这种公开是否违反专利局工作人员保密义务的问题，因此无须作出类似加拿大的规定，只需作出不违背保密义务的例外规定即可。

（2）本条的积极意义在于保障国防部门知悉、掌握、试验、试用与军需品有关的发明，确保此类行为不会导致发明的可专利性的丧失。

（17）命令对未转让的申请进行保密

如果枢密院总督认为，根据未转让给国防部长的专利申请的详细描述，该有关军事器械或者物品的发明，对于加拿大的国防极为重要，为了维护国家安全必须禁止专利公开的，可以命令将该发明和专利申请及与其相关的所有文件根据本条的规定处理，该发明视为已经或者同意转让给国防部长。

（18）细则

枢密院总督可以为有关适用本条的专利申请和专利的保密目的制定细则，以便使其目的和宗旨得到实现。

解读：

（1）加拿大枢密院（Queen’s Privy Council for Canada），又称女王陛下加拿大枢密院（Her Majesty’s Privy Council for Canada），是一个由加拿大君主的顾问组成的机构。枢密院向君主提供有关国务和宪制事务的建议，由总督任命的本届和历届阁员、前任议长、皇族成员、省长组成。

（2）对于遗漏的军需品发明，在没有转让给国防部之前已经提交了专利申请的，加拿大枢密院可以要求禁止公开，并按照《专利法》第 20 条的规定处理。这可以弥补国防部长的某些疏忽。

第 21 条：加拿大政府与其他政府之间的协议

根据加拿大政府与任何其他政府之间的协议，加拿大政府将第 20 条的规定适用于由申请人在专利申请中记载的、转让或者同意转让给其他政府的发明，并且王室大臣通知专利局局长该协议延及指定申请中的发明的，专利申请文件和与其相关的所有文件应当按照第 20 条的规定进行处理，第（3）款和第（4）款的规定除外，该发明视为已经转让给或者已经同意转让给国防部长。

解读：

本条针对加拿大政府与他国政府有专利保密协议的情形，加拿大是《与共同维护涉及国防的保密发明及专利申请有关的协定》的成员国。本条规定，专利申请人因涉及他国国防利益需要保密而向他国政府转让的保密发明，在加拿大国内也要按照第 20 条规定处理，加拿大政府受让该发明在加拿大的专利权。同时，由于该发明是涉及他国国防利益而被保密的，因此加拿大政府不对该保密发明给予补偿。

第 22 条：向加拿大原子能安全委员会传递信息

如果专利局局长认为发明专利申请与核能的生产、运用或者使用有关，在依照第 6 条指定的审查员处理或者依照第 10 条提供公众查阅之前，应当由专利局局长传送给加拿大原子能安全委员会。

解读：

本条虽未提及保密，但显然与保密有关。但在处理程序上与第 20 条不同，是由专利局先行筛选，送交原子能委员会审查，再交进入审查和公开程序。

评述

加拿大是英联邦国家，其征收军需品发明的制度沿袭了英国以前的做法。早在 1859 年英国出台的《军需品发明专利法案》的做法就是，对与军需品有关的发明采取保密措施并征收，对专利申请予以授权。英国这一做法一直持续到 1949 年《专利和外观设计法》的出台，才建立了“扣压制”。加拿大专利法关于保密发明规定的要点可以概括为：保密的发明限于与国防有关的发明；保密的发明要向国防部长转让；定密、解密以及在保密期间使用发明的权利归于国防部长；保密处理程序属于“授权制”，因而有“保密专利”；保密专利的专利权在保密期间不得行使；保密期间他人对专利的善意使用视为在先使用享有相应的在先权利。

4.11 挪威

挪威《专利法》第71条规定，发明对于挪威王国国防具有重要意义的，由另行制定的法律管辖。按照该规定，挪威制定了《保密专利法》。该法律为1961年版本。

挪威保密专利法

第1条：本法的范围

发明对于挪威王国国防具有重要意义，并且是在本王国作出，或在本王国被申请专利、或本王国的居民全部或部分拥有所有权或使用权的，适用本法。

第2条：关于对国防重要发明的保密

（1）涉及军事装备或在其他方面对挪威王国的国防有直接重要意义的发明，未被普遍公知的，不得向任何人披露，第3条所述的当局除外。专利申请人或权利所有人，除第3条规定的外，不得采取任何步骤使用该发明，或不得做出任何阻碍第6条规定措施的行为。由国王决定什么是本规定所称军事装备，以及什么发明被认为是对挪威王国的国防有直接重要意义的发明。

（2）按照第3条的规定，在事项被提交给当局后4个月内，由国王决定对发明的禁令的废止。出于认为必要的特殊理由，国王可以在决定时限到期之前，再延长最多3个月，并通知权利所有人。

（3）依照第6条采取措施的，或依照第7条作出发明应保密的决定的，该发明必须不被知悉，只要国王没有作出其他决定。

解读：

(1) 第2条是关于对国防有直接的、重要意义的发明进行保密的规定。申请人或权利所有人不得披露军需品发明，但向国防部门披露的除外；不得使用军需品发明，但不得阻碍国王征收该发明。

(2) 对国防有重要意义的发明的处理程序就是首先把它保密起来，然后由国王在4个月内作出保密审查决定，特殊情况下可再延长3个月。对于被国防部征用的未申请专利的军需品发明，以及专利申请被作出保密决定的，必须作为国家秘密予以保护，未经许可不得公开。

第3条：向当局提交发明

任何人希望利用第2条所述发明的，必须向部长提交该发明的完整说明书，或希望保护该发明的应按一般做法向专利局提交申请。有关当局必要时应帮助制备说明书。

部长可允许权利所有人不受第 2 条第（1）款规定的限制，请求他人帮助制备说明书或专利申请，或进行该发明的实验或测试。应非权利所有人的他人请求，出于挪威王国国防的考虑认为适当时，部长可授权进行该发明的实验或测试。

第 4 条：披露信息的义务

国王认为发明对于王国国防具有重要意义的，可以从拥有该发明信息的任何人那里索取关于该发明的完整信息。

第 5 条：专利局局长的配合

专利局局长应保证让由国王授权进行检查的人可看到所受理的专利申请，并提醒该人注意那些被认为对于王国国防具有重要意义的申请。

解读：

(1) 第 3 条、第 4 条和第 5 条明确了国防部知悉、掌握军需品发明信息的权利，以及申请人、专利局向国防部提供军需品发明的义务。其中，军需品发明包括未申请专利的发明和专利申请。

(2) 第 3 条规定，发明的权利人利用发明的前提条件是直接向国防部提交发明信息或者以申请专利的形式间接提交发明信息。发明的权利人只有向国防部提交了军需品发明，才可以使用该发明，否则不得使用该发明。其中特别规定，经国防部允许，发明的所有人委托他人撰写专利申请文件或者为国防目的对发明开展相关实验或者测试活动的，不违反保密规定。应他人请求，国防部为国防目的可以授权对发明进行实验和测试，不违反保密规定。

(3) 第 4 条专门针对发明（指未申请专利的发明，如技术秘密），明确了国防部有索取军需品发明完整信息的权力。

(4) 第 5 条专门针对专利申请，明确了专利局负责对可能属于军需品发明的专利申请进行筛查，并配合国防部对专利申请文件进行检查。

第 6 条：征用及其他

（1）按照国王的决定，如果是为了该发明可以最大限度地用于国防目的，可以要求把国王认为对于王国国防具有重要意义的发明让给有关当局或他人。这同样适用于在一段特定时间使用该发明的权利的让给。

（2）出于同样目的，国王可禁止权利的所有人以某种特定方式在挪威王国或国外处置前款所称的发明，或责令其承担某种特定的与使用有关的义务。按照本款施加的禁止令或命令的有效期由国王决定。

（3）在第 2 条第（2）款所述的期限过期后，也可以采取根据本条所规定的措施。不采取措施的决定可以在任何时候撤销。

解读：

（1）第 6 条是关于国防部为国防目的征收保密发明，并限制其他目的使用的规定。

（2）挪威对军需品发明实行“征收制”，国王为了国防利益可以对军需品发明进行征收，也可以征收一定期限内的权利。国王还可以禁止发明的权利人处置其发明，或限制其使用该发明，这是为保障国防利益不受侵害的规定。

第 7 条：保密专利及其他

（1）国王可以决定，就被本法覆盖的发明提出专利申请的，该申请将被保密，而且，如果可被授予专利的，应被授予保密专利。保密专利不记载入 1910 年 7 月 2 日的《专利法》第 34 条规定的专利登记簿。该条规定记载的特定信息应记载入另一个不对公众开放的登记簿。《专利法》第 26 条、第 27 条和第 33 条关于公众检查、发布和印刷的规定不适用于保密专利，而且第 28 条第（1）款提出异议的时间期限不适用于保密专利申请。只要专利维持保密，将不用按《专利法》第 14 条的规定缴纳年费。国王可以在专利期限期满之前决定，专利失效后，该发明还将被保密一段特定时间。

（2）国王可以撤销根据前款作出的决定。在专利授予之前作出撤销的，该专利申请将被按照《专利法》的一般处置方式进行处置。在专利授予之后作出撤销的，该专利应被记载入普通专利登记簿，并根据《专利法》第 33 条进行公布和印刷。保密专利失效，并且没有决定继续保密的，同样适用上述规定。自专利局局长接到撤销通知的专利年之后的那年起，应缴纳包括该年的专利年费。《专利法》第 26 条规定的基本费用不必缴纳。

（3）国王可以，在互惠的条件下，与外国签订协议，就对签订国的国防具有重要意义的发明，由外国人在挪威申请专利的，经该国有关当局的要求，按个案对申请进行保密，授予专利的，应作为保密专利授予。

解读：

（1）第 7 条是关于军需品发明申请专利的制度安排。

（2）军需品发明申请专利的，应当对该专利申请作出保密决定。保密发明符合专利授权条件的，授予“保密专利”。

（3）保密专利不得公开，不记入公开的专利登记簿中，而是登记在一个保密的登记簿上。

(4) 由于专利处于保密状态，因此无效宣告程序不适用于保密专利。

(5) 保密专利无须缴纳专利年费。

(6) 保密专利的最长有效期与普通专利一致，而且存在专利的保密期长于专利有效期的情形。由于挪威对军需品发明实行有偿征收制，因此保密专利有效期与普通专利一致的规定较为合理，不会对权利人造成明显不合理的消极影响。

(7) 无论是专利申请还是专利，其保密决定撤销后，相关制度都与普通专利接轨。被保密的专利申请在专利授权之前撤销保密决定的，该专利申请的处理程序与普通专利申请相同；专利授权后被撤销保密决定的，对专利进行公开；失效的保密专利解密的，对失效专利进行公开；保密决定撤销后，应缴纳专利年费。

(8) 按照国际协议，挪威可以接受外国人就其作出的保密发明申请挪威的保密专利。挪威是北大西洋公约组织《与共同维护涉及国防的保密发明及专利申请有关的协定》的成员国。

第8条：法院不公开听证

法院诉讼涉及本法所覆盖的发明的，法院可以决定案情不公开听证。

第9条：补偿

对于按照第6条采取的措施应当支付补偿，没有补偿协议的，由法院评估补偿额。评估由奥斯陆市法院实施。补偿额可以以年度使用费或者以一次付清的形式约定。补偿决定应确定支付使用费的年数。该发明被要求转让给国家之外的他人的，在约定或支付补偿额之前，可以实行转让措施。

对于根据本法采取的其他措施，权利的所有人有权按照法律的普遍规则得到由法院评估所确定的补偿。

解读：

第9条是关于补偿的规定。国防部对军需品发明的征用，以及限制发明的权利人处置、使用其发明的行为，应当给予补偿。补偿金额采取协议优先原则，无协议的由法院裁定。补偿金可按年度支付，也可以一次性支付。

第10条：处罚规定

由于故意或过失违反本法第2条第（1）款或第（3）款，或第12条第（2）款，或未能按照第4条的要求提供信息，或提供的信息不完整或不正确，或违反根据第6条第（2）款作出的规定，或违反第7条第（1）款规定的，可以被处以罚款或1年以下监禁，触犯更严厉的刑事规定的行为除外。

解读：

第 10 条是关于违反保密义务、违反向国防部透露军需品发明信息的义务的罚则。当事人有未保守国家秘密、未向国王提供保密发明的信息、未按照国王的限制性要求不当利用发明等行为的，处以罚款或 1 年以下监禁。情节严重触犯《刑法》的，由《刑法》另行规定。

第 11 条：涉及执行的规定

国王可颁布执行本法的详细规则。

第 12 条：涉及生效和过渡期的规定

本法的生效日由国王决定。

本法还适用于本法生效时已获得的专利权。在本法生效日已采取步骤使用或通过专利保护的发明涉及军事装备或对王国的国防具有直接重要意义，并且该发明还不是普遍公知的，在本法生效后最迟 1 个月内，权利的所有人应当尽快把该事项提交给有关部长。

如果权利所有人希望就该发明在一国或更多国家申请专利，而且本法生效后 5 个月内从挪威送出必要的文件对于获得专利是重要的，则权利所有人应尽快向有关部长提出理由充分的请求允许该申请，并附具该发明的完整说明书，除非已经提交该说明书。对每个国家必须分别提交申请。申请应包含关于为及时送达文件从挪威必须发出的最后日期的信息。在该最后日期之前，权利所有人或其专利代理人未接到对该申请的答复的，该文件可被发出，不受本法第 2 条规定的阻碍。

解读：

发明的权利人就军需品发明申请外国专利应当向国防部提出申请，国防部应当在规定期限内予以答复。逾期未答复的，视为允许提交外国专利申请。

评述

挪威对保密专利制度单独立法，其《保密专利法》规定，对国防有直接的、重要意义的发明，必须先行采取保密措施，然后直接告知国防部，或者向专利局提交专利申请，由专利局告知国防部。这是军需品发明权利人和专利局的义务，不告知国防部须承担法律责任。这是挪威与其他国家规定的不同之处。从一项军需品发明作出的那一刻起，发明权利人即负担两项义务：一是对公众的保密义务，二是向国防部的告知义务。国防部在知悉、掌握军需品发明后，对其进行征收，并限制该发明其他目的的使用，按照规定给予相应的补偿，包括对征收的补偿以及对限制其他目的的使用的补偿。

对于军需品发明申请专利的，授予“保密专利”，并被登记在专门的登记簿中，无须缴纳年费，不适用无效宣告程序。待专利解密后，转为普通专利，并适用普通专利的相关机制。

可以说，挪威为了增进国防实力，对于保护、掌握和使用军需品发明，分别采取了强制对公众保密、强制对政府告知、强制实行征收等三项非常行之有效的措施，能够很好维护国防利益。此外，对于军需品发明申请专利的，相应规定了与普通专利不同的处理程序，同时建立了保密决定解除后转为普通专利的对接程序，规定较为完备。

4.12　南非

南非《专利法》中保密条款为第十四章“国家就发明或者专利权获得权利”之下的第 78 条和第 79 条。

第 79 条：向国家转让特定专利权

（1）涉及 1968 年《武器开发和生产法》（1968 年第 57 号法案）第 1 条中所定义的任何武器的发明的所有者，应国防部长代表国家的要求，将其发明或者就该发明所得或者将得的专利权转让给该部长。

（2）所述转让及其中包含的任何协议应是正当有效的，并以国防部长的名义通过适当的程序强制执行。

解读：

(1) 第 (1) 款、第 (2) 款是关于国防部强制征收“军需品发明”的规定。南非对“军需品发明”采取“征收制”，“军需品发明”、就“军需品发明”提交的专利申请的权利和获得的专利权，强制转让给国防部。可以看出，南非的制度与加拿大相同。

(2) 国防部征收发明的合同是强制订立的，且具有稳定效力，不因其他因素的存在而使该转让行为及合同无效。这一规定与加拿大《专利法》第 20 条第（5）款的规定类似。

（3）若一项发明经此转让，国防部长可以书面通知登记主任（笔者注：专利局局长），指示该发明及实施该发明的方法应予保密。

（4）专利局收到的每份涉及已得到第（3）款所述通知的任何发明的申请、说明书、说明书的修改或者附图，应由登记主任封印，未经国防部长书面许可，该申请、说明书、附图或者其他文件的内容不得泄露。

解读：

第（3）款、第（4）款是关于对转让给国防部的“军需品发明”采取保密措施的规定。“军需品发明”的定密权属于国防部长，专利局按照国防部的要求对专利文件进行密封。这一规定与加拿大《专利法》第20条第（8）款和第（9）款类似。

（5）任何此类发明的专利可以以所有者的名义作出，但是该专利权应交付给国防部长而非所有者。该专利权属于国家财产，且对该专利权无撤销程序。

（6）向国防部长或者任何由国防部长授权调查该发明的人传送任何此类发明，以及由此人为调查目的所做的任何事情，均不应视为发明公开或者使用从而阻碍对该发明授予任何专利权或者影响该专利权的有效性。

解读：

（1）南非对“军需品发明”专利申请实行“授权制”。

（2）对国防部征收的“军需品发明”专利权不适用无效宣告程序。这一规定与加拿大《专利法》第20条第（12）款类似。

（3）第（6）款是关于国防部对“军需品发明”的知悉、试验等，不影响就该发明提交的专利申请的新颖性。这一规定与加拿大专利法第20条第（16）款类似，其积极意义在于保障国防部门知悉、掌握、试验、试用与军需品有关的发明，确保此类行为不会导致发明的可专利性的丧失。

（7）国防部长可以书面通知登记主任，由登记主任指示任何受到专利保护的发明不再需要保密，并公布其说明书和附图。

解读：

第（7）款是关于解密的规定。经国防部决定，由专利局对保密专利进行公开，公开后按普通专利处理。

（8）国防部长应向发明和专利权所有者支付协商确定的合理补偿，或者在无协议的情况下经仲裁确定的合理补偿，或者如果当事人同意的话由委员决定的合理补偿。

解读：

第（8）款是关于国防部因强制征收发明而向权利人给予补偿的规定。补偿程序是协议优先，未达成协议的通过仲裁程序决定。如果当事人同意的话，也可以由专利委员决定，所述的专利委员是指根据南非《专利法》第8条，由南非最高法院德兰士瓦省分院院长任命的专利委员，通常由法官或助理法官担任。

第 80 条：特定情形下部长可要求对发明保密

（1）如果部长认为，为国家利益，任何发明的申请书、说明书、附图或者其他文件应予保密，他可以指令登记主任对该发明保密并相应通知申请人。如果任何国务部长为国家利益想要获得任何此发明，应尽可能适用第 79 条的规定，且为该目的在第 79 条中述及国防部长时应视为述及前述国务部长。

解读：

（1）第 79 条的规定仅限定在《武器开发和生产法》第 1 条所定义“军需品发明”。凡是“军需品发明”，都应当转让给国防部，并由国防部决定保密。第 80 条是在第 79 条的基础上，将发明的范围进行了延伸。即，凡是为了国家利益，任何提交了专利申请的发明需要保密的，“经济事务和技术部部长”应当命令专利局对该专利申请予以保密，并由专利局通知专利申请人。其中，如果国务部长认为需要强制征收该发明的，可以参照适用第 79 条的规定，此时国务部长相应地履行国防部长的职责，即任何国务部长为国家利益，都有强制征收保密发明及其获得的专利权的权力，都有对这些发明定密和解密的权力。

换句话说，涉及国家利益需要保密的专利申请，都应当下达保密令，但不一定转让给国家。只有国家需要的那一部分才转让给国家，并参照“军需品发明”的规定进行处理。

（2）本条中，“部长”在南非《专利法》第 2 条中定义为“经济事务和技术部的部长”，“国务部长”是内阁相关部门的部长。

（2）由部长根据本条发布的任何命令无论何时被撤销，任何在该命令日之前根据本法采取的、与作为该命令目标的申请相关的，且因该命令而中断的措施可以继续进行，如同该中断未曾发生过，且在计算由本法所规定或者根据本法所规定的任何期限时不应考虑自（部长）指令登记主任作出该命令之日至该命令被撤销之日所损耗的时间。

解读：

（1）第 80 条第（2）款的规定非常重要。从“因该命令而中断”的表述可以判断，本款是关于涉及国家利益被保密扣压、且未被强制转让给国家的那部分专利申请的规定。

（2）南非对涉及国家利益被保密的且未被国家征用的专利申请，适用的程序与美国、英国、印度等类似，实行“扣压制”。施加保密令即中断专利程序，撤销保密令即接续专利程序，所有专利时限都因保密令的施加而中止，保密令撤销后一切都按照普通专利申请继续予以处理。

(3) 由此可见，南非关于保密发明的处理制度是复合式的，既有“征收 + 授权制”，也有“扣压制”。其中，“军需品发明”、涉及“国家利益”且国家强制征收的发明，采取“征收 + 授权制”；涉及“国家利益”但国家不强制征收的发明，采取“扣压制”。

(3) 如果发明的所有者因该发明遵照第 (1) 款的命令被保密而遭受损失或者损害，部长应向其支付协议的合理补偿，或者在无协议的情况下经仲裁确定的合理补偿，或者如果当事人同意的话由委员确定的合理补偿。

解读：

(1) 第 80 条第 (3) 款中关于“遵照第 (1) 款的命令被保密”的发明，是指未被国家强制征收但是被施加保密令的发明。因为第 (1) 款已经规定，被国家强制征收的涉及“国家利益”的发明“适用第 79 条的规定”，而第 79 条第 (8) 款已经规定了强制征收的补偿。

(2) 对被施加保密令的发明因保密而遭受的损失或者损害的补偿，相关程序与第 79 条第 (8) 款相同。

评述

南非《专利法》区别“军需品发明”和“涉及国家利益的发明”，采取了不同的制度。其中，军需品发明采取“征收 + 授权制”，即转让给国防部并授予保密专利。涉及国家利益需要保密的专利申请，一律采取保密措施。其中，国家确有需要的采取“征收 + 授权制”，其余采取“扣压制”。因此，南非的发明保密制度是一种复合式的制度。

其中，南非的“征收 + 授权制”与加拿大发明保密制度非常相似，既涵盖了发明（含专利申请权、专利权）的征收、发明的保密、发明的解密、征收的补偿等基本内容，也包括了保密专利不适用无效宣告程序、国防部知悉和试验发明不影响专利申请的新颖性等具体规定，制度较为完备。对于涉及国家利益但不被政府征收的发明，南非采取的“扣压制”与美国、英国等非常相似。南非《专利法》用最简短一段话清楚地描述了“扣压制”的基本要点，即“因该命令而中断的措施可以继续进行，如同该中断未曾发生过”。

4.13 匈牙利

匈牙利《专利法》关于保密专利的规定在第 53 条，具体内容如下。

第 53 条：接触文档的权利

……

（5）如果国防或国家安全需要，匈牙利专利局局长可以按照特定法律程序和按照特定法律规定的有关部长的建议，对专利申请定密。

（6）基于国际条约的义务，匈牙利专利局局长应当对专利申请定密的，不必遵循第（5）款所述的程序。

（7）专利申请被定密的，即使未得到申请内容的使用或知悉的授权，申请人和发明人仍有权接触其专利申请。

（8）专利申请被定密的，不按照第 56 条和第 X/A ～ X/B 章的规定公布其信息。

解读：

（1）对于涉及国防和国家安全的专利申请，专利局在国防部门的建议下，对专利申请进行定密。说明定密权在国防部，专利局是定密的执行机构。

（2）被定密的专利申请，相关信息不予公开。

（9）专利申请被定密的，建议定密的部长应当与申请人签订开发合同，在专利授予后一段合理时间内，确保其所领导的部门拥有独占开发权，或者，确保匈牙利总理办公室拥有独占开发权，但第（10）款规定的除外。该开发合同至该专利保护失效时期满，或者，至该专利不再保密时期满。被许可人应当负责该专利保护的维持。开发许可支付的费用应当与该发明主题所属技术领域许可条件下常见的使用费相当。合同中应约定，在规定的情形下的合理时间期限内，即使被许可人未开始开发，该相当的费用也应当被支付。在申请期间和专利授权期间，专利权人也有权得到该费用。

解读：

（1）专利申请涉及国家秘密的，其在专利有效期或保密期间内，独占许可权授予给国防部门或者中央政府。这实际上也是一种“征收”行为，类似于加拿大、南非通过转让方式的“征收制”。区别在于，加拿大、南非采取转移所有权的方式获得保密发明，而匈牙利采取获得独占许可的方式获得保密发明的使用权。但是，转让和独占许可的实际效果是一样的。因为发明被保密，其他人无法使用该保密发明，只有政府能够使用，相当于政府完全掌握了该发明。从“被许可人应当负责该专利保护的维持”的规定，也可以证明这一点。

（2）政府获得保密发明的独占许可权，应当向权利人支付开发许可费，该费用比照普通商业领域的专利许可使用费的标准支付。如前所述，波兰也是按照市场法的原则确定专利费用。参见《波兰工业产权法》第 59 条第（2）款“补偿金数额应当由发明的市场价值确定”的规定。

(3) 开发费与政府是否真正实施该发明无关，且专利申请日至授权日这段时间也在专利许可使用的计算范围内。

（10）专利申请是依照第（6）款定密的，不适用第（9）款的规定。

（11）国际协议条约明确允许的，在依照第（6）款对专利申请定密之前，匈牙利专利局局长应当要求申请人书面声明放弃因该申请的保密而主张补偿的权利。申请人不放弃权利的，或在规定的时间期限内对该要求不予答复的，该专利申请将被视为撤回。

（12）依照第（6）款对申请定密的，只有匈牙利发起的定密包括匈牙利要求长期保密或禁止在欧洲原子能共同体之外提出申请的情形的，匈牙利才补偿申请人。

解读：

1999 年，匈牙利加入北约组织，并成为《与共同维护涉及国防的保密发明及专利申请有关的协定》的成员国。第（6）款和第（10）款的规定是指，北约组织其他成员国公民和法人到匈牙利申请的保密专利，可不按照第（5）款的规定程序定密，也不按照第（9）款的规定程序进行“征收”和开发。第（11）款和第（12）款的规定是指，因为发明涉及他国国防利益需要保密的，匈牙利依据国际协议对其作为保密专利处理，但不给予补偿。如果是匈牙利为本国国防利益而决定保密的，则匈牙利应当给予补偿。

（13）保密专利申请被匈牙利专利局驳回的，专利局局长应立即通知有关部长，同时请该有关部长作出是否对被驳回的申请所描述的发明解密或维持保密的建议。在有关部长的建议的基础上，专利局局长应作出解密或维持保密的决定。决定维持保密的，匈牙利应当就该发明的保密对申请人给予补偿。

解读：

保密专利申请即使不能被授予专利，也需要就其发明进行保密审查。需要保密的，应当继续维持保密。

评述

匈牙利发明保密制度包括专利申请的定密程序、保密专利申请和保密专利的不公开要求、保密发明使用权的国家征用及费用支付等制度，条款较为简单，但要点基本涵盖。

从相关法条可以看出，匈牙利对保密发明的专利申请采取“授权制”，匈牙利有“保密专利”。匈牙利对保密专利采取征用措施，由国防部门与专利权人（专利申请人）签订独占许可的开发合同，且覆盖整个有效期。这条规定与加拿大、南非的规定类似，相当于对保密专利的征收。

从法理逻辑上分析，由于保密发明涉及国家秘密，因此禁止公开。考虑到在发明专利的最长有效期内发明可能解密，为了保持保密发明与普通发明在专利法意义上的同等待遇，维护权利人的权益，因此对其授予保密专利权。但是，政府通过与专利权人强制签订独占许可合同，专利权人不得拒绝与政府签订这种合同，从而在国防目的内排除了专利权的行使，保障了政府为国防利益的使用。考虑到发明因涉及国家安全利益被保密给专利权人在保密期间造成了损失，为弥补这种损失，鼓励权利人的投资开发行为，政府采取了支付独占许可权征收费用的数额比照普通商业领域的专利许可使用费的做法，从而使得权利人在发明保密期间可以得到与普通专利权同等的利益回报。

由此可见，保留对保密发明授予专利权的预期权利、政府在保密期间内对权利的征收（或称为保密期间使用发明的活动排除专利权的行使）、政府按市场标准支付保密期间征用发明的费用等，是确保保密发明在维护国家利益的意义上被充分无障碍的使用，在追逐商业利益的意义上获得与普通发明同等待遇的“三大要素”，从而最大限度地、统筹兼顾地发挥一项发明的军事价值和商业价值。

4.14　德国

4.14.1　德国《专利法》

德国《专利法》(1980 年 12 月 16 日公布文本，依据 2009 年 7 月 31 日颁布的修订法（BGB1.IS.2521）第 1 条修改）中的保密条款为第三章“专利审查程序”之下的第 50 条至第 56 条，共 7 个法条。

第 50 条：国家秘密

（1）对一项涉及国家秘密（《刑法》第 93 条）的发明寻求专利保护的，审查部应当依职权命令对其不作任何公布。施加该命令前，应当听取有权的联邦最高主管部门的意见。联邦最高主管部门可以要求施加该命令。

（2）当施加不公布命令的理由不存在时，审查部应当依职权或者依有权的联邦最高主管部门的要求、申请人或者专利权人的请求，废止依据第（1）款施加的命令。审查部应当每年对依据第（1）款施加命令的情形是否继续存在进行审查。在废止依据第（1）款施加的命令时，应当听取联邦最高主管部门的意见。

（3）如果在申诉期限（第73条第（2）款）内无人对审查部拒绝施加第（1）款规定的命令提起申诉，或者无人对审查部废止第（1）款规定的命令提起申诉，审查部应当通知当事人。

解读：

(1) 第 (1) 款至第 (3) 款规定了对涉及国家秘密的发明提交的专利申请，作出保密、解密决定的程序，以及就保密、解密决定送达当事人的程序。

(2) 涉及国家秘密的专利申请的保密决定以专利局的名义作出，但是国防部在其中起最决定性的作用。联邦最高主管部门也可以针对发明个案提请专利局发出保密令。根据德国《刑法》第 93 条："国家秘密是指只限一定范围内的人知情，而且需要对外国势力进行保密，以避免严重损害德国外部安全的事实、事务或智力成果。"根据德国《专利法》第 27 条规定，专利局设立若干审查部和若干专利部。其中，审查部负责处理专利申请，提供现有技术信息；专利部负责处理授权专利的所有事务，评估专利许可费数额，提供涉及专利局程序的法律援助。根据《专利法》第 56 条规定，"联邦最高主管部门"由联邦政府颁布法令确定，具体是指德国联邦国防部。

(3) 撤销保密令的途径包括三种：一是依专利局每年对保密令的重新审查，二是依国防部的要求，三是依专利申请人或专利权人的请求。但最终都须联邦最高主管部门审定。德国每年对保密令审查一次，无须继续保密的予以解密。

(4) 审查部作出的拒绝施加保密令的决定，以及撤销保密令的决定，在规定期限内无人提起申诉的，应当送达当事人。值得一提的是，保密令的送达没有在本条规定，而是在第 53 条进行了规定。第 73 条是专利法院申诉程序中对专利局决定不服的相关申诉程序，其中，第 (2) 款的内容为："审查决定送达后一个月内，可以向专利局书面请求申诉。……专利局应当依职权将申诉书和含有有关该案件的请求的书面声明，以及撤回该申诉或者请求的声明，送达其他当事人；未以命令方式送达的，应当以非正式方式将其他书面文件送达其他当事人。"其中，当事人包括国防部。

（4）对外国基于国防理由要求保密并且经其同意交由联邦政府继续保密的发明适用第（1）款至第（3）款的规定。

解读：

德国是北大西洋公约组织《共同维护涉及国防的保密发明及专利申请有关的协定》的成员国，第 (4) 款规定了办理其他成员国向德国提出的保密发明的专利申请。

第 51 条：案卷查阅

专利局应当准许联邦最高主管部门查阅案卷，审查是否应当依据第 50 条第（1）款规定不公布该专利或者是否应当废止依据第 50 条第（1）款规定作出的命令。

解读：

第 51 条规定了国防部有查阅所有专利案卷的权力，不受专利案卷在法定期限内不公开的限制。其意义有二：一是所有的专利申请都可以得到保密筛查，以确保涉及国家秘密的专利申请（特别是没有被事先定密的“民间发明”）都能够被采取保密措施；二是能够保障国防部知悉、掌握并使用所有保密发明。

第 52 条：域外专利申请

（1）经联邦最高主管部门书面同意，才可以在本法适用范围外提起涉及国家秘密（《刑法》第 93 条）的专利申请。有权的联邦最高主管部门可以在满足有关条件时同意该申请。

（2）有下列行为之一的行为人，将处 5 年以下的有期徒刑或者罚金。

1. 违反第（1）款第 1 句规定递交专利申请；
2. 违反第（1）款第 2 句规定的条件。

解读：

(1) 涉及国家秘密的发明经国防部书面同意后，可向外国提出专利申请。原因在于，德国是北大西洋公约组织《与共同维护涉及国防的保密发明及专利申请有关的协定》的成员国。当然，国防部只有在满足有关条件时才能作出审批决定。

(2) 对于未经国防部书面同意就保密发明提交了外国专利申请的，将处以刑罚。这一刑罚不仅适用于专利申请人，也适用于国防部违反规定给予批准的工作人员。

(3) 第 52 条虽然没有规定所有的外国专利申请都需要经过国防部审查，但实际效果是，潜在的涉及国家秘密的发明提交外国专利申请都需要经过国防部审批，否则申请人将承担泄露国家秘密的刑事责任。

第 53 条：保密

（1）在向专利局递交申请之日起 4 个月内，未向申请人送达依据第 50 条第（1）款颁发的命令，申请人或者了解发明信息的其他任何人对该发明是否必须保密（《刑法》第 93 条）存有疑问的，都可以认为该发明毋须保密。

（2）不能在第（1）款规定的期限内完成对是否依据第 50 条第（1）款不公布该申请的审查工作的，专利局在第（1）款规定的期限内向申请人送达通知后，最多可以将审查期限延长两个月。

解读：

本条是关于专利局定密期限的规定。一般期限为4个月，4个月内未向申请人送达保密令的，视为该专利申请无须保密。如果4个月内无法完成保密审查的，则可在4个月期限届满前通知专利申请人后，再延长2个月。

第54条：授予专利

对施加了第50条第（1）款规定的命令的申请授予专利的，应当登记在专用登记簿上。专用登记簿的查阅，参照适用第31条第（5）款第1句的规定。

解读：

（1）德国对被施加保密令的专利申请实行“授权制”。

（2）“保密专利”登记在专门的登记簿上，其专利信息的查阅，需要按照第31条第（5）款规定的程序执行。其中，第31条第（5）款第1句规定：“要求查阅依据第50条规定尚未公布的专利申请和专利案卷，必须由专利局在听取联邦最高主管部门的意见后作出决定，条件是（而且仅在此范围内）：对申请查阅的人而言有特别的利益需要保护，允许其查阅是正当的，且不会对德意志联邦共和国的对外安全造成严重损害。”

第55条：补偿

（1）依据第1条至第5条具有可专利性的发明，申请人、专利权人或者其合法继受人因第50条第（1）款的规定，被限制或者停止为和平目的实施该专利的，对其因此遭受的难以承担的损害，有权请求联邦共和国进行补偿。在判断当事人请求补偿的合理性时，应当特别考虑受害人的经济状况、完成发明或者获得对发明的权利带来的开销、产生前述费用后其对发明必须被保密的可能性的认知程度、以及受害人从发明的其他实施方式中获得的收益。只有在授予专利权后，才可以请求获得补偿。补偿请求只能在产生损失后提起，并且在期限上不短于1年。

（2）当事人应当向联邦最高主管部门请求补偿。诉讼可以向普通法院提出。

（3）该发明首次在德国专利局提出申请，且在依据第50条第（1）款颁发命令前未由外国基于国防理由要求保密的，才可以依据第（1）款的规定给予补偿。

解读：

（1）本条是针对保密令的补偿条款，包括补偿条件、请求人、期限、司法救济、对外国人不补偿等规定。由于保密令的施加限制了“为和平目的的实施”，因此需要对权利人给予补偿。

（2）只有经审查可授予专利的发明，并且遭到损害的，才给予补偿。

(3) 补偿金额的评估因素包括：受害人经济状况、研发成本、对被采取保密措施的可能性的判断、商业化开发的预期收益等。其中，研发成本是权利人的实际投入；对采取保密措施的可能性的判断，与发明的目的有关，如果发明的目的是瞄准军品市场，那么其被采取保密措施的可能性将更大，投资人或者开发人对该发明被采取保密措施有更大的预见性，补偿也应较少；商业化开发的预期收益，与发明的用途有关，如果发明的用途仅限于军用，那么其商业化开发的预期收益将较小，那么发明被采取保密措施所造成的商业化损失也较小，补偿也应较少。

(4) 请求补偿的权利从获专利权并产生损失后生效，补偿请求向作出保密决定的国防部提出，对补偿决定不服的可向普通法院提起诉讼。

(5) 只有首次在德国提出专利申请，且该专利申请不是因为为了维护外国的国家秘密而被施加保密令的，才有获得补偿的请求权。德国是北大西洋公约组织《与共同维护涉及国防的保密发明及专利申请有关的协定》的成员国，根据该协定，外国政府可以因为在德国提交的专利申请涉及其国家秘密而请求德国对专利申请施加保密令。由于该保密令的施加不是为了维护德国的国家安全，而是为了维护外国的国家安全，因此德国不予补偿。

第 56 条：管辖权

联邦政府有权颁布法令确定第 31 条第（5）款、第 50 条至第 55 条和第 74 条第（2）款所指的联邦最高主管部门。

4.14.2　德国《实用新型法》

德国《实用新型法》第 9 条规定，德国的保密实用新型参照《专利法》中有关保密专利的规定执行。

第 9 条：保密

（1）实用新型申请的主题涉及国家秘密（《刑法》第 93 条）的，主管的审查部有权依据《专利法》第 50 条的规定，决定不提供公开查阅（第 8 条第（5）款）以及不在专利公报上公告（第 8 条第（3）款）。在作出决定前，应当听取主管的联邦最高主管部门的意见。联邦最高主管部门可以要求发布该命令。涉及国家秘密的实用新型应当登记在专用登记簿内。

（2）此外，参照适用《专利法》第 31 条第（5）款、第 50 条第（2）款至第（4）款和第 51 条至第 56 条的规定。依据第（1）款的规定有权发布命令的审查部也可以参照适用《专利法》第50条第（2）款的规定作决定，并且有权参照适用《专利法》第50条第（3）款和第53条第（2）款的规定采取措施。

评述

德国保密专利包括发明专利和实用新型专利，对保密专利申请实行“授权制”，保密专利被登记在专门的登记簿上。对专利申请的保密和解密都由专利局发布，但国防部在保密审查事务中发挥最决定性的作用。保密令每年进行审查，无须继续保密的，保密令撤销。国防部有权查阅专利案卷以作出保密解密决定。权利人有权就保密令的施加造成的损失请求国防部予以补偿。此外，德国对于确定国家补偿所考虑的因素规定比较具体，这在各国专利法中是很少见的。第50条至第56条没有就保密专利的法律效力问题作出明确规定。从相关资料看，由于德国的“国家秘密”范围包括重大经济领域的机密，因此，德国承认保密专利权的效力。但是，该保密专利权因为《专利法》第13条的规定不得在国防事务中行使，而由于受到保密的限制，其在商业领域的行使也是受到限制的。

4.15 丹麦

丹麦《专利法》第70条规定：“发明涉及战争物资或战争物资制造方法的，可以按照专门制定的规定授予保密专利。”按照该规定，丹麦制定了《保密专利法》，内容如下。

丹麦保密专利法

第1条

（1）发明涉及战争物资或战争物资制造方法的，可以按下述规定授予保密专利。

（2）本法所称“战争物资”由皇家法令定义。

第2条

为国防需要，按国防部长的要求，贸易发展部部长可以决定，对于第1条所称的发明，由居住在本国的人员或企业或丹麦机构提出专利申请的，所授予的专利应当作为保密专利授予。

第2a条

（1）对于第1条所称的发明，由居住本国的人员或企业或丹麦机构所拥有的，不得以指定丹麦的国际申请或欧洲申请，或者申请后改为指定丹麦的国际申请或欧洲申请为基础，寻求专利保护，除非该申请是通过本国的专利当局提交的。

（2）对本国的发明已决定只许作为保密专利授予专利的，未经国防部长授权，该申请不得被进行国际或欧洲申请。未获得国防部长授权的，申请人可以将申请转为只在丹麦申请专利；此情形下应当参照适用《专利法》第 III 部分和第 XA 部分的有关规定。

第 3 条

（1）由居住本国的人员或企业或丹麦机构提出的专利申请的主题属于第 1 条所称发明的，未经国防部长授权，不得发表、向他人披露、或者就该主题向外国申请专利、登记实用新型或申请任何其他保护。未经国防部长同意，也不得通过协议或法律程序向他人转让附属于该申请的权利。

（2）自申请日起满 3 个月后，将不适用本条第（1）款的规定。但是，已被确定为保密专利申请的，或者已通知申请人该事项还未被最终确定的除外。后一种情形的，第（1）款的规定将再适用 3 个月。

第 4 条

第 2 条、第 2a 条和第 3 条的规定不适用于提交专利申请之前已被公开或者已成为外国普通专利申请的主题的任何发明。这些规定也不适用于在丹麦被申请专利的、并在第 3 条规定的时间期限届满后申请已被作为普通专利申请处理的任何发明。

解读：

（1）第 1 条至第 4 条是关于专利申请的保密审查、提交外国专利申请的国内保密审查程序、专利申请的初步定密等与专利申请的保密有关的规定。

（2）丹麦对涉及战争物资或战争物资制造方法的发明所提交的专利申请采取“授权制”。

（3）保密决定由贸易发展部按照国防部的要求作出。

（4）申请国外专利必须通过丹麦专利局提交；确定为保密专利的，未经国防部长授权，不得提交国际专利申请。

（5）涉及战争物资或战争物资制造方法的发明的专利申请，自申请日起 3 个月内，未经国防部授权不得随意公开，不得向他人转让相关权利。3 个月后，如果国防部确定该专利申请须保密的，未经国防部授权不得随意公开，不得向他人转让相关权利。国防部在 3 个月内未能作出保密决定的，可再延迟 3 个月，在此期间，未经国防部授权不得随意公开，不得向他人转让相关权利。

（6）对于已经公开的发明或者已经作为普通专利申请主题的发明，上述关于保密专利的规定不再适用。

第 5 条

专利申请要被授予的专利是保密专利的，将被按照《专利法》的规定进行审查和处理，但是不适用《专利法》第 19 条至第 23 条的规定。申请符合要求，没有理由根据《专利法》第 16 条予以驳回的，将授予保密专利，颁发专利证书。

第 6 条

已被决定授予保密专利的，按《专利法》第 26 条的规定进行授权公告，并登入《专利法》第 27 条所称的专利登记簿，公告和登记带有“保密专利”用语，但没有该专利主题和专利权人及其代理人的名称的任何指示。关于该专利的任何进一步的公告应当带有该用语，并且没有所称信息的任何指示。在得到进一步通知之前，不得进行专利说明书的印制和公布发表，该专利申请和专利的案卷不对公众核查开放。但是应当按惯例支付公布费。

解读：

（1）第 5 条和第 6 条是关于保密专利申请的专利审查、授权、公告等程序的规定。

（2）保密专利的专利性审查与普通专利程序相同，但是相关专利信息不予公布，不得被宣告无效。符合规定要求的，被授予保密专利，颁发保密专利证书。其中，丹麦《专利法》第 19 条至第 23 条是关于授权专利的说明书公布和无效宣告等的规定。可见，丹麦与俄罗斯、保加利亚不一样，保密专利不适用无效宣告程序。

（3）保密专利按规定发布授权公告，并记入专门的专利登记簿，特别标注“保密专利”字样，但是没有专利主题和专利权人的信息。其他公告和信息也都标注“保密专利”字样，专利说明书不得公布，专利案卷不对公众开放检索。

第 7 条

未经国防部长同意，发明是保密专利主题的，不得被寻求外国专利保护或披露给第三方。未经国防部长同意，也不得通过协议或法律程序向他人转让附属于这种专利的权利。

解读：

第 7 条是关于保密专利的公开和转让审查程序，即：未经国防部批准，保密专利不得公开、不得转让。

第 8 条

（1）根据第 2 条作出的决定在授予专利之前被撤销的，应当按照《专利法》的一般规定处理该申请。

（2）根据第 2 条作出的决定在授予专利之后被撤销的，该专利应当被转为普通专利。在这种情形下，应当按照适用于普通专利的规定，进行关于该专利的完整的公告，并在专利登记簿补充该信息。此外，应公布该专利的说明书。

（3）保密专利失效的，应当及时公布相应的专利说明书，除非国防部长决定该发明应当继续保密。

第 9 条

专利当局得到证据，该发明已被披露，使得本领域技术人员能够实施的，应适用经适当修正后的第 8 条第（1）款和第（2）款的规定。

解读：

第 8 条和第 9 条是关于保密专利或保密专利申请解密后转为普通专利或普通专利申请的相关规定。其中，从第 8 条第（3）款可以看出，保密专利有效期与普通专利相同，存在保密期长于专利有效期的情形。

第 10 条

由居住在外国的机构、人员或企业就第 1 条所称的发明在丹麦提出专利申请的，贸易和发展部部长可以指示对该申请按照本法的规定进行审查和处理，授予专利的，应当授予保密专利。

解读：

丹麦是北大西洋公约组织《共同维护涉及国防的保密发明及专利申请有关的协定》的成员国。根据该协定，丹麦可接受成员国的申请人就保密发明主题提交的专利申请，并授予保密专利。

第 11 条

（1）违反第 2a 条、第 3 条和第 7 条规定的，若其他法律未规定更严厉的惩处，将受到罚款或不超过 1 年监禁的处罚。

（2）任何人将国防部长根据第 8 条第（3）款决定应当继续保密的发明向第三方披露的，应当受到同样的惩处。

（3）法律程序涉及本法规定的发明的，法院可以决定不公开审理案情。

解读：

第 11 条是关于违反保密规定的罚则，以及涉及保密专利的法院不公开审理要求的规定。

第 12 条

贸易发展部长经与国防部长商讨后，可以制定贯彻本法所必要的规定，包括规范贸易发展部长和国防部长从专利商标局获取保密专利申请文件的权力的规定。

解读：

从“贸易发展部长和国防部长从专利商标局获取保密专利申请文件的权力”的表述看，丹麦明确了国防部门知悉和获取保密专利申请文件的权力，以保证国防部门履行保密审查职责，并保障其为国防利益使用保密发明。

评述

丹麦对保密专利进行了单独立法，其采取“授权制”，因而有“保密专利”。丹麦的保密专利制度针对专利申请的保密审查、提交外国专利申请的国内保密审查程序、专利申请的初步定密、保密专利申请的专利审查授权、保密专利的限制公开、保密专利的解密即转普通专利的程序等进行了规定，内容较为完备、要素较为齐全。

4.16 印度尼西亚

印度尼西亚在其《专利法》第四章“公布和实质审查”第一部分“专利申请的公布”第 46 条、第 47 条、第 55 条，以及第七章“政府对专利的实施”第 99 条至第 103 条中，对涉及国家防御和安全的专利申请做了规定。具体内容如下。

第四章　公布和实质审查

第 46 条

（1）发明的公布可能会对国家防御和安全产生潜在影响或者不利的，在与负责国家防御和安全的政府机构协商后，知识产权总署在部长（笔者注：印度尼西亚《专利法》第 1 条规定，是指负责知识产权事务的部长）批准后可以决定不公布申请。

（2）第（1）款所述不公布申请的决定，应当由知识产权总署以书面形式通知申请人或者其代理人。

（3）任何由知识产权总署与其他任何政府机构进行的协商，包括导致不公布专利申请决定的发明信息的传递，都不被认为违反第 40 条和第 41 条所述的发明保密义务。

（4）第（3）款所述的规定并不影响政府机构和他们的职员向任何第三方继续对发明和申请文件保密的义务。

解读：

(1) 涉及“国家防御和安全”的专利申请，经负责国家防御和安全的政府机构同意并经部长批准后，由知识产权总署发布保密令。

(2) 知识产权总署应当向国防部门送交专利申请文件，这种做法不违反专利机构的保密义务。国防部门及其工作人员应当为专利申请人保密，不得再扩散。其中，第 40 条规定：“仍就职于知识产权总署和从知识产权总署退休或者以任何原因停止在知识产权总署工作未满 1 年的雇员，或者任何由于其任务而为知识产权总署工作或者代表知识产权总署的人，不能提出专利申请或者被授予专利，或者以任何其他方式获得或者持有与专利相关的权利，除非专利的持有来自继承。”第 41 条规定：“自申请的申请日起，所有知识产权总署的人或者任何职责与知识产权总署责任相关的人都应当有义务为发明和所有申请文件保密，直到相关申请被公布之日。”

第 47 条

（1）第 46 条所述不公布的申请应当从不公布该申请的决定日起 6 个月后进入实质审查。

（2）第（1）款所述的审查不需要付费。

第 55 条

（1）审查员作出的审查结论认为，发明符合第 2 条、第 3 条、第 5 条和本法其他规定的，知识产权总署可以向申请人或者其代理人颁发专利证书。

……

（3）除涉及国家防御和安全的专利外，知识产权总署应当登记和公告被授权的专利。

（4）除根据第 46 条未公布的专利外，在缴纳相关费用后，知识产权总署可以向任何有需要的人提供专利文件副本。

解读：

(1) 保密发明的专利申请，其不公布并不影响其专利性审查。而且，对保密发明的实质审查无须专利申请人请求，也无须缴纳审查费，知识产权总署进行主动审查。

(2) 涉及国家防御和安全的专利申请，经审查符合授权条件的，授予专利权，但不登记、不公告、不提供专利文件副本。

第七章　政府对专利的实施

第 99 条

（1）政府认为一项印度尼西亚专利对国家防御和安全以及公共利益的紧急需要非常重要的，政府可以自行实施相关专利。

（2）自行实施专利的决定应当在听取内阁和相关领域部长或者负责人的意见后以总统令的形式作出规定。

第 100 条

（1）第 99 条的规定参照适用于已经申请专利但未进行第 46 条所述公布的任何发明。

（2）政府没有自行实施或者尚未打算自行实施第（1）款所述发明的，此项发明的实施只可以在政府批准后才能进行。

（3）第（2）款所述发明的权利人缴纳年费的义务应当被解除，直至其发明被实施。

解读：

(1) 印度尼西亚政府为了国防目的和公共利益，可以实施专利和对专利申请和专利保密。一般情况下，发明被保密就限制了权利人为商业目的的实施行为，但是在政府没有实施或者没有实施计划的情况下，经政府批准后，权利人可以实施。

(2) 印度尼西亚《专利法》规定，经政府批准实施专利的，专利权人需缴纳年费，仅是政府实施，专利权人不缴纳年费。

第 101 条

（1）政府打算自行实施对国家防御和安全行为以及公共利益的紧急需要非常重要的专利的，政府应当书面通知专利权人，并写明下列事项：

（a）相关专利的名称和专利号，以及专利权人的名字；

（b）理由；

（c）实施期限；

（d）其他被视为重要的事由。

（2）政府对专利的实施应当在给予专利权人合理补偿的前提下进行。

第 102 条

（1）政府自行实施专利的决定是终局的。

（2）专利权人不同意政府确定的补偿数额的，可以向商事法院提出诉讼。

（3）第（2）款所述的诉讼审理过程中不停止政府对相关专利的实施。

第 103 条

关于政府对专利实施程序的规定将由政府法规作出进一步规定。

解读：

第 101 条、第 102 条、第 103 条的规定，是关于为国防目的使用专利的具体规则。其中，专利包括普通专利和被保密的专利。政府对专利的实施是强制性的，且是不可诉的，只有政府对权利人的补偿数额是可诉的。

评述

印度尼西亚对保密发明采取“授权制”，针对涉及国家秘密的专利申请，明确了保密令施加程序及效力、专利局向国防机构送交专利申请文件的免责、专利性审查、审查费与年费的缴纳、为国防目的使用专利（含保密专利）的程序及补偿等，涵盖了专利保密制度的基本内容。

4.17　俄罗斯

俄罗斯联邦《民法典》（专利法部分）的保密条款为第七章“保密发明的法律保护与使用的特殊性”，从第 1401 条至第 1405 条，共 5 个法条。

第 1401 条：保密发明专利申请的提交和审理

（1）保密发明的专利申请（保密申请）的提交、对该申请的审查及处理须遵循《国家保密法》。

（2）对密级为“绝密”或“机密”的保密发明；以及涉及武器装备、军事技术、侦察、反侦察和特工活动领域的方法和手段，密级为“秘密”的保密发明；其专利申请根据主题分类，分别向俄罗斯联邦政府授权的联邦执行权力机构、国家原子能机构（被授权机构）提出。其他保密专利申请向联邦知识产权局提出。

解读：

（1）保密发明属于国家秘密，其专利事务的处理应遵循《国家保密法》。

（2）俄罗斯的保密专利只限于发明专利。

（3）第（2）款是关于已经被定密的发明的专利申请的提交。

（4）保密专利申请的密级分为“绝密级”“机密级”“秘密级”。“绝密级”和“机密级”的发明，以及涉及国防和谍报活动的“秘密级”的发明，与原子能无关的，向俄罗斯联邦授权的权力机构提交专利申请；与原子能有关的，向俄罗斯国家原子能机构提交专利申请。其他的秘密级发明，向俄罗斯联邦知识产权局提交专利申请。可见，俄罗斯关于保密发明的专利事务，由多个机构分别负责。这与我国的做法类似。

（3）如果联邦知识产权执行机构在审查专利申请时发现，其中包含构成国家秘密的信息，该申请应按照《国家保密法》的规定程序予以保密，并视为保密专利申请。

不允许对外国人或者外国法人提交的申请予以保密。

解读：

（1）本款是关于未被定密的发明的保密筛查程序。

（2）未被定密的发明都是向俄罗斯联邦知识产权局提交的，俄罗斯联邦知识产权局负责对所有的普通专利申请进行保密筛查，包含构成国家秘密信息的专利审查予以保密，并按照保密专利申请的处理程序进行处理。

（3）外国人提交的申请不作保密处理。

（4）保密专利申请的审查适用本法典第 1384 条、第 1386 条至第 1389 条的规定。在此情况下该申请的信息不予公布。

解读：

（1）俄罗斯对保密专利申请实行“授权制”。

（2）《俄罗斯民法典》第 1384 条、第 1386 条至第 1389 条，分别对应专利申请的形式审查、实质审查、授予专利权或拒绝授权专利权、申请人的知情权以及与专利申请审查相关的期限延误的恢复等规定。也就是说，针对保密专利申请的审查授权程序与一般专利申请的审查授权程序基本一致，只是不公开申请文件。

（5）在确定保密发明的新颖性时，俄罗斯联邦政府授予专利权的保密发明，苏联政府授予专利权的保密发明，以及密级低于被审查的专利申请的在先保密发明，都属于现有技术。

解读：

（1）本款是关于保密专利申请的新颖性、创造性审查标准的规定。

（2）保密专利申请的新颖性、创造性审查标准与普通专利申请有所不同，不仅包括一般的现有技术，还包括在俄罗斯联邦授予专利权的保密发明、在先提交的保密专利申请，以及苏联授予专利权的保密发明。其原因在于，已经有人就同样的主题申请或授予了专利，无论其是保密专利还是普通专利，都不应当再重复授权。当然，对于不可能知悉该保密发明的存在的专利申请人应具有“先用权”。这在下文的第 1405 条第（5）款进行了规定。

（3）如果新提交的专利申请的密级低于“在先保密发明”的密级，则新提交的专利申请具有新颖性。需要特别解释的是，“在先保密发明”仅指未申请专利的保密发明，而不包括已经申请专利的发明，对于已经申请专利的保密发明来说，无论其密级高低，都属于现有技术。

（6）对被授权机构就保密专利申请作出的决定有异议的，由该被授权机构按照规定程序审理，对异议决定不服的可向法院起诉。

解读：

（1）本款是对联邦知识产权局之外的被授权机构（包括俄罗斯联邦授权的权力机构和国家原子能机构）对保密专利申请的处理决定的异议处理程序。例如，对被授权机构就专利申请作出的审查决定不服的，申请人有权提出复审请求，由被授权机构进行复审，对复审决定不服的可向法院起诉。

（2）关于联邦知识产权局作出的拒绝授权决定等，申请人可向其专利纠纷委员会提出异议，这在第 1387 条第 3 款作出了规定。

（7）本法典第 1379 条发明专利申请转换为实用新型申请的有关规定不适用于保密专利申请。

解读：

保密专利仅限于发明专利，且保密发明的专利申请不得转换为实用新型专利申请。

第 1402 条：保密发明专利权的注册和专利证书的颁发；保密发明信息的传播

（1）保密发明在俄罗斯联邦国家发明注册簿中注册，并由联邦知识产权局颁发保密发明专利证书；或者，如果由被授权机构作出授予保密发明专利权决定的，则由该机构颁发专利证书。被授权机构在注册保密发明并颁发保密发明专利证书之后，应将这一信息通告联邦知识产权局。

注册保密发明并颁发保密发明专利证书的被授权机构应对保密发明专利证书和（或）俄罗斯联邦国家发明注册簿中存在的明显错误和技术性错误进行修改变更。

（2）保密发明专利、专利申请的有关信息，以及在俄罗斯联邦国家发明注册簿中涉及保密发明的变更信息，均不予公布。有关这些专利信息的移交按照国家保密法的规定执行。

解读：

保密发明由俄罗斯联邦知识产权局、俄罗斯联邦授权的权力机构和国家原子能机构按照职责划分，分别进行审查、授权并颁发专利证书。但是，被授权机构授权的保密发明都应当通知联邦知识产权局，并在国家发明注册簿中统一注册。保密发明专利信息不予公布，并依照《国家保密法》进行管理。

第 1403 条：密级的变更和发明的解密

（1）密级的变更和发明的解密，以及申请文件和保密发明专利的秘密标志变更及取消，均按照《国家保密法》规定程序办理。

（2）发明密级提高时，联邦知识产权局根据发明申请文件的专题属性将保密发明申请文件移送相应的被授权机构。

密级提高时申请尚未由联邦知识产权局审查结案的，申请的继续审理移交被授权机构完成。保密发明密级降低时，保密发明申请的继续审理仍由此前审理申请的被授权机构负责。

（3）发明解密时，被授权机构将解密的保密发明专利申请文件移送联邦知识产权局。解密申请尚未被授权机构审查结案的，申请的继续审理由联邦知识产权局完成。

解读：

(1) 本条关于专利、专利申请文件的密级变更与解除所导致的部门之间管辖变更的规定。

(2) 凡是处于秘密状态的专利或专利申请，其管辖原则是被授权机构优先。密级提高的，由联邦知识产权局移交被授权机构；密级降低的，由被授权机构继续负责。凡是解密的专利或专利申请，其管辖原则是联邦知识产权局优先。只要解密了，都移交联邦知识产权局。本条既体现了对国防利益的维护，也体现了对商业利益的照顾。

(3) 保密专利申请文件和保密专利文件都标有秘密标志。

第 1404 条：保密发明专利的宣告无效

对由被授权机构作出的保密发明专利授予决定不服的，依据本法典第 1398 条第（1）款至第（3）款规定的理由向该被授权机构提出异议，并由该被授权机构按照规定程序审理。被授权机构对异议作出的决定由该机构负责人核准，自核准之日起生效，并可向法院起诉。

解读：

(1) 本款是对联邦知识产权局之外的被授权机构（包括俄罗斯联邦授权的权力机构和国家原子能机构）对保密专利的无效宣告程序的规定。与加拿大、南非等国不同的是，俄罗斯的保密专利适用无效宣告程序。无效宣告请求向被授权机构提出，由被授权机构审理并经负责人核准后生效，对授权机构作出的决定不服的，当事人可向法院起诉。无效宣告程序与复审决定的程序是一致的。

为什么加拿大、南非等国不适用无效宣告程序，而俄罗斯适用？其原因在于，加拿大、南非等国虽然对保密发明采取授权制，但是保密期间专利权并不真正行使，而俄罗斯是可以行使的（参见第 1405 条），因而允许他人请求无效。

(2) 针对联邦知识产权局授权的保密专利提出无效请求的，申请人可向其专利纠纷委员会提出异议，这在第 1398 条作出了规定。

第 1405 条：保密发明的独占权

（1）保密发明的实施和保密发明专有权的处分，均按照《国家秘密法》的规定办理。

（2）保密发明的专利转让合同，以及使用许可合同必须在颁发保密发明专利证书的机构或其法定继承机构注册。当无法定继承机构时，则在联邦知识产权局注册。

（3）对于保密发明不允许提出本法典第 1366 条第（1）款和第 1368 条第（1）款所规定的签订发明独占权转让合同的公开要约和开放许可请求。

解读：

(1) 保密发明的实施应当符合《国家保密法》规定，保密专利的转让合同和许可合同应当按规定程序进行备案。

(2) 俄罗斯《民法典》第 1366 条第（1）款规定："作为发明人的申请人在提交发明专利申请时，可在申请文件中附交一份请求书，说明在专利权授予时，他将承诺：与任何一个首次表示愿意签订专利转让合同，并将此愿望告知专利权人和联邦知识产权局的俄罗斯联邦公民或俄罗斯法人按照相应惯例的条件签订此合同。在具有这种请求书的情况下，不再向申请人征收本法典对发明专利申请和就该申请授予专利所规定的专利费用。"但是，第 1405 条第（3）款规定，签订发明专利转让合同的公开要约的规定，不适用于保密发明。

第 1368 条第（1）款规定："专利权人可向联邦知识产权局提交有关向任何人授予利用发明、实用新型或工业品外观设计的权利的请求（开放许可）。此种情况下，自联邦知识产权局公布开放许可有关信息当年的次年开始，发明、实用新型或工业品外观设计的专利年费降低50%。专利权人应当将向任何人提供的发明、实用新型或工业品外观设计利用权的许可条件告知联邦知识产权局，该机构依专利权人将开放许可的相关信息予以公布。专利权人必须与表示愿意利用所述发明、实用新型或工业品外观设计的人以普通（非独占）许可的条件签订许可合同。”但是，第1405条第（3）款规定，发明、实用新型或工业品外观设计的开放许可的规定，不适用于保密发明。

（4）对保密发明不给予本法典第1362条规定的强制许可。

解读：

俄罗斯《民法典》第1362条是关于强制许可的规定。该条款规定：“如果发明或者工业品外观设计自专利权授予之日起4年内，实用新型在专利权授予之日起3年内，未被专利权人实施或者未充分实施，导致相应的商品或服务在商品市场或服务市场上得不到充分供应，任何一个有意愿并准备实施这些发明、实用新型或工业品外观设计的人，在专利权人拒绝与其签订以相应惯例为基础的许可合同的情况下，有权向法院对专利权人提出关于在俄罗斯联邦境内给予实施该项发明、实用新型或工业品外观设计的强制普通许可（非独占）的诉讼。”由此可见，强制许可是解决商业领域不充分使用的强制手段。由于保密发明由国家控制，并为国防或政府使用，因此不适用强制许可制度。

相应的，保密发明应当适用第1360条“为国家安全而利用发明、实用新型或工业品外观设计”的规定。该条款规定：“俄罗斯联邦政府有权为了国防和安全准许不经专利权人同意而利用发明、实用新型或工业品外观设计，并在最短时间内告知专利权人，向其支付相应补偿。”

（5）本法典第1359条规定的行为，以及不知悉也无法根据合法理由知悉这种发明专利存在的人使用保密发明，不视为侵犯保密发明专利权人的专有权。当发明解密或者专利权人告知此人这种发明专利的存在之后，此人应当终止使用发明，或者与专利权人签订许可合同，具有先用权的情况除外。

解读：

（1）本条款是关于保密专利效力的规定。

（2）在不知悉或无法根据合法理由知悉保密专利存在的情况下，使用保密专利的行为不视为侵犯保密专利的独占权。该规定遵循“公开换保护”的基本原则，在不知悉或无法知悉的情况下，专利权不发生效力，只有在解密后或者专利权人告知的情况下才发生效力。可见，对于保密专利的效力来说，仍然遵循“公开换保护”的原则。

（3）当使用人获悉保密专利的存在后，对于解密前已经使用的须停止使用，或者经专利权人许可可以继续使用；如果使用人在保密专利申请日前已经使用该发明或者做好使用该发明准备的，那么使用人可以在原有范围内继续使用该发明。这是关于“先用权”的规定。

（4）俄罗斯关于保密专利效力的规定，与加拿大《专利法》第 20 条第（15）款的规定有相似之处。

（5）俄罗斯《民法典》第 1359 条是关于不属于侵犯发明、实用新型或工业品外观设计专有权的行为的规定。

（6）保密发明的专有权不允许往前追索。

解读：

按照“公开换保护”的原则，对保密专利解密前他人的实施行为不能追责。

评述

俄罗斯对保密发明的专利申请采取“授权制”，因而有“保密专利”。由于俄罗斯采取国家管理的国防工业体制，绝大部分的保密发明产生于国防工业体系内，因此区分已定密的专利申请和未定密的专利申请分别进行规定，而且还区分发明密级和发明主题分别由多个部门负责受理、审查和授权。这与我国的情况非常类似。

俄罗斯的保密专利只限发明专利，其受理、审查、授权、复审和无效宣告等程序与普通发明专利基本一致，区别在于判定保密专利申请的新颖性的“现有技术”范围更宽，包括已授权的保密专利、保密专利申请、未提交专利申请的密级较低的发明等。关于保密专利的效力，仍遵循“公开换保护”的原则，其专利权不得对抗不可能知情的使用人，对于相应的使用行为不得追责。此外，由于保密专利的特殊管理要求，保密专利的转让合同和许可合同应当备案，且不适用公开要约和开放许可规定。俄罗斯的保密条款没有关于补偿的规定，这可能是因为俄罗斯的保密发明主要源于国家投资，无须补偿。总之，俄罗斯的发明保密制度规定细致且独具特色。

4.18　乌克兰

乌克兰与保密专利相关的条款散见于其《专利法》多个章节中，具体内容如下。

第一章　总则

第 1 条：定义

发明（实用新型）是指人类在任何技术领域的智力活动的成果；

“保密发明（保密实用新型）”是指含有涉及国家秘密的信息的发明（实用新型）；

“专利（发明专利、发明宣告式专利、实用新型宣告式专利、保密发明专利（宣告式专利）、保密实用新型宣告式专利）”是指证明了对发明（实用新型）的优先权、身份权和财产权的保护文件；

“发明专利”是指一种根据对发明申请实质审查的结果所授予的专利；

“发明宣告式专利”是指一种根据对发明申请形式审查的结果所授予的专利；

“实用新型宣告式专利”是指一种根据对实用新型申请形式审查的结果所授予的专利；

“保密发明专利（宣告式专利）”是指一种就涉及国家秘密的发明授予的专利；

“保密实用新型宣告式专利”是指一种就涉及国家秘密的实用新型授予的专利；

“实质审查”是指确定发明是否符合专利性（新颖性、创造性、实用性）要求的审查；

“形式审查”是指确定申请所指定的客体是否属于可被认为是发明（实用新型）的客体，以及申请及其生效是否符合规定的要求的审查；

“登记”是指乌克兰发明专利和发明宣告式专利的国家登记，乌克兰实用新型宣告式专利的国家登记，乌克兰保密发明专利（宣告式专利）的国家登记，乌克兰保密实用新型宣告式专利的国家登记。

第 2 条：乌克兰关于发明（实用新型）权利保护的法律

乌克兰关于发明（实用新型）权利保护的法律以乌克兰《宪法》为基础，由本法、乌克兰“关于财产”的、“关于国家秘密”的法律，以及其他规范和法令组成。

第二章　发明（实用新型）的法律保护

第 6 条：给予法律保护的条件

发明专利期限为 20 年，自向专利局提交申请之日起计算。

发明宣告式专利期限为 6 年，自向专利局提交申请之日起计算。

实用新型宣告式专利期限为 10 年，自向专利局提交申请之日起计算。

保密发明专利（宣告式专利）和保密实用新型宣告式专利的期限与发明（实用新型）的保密期限相同，但不得超过本法定义的发明（实用新型）的保护期限。

解读：

(1) 乌克兰对保密专利申请实行“授权制”，因此有保密专利，包括保密发明专利和保密实用新型专利。

(2) 保密专利权的有效期限与保密期限相同，只要发明处于保密期内，保密专利权就维持有效。但是，保密专利权的有效期受到专利保护最长期限的限制，即，保密发明专利权有效期不得超过 20 年，保密实用新型专利权有效期不得超过 10 年。

第四章　获得专利的程序

第 12 条：申请

将申请中的信息定为国家秘密，是依照乌克兰“关于国家秘密”的法律以及以该法为基础的贯彻法规进行的。

发明（实用新型）的产生利用的信息被记录在构成乌克兰国家秘密的保密清单中，或者，根据乌克兰“关于国家秘密”的法律，该发明（实用新型）可能涉及国家秘密的，应当通过申请人的保密管理机构，或者通过其驻地（对法人而言）或家庭地址（对自然人而言）所在地政府的得到授权的机构向专利局提交申请。随申请应当附申请人依据“关于国家秘密”的乌克兰法律相关规定请求将发明（实用新型）作为国家秘密的建议。

解读：

(1) 专利申请人通过其所在的保密管理机构或者所在地的保密管理机构提交保密专利申请，并附申请人将其发明作为国家秘密的建议书。

(2) 对比乌克兰与我国的保密专利定密程序，我国的做法是，传统军工单位都设有保密委员会负责定密，无定密权限的单位则由其所在地的政府保密管理部门定密；乌克兰的做法是，保密管理机构负责提供涉密专利申请的提交渠道，不负责定密，由国家保密部门统一负责定密。

第 16 条：申请的审查

（1）申请的审查是科学和技术审查，由初审、形式审查、以及对于申请发明（保密发明）专利的实质审查构成。由审查机构依据本法以及专利局依照本法颁布的条例进行审查。

（8）初审过程中，申请未附有申请人请求将发明（实用新型）作为国家秘密的建议的，应当审查其是否含有依照构成乌克兰国家秘密的保密清单可能涉及国家秘密的信息。

该申请含有这类信息的，以及申请附有申请人请求将发明（实用新型）作为国家秘密的建议的，应将申请文件传送给相关的“关于秘密事项的国家专家”（下称“国家专家”），由其作出将发明（实用新型）作为国家秘密的决定。

国家专家自收到该申请文件之日起 1 个月内，应当向审查机构提交其决定和该申请文件。

关于将发明（实用新型）作为国家秘密的决定具有法律效力的期限，应当由国家专家根据信息保密的程度加以确定。

国家专家作出将发明（实用新型）作为国家秘密的决定的，国家专家应当确定有权接触该发明的人员，而且该申请的后续处理应当在保密管理制度下进行。

审查机构应当将国家专家的决定立即告知申请人。申请未附有申请人请求将发明（实用新型）作为国家秘密的建议，而国家专家将发明（实用新型）作为国家秘密的，若申请人不同意，可以请求审查机构对该申请文件解密，或就国家专家的决定向法院上诉。

（16）提交发明专利申请的，自申请日起满 18 个月，或者请求优先权的自优先权日起满 18 个月，专利局将在公报上公布关于该申请的数据，条件是该申请未被撤回、不被考虑撤回，或者没有作出驳回专利申请的决定。

申请的数据，属于国家专家已决定作为国家秘密的，将不得被公布。

解读：

(1) 专利申请的审查包括初审、形式审查和实质审查。其中，未提出保密建议的专利申请在初审阶段要进行保密筛查。

(2) 被保密筛查出来的未定密的专利申请，以及提出定密建议的专利申请，统一交由国家保密部门（乌克兰称为“关于秘密事项的国家专家”）进行保密审查，并将审查结论（密级、保密期限）告知专利局。被定密的专利申请的后续处理应当在保密受控的条件下进行。

(3) 专利局应当将保密决定告知专利申请人，未提交保密建议的专利申请人有异议的，可向专利局申请解密，或者向法院起诉。

(4) 保密专利申请信息不得对外公开。

第 17 条：申请的撤回

申请人在收到关于授予保密发明专利（宣告式专利）或授予保密实用新型宣告式专利的决定之前的任何时候，或者在就授予发明专利（宣告式专利）或实用新型宣告式专利缴纳官费日期之前，有权撤回申请。

第 22 条：专利的登记

（3）数据进入登记簿后，任何人有权依照专利局规定的程序查看该信息并要求获得特定专利的数据摘要，同时就该要求支付费用。

查阅登记簿中保密发明专利（宣告式专利）或保密实用新型宣告式专利的数据的，应当根据“关于国家秘密”的乌克兰法律的要求进行。

第 23 条：授予专利的公布

（1）发明专利（宣告式专利）或实用新型宣告式专利的国家登记的同时，专利局将按规定的程序在公报上公告授予专利（宣告式专利）的数据。

（略）

（4）关于授予保密发明专利（宣告式专利）或授予保密实用新型宣告式专利的数据不予公布。

解读：

(1) 保密专利在正式授权之前，专利申请人可以撤回申请。

(2) 保密专利的登记簿与普通专利相同，区别在于保密专利进行了特别标识并采取保密管理。保密专利信息的查阅按照国家秘密有关法律规定执行。

(3) 保密专利信息不得对外公开。

第 27 条：保密发明（实用新型）的解密

（1）保密发明（实用新型）专利的所有人有权向国家专家提交对发明（实用新型）解密或变更密级的建议，国家专家应当审查该建议，并自收到建议之日起 1 个月内予以书面答复。

（2）发明（实用新型）的密级变更或解密，依据国家专家就专利所有人请求对发明（实用新型）的保密变更密级或解密的建议作出的决定进行，或者基于法院的决定进行。

（3）自收到国家专家关于发明（实用新型）解密的决定之日起 1 年内，保密发明专利（宣告式专利）或保密实用新型宣告式专利的所有人，有权向专利局提出请求，要求就保密发明专利或保密实用新型宣告式专利满期之前的剩余期限授予发明专利（宣告式专利）。申请人按上述规定提出请求，并已缴纳相关费用的，专利局应当，依照本法第 22 条、第 23 条和第 25 条，对登记簿作相应修订，公布关于授予专利（宣告式专利）的数据，并授予专利（宣告式专利）。

解读：

(1) 保密专利的解密和密级变更同样由国家保密部门负责，保密专利权利人有权提出解密或者密级变更的申请。法院作为司法机关，其关于保密解密事项的判决可作为保密解密的最终决定予以执行。

(2) 乌克兰保密专利解密后可转为普通专利，专利有效期是接续的，即转为普通专利后的有效期为专利有效期扣除保密期。并不因为保密而改变专利的有效期。

（3）保密专利并不是解密后自然转为普通专利，而是需要专利权人提出请求，缴纳相关费用后才能授予普通专利权。我们理解，设置保密专利权人的申请程序，可以给专利权人一个选择机会。他可以选择放弃获得普通专利权，因为保密期间无须缴纳年费，而转为普通专利后须缴纳年费。他也可以选择转为普通专利，并在提交申请的同时缴纳年费。

第五章　源自专利的权利和义务

第28条：源自专利的权利

（1）源自专利的权利，自公布关于授予专利的数据之日起生效。

源自保密发明专利（宣告式专利）或保密实用新型宣告式专利的权利，自关于这些专利的数据进入相关登记簿之日起生效。

（2）专利给予专利所有人在不侵犯他人专利权的条件下由其决定使用发明（实用新型）的独占权。

专利权人使用保密发明（实用新型）的，应当遵循乌克兰"关于国家秘密"的法律，并得到国家专家的同意。

（3）保密发明专利（宣告式专利）或保密实用新型宣告式专利的所有人的独占权利，应当受到乌克兰"关于国家秘密"的法律以及国家专家的相关决定的限制。

保密发明专利（宣告式专利）或保密实用新型宣告式专利的所有人有权从乌克兰内阁界定的国家实体获得金钱补偿，以偿付因支付本法规定的费用造成的花费。

法院应当解决关于获得金钱补偿的数额和程序的任何争议。

（略）

解读：

（1）按照"公开换保护"的原则，专利自公开之日生效。但是，对于保密专利来说，专利自登记簿登记之日生效。

（2）由于保密专利信息是国家秘密，因此，其使用须遵守国家保密规定，并获得国家保密部门的同意。保密专利的商业化使用是受到限制的。因此，保密专利的权利人可以请求国家补偿。这种国家补偿仅限于专利事务费，相当于免除了专利官费。对补偿有异议的，可诉诸司法程序。

（3）由于保密专利涉及国防利益，具有潜在的军事用途，因此，保密专利专有权的行使受到国家保密法律和保密部门的限制。

（6）专利所有人可以通过协议向任何人转让对发明（实用新型）的财产权，被转让人成为所有权的继承人。转让保密发明（实用新型）的，需得到国家专家的批准。

（7）专利所有人有权在许可协议的基础上向任何人授予使用发明（实用新型）的许可，许可涉及保密发明（实用新型）的，需得到国家专家的批准。

（略）

（9）专利所有人，但是保密发明专利（宣告式专利）的所有人除外，有权向专利局提交供官方公布的同意许可任何人使用该专利保护的发明（实用新型）的声明。公布该声明的，在公布之年的下一年起，维持专利有效性的年费将降低 50%。

希望利用所述许可的人应当与专利所有人商谈付费协议，履行该协议期间发生纠纷的，由法院解决。

没有任何人通知专利所有人有使用发明（实用新型）意向的，专利所有人可以向专利局提交撤回该开放许可声明的书面请求。公布该请求的，在公布之年的下一年起，维持专利有效性的年费将全额支付。

解读：

(1) 保密专利的转让和许可需要经过国家保密部门审批。这与俄罗斯、巴西、丹麦的规定类似。

(2) 保密专利不适用开放许可。这与俄罗斯《民法典》1405 条第（3）款的规定类似。

第 30 条：发明（实用新型）权利的征用

（1）除保密发明（实用新型）外，自公布关于授予专利的数据之日起 3 年内，或自发明（实用新型）的使用已终止之日起 3 年内，在乌克兰未被使用或未被足够使用的，希望和准备使用该发明（实用新型）的任何人，如果被权利所有人拒绝签订许可协议，可以向法院请求授予使用该发明（实用新型）的权利。

专利所有人未能证明未使用发明（实用新型）事实是由重要原因造成的，法院将决定向请求人授予使用发明（实用新型）的许可，界定使用的规模、许可的期限、付给专利所有人的使用费数额和程序。此种情况下，专利所有人授予使用发明（实用新型）许可的权利不得受到限制。

（2）较后被授予专利的发明（实用新型）与较前被授予的专利相比，目的有所不同或具有显著技术和经济进步，并且被使用时可构成侵犯该较前被授予的专利的所有人的权利的，较前被授予专利的所有人有义务向该较后被授予专利的所有人授予使用发明（实用新型）的许可。授予的许可范围应当保证该较后被授予专利的所有人使用发明（实用新型）的需要。此种情况下，较前被授予专利的所有人有权以可接受的条件使用受较后被授予的专利保护的发明（实用新型）。

（3）为保护公众健康、生态安全和其他公共利益，乌克兰内阁可以特许指定的人员使用获得专利保护的发明（实用新型），无须专利（宣告式专利）所有人的同意，条件是该所有人不合理地拒绝授予使用发明（实用新型）的许可。

此种情形下：

（a）这类使用的特许的授予要考虑特定的情形；

（略）

（h）按发明（实用新型）的经济价值，向专利所有人支付足够的补偿金。

对乌克兰内阁关于授予使用发明（实用新型）的特许的决定、授予的有效期限和条件、使用的特许的撤销、支付给专利所有人的补偿金的数额和程序有争议的，可以按法院程序进行诉讼。

（4）保密发明专利（宣告式专利）或者保密实用新型宣告式专利的所有人只可以向得到国家专家许可知悉该发明（实用新型）的人授予使用其发明（实用新型）的许可。

该人未能与专利所有人就许可的授予达成协议的，乌克兰内阁有权依照本条第3款的规定，特许使用保密发明（实用新型）。

（5）法院解决关于许可授予的条件、获得金钱补偿的数额和程序的任何纠纷。

解读：

(1) 保密专利不适用强制许可。这一规定与俄罗斯《民法典》第1405条第 (4) 款的规定类似。

(2) 保密专利的使用许可只能授予经国家保密部门认可的允许知悉该秘密的人。

(3) 乌克兰政府为保护公众健康、生态安全和其他公共利益，在使用人与保密专利权人未能在合理条件下达成协议的，可以征用保密专利，而无须获得专利权人的同意。关于征用情形、经济补偿和程序的纠纷，可诉诸司法程序。本条类似于“为国防目的使用保密发明”的规定，对于政府为国防利益配置保密发明资源具有相当的积极作用。但是，关于使用人与保密专利权人事先协议的规定，对政府为国防目的使用保密发明将造成一些不利影响。此外，从本条规定看，乌克兰承认保密专利的专有权效力（自登记日起生效），只是其专有权的行使受到一些限制。

第六章　专利有效和无效的终止

第 32 条：专利有效的终止

（2）在规定期限内未缴纳维持专利有效的费用的，专利有效终止。

对于保密发明专利（宣告式专利）或保密实用新型宣告式专利，无须缴纳维持有效的费用。

解读：

保密专利无须缴纳年费，这与挪威的规定相同。

第八章　附则

第 37 条：在外国申请发明（实用新型）专利

（1）已向专利局提交发明（实用新型）专利申请的任何人，自申请之日起 3 个月内未收到关于该发明（实用新型）涉及国家秘密的通知的，有权向外国申请专利。

解读：

向外国申请专利须经过国内的保密审查程序，3 个月内未收到保密决定通知的，专利申请人才有权申请外国专利。

评述

乌克兰对保密专利申请实行“授权制”，受保密专利保护的类型包括发明和实用新型。专利申请人通过保密管理机构提交保密专利申请，连同被保密筛查出来的未定密的专利申请，一并交由国家保密部门进行保密审查。被定密的专利申请信息和专利信息不得对外公开。保密专利无须缴纳年费。解密后，保密专利可转为普通专利。保密专利的使用须遵守国家保密规定，其使用、转让和许可都需要经过国家保密部门审批。保密专利专有权的行使受到限制，政府为国家安全利益可以征用保密专利，而无须获得保密专利权人的同意。保密专利的权利人可以请求国家补偿。向外国申请专利须经过国内的保密审查程序。

需要特别关注的有两点：一是乌克兰的定密制度值得研究借鉴。即便是传统军工单位，也只有提出保密建议的权力，最终定密权掌握在国家保密部门手中。这有利于防止定密过滥。二是乌克兰对待保密专利的专有权行使方面值得研究借鉴。一方面，在商业化使用上加以限制，规定凡是保密专利的使用、转让和许可都须经国家保密部门审批；另一方面，在国防目的使用上加以保障，规定中央政府有指定他人为国防目的使用保密专利的权利，而无须经过保密专利权人的许可。

4.19 保加利亚

保加利亚《专利法》(2006年11月9日起施行) 对保密发明专利申请进行了规定。

第24条：保密专利

(1) 由在保加利亚共和国有永久地址的保加利亚公民或在保加利亚共和国有主要经营场所的法人提交专利申请的保密发明，应被授予保密专利。

(2) 保密发明是含有构成国家秘密的涉密信息的发明，国家秘密是指《保密信息保护法》第25条所称的国家秘密。

(3)决定信息安全密级和解除保密专利的密级的有关当局应当是内务部和国防部。

(4) 保密专利申请应向专利局提出，申请日是收到第34条第 (2) 款所称文件的日期。

(5) 涉及保密专利申请以及保密专利授予和维持行为的，不支付费用。

(6) 保密专利申请的审查应按照第46条第 (1) 款的规定进行。满足要求的，授予保密专利，专利局应对其赋予相应的密级。

解读：

(1) 保加利亚对保密发明实施“授权制”，保密专利只授予本国公民或法人。

(2) 保密专利的定密和解密由内务部和国防部分别负责，专利局负责执行。

(3) 保加利亚保密专利的申请、授权和维持都是免费的。如前所述，挪威、乌克兰等国也有关于免缴年费的规定，但是没有免除申请审查费。

(4) 保加利亚对保密专利申请的审查程序与普通专利相同，满足条件的授予保密专利。

(7) 对根据第46条第 (1) 款的规定作出的终止保密专利申请审查程序决定不服进行起诉的，以及请求保密专利无效的，由索非亚市法院按行政程序法典考虑不公开审理。起诉应当在接到决定后3个月内提起，请求无效可以在保密专利的整个有效期内提出。

(8) 有权使用和处置保密专利人员应当由内阁的决定确定。

(9) 解除密级的，有关当局应当通知专利局。专利局应当通知权利人，给予其3个月期限支付第53条所称的费用，以及第33条第 (4) 款所称的专利年费。支付费用的，该专利应当被记载入专利登记簿，并根据第51条进行公布。

（10）解除信息安全密级后，保密专利所有人可以提出检索和审查请求。请求应当附具根据第 46b 条第（2）款支付检索和审查费的证明文件。

（11）保密专利申请和保密专利的信息安全密级及密级解除的确定程序应由内阁制定条例规定。

解读：

(1) 保加利亚对保密专利申请设置了复审和无效程序，由法院进行不公开审理。如前所述，俄罗斯也设置了复审和无效程序，但加拿大、南非的保密专利不适用无效宣告程序。

(2) 由于保密发明是含有构成国家秘密的涉密信息的发明，因此保密专利的接触和使用范围受到限制。

(3) 内务部和国防部决定解除密级的保密专利，由专利局通知专利权人，由专利权人缴纳专利申请费、审查费和年费后，转为普通专利，并在专利登记簿上公开。

第 25 条：申请外国专利

（1）在第 45a 条所称的审查之后，在保加利亚共和国有永久地址的保加利亚公民或在保加利亚共和国有主要经营场所的法人应有权就其发明申请外国专利。

（2）保密专利不得申请外国专利。

解读：

按照下述第 45a 条规定的保密审查程序，经保密审查确定无秘密信息的专利申请，才能申请外国专利，否则不得申请外国专利。

第 45a 条：关于保密信息的审查

（1）申请人是在保加利亚共和国有永久地址的保加利亚公民或在保加利亚共和国有主要经营场所的法人的，第 24 条第（3）款所称的有关当局应当在申请日起 1 个月内对其申请进行审查，判断其中是否含有《保密信息保护法》第 25 条定义的保密信息。

（2）申请被发现含有保密信息的，应被按预定程序送交有关当局，有关当局自收到该申请起 3 个月内，应当确定密级。

（3）第（2）款所称期限期满后，专利局未收到关于确定密级的决定的，应认为该申请不是保密专利申请。

（4）申请是作为保密专利申请提交，经第（1）款至第（3）款所称的审查后未被有关当局确定密级的，专利局应告知申请人，该申请不含保密发明，要求申请人表示同意该申请将被按照普通专利申请进行审查。在 3 个月内未接到同意表示的，该申请将被视为撤回。

解读：

（1）第 45a 条是关于专利申请的保密审查程序的规定。

（2）专利申请人在提交专利申请时，可以直接提交不作任何保密申明，也可以事先即作为保密专利申请提交。其意义在于，对有定密权限的单位在提交专利申请时已定密的保密发明，以及无定密权限的单位或者个人在提交专利申请时无法定密的“民间发明”有所区别。

（3）对于直接提交的未定密的专利申请，内务部或者国防部按规定时限对其进行初步筛查和保密审查，并作出保密决定，逾期未作出决定的视为不保密。

（4）对于事先即作为保密专利申请提交的，内务部或者国防部仍然会按规定时限对其进行保密审查，如果确定需要保密的，即按照有关保密专利程序正常进行，如果经保密审查认为无须保密的，专利局将告知申请人该专利申请作为普通专利申请处理。如果申请人不同意的，该专利申请视为撤回。这表明，即便是作为保密发明提交的专利申请，内务部或者国防部仍须对其进行保密审查，定密的最终权限在内务部或者国防部。此外，申请人提交的保密专利申请不涉密的，要求必须转为普通专利申请，不同意转为普通专利申请的，视为撤回。

第 46 条：形式要求的审查

（1）在第 45a 条第（1）款或第（3）款所称的审查后 1 个月内，或外国申请人提交申请之日起 1 个月内，有申请日的任何申请应经历是否符合第 35 条第（1）款第 1、2、3 项、第（4）款以及第 36 条的要求的审查。确认有缺陷的，应通知申请人，要求其在 3 个月期限内改正这些缺陷。在该期限内申请人未答复或未作出改正的，将作出终止审查程序的决定。

第 84 条：处罚

（1）将第 24 条规定的保密专利申请的基本特征予以公布的，或违反第 25 条的规定提交外国申请的，应被罚款 1 000 至 20 000 列弗。

过渡性条款和最终条款

第 11 条

内阁应颁布根据本法第三条颁布的条例和保密专利条例。

第 76 条

（1）按照现行程序授予的保密专利免除年费。

（2）所授予的保密专利的解密和无效应依照第 24 条进行。

解读：

（1）专利申请经保密审查后1个月内即进入实审程序。其中，第35条是关于专利申请内容的规定，第36条是关于授予专利权的要求的规定。

（2）泄露保密发明信息或未经保密审查提交外国专利申请的，将处以罚款。

评述

保加利亚《专利法》对于保密发明的专利申请采取“授权制”。其关于保密专利的保密解密审查、复审无效、专利发明的接触和使用、费用缴纳、申请外国专利的保密审查、专利性审查程序，以及违反保密要求的罚则都做了明确规定。值得一提的是，保密专利不用缴纳申请费、年费等相关费用。

4.20 巴西

巴西《工业产权法》（1996年生效，2001年修正）第一篇“专利”第9章“与国防有关的专利”对保密发明专利申请进行了规定。

第75条

来源于巴西的主题涉及国防的专利申请应当进入保密程序处理，不得依照本法的规定公开。

（1）国家工业产权局应当立即将申请转送有权处理该申请的行政主管机关，该机关应当在60日内声明该申请是否需要保密。60日内没有行政机关作出上述声明的，该申请将按一般程序处理。

（2）禁止向另一个国家提交主题涉及国防的专利申请或者披露该申请，除非得到有关主管机构的授权。

（3）实施和转让主题涉及国防的专利申请或者专利的，应当获得主管机关的事先授权。申请人或者权利持有人的权利受到限制的，应当给予补偿。

解读：

巴西的发明保密制度包含了专利申请的不公开、国防部门的定密、禁止就国防秘密提交外国专利申请、涉及国防的专利申请或专利的商业化实施和转让受到限制、对限制商业化实施的补偿等要素。从第75条第（3）款可以看出，巴西对保密发明专利申请实行“授权制”。

关于世界主要国家专利保密制度的简明对照见表4-1。

表 4-1　世界主要国家专利保密制度简明对照表

序号	国别	保密目的		定密者		处理方式				重审周期（月）	补偿理由			救济		特点
		安全	经济	初次	最终	扣压	授权	征收	征用		保密	征收	征用	行政	司法	
1	美国	▲		专利局	国防部等	▲			▲	12	▲		▲	▲	▲	根据政府是否对发明拥有财产利益，对保密审查、补偿分别处置
2	英国	▲		专利局	国务大臣	▲			▲	12	▲		▲			保密期间无需支付维持费
3	荷兰	▲		专利局	国防部	▲			▲	36			▲		▲	区分申请人是国家或私人分别处置。解密至公开有3个月缓冲期。可分期补偿
4	澳大利亚	▲		专利局	国防部	▲		▲					▲		▲	保密包括限制取用保藏的微生物
5	以色列	▲		专利局	国防部	▲			▲		▲		▲	▲		国家支付补偿费、使用费，权利人救济方式较多
6	印度	▲		专利局	中央政府	▲			▲	6	▲		▲			保密期间维持费被免除。对外观设计也实行保密管理
7	波兰	▲		专利局	国防部、国安局	▲		▲				▲				明确保密发明只能为获得优先权的目的向专利局申请专利保护
8	韩国	▲			政府	▲			▲		▲		▲			对实用新型也实行保密管理。违反保密令者不予补偿
9	马来西亚	▲	▲	专利局	知识产权事务部	▲										
10	加拿大	▲			国防部		▲	▲				▲		▲	▲	保密期间该专利权不能行使；解密后该专利权才有效力，但也受到特定限制，只能许可而不得禁止在先使用人继续使用

续表

序号	国别	保密目的		定密者		处理方式				重审周期（月）	补偿理由			救济		特点
		安全	经济	初次	最终	扣压	授权	征收	征用		保密	征收	征用	行政	司法	
11	挪威	▲			国王		▲	▲	▲			▲	▲		▲	单独立法，国王认为发明对于王国国防具有重要意义的，可以从拥有该发明信息的任何人那里索取关于该发明的完整信息。保密专利不缴纳年费
12	南非	▲	▲		国防部等		▲	▲			▲	▲		▲	▲	该专利权属于国家财产，且无撤销程序。根据政府需要也可不征收
13	匈牙利	▲		专利局	有关部长		▲		▲		▲		▲			专利申请被定密的，建议定密的部长应当与申请人签订开发合同，在专利授予后一段合理时间内，确保其所领导的部拥有独占开发权。该开发合同至该专利保护失效时期满，或者，至该专利不再保密时更早地期满。被许可人应当负责该专利保护的维持
14	德国	▲		专利局	专利局、国防部、经济部		▲		▲	12	▲		▲	▲	▲	对补偿需要考虑的因素规定比较具体
15	丹麦	▲			国防部、贸易发展部		▲									单独立法。未经国防部同意，不得向他人转让附属于该申请的权利。保密专利不得被宣告无效。公告和登记带有“保密专利”用语

续表

序号	国别	保密目的		定密者		处理方式				重审周期（月）	补偿理由			救济		特点
		安全	经济	初次	最终	扣压	授权	征收	征用		保密	征收	征用	行政	司法	
16	印尼	▲		知识产权总署	国家防御和安全机构		▲						▲			保密发明的专利审查无须缴纳审查费
17	俄罗斯	▲		专利局	国防部等		▲							▲	▲	多机构审查授权，区分密级。保密专利可宣告无效，但不予强制许可，不允许签订独占权转让合同和开放许可。对保密专利权的效力规定较细致。未规定补偿
18	乌克兰	▲		保密管理机构	国家专家		▲		▲		▲		▲		▲	保密专利包含发明和实用新型。转让、许可使用保密专利须得到国家专家批准。保密专利无须缴纳维持有效的费用。保密补偿限于专利官费
19	保加利亚	▲		专利局	内务部、国防部		▲									保密专利申请、保密专利授予和维持不支付费用。可以请求保密专利无效
20	巴西	▲		专利局	行政主管机关		▲				▲					实施和转让保密发明，应当获得主管机关的事先授权

第 5 章

专利保密制度中的保密事务

本章导读

分析专利保密制度的各项制度安排，无外乎三个方面：一是保密事务，二是保密发明的运用事务，三是专利事务。本章将对专利保密制度中的保密事务进行探讨。

国家保密制度是国家为了保护其国家安全利益而建立的法律制度，其立法目的是通过对国家秘密的保护，维护国家安全利益，使国家和人民的根本利益免遭危害。专利（专利申请）的内容是发明，专利制度的核心是以发明的公开换取对发明的专有权利。但是，当一项发明涉及国家安全利益时，该发明获取专利保护的活动也应当纳入国家保密管理制度中。由此，专利制度就与国家保密制度发生了联系，从而诞生了专利保密制度。从世界上第一件被保密的专利申请和第一部专利保密法律的诞生来看，对涉及国家安全利益的专利申请进行保密，是创设专利保密制度的"初心"。

但是，发明的保密与公开是相对的，它们本身就是一对矛盾，涉及利益的取舍与平衡。一方面，先进的发明有可能为敌人所知悉，从而削弱本国的军事技术优势，危害国家安全，因此需要对涉及国家安全的发明进行保密。另一方面，发明的充分公开，能够最大限度地实现对发明的利用，促进科学技术进步和经济社会发展。因此，如果涉及国家安全须定密的未定密，则可能造成国家秘密泄露的严重后果；但如果定密过于宽泛、保密时间不合理延长，不该保密的也保密了，则会导致发明无法得到充分利用，浪费科技资源，阻碍经济社会发展。因此，需要通过良好的制度设计，妥善处理发明保密与公开的关系，重点是准确定密、及时解密。适格的定密主体、严格的保密审查程序，以及对违反保密命令的惩罚措施，是做到准确定密、应保尽保的制度保障。定期解密、动态解密是做到及时解密的重要措施。对因强制保密而给予权利人合理补偿，是维护公平正义的基本要求。

通常来讲，国家秘密是指为使国家免遭重大损失，仅为特定人员所知悉而对其他人员予以保密的事实、物品或者知识。《中华人民共和国保守国家秘密法》第二条规定："国家秘密是关系国家安全和利益，依照法定程序确定，在一定时间内只限一定范围的人员知悉的事项。"第九条规定："下列涉及国家安全和利益的事项，泄露后可能损害国家在政治、经济、国防、外交等领域的安全和利益的，应当确定为国家秘密：……（五）科学技术中的秘密事项；……"从法律关系看，国家权力机构享有保密权，公民和社会组织承担相应的保密义务。保密权是国家依法决定对涉及国家安全和利益的事项进行保密，禁止对公众公开的权力。保密义务是公民和各类社会组织所承担的，对其所知悉的国家秘密所负有的，不将其传播至不应知悉的领域的义务。

世界主要国家专利保密制度的创设都是为了保守国家秘密。例如，英国现行《专利法》规定：一件向专利局提交的专利申请含有的信息可能危及国家安全，专利局可以发出保密令，禁止或限制该信息的公布或向任何特定人传播。丹麦《保密专利法》规定：为国防需要，对于涉及战争物资或战争物资制造方法的发明提出专利申请的，所授予的专利应当作为保密专利授予。未经国防部长授权，不得发表、向他人披露，或者就该主题向外国申请专利。可见，保守国家秘密是专利保密制度的主要宗旨之一，体现为限制涉及国家安全利益的发明信息的公开，以维护国家安全。

5.1 专利保密的事由

从世界一些国家法律规定看，关于专利保密的事由通常被概括为"国家安全""国防利益""公共安全""军需品发明"等。其中，荷兰、澳大利亚、韩国、挪威等国的发明保密事由非常明确地限定为"国防安全"，丹麦、加拿大、南非等国则将发明保密事由限定为军需品发明、涉及战争物资或战争物资的制造方法，美国、英国、以色列、波兰、马来西亚、匈牙利、印度尼西亚等国的发明保密事由除国防安全外，还包括了国家安全和公共安全等。具体情况见表 5-1。总的来看，涉及国防安全是发明保密的主要事由，占其中的绝大多数。因此，世界各国负责对发明或者专利申请进行保密审查的部门主要是国防部。

表 5–1　部分国家保密事由和保密审查部门一览表

序号	国　家	保 密 事 由	保密审查部门
1	美国	国家安全	原子能委员会、国防部等
2	英国	国家安全和公共安全	国务大臣
3	荷兰	符合本国及盟友的国防利益	国防部
4	澳大利亚	对联邦的国防有必要	部长
5	以色列	包括保护国防秘密的国家安全	国防部
6	波兰	涉及国防或者国家安全	国防部、国家安全局
7	加拿大	军需品发明	国防部
8	挪威	对于挪威国防具有重要意义	国王
9	南非	军需品发明	国防部
10	匈牙利	国防或国家安全需要	部长
11	德国	国家秘密	国防部等
12	丹麦	涉及战争物资或物资制造方法	国防部
13	印度尼西亚	国家防御和安全	负责国家防御和安全的机构
14	乌克兰	涉及国家秘密信息	关于秘密事项的国家专家
15	保加利亚	含有构成国家秘密的涉密信息	国防部、内务部

5.2　专利申请的保密审查程序

世界主要国家关于专利申请的保密审查程序各有不同，但大体可分为两种类型，并因两种类型的不同而导致定密渠道、定密程序各有差异。一种是在提交专利申请前，已经对发明定密的；另一种是提交专利申请后，经保密审查定密的。

5.2.1　已定密的专利申请

对于专利申请提交前国防部门已经掌握的发明，一般事先已经被确定为秘密信息，并作为保密专利申请提交专利局。这里，国防部门事先掌握的发明主要分为两种情况。第一种情况是政府雇员作出的发明或者政府资助产生的发明。例如，美国针对政府雇员发明和政府资助科研活动产生的发明建立了发明报告制度，政府机构在专利申请之前已经掌握这类发明。因此，美国《专利法》规定，如果政府对发明享有财产上的利益，有关政府机构如果认为因授予专利证书而公布发明，或者发表该项发明可能有损国家安全时，专利商标局接到政府机构的保密通知后应命令对发明保密。第二种情况是政府要求本国公民、法人向政府透露涉及国防的发明信息。例如，挪威针对在本国作出的或者本国居民拥有权利的对于国防有重要意义的发明，国防部有权向发明人获取发明信息。因此，这类发明在提交专利申请前也已定密。波兰、加拿大、南非等国与挪威类似，其中，加拿大、南非等要求发明人事先将发明转让给国防部，由国防部对其定密后，再行提交保密专利申请。以上国防部门已经定密的专利申请，是通过保密渠道提交到专利局的，由专利局纳入保密渠道。

部分国家关于已定密专利申请保密程序的法律规定见表 5-2。

表 5–2　部分国家关于已定密专利申请保密程序的法律规定

国家	法律规定
美国	美国《专利法》第 181 条第（1）款：如果政府对发明具有财产上的利益，有关政府机构的首长认为因授予专利证书而公布或发表该项发明可能有损国家安全时，专利商标局局长接到该项通知后应命令对发明保密
荷兰	荷兰《专利法》第 45 条：如果专利申请人本身就是国家，并且国防部长通知专利局申请的内容涉及本王国或者其盟友的国防利益需要保密的，应当中止将申请载入专利登记簿，直至前述部长通知专利局申请的内容不再需要保密
波兰	波兰《工业产权法》第 56 条第（1）款、第 57 条、第 58 条第（1）款：波兰公民作出的涉及国防或者国家安全的发明可作为保密发明。涉及国防或者国家安全的发明的保密决定分别由主管国内事务的国防部长或者国家安全局局长作出。保密发明只能为获得优先权的目的向专利局申请专利保护
加拿大	加拿大《专利法》第 20 条第（7）款：根据本法向国防部长转让发明的任何协议达成后，国防部长可以就该发明向专利局局长提交专利申请，同时提交对其专利性进行审查的请求。如果该申请是可授权的，国防部长应当在授予专利前向专利局局长书面证明：为公众利益考虑，发明的具体内容和实施方式应当予以保密

5.2.2　未定密的专利申请

未定密的专利申请主要是个人或法人利用自有资金形成的，政府事先不掌握发明信息。我们将其称为“民间发明”。这部分发明由申请人按照通常的专利申请渠道向专利局提出，专利局按照国防部门提供的保密清单进行保密筛查（保密初审），并将筛查出的涉密专利申请提交给国防部门，由国防部门进行保密审查、作出保密决定，并通知专利局采取保密措施。国防部门或者专利局会将保密决定通知到专利申请人。可见，为了做好“民间发明”专利申请的保密，专利局和国防机构通过设置一个“过滤器”，用以识别、筛选这类发明，并对这类专利申请采取保密措施。

国防部门与专利局在这个过程中会建立相应的衔接机制：一是国防部门编制不同技术领域的保密审查清单（例如，前文提到的美国武装部队专利顾问委员会制定的《专利安全类别审查清单》），供专利局进行保密筛查；专利局经筛查认为专利申请的主题落入保密审查清单范围内的，将专利申请文件提供给国防部门进行保密审查。二是国防部门经保密审查得出保密结论后，将保密决定通知专利局。涉及国家安全利益需要保密的，由专利局对其采取保密措施，并按照保密有关规定处理相关专利事务；不涉及国家安全利益无须保密的，按照普通专利申请程序处理。

需要说明的是，各国作出保密决定的主体略有不同。例如，美、英等国由国防部门作出保密结论后通知专利局，由专利局依据国防部门的结论以专利局的名义施加“保密令”，并通知专利申请人。以色列的做法是，国防部门直接作出保密决定并通知专利局和专利申请人。美、英等国做法的合理性在于，保密令的主要效力是禁止专利申请信息的公开，中止专利授权程序，而专利信息的公开和授权是专利事务中的重要法定程序和关键环节。因此，保密令由专利局施加，国防部门在后台运行。以色列做法的合理性在于，国防部门是决定发明保密的权力机构，专利局是执行机构，由国防部门作出保密决定与其职能相符。总的来说，两种做法主要是形式上有所不同，效力上是一样的。

部分国家关于未定密专利申请保密审查程序的法律规定见表 5-3。

表 5-3　部分国家关于未定密专利申请保密审查程序的法律规定

国家	法律规定
美国	美国《专利法》第 181 条第（2）款：如果政府对发明无财产上的利益，专利商标局局长认为因授予专利证书而公布或发表该项发明，可能有损国家安全时，应将透露该项发明的专利申请书送交原子能委员会、国防部长以及总统指定的作为美国国防机构的其他政府部门的首长检查
英国	英国《专利法》第 22 条：(1) 一件向专利局提交的专利申请，专利局局长认为，该申请含有的信息描述，是国务大臣通知他的属于公布可能危及国家安全的信息，专利局局长可以发出保密令，禁止或限制该信息的公布或向任何特定人员或人群的传播。专利局局长根据本条就任何申请作出保密令的，将向国务大臣通知该申请和保密令。国务大臣一经收到通知，应考虑申请的公布或有关信息公布或传播是否会损害国家安全或公共安全。国务大臣确定专利申请的公布或申请信息的公布或传播会损害公共安全的，应通知专利局局长

续表

国家	法律规定
荷兰	荷兰《专利法》第40、41条：如果专利局认为对专利申请的内容进行保密符合本王国或者其盟友的国防利益，……应当向国防部提交该申请的说明书和附图的副本。国防部长应当通知专利局专利申请的内容是否涉及本王国或者其盟友国防利益需要保密
以色列	以色列《专利法》第94条:(1) 如果国防部长认为，为包括保护国防秘密的国家安全有必要这样做，经与司法部协商，可以通过命令：(a) 命令注册官（笔者注：注册官即专利局局长，由司法部任命）不就某一类申请采取其在本法之下被要求或允许采取的任何行动，或推迟采取行动；(b) 禁止或限制公布或发布与特定意向申请有关的信息，或与申请信息有关的信息。(2) 国防部命令的副本应送交申请人

5.2.3 确保准确定密的要点分析

发明的保密与公开是一对矛盾，要在确保维护国家安全的前提下最大限度发挥经济社会效益。因此，准确定密显得尤为重要。从世界各国的做法看，确保准确定密主要有三个要点。

1. 国防部门负责定密

从世界主要国家的法律规定看，专利申请（拟提交专利申请的发明）的定密一般由国防部门负责，既不是专利局，更不是专利申请人。

首先，专利局不应负责定密。从国防部门、专利局的职能分工和专业技能上讲，国防部门全面掌握军事战略、军事需求、军事竞争态势和军事技术，能够对发明是否涉及国家安全利益进行准确判断，以维护国家安全并持续保持军事竞争优势，专利局是专利制度的执行机构，主要负责专利的受理、审查、授权等专利事务，无法代替国防部门进行保密审查。

其次，申请单位不宜作出最终保密决定。从世界主要国家的规定看，申请人一般没有最终定密权限，保密的最终决定由国防部门作出。其原因在于，保密权属于国家权力，申请人不应代表国家行使这种权力。某些国家赋予了申请人提出初步保密建议的责任，但最终保密决定仍由国家机关作出。例如，乌克兰《专利法》第12条规定："发明（实用新型）的产生利用的信息被记录在构成乌克兰国家秘密的保密清单中，或者，根据乌克兰'关于国家秘密'的法律，该发明（实用新型）可能涉及国家秘密的，应当通过申请人的保密管理机构，或者通过其驻地或家庭地址所在地政府的得到授权的机构向专利局提交申请。随申请应当附申请人依据‘关于国家秘密’的乌克兰法律相关规定请求将发明（实用新型）作为国家秘密的建议。”第 16 条规定：“该申请含有这类信息的，以及申请附有申请人请求将发明（实用新型）作为国家秘密建议的，应将申请文件传送给关于秘密事项的国家专家，由其作出将发明（实用新型）作为国家秘密的决定。”可见，乌克兰赋予了申请人一定的保密权限，就其作出的可能涉及国家秘密的发明提出保密建议，并通过保密渠道向专利局提交专利申请。但是，申请人的职责仅限于提出保密建议，最终的保密决定仍然由“关于保密事项的国家专家”作出。保加利亚《专利法》甚至规定，对于事先即作为保密专利申请提交的，内务部或者国防部仍然会按规定时限对其进行保密审查，如果确定需要保密的，即按照有关保密程序正常进行，如果经保密审查认为无须保密的，专利局将告知申请人该专利申请将作为普通专利申请处理。如果申请人不同意的，该专利申请视为撤回。这一条很有借鉴意义，即便是作为保密发明提交的专利申请，内务部或者国防部仍须对其进行保密审查，说明定密的最终权限在内务部和国防部。此外，申请人提交的保密专利申请经审查不涉密的，应当转为普通专利申请，否则视为撤回。

但是，依据我国保密法律法规，被授权的单位负责对本单位作出的涉及国家安全利益需要保密的发明事项定密。我国《保守国家秘密法》第六条规定：“国家机关和涉及国家秘密的单位管理本机关和本单位的保密工作。”第十三条规定：“确定国家秘密的密级，应当遵守定密权限。中央国家机关、省级机关及其授权的机关、单位可以确定绝密级、机密级和秘密级国家秘密；设区的市、自治州一级的机关及其授权的机关、单位可以确定机密级和秘密级国家秘密。具体的定密权限、授权范围由国家保密行政管理部门规定。机关、单位执行上级确定的国家秘密事项，需要定密的，根据所执行的国家秘密事项的密级确定。下级机关、单位认为本机关、本单位产生的有关定密事项属于上级机关、单位的定密权限，应当先行采取保密措施，并立即报请上级机关、单位确定；没有上级机关、单位的，应当立即提请有相应定密权限的业务主管部门或者保密行政管理部门确定。”第十四条规定：“机关、单位对所产生的国家秘密事项，应当按照国家秘密及其密级的具体范围的规定确定密级，同时确定保密期限和知悉范围。”我国现行保密制度有其历史根源和形势背景，经过长期的实践为保守国家秘密发挥了重要作用。但是，在发明的保密管理上存在一定不足，主要体现为定密标准不一、发明保密过度等问题，不利于技术转移和经济社会效益发挥。

此外，从法理上分析，对发明采取保密措施本质上是国家机关基于维护国家安全的需要所采取的行政干预措施，并应当就这种行政干预给予权利人合理补偿。如果定密决定由承担单位作出，行为主体不一样，行为性质也就不一样。既然是申请人自己决定对发明进行保密，那么国家对因发明保密给权利人造成损失进行赔偿就无从谈起。当然，在现行保密制度不变的情况下，我们仍然可以考虑在军委机关主管部门成立专利保密审查委员会，承担国家安全审查职能，严格按照“涉及国防安全需要保密”的标准进行审查，对单位自行定密的、没有真正达到涉及国家安全利益标准的不予受理，排除与国家安全不相关的专利申请，提升保密专利申请的质量，并对其给予合理补偿。

2. 专利局在保密筛查时应有国防部门的参与

未定密的专利申请是直接向专利局提交的，专利局需要从海量的专利申请中将可能涉及国家安全的专利申请筛查出来。由于专利局难以把握哪些发明可能涉及国家安全，因此，国防部门需要以一定形式参与进来。普遍的做法是国防部门制定专利保密审查清单，提供给专利局使用，凡是落入清单范围的专利申请将被筛查出来提供给国防部门进行保密审查。笔者在美国专利保密制度综述中，详细介绍了美国国防部国防技术安全管理局（早先由美国国防部武装部队专利顾问委员会负责）为专利商标局提供“专利安全类别审查清单”，供专利商标局“220 组”使用。国防技术安全管理局还负责协调各国防机构，对专利保密范围审查清单进行定期更新。经“220 组”筛查认为，专利申请中的实质内容与清单上的小类相对应，专利商标局将通知相关国防机构，然后由国防机构分别按照其规定程序，进行保密审查。此外，英国、荷兰、印度、波兰、乌克兰等国都有相关规定，要求国防部门制定保密审查清单，对专利局的保密筛查工作进行指导。应该说，专利申请的保密筛查环节是对所有专利申请进行保密“过滤”的重要环节，只有国防部门确定保密范围、制定保密审查清单、对保密筛查工作给予指导，才能确保涉及国家安全的专利申请不被公开，确保国家秘密不被泄露。

部分国家关于国防部门指导保密筛查的法律规定见表 5-4。

表 5–4 部分国家关于国防部门指导保密筛查的法律规定

国家	法律规定
荷兰	《专利法》第 40 条：国防部长应当就是否涉及保密对专利局做出指导
印度	《专利法》第 35 条第（1）款：对于本法实施前后提出的专利申请，负责人（笔者注：专利局长）认为要求保护的发明属于中央政府向其通报的有关“为国防目的的发明类别”的，或者该发明属于其他类别，但是与国防目的非常相关的，可以指令禁止或者限制有关该发明的信息公布或者传播

续表

国家	法律规定
波兰	《工业产权法》第 42 条：在相关机构同意的范围内，专利局应当与主管国内事务的国防部长或者国家安全局局长传送涉及国防或者国家安全的发明清单
乌克兰	《专利法》第 16 条第（8）款：初审过程中，申请未附有申请人请求将发明（实用新型）作为国家秘密的建议的，应当审查其是否含有依照构成乌克兰国家秘密的保密清单可能涉及国家秘密的信息

3. 对保密决定设置申诉程序

为保密决定设置申诉程序，是保证对专利申请准确定密，维护国家安全和专利申请人权利的监督程序。例如，美国规定，发明的权利人有权在国防部门定密过程中向国防部门提出申诉；在保密令施加后，就保密令的施加向商务部提出申诉。以色列专门设置争议委员会，受理并审查申请人针对保密令的施加提出的异议申请。这些监督程序的设置，能够促使定密部门更加慎重地定密。值得一提的是，美国、以色列等国都专门规定了争议期间不中止保密令的执行，既有利于准确定密，又维护了国家安全。当然，并不是所有国家都设置了申诉程序，印度《专利法》明确规定保密令具有终局性，不得以任何理由提起诉讼。其主要考虑是，发明涉及国防利益需要保密的决定属于国家国防行为，是不可诉行政行为。

部分国家关于保密决定申诉程序的法律规定见表 5-5。

表 5–5　部分国家关于保密决定申诉程序的法律规定

国家	法律规定
美国	美国《专利法》第 181 条第（3）款规定：……申请书处于上述保密命令之下以后，其所有者有权按照商务部长规定的条件就保密命令向部长提出申诉
以色列	以色列《专利法》第 96 条规定：(1) 申请人可就第 94 条之下的一项命令（笔者注：对涉及国家安全的专利申请施加的保密令）向由司法部长任命的包括三名成员的争议委员会提出争议，其成员应包括一名作为委员会主席的最高法院法官和一名司法部长推荐的人。(2) 委员会的任命和地址应在公报上公布。(3) 提交异议不应中止命令的执行。(4) 争议委员会可以确认、变更或取消命令
印度	印度《专利法》第 41 条规定：负责人和中央政府作出的有关保密的命令均为终局性的，不得以任何理由在任何法庭对其提起诉讼

5.3 保密决定的直接效力

对专利申请作出的保密决定（施加的保密令），其效力是广泛的。最直接的效力包括：①专利局不得以任何形式公布专利信息，包括满 18 个月后的公开、在公开的专利登记簿上的登记（只能在保密登记簿上进行登记）等；②专利申请人未经许可不得向特定范围外的人披露专利信息；③专利申请人未经许可不得向外国提交专利申请。当然，保密决定的效力不止于这三点。例如，对于扣压制国家来讲，保密决定的效力包括不得授予专利权、无需缴纳申请维持费等；对于授权制国家来讲，保密决定的效力包括保密专利权不得行使、无需缴纳专利年费等。这些内容繁多且复杂，我们将在后文中详细加以阐述。

部分国家关于保密决定直接效力的法律规定见表 5-6。

表 5-6　部分国家关于保密决定直接效力的法律规定

国家	法律规定
英国	英国《专利法》第 22 条第（3）款：根据本条就某申请作出保密令的，按下列规定处理：(a）如果该申请是根据本法提交的，它可以进行到准备授予专利的阶段，但是不得公布申请，也不得公布有关信息，就该申请不授予专利；(b）如果该申请是一件欧洲专利申请，不得送给欧洲专利局；(c）如果该申请是国际专利申请，不应向国际局或根据专利合作条约授权的任何国际检索当局送副本
以色列	以色列《专利法》第 94 条：如果国防部长认为，为包括保护国防秘密的国家安全有必要这样做，经与司法部协商，可以通过命令：禁止或限制公布或发布与特定意向申请有关的信息，或与申请信息有关的信息。 第 98 条：以色列的国民、以色列的永久居民或任何其他应效忠这个国家的人不得在国外为一项主题是武器或军火或另外有军事价值或第 95 条涉及的发明提交专利申请，并且它不应直接或间接造成该申请被提交
加拿大	加拿大《专利法》第 20 条： (8）保密申请 国防部长按照第（7）款的规定进行书面证明的，该专利申请和说明书及其附图（如果有），包括该申请的任何修改文本，以及上述文件和附图的任何复印件和依此授予的专利证书，均应当由专利局局长置于经国防部长批准的密封袋内。 (9）保密申请的保管 第（8）款规定的密封袋应当由专利局局长密封保存，直至该发明专利有效期届满为止；非经国防部长的批准不得开启

续表

国家	法 律 规 定
挪威	挪威《保密专利法》第 7 条：保密专利不记载入《专利法》第 34 条规定的专利登记簿。……应记载入另一个不对公众开放的登记簿。……关于公众检查、发布和印刷的规定不适用于保密专利。 第 12 条：如果权利所有人希望就该发明在一国或更多国家申请专利，而且本法生效后 5 个月内从挪威送出必要的文件对于获得专利是重要的，则权利所有人应尽快向有关部长提出理由充分的请求允许该申请，并附具该发明的完整说明书，除非已经提交该说明书
德国	德国《专利法》第 50 条：对一项涉及国家秘密（《刑法》第 93 条）的发明寻求专利保护的，审查部应当依职权命令对其不作任何公布。 第 52 条：经联邦最高主管部门书面同意，才可以在本法适用范围外提起涉及国家秘密（《刑法》第 93 条）的专利申请。 第 54 条：对施加了第 50 条第（1）款规定的命令的申请授予专利的，应当登记在专用登记簿上。专用登记簿的查阅，参照适用第 31 条第（5）款第 1 句的规定
丹麦	丹麦《保密专利法》第 6 条：已被决定授予保密专利的，按《专利法》第 26 条的规定进行授权公告，并登入《专利法》第 27 条所称的专利登记簿，公告和登记带有“保密专利”用语，但没有该专利主题和专利权人及其代理人的名称的任何指示。关于该专利的任何进一步的公告应当带有该用语，并且没有所称信息的任何指示。在得到进一步通知之前，不得进行专利说明书的印制和公布发表，该专利申请和专利的案卷不对公众核查开放

5.4　违反保密命令的罚则

违反保密命令的行为，是指在负有保密义务的前提下违反保密义务，将自已知悉的国家秘密传播至不应知悉的领域的行为。就一项发明所提交的专利申请，一旦被确定为国家秘密，权利人及其他相关人员就被确定为知悉国家秘密的人员，负有保守国家秘密的义务。从泄密行为来看，知密人泄露发明信息的方式主要有两种：一种是广泛公布或者透露给不应知悉该秘密的人员，另一种是以在外国提出专利申请的方式泄露到国外。从泄密人主观意愿上讲，违反保密命令的行为分为故意和过失两种情况。从世界主要国家关于违反保密命令的惩罚规定看，其惩罚措施主要包括剥夺获得专利的权利和承担刑事责任等两个方面。

5.4.1 剥夺获得专利的权利

专利申请人因主观故意或者重大过失，未经允许向他人透露保密专利申请的，或者就保密主题向外国提交专利申请的，以及未经国内保密审查程序直接提交外国专利申请并导致国家秘密泄露的，应当剥夺专利申请人就该发明获得专利权的权利和就该发明被保密请求政府赔偿的权利。笔者认为，这是专利申请人（专利权人）因泄密行为违反了专利法意义上的行政法律关系所承担的专利法意义上的行政法律责任，它破坏的是专利法关于专利申请的保密审查、授权等行政管理秩序，因而剥夺专利申请人获得专利权的权利。例如，美、印、韩等国均作出了类似的规定。

部分国家关于违反保密命令剥夺专利权的法律规定见表 5-7。

表 5–7　部分国家关于违反保密命令剥夺专利权的法律规定

国家	法律规定
美国	美国《专利法》第 182 条：受本编第 181 条命令约束的专利申请，凡未经专利商标局局长同意，……发明被其发明人、其继承人、受让人或法定代理人或其他任何有共同利益的人公布或透露，或在外国提出专利申请的，……可认为该项发明已被放弃，……丧失其基于此项发明而对美国的一切请求权。 第 185 条：即使法律有其他规定，任何人及其继承人、受让人或法定代理人未取得本编第 184 条所规定的许可证的情况下，而将发明在外国提出专利申请或为实用新型、外观设计或款式在外国提出注册申请，或同意他人申请，或协助他人申请的，此人及其继承人、受让人或法定代理人不能取得该项发明在美国的专利权。对此人及其继承人、受让人或法定代理人颁发的美国专利证书应无效
印度	印度《专利法》第 40 条：任何人违反有关负责人根据本法第 35 条作出的保密指令的，或者违反本法第 39 条的规定向国外提出或者促使向国外提出专利申请的，本法规定的专利申请应当被认为已经放弃，已经授予专利权的，该专利权应当根据本法第 64 条的规定予以撤销
韩国	韩国《专利法》第 41 条：违反根据第（1）款的规定禁止向外国提交专利申请或者保守秘密的命令的人，其就发明获得专利的权利被视为放弃。违反根据第（1）款的规定保守秘密的命令的人，其享有的要求支付由于保守秘密而导致损失的补偿的权利被视为放弃

5.4.2 承担刑事责任

专利申请人因主观故意或者重大过失，未经允许向他人透露保密专利申请信息的，或者就保密主题向外国提交专利申请的，以及未经国内保密审查程序直接提交外国专利申请并导致国家秘密泄露的，在触犯刑事法律确定有罪的情况下，应当对犯罪嫌疑人判处罚金或有期徒刑。这种泄露保密专利信息的行为与泄露其他保密信息的行为没有本质区别，它侵犯的是国家保密管理秩序，达到了严重危害国家安全利益的程度，触犯了刑事法律规定，应当承担刑事责任。美国、英国、德国、丹麦等多个国家都作出了类似规定。

部分国家关于违反保密命令承担刑事法律责任的法律规定见表5-8。

表5-8　部分国家关于违反保密命令承担刑事法律责任的法律规定

国家	法律规定
美国	美国《专利法》第186条：在依本编第181条所规定的保密令对发明进行保密和扣发专利证书的期间内，任何人明知此项命令而未经正当许可，擅自公布或发表……或者，……在外国提出申请，或使他人或授权他人申请或注册的，在证明有罪后，应处以1万美元以下的罚金或两年以下的监禁；或罚款并监禁
英国	英国《专利法》第22条第（9）款：未能遵守本条的指示（笔者注：禁止或限制公布或披露保密信息）的，将承担：(a）即席判决的，不超过1 000英镑的罚款：或(b）根据指控判决的，监禁不超过两年或罚款，或两者并罚。 英国《专利法》第23条第（3）款：提交或促使提交专利申请，触犯本条的（笔者注：未经授权提交外国专利申请的），将承担：(a）即席判决的，罚款不超过1 000英镑；或（b）根据指控判决的，不超过两年的监禁或罚款，或两者并罚。(3A）根据上述第（3）款承担责任的，要具有以下情节：(a）其知道提交该申请或促使提交会触犯本条；或（b）其不顾是否提交该申请或促使提交会触犯本条
德国	德国《专利法》第52条：有下列行为（笔者注：未经许可就国家秘密提交外国专利申请的申请人，以及违反条件允许就国家秘密提交外国专利申请的主管部门人员）之一的行为人，将处5年以下的有期徒刑或者罚金
丹麦	丹麦《保密专利法》第11条：(1）违反第2a条、第3条和第7条规定的（笔者注：未经授权不得提交国际专利申请、保密专利不得披露、未经授权不得就保密发明提交外国专利申请），若其他法律未规定更严厉的惩处，将受到罚款或不超过1年监禁的处罚

此外，有些国家关于泄露保密发明信息的惩罚没有在专利法中进行规定，但是明确规定了有关法律责任由国家保密法相关规定确定。例如，加拿大《专利法》规定，作出保密发明的人以及其他相关人员应当视为持有或者控制保密信息之人，这些人员违规将保密信息向其他任何人泄露的，属于违反《信息安全法》规定的行为。

5.5 保密发明的解密

如前所述，保密发明的不当公开可能危害国家安全利益，但发明的不当保密则会浪费科技资源，阻碍经济社会发展，削减发明权利人的私人利益。因此，世界主要国家在专利保密制度中不仅重视定密管理，也对解密程序进行了科学设计，以促进国家安全与经济发展的协调，实现国家利益与专利权人利益的平衡。

5.5.1 为保密命令设置期限

为促进不再涉及国家安全的发明能够得到及时公开，部分国家以限定保密命令的有效期为手段，强制要求国防部门定期进行保密审查。经审查需要继续保密的，确认保密令继续有效，逾期不确认保密令继续有效的，视为保密令失效，专利信息即行公开。这一规定从制度上让保密发明的解密工作真正“动”起来、“转”起来，在维护国防利益的前提下，最大限度减轻国家秘密对经济发展的负面影响，提升经济社会发展效益，协调国家安全需求与经济社会发展需求的关系，实现国防利益与私人利益的合理平衡。相反，如果不对保密发明进行动态审查，将造成不再需要保密的发明仍然处于保密状态，使得技术资源闲置，不利于经济社会发展。以美国为例，为防止被保密扣压的专利申请被过度保密，规定和平时期对专利申请施加的保密令有效期为 1 年。作出保密令的部门或机构应当进行动态保密审查，对于因国家安全利益须延长保密期限的，应当通知专利局在保密令期限届满时重申保密令，再延长 1 年。美国通过这种做法，有效促进了保密发明的解密。当然，在战争时期或国家紧急状态下，国防利益与私人利益之间的平衡向国防利益倾斜，战争时期的保密令持续有效直至停战后 1 年，紧急状态下的保密令持续有效直至紧急状态解除后 6 个月。除美国外，印度、英国、荷兰等国都有类似规定。其中，印度每 6 个月对被保密发明的公开是否仍然损害国防利益进行重新审查，英国每 12 个月对保密令是否仍然必要进行重新评估，荷兰每 3 年对发明是否继续需要保密进行审查，并在保密令有效期届满前 6 个月作出保密审查决定。这些做法都是促进发明信息公开和广泛利用的行之有效的方式。

部分国家关于保密令期限的法律规定见表 5-9。

表 5-9　部分国家关于保密令期限的法律规定

国家	法律规定
美国	美国《专利法》第 181 条：对发明保密以及扣发专利证书，均不得超过 1 年。根据原来提请发出保密令的部门或机构首长的通知，国家利益要求延长上述期限，并已作出肯定的决定时，专利商标局局长在上述期限届满或者在更新期限届满时应重申其命令，再延长 1 年。在美国处于战争期间发布或生效的保密令，在全部战争期间以及战争停止后 1 年内持续有效。在由总统宣布的国家紧急状态期间发布或生效的保密令，在国家紧急状态期间以及其后 6 个月内持续有效
英国	英国《专利法》第 22 条第（5）款：(c) 国务大臣根据（a）项确定专利申请的公布或申请信息的公布或传播会损害国家安全或公共安全的，应当在提交申请日期起 9 个月内重新考虑该问题，并在以后的每 12 个月内至少再考虑一次
荷兰	荷兰《专利法》第 41 条：(保密令）应当具有自该通知发出之日 3 年内中止将申请载入专利登记簿的效力。国防部长可以在该 3 年期限届满前 6 个月内通知专利局申请的内容涉及本王国或者其盟友的国防利益需要继续保密，从而延长中止的时间
印度	印度《专利法》第 36 条：中央政府应当每隔 6 个月，或者根据申请人提出的负责人认为合理的请求，对已经根据本法第 35 条的规定作出保密指令的发明是否仍然涉及国防利益的问题重新进行审查，如果经重新审查中央政府认为发明的公开不再损及印度国防利益或者外国申请人提出涉及该发明的专利申请已经在国外公开的，则应当即时通知负责人撤销保密令，负责人应当据此撤销此前由其作出的保密令

5.5.2　国防部门进行动态保密审查

除对保密命令的期限作出限制性规定外，为真正做到动态解密，各国还要求国防部门对保密发明进行动态保密审查。国防部门在任何时候认为发明的公开不再有损国家安全的，都应当随时通知专利局予以公开。这一规定让国防部门切实担负起保密审查的责任，确保真正需要保密的能够得到有效保密，将有限的保密资源用在最需要的地方；无须继续保密的可以及时解密，以免不适当地挤占有限的保密资源。例如，英国《专利法》规定，国务大臣在“任何时候”认为专利申请的公开不再危害国家安全或公共安全时，应当通知专利局撤销保密令。荷兰《专利法》规定，国防部长可以在任何时候通知专利局申请的内容不再需要保密。

部分国家关于动态保密审查的法律规定见表 5-10。

表 5-10　部分国家关于动态保密审查的法律规定

国家	法律规定
美国	美国《专利法》第 181 条：根据原来提请发布保密命令的部门或机构首长的通知，公布或发表发明不再有损国家安全时，专利商标局局长可以废除前项保密令
英国	英国《专利法》第 22 条第（5）款：(d) 假如国务大臣在任何时间考虑专利申请时，认为该申请的发表或该申请信息的发表或传播，不会或不再损害国家安全或公共安全的，应将此意见通知专利局局长；(e) 专利局局长在接到（d）项的通知后，应撤销原先的保密令
荷兰	荷兰《专利法》第 41 条：国防部长可以在任何时间通知专利局申请的内容不再需要保密。该通知应当结束该中止

简而言之，促进发明及时解密的最好做法是：定密期限短、审查次数多。当前，技术更新的速度越来越快，军事竞争形势瞬息万变，更加需要对发明进行动态保密审查，定密期限动辄 5 年、10 年，甚至长期不进行保密再审查，很不利于发明的及时解密和运用。

5.6　提交外国专利申请的保密审查

提交外国专利申请存在泄露国家秘密的风险，因此，各国都针对外国专利申请设置了国内的保密审查程序，经保密审查后方可申请外国专利，以维护国家安全利益。综观世界主要国家的相关规定，有两个要点：一是涉及国家安全需要保密的发明，未经许可不得提交外国专利申请；二是在提交外国专利申请一定期限前先提交了国内专利申请，并经国内保密审查无须保密的，在获得提交外国专利申请的准许后，可以提交外国专利申请。我国也为提交外国专利申请设置了保密审查程序。《中华人民共和国专利法》第二十条规定：“任何单位或者个人将在中国完成的发明或者实用新型向外国申请专利的，应当事先报经国务院专利行政部门进行保密审查。保密审查的程序、期限等按照国务院的规定执行。中国单位或者个人可以根据中华人民共和国参加的有关国际条约提出专利国际申请。申请人提出专利国际申请的，应当遵守前款规定。国务院专利行政部门依照中华人民共和国参加的有关国际条约、本法和国务院有关规定处理专利国际申请。对违反本条第一款规定向外国申请专利的发明或者实用新型，在中国申请专利的，不授予专利权。”

5.6.1 保密审查对象

世界各国关于提交外国专利申请的保密审查对象的规定一般包括属地原则和属人原则。美国和我国采取的属地原则，将保密审查对象明确为在国内完成的发明。我国规定，无论申请人是中国单位或者个人，还是外国人、外国企业或者外国组织，只要是在中国完成的发明或者实用新型，都应当提交保密审查。其中，《专利法实施细则》第八条第一款规定："专利法第二十条所称在中国完成的发明或者实用新型，是指技术方案的实质性内容在中国境内完成的发明或者实用新型。"2008 年《专利法》修改前，进行保密审查的客体限定为中国单位或者个人就其在本国作出的发明或者实用新型提交的外国专利申请。考虑到实践中外国母公司与其设立在中国的子公司约定，子公司在中国作出的发明的专利申请权归外国母公司，如果限定为只对中国单位或者个人提交的外国专利申请进行保密审查，这类发明或者实用新型将成为"漏网之鱼"，如果发明涉及我国的国家安全或者重大利益，则会对我国造成不利影响。[①] 因此，2008 年后，我国《专利法》删除了"中国单位或者个人"的表述。凡是在中国完成的发明或者实用新型，都应当提交保密审查。这有利于对我国家安全利益的维护。英国、印度等国则采取属人原则，凡是本国国民、在本国有永久居住地的居民等，就其所作出的发明提交或者促使提交外国专利申请的，均须经过国内的保密审查。这里，"促使提交"的表述非常值得注意，对于子公司常驻地设在印度的情形，如果外国母公司约定子公司的专利申请权归母公司，这种情形也属于印度子公司"促使提交"的情形，属于国内保密审查的范畴。

对于居住在外国的人并在外国提交专利申请的，不适用国内保密审查程序。其原因在于，一项在外国完成的发明如果已经在外国提交了专利申请，说明对外国已经公开，我国即使采取保密措施也已失去意义。

5.6.2 保密审查主体

从国外相关法律规定看，美、英、印等国的保密审查由国防部门负责，专利局是执行机构。这与专利申请的保密审查程序是一致的，也是合理的。我国情况较为特殊，其原因在于涉及国防利益需要保密的专利申请由国家国防专利机构专门负责。涉及重大经济利益需要保密并提交外国专利申请的是极少一部分，因此由国家知识产权局负责保密审查。

① 尹新天．中国专利法详解 [M]．北京：知识产权出版社，2012：165-167.

5.6.3 保密审查程序

外国专利申请的保密审查程序均由申请人提出请求后启动。主要包括三种方式：一是申请人直接向外国提交专利申请的，或者向有关国外机构提交国际专利申请的，应当专门向专利局提交保密审查请求，并详细说明技术方案；经许可后方可提交外国专利申请，或者向有关国外机构提交国际专利申请。二是申请人向本国专利局申请专利后拟提交外国专利申请的或者向有关外国机构提交国际专利申请的，应当在提交外国专利申请或国际专利申请前，请求专利局进行保密审查；经许可后，方可提交外国专利申请或者向有关外国机构提交国际专利申请。三是申请人直接向专利局提交国际专利申请的，视为提交了向外申请的请求。不必另行提交保密审查请求。采取第二种方式的，由于已经提交国内专利申请，因此无须详细说明技术方案，只需指明相应国内专利申请的申请号即可。

关于保密审查期限，每个国家的规定是不一样的。例如，英国的期限是6周，专利局须在6周时间内完成保密审查。美国、以色列、印度等国的期限是6个月。在国内专利申请日6个月内，未经官方许可不得申请外国专利；6个月期满后，未有禁止性规定的可提交外国专利申请。我国《专利法实施细则》第九条规定："国务院专利行政部门收到依照本细则第八条规定递交的请求后，经过审查认为该发明或者实用新型可能涉及国家安全或者重大利益需要保密的，应当及时向申请人发出保密审查通知；申请人未在其请求递交日起4个月内收到保密审查通知的，可以就该发明或者实用新型向外国申请专利或者向有关国外机构提交专利国际申请。国务院专利行政部门依照前款规定通知进行保密审查的，应当及时作出是否需要保密的决定，并通知申请人。申请人未在其请求递交日起6个月内收到需要保密的决定的，可以就该发明或者实用新型向外国申请专利或者向有关外国机构提交专利国际申请。"应当说，保密审查时限的设置，主要是为了提高保密审查效率，确保申请人在自首次提出专利申请的申请日起的12个月优先权期限内及时获知其发明是否需要保密，从而有合理充裕的时间准备提交外国专利申请。

5.6.4 未经保密审查程序提交外国专利申请的处理

如前所述，世界各国都明确规定，涉及国家安全需要保密的专利申请，未经许可不得提交外国专利申请。但是，并没有有效的措施防止未履行保密审查程序而向外国提交专利申请的行为，因为实践中未履行保密审查程序提交的外国专利申请，同样可以被外国受理。尽管如此，世界各主要国家都设置了相应的惩罚程序。例如，美国《专利法》第 185 条规定，对于未履行国内保密审查程序提交外国专利申请的，“此人及其继承人、受让人或法定代理人不能取得该项发明在美国的专利权。对此人及其继承人、受让人或法定代理人颁发的美国专利证书应取消效力”。我国《专利法》第二十条第四款作出了类似规定：“对违反本条第一款规定向外国申请专利的发明或者实用新型，在中国申请专利的，不授予专利权。”此外，《专利法实施细则》第 65 条规定，被授予专利权的发明或者实用新型不符合《专利法》第二十条第一款的规定，即该发明或者实用新型系在中国完成，专利权人未事先请求国家知识产权局进行保密审查即向外国提出申请的，可以作为请求宣告专利权无效的理由。其他国家也针对未经许可提交外国专利申请造成国家秘密泄露的情形，从行政法和刑法上明确了惩罚措施，其罚则与未经许可泄露被保密的专利（专利申请）一致。因此，有了这些规定，可以有效防止未经国内保密审查程序提交外国专利申请的行为发生。

部分国家申请外国专利的保密审查程序的法律规定见表 5-11。

表 5–11　部分国家申请外国专利的保密审查程序的法律规定

国家	法律规定
美国	美国《专利法》第 184 条：在美国提出关于在美国完成发明的专利申请，或请求实用新型、外观设计或款式的注册以后的 6 个月内，非经专利商标局局长发给许可证，不得在任何外国提出申请，或使他人或授权他人提出申请。对于应该遵从本编第 181 条由局长发出保密令的发明，未经原来提请发出扣发命令的部门机构的首长同意，不得发出许可证。如果因出于无意在外国提出申请，而该项申请并没有透露属本编第 181 条范围以内的发明，仍得发给上项许可证，其效力溯及既往
英国	英国《专利法》第 23 条：联合王国居民提交国外申请的限制 （1）根据本条的下述规定，未经专利局局长书面授权，联合王国居民不得就发明在联合王国之外提交或促使提交下述第（1A）款所适用的专利申请，除非：(a) 在向外国申请不少于 6 周之前，已在专利局提交同一发明的专利申请（无论在本法生效日之前、当日或之后）；而且（b）在联合王国没有就该申请根据上述第 22 条作出保密令，或者这类保密令已被撤销。 (1A) 本款适用于以下申请：(a) 该申请包含涉及军事技术的信息或者因任何其他原因导致该信息的公布可能损害国家安全；或者（b）该申请包含的信息若公布，可能损害公共安全。 （2）上述第（1）款不适用于由外国人已在外国首先提交的专利申请

续表

国家	法律规定
以色列	以色列《专利法》第98条：以色列的国民、以色列的永久居民或任何其他应效忠这个国家的人不得在国外为一项主题是武器或军火或另外有军事价值或第95条涉及的发明提交专利申请，并且它不应直接或间接造成该申请被提交，除非以下之一适用：(a) 事前得到国防部长的书面许可；(b) 就该发明在以色列提交了申请，而且在该申请送交后6个月内国防部长未就其在第94条之下发出命令，或他发出此命令但命令不再有效
印度	印度《专利法》第39条：(1) 除根据以规定方式请求并且经负责人或者其代表颁发的书面许可证的授权外，在印度居住的任何人不得就发明在国外提出或者促使提出专利申请，除非：(a) 至少在国外提出专利申请6个月之前，就相同发明的专利申请已经在印度提出；并且 (b) 对于国内申请没有根据本法第35条作出任何保密指令，或者所有保密指令都已经撤销。 (2) 负责人应当在规定期限内处理上述申请。但是，如果该发明涉及国防利益或者原子能，则未经中央政府的在先同意，负责人不得颁发许可证。 (3) 该发明由居住在外国的人，首先在国外提出申请保护的，不适用本条的规定
保加利亚	保加利亚《专利法》第25条：(1) 在第45a条所称的审查（笔者注：专利申请的保密审查）之后，在保加利亚共和国有永久地址的保加利亚公民或在保加利亚共和国有主要经营场所的法人应有权就其发明申请外国专利。(2)保密专利不得被申请外国专利

5.7 对专利（专利申请）被保密所给予的补偿

知识产品有一部分是私人提供的，但知识产品具有公共产品属性。一方面，需要防止将知识产品的个人占有绝对化，以免阻碍全社会对知识产品的传播和利用；另一方面，也要防止忽视个人创造性而片面强调知识产品的公共属性，以免影响创造知识产品的积极性。两者不可偏废，否则都会阻碍科学技术和文化艺术的进步。因此，国家赋予创造者对其创造的知识产品一定范围内的权利，这种权利属于受法律承认和保护的私权利。创造者有权选择向社会公开其发明，对其进行商业化开发，或者将其转让或许可给他人。这种合法享有的私有财产，不应当受到侵犯。

但是，当私人作出的发明涉及国家安全利益需要保密怎么办呢？这个问题涉及公权力与私权利的冲突。国家权力机构为了维护国家安全享有保密权，这种权力是国家依法决定对涉及国家安全利益的事项进行保密，禁止对公众公开的权力。相应的，公民和社会组织承担相应的保密义务，未经许可不得将其知悉的国家秘密传播至不应知悉的领域。对于公民作出的发明就意味着，公民为了顺应国家维护国家安全利益的需求，被迫限制其向社会公开其发明并对其进行商业化开发的权利。例如，挪威《专利法》第6条第（2）款明确规定，国王可以禁止权利的所有人以某种方式在挪威王国或国外处置军需品发明，或责令其承担某种特定的与使用有关的义务。由此可见，公民由于国家公权力的行使，导致对其发明进行商业化开发受限，进而限制营利机会，其私权利因此受到损害。为了弥补公民的这种损失，国家应当给予合理的补偿，以化解公权力与私权利之间产生的冲突。例如，德国《专利法》明确规定，由于保密令的施加限制了“为和平目的的实施”，因此需要对权利人给予补偿。综观世界主要国家关于保密的补偿规定，我们可以从以下几个方面总结出一些共性做法。

5.7.1　补偿条件

保密专利申请本身必须经审查证明具有可专利性，或者已被授予保密专利权。具有可专利性或者被授予保密专利权，是对该发明具有新颖性、创造性、实用性的法定认可，否则不属于技术创新，也就无须给予补偿。例如，英国、印度、德国等在其法律中都明文规定了“符合授予专利权的条件的”“申请进行到可授予专利的”“具有可专利性的发明”“只有在授予专利权后，才可以请求获得补偿”等意思相同的表述。

5.7.2　计算补偿所考虑的因素

一般情况下，计算补偿应综合考虑发明的新颖性、实用性、用途、设计的目的、研发投入的成本等。从英国的规定看，合理补偿所考虑的因素主要包括创造性价值、用途、设计目的。一是创造性价值。创造性价值是指发明的创造性程度、实用程度、利用价值等，对利用价值较高的发明，被保密扣压造成的损失也较大，因此补偿应较多，反之则较少。二是用途。用途主要区分军用和民用，对于民用前景较好的发明，被保密扣压造成的损失也较大，补偿应较多；对于不具有民用前景或民用前景较小的发明，被保密扣压不会或较少造成损失，补偿应较少。三是设计目的。设计目的主要考虑开发该项技术的初衷是军用还是民用，如果开发人瞄准民用市场开发该项技术，那么被保密扣压造成的影响较大，补偿应较多；如果开发人瞄准军品市场开发该项技术，那么被保密扣压并不影响或较少影响开发人的预期收益，应不补偿或少补偿。

从德国的规定看，德国在判断当事人请求补偿的合理性时，会考虑受害人经济状况、研发成本、对被采取保密措施的可能性的判断、商业化开发的预期收益等。其中，“研发成本”是权利人的实际投入；“对被采取保密措施的可能性的判断”与发明的目的有关，如果发明的目的是瞄准军品市场，那么其被采取保密措施的可能性较大，投资人或者开发人对该发明被采取保密措施更有预见性，补偿也应较少；如果发明的目的是瞄准民用市场，投资人或者开发人对该发明被采取保密措施的预见性相对欠缺，损失也相对较大，补偿也应较大；“商业化开发的预期收益”，与发明的用途有关，如果发明的用途仅限于军用，那么其商业化开发的预期收益将较小，发明被采取保密措施所造成的商业化损失也较小，补偿也应较少。此外，“受害人的经济状况”是补偿的一个参考因素，从救济的基本原则讲，如果经济状况较差，可以考虑多补偿，反之则可以考虑少补偿。

从美国的规定看，发明人因保密遭受的损失限定为“实际损害”。专利申请被保密所造成的影响包括两个方面，一是该发明无法公开，商业化运作受到限制，二是发明被禁止申请外国专利。因保密而进行赔偿需要考虑的范围，限于这两种情形给发明人造成的损失，且必须是实际损失。即，发明人为在国内或者国外开发其发明而实际投入的各项资源，因为保密令的施加而付诸东流所造成的损失，这种损失必须是实际发生的并被确凿证据证明的损失。预期利益的消减、假设的损害等都不是实际损失，其原因在于一项专利即使获得国外专利或者有效开展市场行为，也不一定能够获利，甚至因为被施加保密令，反而避免了发明人因失败的投资而造成的损失。美国赔偿权利人因保密遭受的损失限定为“实际损失”，是有道理的。因为，美国被保密扣压的专利最长有效期为自申请日起20年，其中保密期间不计算在内，权利人的商业开发利益并没有因保密令的施加而明显被压缩，至少，从垄断利益的时间周期上没有被压缩。但是，其他国家被保密扣压的专利最长有效期并没有把保密期间排除，因此赔偿权利人因保密遭受的损失应当更宽泛才合理。

我们认为，在专利最长有效期不因保密令的施加而相应延长的情况下，政府补偿权利人因保密遭受的损失可以综合参考英国和德国的做法，将创造性价值、用途、设计目的、实际投入、商业化开发的预期收益等因素考虑在内。

5.7.3　补偿程序

关于补偿因施加保密令所造成损害的程序，世界主要国家一般按照政府与权利人协商、政府行政裁决、法院司法裁决的步骤进行。

协商是解决补偿问题的简易途径，宜优先采用。例如，美国《专利法》规定："政府部门或机构的首长在收到损害赔偿的请求后，有权与申请人及其继承人、受让人或法定代理人达成协议，全部赔偿损害……即使法律另有相反的规定，该项偿付协议是最终决定性的。"荷兰、以色列等国也有类似规定，即能协商确定赔偿额的尽量协商，协商不成的再由政府机构行政裁决。以协商解决为优先选项的做法，能够使各方得到最满意的结果，起到定纷止争的作用。

关于行政裁决程序，各国不尽相同。美国是由施加保密令的国防机构负责作出赔偿决定并实施赔偿。英国除了施加保密令的国务大臣外，财政部也要参与。以色列则专门成立了补偿和使用费委员会，在协商不成的情况下由该委员会确定赔偿数额，且委员会作出的决定是最终决定。

关于司法裁决程序，美国、德国、荷兰等均有明确规定。例如，美国《专利法》规定，专利申请人在接到"可专利性通知"后，对于国防部门实施的行政赔偿数额不满的，"可以在索赔法院或请求人居住地的美国地方法院对美国提起诉讼，请求偿付一笔款项，该款项与前述的判定款项加在一起就是对损害……的公平赔偿"。或者，专利申请被授权后，其所有人未走行政索赔程序的，"有权在索赔法院提起诉讼，请求对因保密命令……产生的损害给以公平赔偿"。德国《专利法》规定，当事人应当向联邦最高主管部门请求赔偿，对赔偿数额不满的，可以向普通法院提出赔偿诉讼。

当然，补偿程序并不是机械地按照上述步骤进行。例如，荷兰只有协商程序和司法裁决程序，并不经过行政裁决程序。以色列只有协商程序和行政裁决程序，行政裁决是终局裁决。美国的申请人可以不经协商和行政裁决程序，直接向索赔法院提起诉讼。尽管各国补偿途径各有不同，但为权利人提供多种救济途径并供权利人选择的目的和精神是一致的。此外，关于赔偿的时限，部分国家有定期补偿的规定。由于某些发明被保密的时间较长，为了保护发明人的合法权益，部分国家采取了分段补偿的做法。例如，荷兰《专利法》规定："应申请人的请求应当分期确定赔偿的数额，第一期应当为首次延长之前的中止期限，第二期应当为两次延长之间的期限，最后一期应当为最后一次延长的开始至中止的结束。应当在相应期限届满时确定赔偿额。"

5.7.4 不补偿的情形

如前所述，对于专利申请因涉及国家安全利益被国家权力机构要求保密，权利人享有获得政府补偿的权利。关于衡量补偿的因素，包括：创造性价值、用途、设计的目的，以及受害人经济状况、研发成本、专利事务费、对被采取保密措施的可能性的判断、商业化开发的预期收益等。由此可以判断，这种补偿是针对专利申请人或研发投资人的补偿，而不是针对发明人的补偿。对于政府雇员发明来讲，其发明是在政府提供条件下、为完成政府任务所作出的，投资人是政府，专利申请人也是政府，而政府无须对自己的投资进行补偿，因此，政府雇员发明被保密扣压的，政府不给予补偿。例如，美国《专利法》第183条规定："(4) 任何人或其继承人、受让人或法定代理人，在为美国政府专职受雇或服务期间的发现、发明或开发的任何一项发明，本条并不授予其提出索赔诉讼的权利。"

部分国家对专利申请被要求保密给予补偿的法律规定见表5-12。

表5-12 部分国家对专利申请被要求保密给予补偿的法律规定

国家	法律规定
美国	美国《专利法》第183条：申请人或其继承人、受让人或法定代理人，……有权向提请发出命令的部门或机构的首长，请求补偿其由于保密命令……而造成的损害。 任何人或其继承人、受让人或法定代理人，在为美国政府专职受雇或服务期间的发现、发明或开发的任何一项发明，本条并不授予其提出索赔诉讼的权利
英国	英国《专利法》第22条第（7）款：根据本条就某发明的专利申请作出保密令，……申请进行到可授予专利的，……保密令的持续使申请人受到损失的，经财政部同意后，国务大臣可以给予申请人国务大臣和财政部认为合理的补偿，合理性考虑的因素包括该发明的创造性价值、用途、设计的目的以及任何其他相关情况
荷兰	荷兰《专利法》第42条：专利申请属于第40条、第41条或者第46条所述主题的人，因执行这些条款受到损失的，有权请求获得国家赔偿
以色列	以色列《专利法》第107条：如果在第94条或第99条之下做出命令（笔者注：国防部长做出保密命令），或如果未在第98条或第103条之下授予许可（笔者注：未许可向外国申请专利），财政部应按当事方之间协议确定的或在没有协议时按在第109条之下成立的补偿和使用费委员会确定的数额向发明所有者支付补偿

续表

国家	法律规定
印度	印度《专利法》第 37 条第（2）款：已经根据本法第 35 条的规定作出保密指令的专利申请的完整说明书符合授予专利权的条件的：(a) ……；(b) 如果中央政府认为，专利申请人已经因为该保密指令的持续生效受到损害，则中央政府可以向其支付相对于该发明的新颖性、实用性、发明目的以及其他任何情况而言合理的赔偿费
德国	德国《专利法》第 55 条： (1) 依据第 1 条至第 5 条具有可专利性的发明，申请人、专利权人或者其合法继受人因第 50 条第（1）款的规定，被限制或者停止为和平目的实施该专利的，对其因此遭受的难以承担的损害，有权请求联邦共和国进行补偿。在判断当事人请求补偿的合理性时，应当特别考虑受害人的经济状况、完成发明或者获得对发明的权利带来的开销、产生前述费用后其对发明必须被保密的可能性的认知程度、以及受害人从发明的其他实施方式中获得的收益。只有在授予专利权后，才可以请求获得补偿。补偿请求只能在产生损失后提起，并且在期限上不短于 1 年。 (2) 当事人应当向联邦最高主管部门请求补偿。诉讼可以向普通法院提出。 (3) 该发明首次在德国专利局提出申请，且在依据第 50 条第（1）款颁发命令前未由外国基于国防理由要求保密的，才可以依据第（1）款的规定给予补偿
韩国	韩国《专利法》第 41 条：(3) 政府应对根据第（1）款的规定禁止向外国提交专利申请或者保守秘密而造成的损失给予合理补偿

5.7.5　“征收制”国家的做法

有些国家采取与保密专利申请人（保密专利权人）签订开发协议或者受让协议的方式，对保密期间的发明实施征收，以弥补权利人的损失。例如，波兰、加拿大、南非、挪威、匈牙利等国，采取的就是征收的方式，向权利人支付保密周期内的转让费或者许可费。对这些国家来讲，由于买断了发明的专有权或者保密期间发明的专有权，因此无须再就其作出的保密决定导致权利人遭受的损失给予补偿。

同样的道理，对于政府雇员的发明，政府享有完全的财产权利，因而政府征收无须再行支付费用。例如，从加拿大《专利法》第 20 条第（1）、（2）、（3）款的规定可以看出，“任何王室的或王室服务机构或代理机构的政府官员、公务员或雇员，在履行职责和完成工作过程中发明的军事器械或军需品”都应当无偿转让给国防部，国防部无须给予相应的费用。这也从另一个角度证明了政府雇员作出的保密发明和政府资助产生的保密发明，政府无须就其作出的保密决定给予权利人补偿。

5.8 北约国家之间就保密发明及专利申请的合作

为了维持美国、英国、法国、德国、加拿大等《北大西洋公约》缔约国持续有效的国防，并考虑到北约国家对与国防有关的保密发明采取强制保密措施已经成为一般规则，1960 年 9 月 21 日，比利时、加拿大、丹麦、法国、德意志联邦共和国、希腊、意大利、卢森堡、荷兰、挪威、葡萄牙、土耳其、英国、美利坚合众国等 14 个北约组织成员国在法国巴黎签署了《与共同维护涉及国防的保密发明及专利申请有关的协定》(《协定》内容见附件 5-1)，在北约组织成员国之间互相保护与国防有关的发明，并作为其军事合作和经济合作的一项内容。随着北约组织成员国进一步增加，1977 年，《协定》的成员国也相应扩展为美国、澳大利亚、比利时、加拿大、丹麦、法国、德国、希腊、意大利、日本、韩国、卢森堡、荷兰、挪威、葡萄牙、西班牙、瑞典、土耳其、英国等 19 个国家。1999 年后，随着波兰、捷克、匈牙利等国相继加入北约组织，北约组织成员国从 19 个扩展为 26 个，《协定》成员国也相应增加。北约《与共同维护涉及国防的保密发明及专利申请有关的协定》的签订，其意义在于两个方面：一是北约国家之间可以共享保密发明信息，提高集体防御能力；二是发明创造不会因为涉及本国国家安全利益的原因而无法在成员国之间申请专利，相反，因为有《协议》的协调，一国专利申请人可以尽早在 26 个北约国家申请专利，尽早确定专利申请日，从而在解密后获得在目标国商业市场上的垄断地位，扩展权利人的商业利益。需要指出的是，由于这些国家都设置了“国防使用规则”，在本国国防建设中使用专利技术都不受专利权的制约，因而国家之间相互申请保密专利的目的和作用不是、也不可能是控制对方国家的国防建设或垄断对方国家的军品市场，而是期望这些保密发明解密后在对方国家的商业领域获取经济利益，正如《协定》所述的“希望鼓励在任一个国家或所有国家开展经济合作”。因而也可以推断，国家间相互申请保密专利的发明是那些具有较好商业前景但暂时需要保密的发明，这种申请需要依照国内的保密审查程序予以审批。所以，《协定》第 1 条就强调了“起源国[①]有权禁止申请人向本协定的一个或多个其他成员国提交本发明的专利申请文件，这一权利不应当受到损害”。

《协定》规定，起源国已经对某项发明施加保密令并授权专利申请人在北约成员国提交专利申请后，受理该专利申请的成员国应当对该专利申请予以保密。专利申请人

① 注：起源国是指第一个收到包含保密发明的专利申请文件的国家，一般指专利申请人所在的国家。

应当向外国说明其发明已经被起源国保密的事实，且已经获得起源国允许其申请该外国专利的授权。申请人必须通过起源国的官方渠道提交该外国专利申请，并声明放弃在起源国提出因保密导致的损害赔偿的权利。其中，除法国、挪威、瑞典等三个国家要求专利申请人单独签署放弃损害赔偿的弃权书外，其余国家随同提交外国保密专利申请的请求书一并作出放弃赔偿的声明。成员国将依据协定，将该专利申请作为保密专利申请予以处理，在保密期间不予公开。由于此类专利申请是因为涉及起源国而非本国的国家安全利益而被保密，因此不予补偿。依据协议在多个国家申请专利的，只能在起源国要求解除保密令，起源国在做出决定前至少 6 个星期应当通知各国，并在审查是否解密的过程中听取各国意见。

华中科技大学管理学院袁晓东、凌霄霄在《基于解密发明信息的美国国防专利特征分析》一文中以 378 件美国保密专利申请为样本，对专利权人类别进行统计，发现美国专利申请人的保密专利申请共 270 件，其他北约国家的保密专利申请共 108 件，占到近 30%，说明美国与北约盟国保持着密切的国防技术信息交换。可以想象，美国在其他北约国家提交的保密专利申请肯定也不会少。

部分北大西洋公约组织成员国就保密专利（专利申请）合作的法律规定见表 5-13。

表 5-13　部分北约组织成员国就保密专利（专利申请）合作的法律规定

国家	法律规定
荷兰	荷兰《专利法》第 43 条： (1) 如果申请人因其专利申请涉及其他国家的国防利益要求对其专利申请的内容予以保密，或者如果其他国家的政府发出此类请求，在申请人书面声明放弃因执行本条所应获得的赔偿的情况下，专利局应及时将该请求、该专利申请的说明书和附图以及前述放弃声明送交国防部长。在这种情况下，应当中止将该申请载入专利登记簿。如果未提交放弃声明，专利局应当及时通知前述国防部长。 (2) 在请求提交之日起 3 个月内，国防部长可以通知专利局专利申请的内容因涉及国防利益应当保密，前提是已经查明该国已经要求申请人保守秘密，并且该申请人被该国允许就该保密的内容提交专利申请。 (3) 第（2）款所述通知应当导致中止将该申请载入专利登记簿，直到国防部长通知专利局申请的内容不再需要保密。没有前述通知的，不得中止
挪威	挪威《保密专利法》第 7 条：国王可以，在互惠的条件下，与外国签订协议，就对签订国的国防具有重要意义的发明，由外国人在挪威申请专利的，经该国有关当局的要求，按个案对申请进行保密，授予专利的，应作为保密专利授予

续表

国家	法律规定
丹麦	丹麦《保密专利法》第10条：由居住在外国的机构、人员或企业就第1条所称的发明在丹麦提出专利申请的，贸易和发展部部长可以指示对该申请按照本法的规定进行审查和处理，授予专利的，应当授予保密专利
匈牙利	匈牙利《专利法》第53条： (5) 如果国防或国家安全需要，匈牙利专利局局长可以按照特定法律程序和按照特定法律规定的有关部长的建议，对专利申请定密。 (6) 基于国际条约的义务，匈牙利专利局局长应当对专利申请定密的，不必遵循第(5)款所述的程序。 (11) 国际协议条约明确允许的，在依照第(6)款对专利申请定密之前，匈牙利专利局局长应当要求申请人书面声明放弃因该申请的保密而主张补偿的权利。申请人不放弃权利的，或在规定的时间期限内对该要求不予答复的，该专利申请将被视为撤回

附件 5–1

比利时、加拿大、丹麦、法国、德意志联邦共和国等与共同维护涉及国防的保密发明及专利申请有关的协定

签署于1960年9月21日，巴黎

官方版本：英语和法语

1961年3月30日于美国登记

第5664号文件，与共同维护涉及国防的保密发明及专利申请有关的协定①，于1960年9月21日在巴黎签署。

《北大西洋公约》于1949年4月4日②在华盛顿签署，其缔约国：比利时、加拿大、丹麦、法国、德意志联邦共和国、希腊、意大利、卢森堡、荷兰、挪威、葡萄牙、土耳其、英国和美利坚合众国；

正如《北大西洋公约》第2条所约定的，希望鼓励在任一国家或所有国家开展经济合作；

正如《北大西洋公约》第3条所承诺的，通过持续有效的自卫，来保持和加强个体和集体抵抗武装攻击的能力；

① 根据第6条，本协定于1961年1月12日在美国和挪威生效，也就是美国政府批准或同意该协定的30天后。根据交存的批准书，美国于1960年12月8日、挪威于1960年12月13日提交。

② 见于《联合国条约汇编》，第34卷243页，第126卷350页，第243卷308页。

考虑到在任一《北大西洋公约》组织成员国内对与国防有关的保密发明强制保密已经作为一般规则，因此当一项发明已经提出专利申请或者被授予专利权时，应当禁止同样的发明作为一项专利向其他国家提出申请，包括不能向《北大西洋公约》的缔约国申请；

考虑到上述禁令导致的地域限制可能会对专利申请人造成损害，进而对《北大西洋公约》缔约国之间的经济合作带来不利影响；

考虑到互助有利于促进与国防有关的发明的交流，而在某些情况下，这种交流可能因上述禁令受到阻碍；

考虑到如果一个或多个《北大西洋公约》缔约国对某项发明实施保密，并且实施该保密令的某个政府正准备对申请专利的发明授权，那么实施该保密令的政府不能随意拒绝对该发明实施保密；

考虑到《北大西洋公约》缔约国政府之间已经就相互保护和可能相互交换的国家机密保护作出了规定，

特此协议如下：

第 1 条　当政府为了国防利益而对某些发明已经实施保密，并且通过约定的程序收到专利申请文件时，本协定的成员国政府应当保障和维护这些发明的保密性；第一个收到包含这些保密发明的专利申请文件的政府，以下简称“起源国”。

第 1 条适用的前提是起源国有权禁止申请人向本协定的一个或多个其他成员国提交本发明的专利申请文件，这一权利不应当受到损害。

为了实施本条款，本协定的各成员国政府同意制定相应的程序性条款。

第 2 条　第 1 条规定应当根据起源国政府或者专利申请人的要求适用，适用前提是专利申请人提供证据证明起源国政府已经对该发明实施保密，并且专利申请人已经从起源国政府获得在该国提交保密专利申请的授权。

第 3 条　对发明要求保密仅作为申请保密发明的前提条件时，根据第一条规定呼吁保护发明的保密性的政府，有权要求保密发明申请人声明放弃补偿损失或损害赔偿。

第 4 条　根据第 1 条实施的保密措施只能在起源国的要求下解除。起源国应当在 6 周内通知其他有关国家，表明其打算取消本国的保密措施。

由于关系到北大西洋公约组织的安全性，起源国应当尽可能地考虑其他成员国在上述 6 周内提出的陈述。

第 5 条　本协定不应当禁止签署国政府出于同样的目的而签订双边协定。现有的双边协定不受影响。

第 6 条　批准或同意本协定的文书应当尽快交给美国政府，由美国政府通知各个签署国每一文书的交付日期。

本协定自两方签署批准或同意文书之日起 30 日后生效。在其批准书或同意书交存后 30 天内，它将对其他签署国生效。

第 7 条　本协定的缔约方可书面通知美国政府退出本协定，由美国将该通知送达给其他缔约方。

退出通知应在美国政府收到通知后 1 年内生效，但不应影响已签订的条款以及签署方退出以前根据本协定规定取得的权利或特权。

下述签署人经正式授权签署本协定，以昭信守。

于 1960 年 9 月 21 日在巴黎以英文和法文写成，这两种文本具有同等效力，应以一份副本存入美利坚合众国政府的档案中，美国政府将经正式核证的副本转交其他签署国政府的政府。

比利时　加拿大　丹麦　法国　德国　希腊　意大利　卢森堡　荷兰　挪威　葡萄牙　土耳其　英国　美国

第 6 章
为国防目的使用保密发明的机制

本章导读

发明属于公共产品，为了促进这一公共产品的产出，推动社会进步，人们创设了专利制度。权利人通过申请专利的形式将其发明公之于众，同时换取法律保护和预期收益，从而鼓励人们投资或从事研发活动。但是，专利权是在商业领域存在和有效的权利，为促进发明创造在国防事务中的运用，世界主要国家都立法设置了“国防使用规则”，在国防事务中排除专利权的行使。

涉及国家安全利益需要保密的发明同样属于公共产品，其在保密期间主要服务于国防和军队建设，限制商业化开发，只有在解密后才与普通发明一样，同时服务于国防、商业等领域。世界主要国家所创设的专利保密制度，就是在遵守国家保密制度的前提下，将发明分成保密和公开两个阶段，对专利制度进行适当改造。一是在保密阶段，由于发明被限制商业化开发，而在国防事务中又限制专利权的行使，因此“扣压制”国家在保密期间不授予专利权，国家有权使用保密发明并对权利人给予补偿，“授权制”国家在保密期间尽管授予“保密专利权”，但国家通过对其采取征收措施排除了发明专有权的行使，从而保障发明为国防所用。国家向权利人支付保密阶段的征收费用，或者在使用保密发明后向权利人支付合理补偿，从而在国防市场内实现权利人的收益。二是在发明解密后，授予普通专利权并公之于众，从而使得专利保密制度与普通专利制度形成有效衔接，权利人在保密期间所保留的获得专利权的预期在解密后得以实现。

综上所述，专利保密制度的一系列制度安排，一是能够鼓励人们投资或从事与国防有关的研发活动，促进涉及国家安全利益的发明创造这一公共产品的产出；二是能够让发明人即便意识到其发明将会被国家采取保密措施而暂时难以获得商业利益，仍然愿意通过申请专利的方式向政府提交其发明创造；三是保障了保密发明在国防事务中的充分、高效使用；四是尽管发明涉及国家安全利益需要保密，但不影响其尽早提交专利申请，尽早确定专利申请日并在解密后获得并行使专利权，而不会因为国家保密需要而丧失获得专利权的机会。

保密发明一般包括两种类型：一类是政府有财产利益的发明，包括政府资助产生的发明和政府雇员的发明；另一类是政府无财产利益的发明，也称私人发明。对于政府有财产利益的发明，其为国防部门所知悉并为国防所用的目标，可以通过政府对发明的知情权，以及政府对发明拥有的国防目的的、已付费的、不可撤销的使用权加以保障。其中，政府对发明的知情权通过国防发明报告、专利申请义务等制度加以保障，确保政府资助产生的发明完全为政府所知悉，不得由承担单位作为技术秘密据为已有。政府对发明的国防目的的使用权，通过法律法规和政府资助合同约定加以保障，确保政府资助产生的发明为政府所用，这种国防目的的使用权是政府已付费的权利，该权利不得被撤销。政府对其资助产生的发明的知情权和使用权的合理性，都源于政府在资金、设备、技术等方面的资助。

相比之下，对于政府无财产利益的保密发明，如果发明人不以一定的形式将发明提交给政府，政府很难知道该发明的存在，而且也不享有相应的财产权利。如果此类发明没能用于国防建设，那么对于国防来说是一种损失，如果被他国所知所用，则是更大的损失。相反，如果发明能够及时为国家所掌握，并将其使用到武器装备和军事设施上，将有效促进本国军事实力的增强和国防现代化水平的提升。综观世界军事史，每一次军事变革都是由重大科学技术的变革引发的。例如，激光器的发明催生了激光武器等新概念武器的诞生，谷歌、亚马逊关于网络智能机器学习、大数据分析等技术的创新，使得美军对军事目标的判断更为精准。因此，需要在制度上做出安排，以促进发明人将其保密发明以一定形式告知国家机关，同时明确国家为了国防目的配置和使用发明的权利。接下来，笔者将重点探讨为国防目的使用政府无财产利益的保密发明的机制。

6.1　保障国防部门掌握私人保密发明的机制

专利申请人就涉及国家安全利益的发明提交的专利申请，需要由专利局进行初步筛查后送交国防部门进行保密审查，经保密审查确认该发明涉及国家安全利益需要保密的，由国防部门作出保密决定。事实上，专利局将专利申请送交国防部门审查的程序，就是保障国防部门掌握对于国防和军队建设具有重要意义的发明信息的机制。保障国防部门掌握涉及国家安全的发明信息，是世界主要国家专利保密制度的基本功能之一。除了对专利申请进行保密筛查这一途径外，还有一种途径是发明的权利人直接向国防部门提交涉及国家安全利益的发明，而后由国防部门或者权利人提交专利申请。因此，保障国防部门知悉保密发明的途径主要包括两种：一种是通过提交专利申请的形式，通过专利局向国防部门公开发明；另一种是直接向国防部门提交发明。

6.1.1　以提交专利申请的形式提交保密发明

1. 促进发明人提交专利申请的激励机制

“民间发明”的权利人作出一项发明后，基本能够预计其发明是否将会被政府采取保密措施。他可以选择秘而不宣，也可以选择将发明提交给政府。除了培养公民的爱国精神之外，在制度设计上激励权利人提交专利申请进而向国防部门公开其发明也是非常重要的措施。事实上，美国《专利法》第 181 条至第 188 条的规定，早在 1917 年被称为“自愿提交法案”，意思就是发明人自愿向政府提交保密发明的法案。

各国的激励机制主要包括两个方面：一是发明在保密期间的利益保障。例如，波兰、加拿大、南非、挪威等国通过支付转让费或者一次性支付整个保密周期内的使用费，从而使得保密发明的权利人获得经济上的补偿；美国、英国、以色列、印度等国将会支付两笔费用，一种是因使用具有可专利性的保密发明而给予权利人的经济补偿，另一种是因保密而妨碍发明人的商业化开发而给予发明人的补偿。二是发明在公开后的利益保障。即便发明因为涉及国家安全利益需要保密，发明人也应当尽早提交专利申请，从而确定专利申请日以抢得先机，否则可能因为他人就相同的发明提交了专利申请而导致其丧失获得专利的机会。毕竟，发明的保密是有期限的，发明解密后可以获得专利权并在商业领域行使，从而为其获得商业利益创造条件。这也是专利保密制度的意义所在，即发明尽管处于保密状态，但仍可申请专利以获得专利申请日上的优先；除了在保密期间获得政府的补偿外，同时还享有公开后被授予普通专利权并获得商业利益的预期权利，从而做到专利保密制度与普通专利制度的无缝衔接，促进权利人就其保密发明提交专利申请。

有了以上两个方面的利益激励，发明人将愿意就其作出的涉及国家安全利益的发明，即便可能被国家采取保密措施，仍然选择申请专利并向政府公开其发明。这是国防部门利用这些保密发明的重要前提。

2. 明确专利局向国防部门披露专利信息的责任

保密发明的权利人向专利局提交了专利申请，但国防部门如何获得专利申请信息呢？这关系到专利局与国防部门的工作衔接问题。毕竟，这些技术的用户是国防部门，而不是专利局。如前所述，专利申请的保密审查由国防部门负责，而国防部门在开展这种保密审查活动的同时，就掌握了保密发明的技术信息，从而为其在国防建设活动中利用这些保密发明提供了条件。综观世界主要国家的相关法律规定，主要有三个要点：一是明确专利局承担向国防部门送交专利申请文件的责任，或者明确国防部门有查阅专利申请文件的权力；二是国防部门查阅的内容包括所有的专利申请文件，包括“说明书”“附图”“权利要求书”等详细描述发明技术方案的文件；三是国防系统内部建立信息共享机制。以上三点，在确保国家秘密不被泄露的前提下，能够最大限度消除国防部门内部各单位，以及授权从事相关国防供应活动的机构之间的壁垒，使保密发明在国防系统内部得到充分公开和使用，最大限度发挥其效益。事实上，由于发明被保密，其商业化利用已经基本暂停，只有在国防系统内部充分公开和使用，才能发挥发明的社会价值。

部分国家关于专利局向国防部门披露专利信息的责任的法律规定见表 6-1。

表 6–1　部分国家关于专利局向国防部门披露专利信息的责任的法律规定

国家	法律规定
美国	美国《专利法》第 181 条：专利局局长应当将涉及国家安全的发明的专利申请书送交原子能委员会、国防部长以及总统指定的作为美国国防机构的其他政府部门的首长检查
英国	英国《专利法》第 22 条：专利局局长应当就作出保密令的发明送交国务大臣，由国务大臣考虑申请的公布或有关信息公布或传播是否会损害国家安全或公共安全
德国	德国《专利法》第 51 条：专利局应当准许联邦最高主管部门查阅案卷，审查是否应当保密或者解密

续表

国家	法律规定
荷兰	荷兰《专利法》第 40 条：国防部长应当就专利申请的内容是否保密对专利局进行指导，专利局应当向国防部提交该申请的说明书和附图的副本
以色列	以色列《专利法》第 95 条：国防部长可以指示专利局负责人将某一类申请的副本送交其指定的人，专利局负责人可以向国防部长送交在他看来与国家安全有关或包含一项国防秘密的申请
印度	印度《专利法》第 35 条：中央政府负责审查发明的公开是否会损害印度国防利益，不得禁止专利局负责人就专利申请或者其说明书的信息向中央政府公开
波兰	波兰《工业产权法》第 62 条：专利局应当与主管内务的国防部长或者国家保密局局长传送涉及国防或者国家安全的发明清单，并应主管机关的要求，传送相关说明书及附图
保加利亚	保加利亚《专利法》第 24 条、第 45a 条：内务部和国防部负责专利信息的保密审查，专利局发现含有保密信息的，应当送内务部和国防部确定密级

3. 豁免专利局工作人员的保密责任

世界主要国家的专利法都规定，在专利申请公布或公告前，专利局工作人员应当保守秘密。例如，我国《专利法》第二十一条第三款规定：“在专利申请公布或者公告前，国务院专利行政部门的工作人员及有关人员对其内容负有保密责任。”其原因在于，专利申请文件记载的发明在专利局依法予以公布或者公告之前，还不能获得专利法提供的保护，申请人只能将其作为商业秘密予以保护。此外，在专利申请文件依法公开前保守秘密，可以为专利申请人作出撤回专利申请的决定留有选择余地。如果专利申请在依法予以公布或者公告之前被专利局泄露，其结果必然会损害申请人的利益。所以，专利局的工作人员应当承担在专利申请予以公布或者公告之前对其内容保密的责任，不得告知无权得知该发明的人，更不得以书面或者口头方式向公众公开。如果一件专利申请在依法予以公布或者公告之前被撤回、被视为撤回或者被专利局驳回，专利局工作人员及有关人员对该申请负有无限期保密的责任。其中，“公布”是指发明专利申请经初步审查合格后的公布，“公告”是指实用新型和外观设计专利申请经初步审查合格后授予实用新型或者外观设计专利权的公告。其他国家也都针对专利局工作人员有类似要求。例如，印度尼西亚《专利法》第 41 条规定：“自申请的申请日起，所有知识产权总署的人或者任何职责与知识产权总署责任相关的人都应当有义务为发明和所有申请文件保密，直到相关申请被公布之日。”英国专利局甚至以此为理由，长期拒绝国防部门查看专利申请文件。①

① 参见本书第 1 章关于英国专利保密制度的历史沿革的介绍。

那么，为了保障国防部门知悉对于国防和军队建设具有重要意义的专利申请，专利局工作人员必须将专利申请信息向国防部门公布。为了豁免专利局工作人员的保密责任，世界主要国家专利法专门规定，专利局工作人员就涉及国家安全利益需要保密的专利申请向国防部门工作人员透露的，不违反专利局工作人员对专利文件在公布或公告之前的保密义务。例如，印度尼西亚《专利法》第 46 条第（3）款规定："任何由知识产权总署与其他任何政府机构进行的协商，包括导致不公布申请决定的申请专利的发明信息的传送，都不被认为违反第 40 条和第 41 条所述的发明保密义务。"这些细节性的规定也从一个侧面反映了各国为了保障国防部门知悉保密专利申请所做的细致安排。

部分国家专利局工作人员保密要求及向国防部门透露信息的豁免的相关法律规定见表 6-2。

表 6-2　部分国家专利局工作人员保密要求及向国防部门透露信息的豁免的法律规定

国家	专利局工作人员的保密规定	向国防部门透露专利信息的豁免规定
印度尼西亚	印度尼西亚《专利法》第 41 条：自申请的申请日起，所有知识产权总署官员或者任何职责与知识产权总署责任相关的人都应当有义务为发明和所有申请文件保密，直到相关申请被公布之日	第 46 条第（3）款：任何由知识产权总署与其他任何政府机构进行的协商，包括导致不公布申请决定的申请专利的发明信息的传送，都不被认为违反第 40 条和第 41 条所述的发明保密义务
澳大利亚	澳大利亚《专利法》第 183 条：局长、每个副局长和每个雇员不得披露关于已经被或者正在被根据本法或者 1952 年法处理的事项的信息，除非被本法、局长的书面指示或者法院的命令要求或者授权这样做	第 175 条：不得因为本法的任何规定而妨碍关于一项发明的信息为使联邦的某一部门或者机构获得关于上述禁止令是否应当被作出、修改或者撤销的意见的目的而向其披露
印度	印度《专利法》第 76 条：除本法授权或者要求，或者根据中央政府、申诉委员会或者负责人书面指令或者法院命令之外，专利局官员和雇员不得提供有关根据本法正在处理或者已经处理的事项的信息	第 42 条：本法任何规定不得被认为禁止负责人为审查专利申请或者其说明书是否应当根据本章的规定作出保密指令或者撤销保密指令之目的，就该申请或者其说明书的信息向中央政府公开

6.1.2　直接向国防部门提交保密发明

1. 向国防部门提交保密发明的强制性规定

为了获得对于国家安全利益具有重大意义的发明，加拿大、挪威等国采取的做法是要求发明人直接向国防部门提交发明，而且这种提交是发明人承担的义务。例如，加拿大、南非等国明确规定，涉及军事器械或军需品的发明必须转让给国防部，由国防部提交专利申请。挪威明确规定，任何人希望利用军需品发明的，必须向国防部提交该发明的完整说明书，国防部门认为发明对于国家的国防具有重要意义的，还可以从拥有该发明信息的任何人那里索取关于该发明的完整信息。在此之前，未经国防部门许可，不得向任何人披露发明，也不得采取任何步骤使用该发明。

2. 国防部门对发明的知悉和试验不影响新颖性的规定

专利法明确规定，一件发明或者实用新型具备新颖性的前提条件之一是其区别于现有技术。而现有技术包括通过国内外出版物公开的现有技术，以及通过使用公开或者以其他方式为公众所知的现有技术。换句话说，发明或者使用新型如果在提交专利申请前不当地公开，将会破坏其新颖性导致无法获得专利权。如前所述，对于涉及国家安全利益的发明，加拿大、南非、挪威等国采取的做法是要求发明人在提交专利申请前将发明透露给国防部门，而且，国防部门为了检验该发明的军用价值，可以对该发明进行必要的试验、测试、试用等活动。由于公开和试验行为在前，专利申请在后，为避免发明的权利人向政府的公开行为，以及政府的试验、测试行为影响发明的新颖性，保护权利人就其发明获得专利保护的权益，加拿大、南非等国还专门规定了这些行为不影响发明的新颖性。

例如，加拿大《专利法》第 20 条第（16）款规定："将对军需品的改进的任何发明传送给国防部长或者其授权的任何人，以便调查该发明或者其优点的，以及为调查目的所进行的任何行为，均不应视为影响专利权的授予或者有效性的对该发明的使用或者公开。"南非《专利法》第 79 条第（6）款规定："向国防部长或者任何由国防部长授权调查该发明的人传送任何此类发明，以及由此人为调查目的所做的任何事情，均不应视为发明公开或者使用从而阻碍对该发明授予任何专利权或者影响该专利权的有效性。"挪威《保密专利法》第 3 条规定："出于挪威王国国防的考虑认为适当时，部长可授权进行该发明的实验或测试。"

当然，加拿大、南非、挪威等国获取对国家安全有重要意义的发明的途径不仅限于向国防部门的提交，也包括向专利局提交专利申请。例如，挪威在法律中就明确了两个途径，既包括向国防部门提交发明，也包括向专利局提交专利申请。

向国防部门提交保密发明的相关法律规定见表 6-3。

表 6–3　向国防部门提交保密发明的相关法律规定

国家	法律规定
加拿大	加拿大《专利法》第 20 条： (1) 向国防部长转让 任何王室的或王室服务机构或代理机构的政府官员、公务员或雇员，在履行职责和完成工作过程中发明的军事器械或军需品，如果国防部长要求，该发明所带来的所有利益和就该发明取得的或即将取得的任何专利权应当转让给代表女王陛下的国防部长。 (2) 向国防部长转让 第（1）款规定人员之外的任何人完成的该款规定的发明，该发明所带来的利益和就该发明取得的或即将取得的专利权可以转让给代表女王陛下的国防部长。 (7) 国防部长可以提交专利申请 根据本法向国防部长转让发明的任何协议达成后，国防部长可以就该发明向专利局局长提交专利申请，同时提交对其专利性进行审查的请求。如果该申请是可授权的，国防部长应当在授予专利前向专利局局长书面证明：为公众利益考虑，发明的具体内容和实施方式应当予以保密。 (16) 对国防部长的信息传递 将对军需品的改进的任何发明传送给国防部长或者其授权的任何人，以便调查该发明或者其优点的，以及为调查目的所进行的任何行为，均不应视为影响专利权的授予或者有效性的对该发明的使用或者公开
南非	南非《专利法》第 79 条：(1) 涉及 1968 年《武器开发和生产法》(1968 年第 57 号法案）第 1 条中所定义的任何武器的发明的所有者，应国防部长代表国家的要求，将其发明或者就该发明所得或者将得的专利权转让给该部长。 (2) 所述转让及其中包含的任何协议应是正当有效的，并以国防部长的名义通过适当的程序强制执行。 (3) 若一项发明经此转让，国防部长可以书面通知登记主任（笔者注：专利局局长)，指示该发明及实施该发明的方法应予保密。 (6) 向国防部长或者任何由国防部长授权调查该发明的人传送任何此类发明，以及由此人为调查目的所做的任何事情，均不应视为发明公开或者使用从而阻碍对该发明授予任何专利权或者影响该专利权的有效性
挪威	挪威《保密专利法》第 3 条：任何人希望利用第 2 条所述发明的，必须向部长提交该发明的完整说明书，或希望保护该发明的应按一般做法向专利局提交申请。有关当局必要时应帮助制备说明书。 部长可允许权利所有人不受第 2 条第 1 款规定的限制，请求他人帮助制备说明书或专利申请，或进行该发明的实验或测试。应非权利所有人的他人请求，出于挪威王国国防的考虑认为适当时，部长可授权进行该发明的实验或测试。 第 4 条：国王认为发明对于王国国防具有重要意义的，可以从拥有该发明信息的任何人那里索取关于该发明的完整信息。 第 5 条：专利局局长应保证让由国王授权进行检查的人可看到所受理的专利申请，并提醒该人注意那些被认为对于王国国防具有重要意义的申请

6.2　保障国防部门使用私人保密发明的机制

我们在《知识产权与国防使用》一书中，详细阐述了“国防使用规则”，即国家为国防目的使用受专利权保护的发明的机制，其核心在于专利权在国家为国防目的使用时不得行使，但专利权人有权要求获得经济补偿。保密发明是涉及国家安全利益且对国防和军队建设具有重要意义的发明，国家对这部分发明的使用是国家核心利益所在。国家将通过怎样的制度设计，以保障其将保密发明运用到国防事务中？如前所述，世界主要国家的专利保密制度包括“扣压制”和“授权制”。其中，“扣压制”国家对于保密专利申请暂不公开、且暂不授予专利权，那么，国家为国防目的使用这部分发明不会受到专利的排他权的限制。但“授权制”国家对于保密专利申请授予专利权，那么，国家为国防目的使用这部分发明会受到专利的排他权的限制吗？此外，波兰、加拿大、南非、挪威等国为了保障国家使用保密发明，直接通过征收的方式买断发明在保密期间的专有权，其法理上的合理性在哪里？接下来，我们将进行详细阐述。

6.2.1　“扣压制”国家的做法

1. 为国防目的使用保密专利申请的规则

美国、英国、印度、以色列等“扣压制”国家对于政府为国防目的使用保密发明，直接在法律上明确了参照适用“国防使用规则”。例如，英国《专利法》规定，对于被扣压的专利申请，在其可授予专利权的前提下，如果该发明由政府部门实施，或者由政府部门书面授权或指示实施该发明，可以当作该发明已经被授予专利，将适用第 55 条至第 59 条的规定。而第 55 条“为王国政府事务使用专利发明”规定：“尽管有本法中的任何规定，任何政府部门和任何由政府部门书面授权的人，可以为王国的事务并按照本条，不经专利所有者同意在联合王国就一项专利发明从事……制造、使用、进口或保存该产品或从属于制造、使用、进口或保存的出售或推销。”第 57A 条“利益损失的补偿”规定：“如果为王国政府事务使用了一项发明，有关政府部门应向专利所有者……给予补偿。”换句话说，英国政府为国防目的使用被保密扣压的、经专利性审查可授予专利的发明，参照适用“国防使用规则”。印度《专利法》规定，对于被保密扣压的、经专利性审查可授予专利的发明，如果该发明已经被政府或者其代表或者根据其命令的主体进行使用，则该专利申请视为已经授权，对于这种使用应当适用本法第 100 条、第 101 条，以及第 103 条的规定。其中，第 100 条、第 101 条，以及第 103 条是印度政府关于为国防目的不经专利权人许可使用专利发明的规定。

如果说英国、印度关于为国防目的使用被保密扣压的专利申请，采取的是“参照”授权专利的表述的话，那么，以色列、澳大利亚等国采取的是“一体化”表述，即不区分专利与保密专利申请，凡是为国防目的使用专利或者保密专利申请，均排除专利权效力。例如，以色列《专利法》第三节“为国家利益使用发明”规定：“国防部长可以允许政府部门、国有企业或机构、与国家有合同的人实施发明，不论是否已经为其授予专利或是否已经为其申请专利，如果他认为这为国家安全或为维持关键供给和服务所必需。在国防部长授予许可的情况下，财政部应以当事方之间协议确定的或在没有协议时按照补偿和使用费委员会确定的数额视情况向发明所有者、专利权人或独占许可持有人支付使用费。”澳大利亚《专利法》第十七章“王国”第二部分“王国的实施”规定，凡是在一件专利申请已经被提出之后的任何时间，当所涉及的发明被联邦或者一个州为联邦或者该州的公共事务而实施的，该实施不构成对专利的侵权，也不构成对暂未授予专利权的发明的侵权。关于应支付给专利申请人或者专利权人的报酬条件，由相关机构与专利申请人或者专利权人之间协商确定，不能协商一致的由规定的法院裁决。

美国为国防目的使用被保密扣压的发明的规定，从形式上没有明显参照适用授权专利的规定，但实质上是作等同处理的。美国默认其发布的保密令就包含国防部门为国防目的使用保密发明的权力，但是，“申请人或其继承人、受让人或法定代理人，……有权向提请发出命令的部门或机构的首长，请求赔偿其由于……发表发明后政府使用该项发明……而造成的损害”。此外，美国《专利法》第 183 条专门规定，美国政府在政府使用保密专利申请的索赔诉讼中可以援引《美国法典》第 28 编第 1498 条诉讼中规定的一切依据为自己辩护。而《美国法典》第 28 编第 1498 条规定的正是政府为国防目的使用专利的规则。可见，美国使用被保密扣压的发明，与使用专利发明的程序、补偿标准、诉讼管辖等方面几乎没有差别。被保密扣压的发明被政府使用所获得的“待遇”，与专利发明无异。

2. 使用保密专利申请的补偿

如前所述，发明之所以被保密，是因为它涉及国家安全和国防利益，那么它就具有军事上的应用价值。虽然因为保密而暂时限制商业领域的盈利机会，但是并不影响它在国防事务中的应用。为了弥补发明人的损失，政府仍可以在国防事务中运用市场规则，由政府作为国防市场的买方，对保密发明的权利人这个国防市场的供方付费，以体现保密发明的价值。政府运用保密发明对武器装备和军事设施进行了升级改造，提升了国防实力；保密发明的权利人也获得了相应的回报。

关于政府使用保密专利申请而给予权利人补偿的制度，主要有 8 个要点：①关于补偿的做法，扣压制国家大部分采取的是按实际使用情况给予补偿，使用了就补偿，没使用不补偿。②关于补偿的条件，被补偿的专利申请必须是经审查具有可专利性的发明。因为，具有可专利性是对发明新颖性、创造性、实用性的法定认可，否则不应当享有专有权，也就不用给予补偿。③关于补偿的主体，通常是谁使用、谁补偿。涉及国家安全利益需要保密的发明，基本上是国防部门使用，因此由国防部门负责补偿。④关于补偿的计算标准，为国防目的使用保密发明的计算标准与使用专利发明的计算标准无异，详细的标准可参阅《知识产权与国防使用》一书。⑤关于补偿的程序，世界主要国家一般按照权利人提出请求、政府与权利人协商、政府行政裁决、法院司法判决的步骤进行，这一程序与因政府施加保密令而限制公开的补偿程序基本一致。⑥关于补偿的时机，基本上是政府使用后再行补偿，可以一次性补偿，也可以分段补偿。⑦关于补偿的时间周期，补偿时间周期从专利申请日起算，包含整个保密期限，无论是经审查确认具有可专利性之前，还是之后，只要发明具有可专利性即可。⑧关于补偿的例外，对于政府享有财产利益的发明，包括政府雇员的发明和政府资助产生的发明，不给予补偿。其原因在于，政府使用保密发明的补偿与政府施加保密令而限制公开的补偿一样，它是针对专利申请人或研发投资人的补偿，而不是针对发明人的补偿。

部分国家为国防目的使用保密发明的法律规定见表 6-4。

表 6–4　部分国家为国防目的使用保密发明的法律规定

国家	法 律 规 定
英国	英国《专利法》第 22 条第（7）款：(a) 如果该发明由政府部门（或由政府部门书面授权或指示）实施，且该保密令仍有效的，将适用下述第 55 条至第 59 条的规定，可当作：(i) 该实施是第 55 条规定的使用；(ii) 该申请已在期限结束时公布；以及 (iii) 在申请进行到可授予专利之时（将该专利期限看作是该申请按顺序审查时获得专利的期限），就该发明已授予专利

续表

国家	法 律 规 定
印度	印度《专利法》第 37 条第（2）款：已经根据本法第 35 条的规定作出保密指令的专利申请的完整说明书符合授予专利权条件的：(a) 在该指令生效期间，如果该发明已经被政府或者其代表或者根据其命令的主体进行使用，则该专利申请视为已经授权，对于这种使用应当适用本法第 100 条、第 101 条，以及第 103 条的规定
以色列	以色列《专利法》第 104 条：国防部长可以允许政府部门、国有企业或机构、与国家有合同的人实施发明，不论是否已经为其授予专利或是否已经为其申请专利，如果他认为这为国家安全或为维持关键供给和服务所必需。 第 105 条：如果认为这为第 104 条列举的目的所必需，国防部长可以在该条之下授予许可给一个与国家有合同的人，以保证或便于执行该合同和仅出于国家的要求。 108 条：如果在第 104 条或第 105 条之下授予一项许可，财政部应以当事方之间协议确定的或在没有协议时按照补偿和使用费委员会确定的数额视情况向发明所有者、专利权人或独占许可持有人支付使用费
澳大利亚	澳大利亚《专利法》第 163 条：在一件专利申请已经被提出之后的任何时间，当所涉及的发明被联邦或者一个州为联邦或者该州的公共事务而实施的，该实施不构成对以下事项的侵权：(a) 如果该申请尚未结案——具名的人对该发明的权利；或者 (b) 如果一件专利已经授予该发明——该专利。 第 165 条：实施发明的条件（包括关于应支付给具名的人或者专利权人的报酬条件），应是由相关机构与具名的人或者专利权人之间通过协商一致的条件，或者通过协商一致的方法确定的条件，或者在未能达成协议时，由规定的法院根据任一当事人的请求确定的条件。……法院可以考虑对该发明或者该专利享有权益的人已经直接地或间接地就该发明从相关机构所收到的任何补偿

6.2.2 “授权制”国家的做法

如前所述，美国、英国、印度等国为国防目的使用被保密扣压的专利申请，所采取的做法是“参照”专利发明，即为国防目的可以不经权利人许可，使用被保密扣压的专利申请，并给予权利人补偿。考虑到保密发明禁止在商业上公开使用，而只能用于本国国防的情况，那么，对保密发明授予专利权就显得没有必要了。因此，“扣压制”国家采取的做法是，对于保密专利申请不授予专利权，直接排除了发明在保密期间的排他权利，待发明解密后再授予专利权。“扣压制”国家在发明保密期间不授予专利权的做法，非常清晰明了地描述了发明在保密期间的权利状态，保障了政府为国防目的的使用保密发明的权利，并与“国防使用规则”相统一。

那么，对于授权制国家来说呢？我们比较“授权制”国家的做法，发现加拿大、南非、挪威、匈牙利等大部分国家都对授权专利采取“征收制”。接下来，我们将进行详细阐述。

1. 强制征收

加拿大、南非、挪威等国对涉及国家安全利益需要保密的发明实施征收。例如，加拿大《专利法》规定，政府雇员作出的军需品发明和政府有财产利益的军需品发明，应当无偿转让给国防部；其他人员作出的军需品发明，“该发明所带来的利益和就该发明取得的或即将取得的专利权”强制性地有偿转让给国防部。如果转让补偿数额不能达成一致的，由专利局局长决定。对该决定不服的，可以向联邦法院上诉。加拿大受让发明后，由国防部作为申请人申请专利并获得保密专利权。南非《专利法》规定，任何武器发明的所有者都应当将其发明或者就该发明所得或者将得的专利权转让给国防部，由国防部向发明或专利权所有者支付合理补偿。挪威《保密专利法》规定，专利申请涉及国防安全利益的应当授予保密专利，对于国防具有重要意义的保密专利，如果可以最大限度地用于国防的话，可以转让给国防部门。这种转让可以是整个专利权期限的转让，也可以是一定时间内的使用权转让。补偿金额由协议确定，无协议的由法院评估。补偿金额可以按年支付，也可以一次性付清。可见，尽管加拿大、南非、挪威采取的是“授权制”，对保密发明授予保密专利权，但是政府通过一次性买断军需品发明的专有权，从而排除专利权在国防事务中的行使，以保障国防部门对保密发明的使用。

匈牙利等国对保密专利申请采取授权制，但是在保密专利被授权后，政府强制与权利人签订转让、许可或开发合同，以排除专利权在国防事务中行使。例如，匈牙利《专利法》规定，专利申请被定密的，国防部门应当与申请人签订开发合同，以确保对该发明拥有独占开发权。征用期限覆盖整个专利有效期或者发明保密期。开发许可支付的费用应当与该发明主题所属技术领域许可条件下常见的使用费相当。可见，与加拿大、南非、挪威相类似，尽管匈牙利对保密发明授予专利权，但是政府通过强制征收发明的权利，从而排除专利权在国防事务中的行使，保障国防部门对保密发明的使用。

值得一提的是，“扣押制”国家也有强制征收的做法。波兰《工业产权法》规定，向专利局提出的保密发明，其权利应当通过支付补偿金的方式转让给国防部或者国家安全局，其补偿金额由发明的市场价值确定。双方经协商无法就补偿金额和补偿期限达成一致的，由国防部或者国家安全局作出决定。补偿金从国家财政中按年支付。波兰属于“扣压制”国家，但是与美、英等国采取为国防目的使用保密发明并按次支付费用的方式不同，波兰采取的做法是专利申请人向国防部或者国家安全局转让整个保密期间的专有权，由政府对保密期间的权利一次性买断，从而排除了保密期间发明专有权的行使，以保障国防部门对保密发明的使用。波兰的做法，本质上与美国、英国没有区别。

2. 经济补偿

从加拿大、南非、挪威、匈牙利等国的做法看，征收费用的计算标准基本都采取“市场法”，即补偿金额由发明的市场价值确定，参考与该发明主题所属技术领域许可条件下常见的使用费来计算。费用的计算周期是从专利申请日开始起算，直到专利权失效或者发明解密（当然，保密专利权人在保密期间无须缴纳年费，不存在保密期间内专利权因未缴纳年费而失效的问题）。这种做法与“扣压制”国家为国防目的使用“已授权专利”，以及“已经申请专利但未公布的发明”的规则是一致的。此外，费用的支付方式包括一次性支付和按年支付等多种方式，主要是为了保障发明人的经济利益，回应发明人的求偿权。

加拿大、南非、挪威、匈牙利等国对保密发明实施征收的法律规定见表 6-5。

表 6–5　部分国家对保密发明实施征收的法律规定

国家	法律规定
加拿大	加拿大《专利法》第 20 条：(1) 任何王室的或王室服务机构或代理机构的政府官员、公务员或雇员，在履行职责和完成工作过程中发明的军事器械或军需品，如果国防部长要求，该发明所带来的所有利益和就该发明取得的或即将取得的任何专利权应当转让给代表女王陛下的国防部长。(2) 第 (1) 款规定的人员之外的任何人完成的该款规定的发明，该发明所带来的利益和就该发明取得的或即将取得的专利权可以转让给代表女王陛下的国防部长。(3) 发明人根据第 (2) 款的规定向国防部长转让发明的，有权获得补偿。如果转让补偿数额不能达成一致的，由专利局局长决定。对该决定不服的，可以向联邦法院上诉
南非	南非《专利法》第 79 条：(1) 涉及 1968 年《武器开发和生产法》(1968 年第 57 号法案) 第 1 条中所定义的任何武器的发明的所有者，应国防部长代表国家的要求，将其发明或者就该发明所得或者将得的专利权转让给该部长。(8) 国防部长应向发明和专利权所有者支付协商确定的合理补偿，或者在无协议的情况下经仲裁确定的合理补偿，或者如果当事人同意的话由委员决定的合理补偿
挪威	挪威《保密专利法》第 6 条：按照国王的决定，如果是为了该发明可以最大限度地用于国防目的，可以要求把国王认为对于王国国防具有重要意义的发明让给有关当局或他人。这同样适用于在一段特定时间使用该发明的权利的让给。第 9 条：对于按照第 6 条采取的措施应当支付补偿，没有补偿协议的，由法院评估补偿额。由奥斯陆市法院实施评估。补偿额可以以年度使用费或者以一次付清的形式约定。补偿决定应约定支付使用费的年数。该发明被要求让给国家之外的他人的，在约定或支付补偿额之前，可以实行转让措施。对于根据本法采取的其他措施，权利的所有人可以有权按照法律的普遍规则得到补偿

续表

国家	法 律 规 定
匈牙利	匈牙利《专利法》第 53 条第（9）款：专利申请被定密的，建议定密的部长应当与申请人签订开发合同，在专利授予后一段合理时间内，确保其所领导的部门拥有独占开发权，或者，确保匈牙利总理办公室拥有独占开发权，但第（10）款规定的除外。该开发合同至该专利保护失效时期满，或者，至该专利不再保密时期满。被许可人应当负责该专利保护的维持。开发许可支付的费用应当与该发明主题所属技术领域许可条件下常见的使用费相当。合同中应约定，在规定的情形下的合理时间期限内，即使被许可人未开始开发，该相当的费用也应当被支付。在申请期间和专利授权期间，专利权人也有权得到该费用

6.3　保密发明在国防事务中的效力

专利制度的基本原理，就是申请人以向社会公开其作出的具有新颖性、创造性和实用性的发明，换取国家授予其一定期限内的专利权。通过这一制度设计，申请人的发明获得专利保护，赢得一定期限内的垄断优势以获取经济利益，从而鼓励其投资并从事研发活动。社会公众通过专利制度的公开机制，能够获得新的技术信息，一方面，在其基础上进一步作出开发改进，避免因重复研发而造成资源浪费，促进科技进步，增进人类知识财富；另一方面，能够促进发明的实施，推动新的技术和产品投入使用，形成新的产业经济，增进社会福利。因此，以发明公开换取专利保护的制度设计，使得申请人和公众都有收获，形成双赢的局面。我国《专利法》第二十六条第三款和第四款规定："说明书应当对发明或者实用新型作出清楚、完整的说明，以所属技术领域的技术人员能够实现为准；必要的时候，应当有附图。摘要应当简要说明发明或者实用新型的技术要点。权利要求书应当以说明书为依据，清楚、简要地限定要求专利保护的范围。"第三十四条规定："国务院专利行政部门收到发明专利申请后，经初步审查认为符合本法要求的，自申请日起满十八个月，即行公布。国务院专利行政部门可以根据申请人的请求早日公布其申请。"世界主要国家都有类似规定。例如，美国《专利法》第 122 条"申请的保密；专利申请的公布"规定："除……的规定外（笔者注：除外的情形包括根据第 181 条须遵从保密令的），每一专利申请应根据局长规定的程序，自根据本编可以获得利益的最早申请日起 18 个月期限届满后迅速予以公布。应申请人的请求，申请可以在所述 18 个月期间届满日以前公布。"由此可见，专利权的行使，以公开为基本原则。

那么，申请人如果就其发明提交的专利申请因涉及国家秘密需要保密，将如何处理呢？关于这部分专利申请的制度设计，是否还遵循专利制度“公开换保护”的基本原则？保密发明是不是因为不公开而不得行使专利权？这是一个根本问题。从美国、英国、印度等“扣压制”国家和加拿大、挪威、匈牙利等“授权制”国家的规定来看，答案是肯定的。

6.3.1 “扣压制”国家发明保密期间的效力

美、英等“扣压制”国家正是因为遵循专利制度“公开换保护”的基本原则，才在发明解密之前实行“扣压制”。

美国《专利法》第181条第（3）款规定：“如果原子能委员会、国防部长或被指定的其他政府部门或机构的首长认为因为授予专利证书而公布或发表发明可能有损国家安全时，原子能委员会、国防部长或上述其他机构首长应该通知专利商标局局长，局长应立即命令对该项发明保密，并在国家利益需要期间内扣发专利证书，并通知其申请人。”第（6）款规定：“根据原来提请发布保密命令的部门或机构首长的通知，公布或发表发明不再有损国家安全时，专利商标局局长可以废除前项保密令。”保密令废除后，专利公开和授权程序正常进行。换句话说，美国凡是授予专利权的发明都是公开的发明，涉及国家秘密的都不授予专利权，经审查具有可专利性的暂时处于待授权状态，解密后再行授权。

英国《专利法》第22条第（3）款（a）项规定：“根据本条就某申请作出保密令的，……可以进行到准备授予专利的阶段，但是不得公布申请，也不得公布有关信息，就该申请不授予专利。”第（5）款（d）、（e）两项规定：“假如国务大臣在任何时间考虑专利申请时，认为该申请的发表或者该申请中信息的发表和传播，不会或不再会损害国家安全或公共安全的，他应将此意见通知专利局局长；专利局局长在接到该通知后，应撤销原先的保密令，并可以根据他认为合适的条件，延长任何根据本法要求做的事项或授权对该申请要做的事项的期限，无论该期限在之前是否到期。”印度《专利法》第37条规定：“只要本法第35条规定的有关专利申请的任何指令（笔者注：第35条规定的是保密令）仍然有效，则：……，该专利申请可以依照指令继续处理，直至授权阶段，但是该申请及其说明书符合授予专利权条件的，不得公布并且不得授予专利权。”可见，英国、印度对于涉及国家秘密的专利申请同样不授予专利权，只有待解密后再行授权。荷兰、以色列、澳大利亚等采取扣压制的国家也有类似的规定。

关于美、英、印等“扣压制”国家做法的合理性，我们分别从商业领域和国防领域加以分析。首先是商业领域。由于发明在一定期限内须保密，因此，发明保密期间在商业领域实施的可能性已然受到限制，此时授予申请人专利权以便其在商业领域行使排他权利已经失去了必要。特别是，由于发明并未在商业领域公开，按照“公开换保护”的原则，即便授予专利权，其在商业领域也是无效的。其次是国防领域。我们在《知识产权与国防使用》一书中已经介绍了世界主要国家都建立了为国防目的不经专利权人许可使用受专利保护的发明并给予补偿的规则，即“国防使用规则”。基于国防目的使用发明，本身就限制专利权。而保密发明的用户限于政府或者军队，其使用保密发明的目的都是国防目的而非商业目的，那么，为保密发明设定国防领域的排他权利，一方面与“国防使用规则”相冲突，另一方面也没有现实必要。因此，对于涉及国家秘密的专利申请，不应授予专利权。

事实上，在保密期间不授予专利权，并不代表国家不尊重权利人作出的创新贡献。相反，国家为国防目的使用具有可专利性的保密发明，将给予权利人合理补偿，其补偿的标准与专利发明一致。归根结底，专利申请在保密期间，其专利权暂不行使，但其价值是得到承认的。

我们将保密发明分成保密期间和解密后两个时间段来分析其权利：在保密期间，一方面，保密发明基本丧失了在民用领域实施并获利的机会，另一方面，为了实现国防利益，国家在使用这部分发明时不应当受到排他权的阻碍；在解密后，应当给予该发明与普通发明同等的待遇，即公开后应当授予专利权，并获得在民用领域获利的机会。基于此，美国、英国、印度、以色列等“扣压制”国家采取的做法是：①发明保密期间，暂不授予专利权，以限制国防事务中排他权的行使。但是，权利人的求偿权应当得到保障，且就其保密发明提交的专利申请保留了解密后获得专利的预期权利。②发明公开后，授予专利权，一方面保障了商业领域内专利权的行使，专利权人享有排他权；另一方面，在国家为国防目的使用专利发明时，专利权人仍保留求偿权。关于申请人就其保密发明在不同阶段享有的权利如图 6-1 所示。

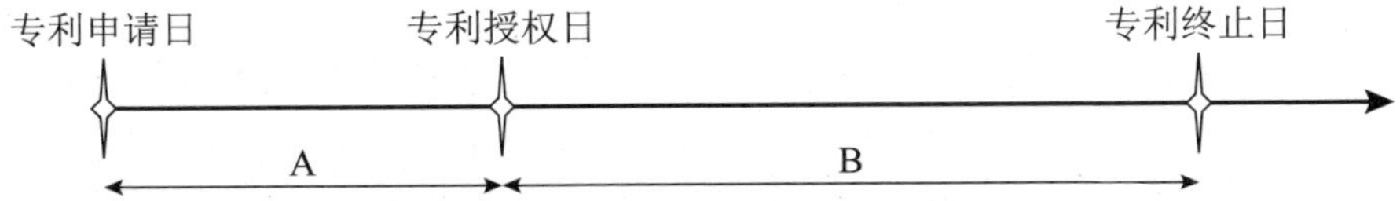

A扣压期间：申请人没有获得专利权；享有因政府使用的求偿权、因保密扣压的求偿权、预期获得专利的权利；不享有商业领域的排他权；
B授权期间：申请人获得专利权；享有因政府使用的求偿权、商业领域使用的排他权。

图 6–1　“扣压制”国家专利申请人就其保密发明在不同阶段享有的权利

6.3.2 “授权制”国家发明保密期间的效力

总结加拿大、南非、挪威、匈牙利等“授权制”国家的做法，我们可以发现，尽管这些国家对涉及国家安全利益需要保密的专利申请采取“授权制”，但这些国家都无一例外地对保密专利实施征收，要么是整个专利权有效期内的征收，要么是整个保密期内的征收，其共同目的都是排除发明保密期间专利权在国防事务中的行使，以确保国防部门为国防目的对保密发明的使用。从这些国家的规定看，虽然对保密发明授予专利权，但是政府通过对保密期间的权利采取强制征收措施，买断保密发明的权利，同时考虑到保密专利不允许在公开的商业领域行使专有权，因此，其专利权在保密期间不再产生效力。

从合法性的角度分析，世界主要国家的宪法都针对国家利益和公共利益的维护，明确了国家对私人财产的征收或者征用制度。例如，我国《宪法》第十三条第二款规定:“国家为了公共利益的需要，可以依照法律规定对公民的私有财产实行征收或者征用并给予补偿。”对保密发明采取强制征收的做法，一是能够有力保障国防部门对保密发明的使用，考虑到保密发明用于国防和军队建设，其用户归根结底都是国家，因此，由国家一次性买断保密发明的权利，避免各领域、型号、机构一个一个地与保密发明的权利人进行谈判，其运作效率是最高的；二是就征收行为给予补偿，能够保障权利人的求偿权，实现发明在保密期间的合理回报；三是考虑到发明在保密期间基本无法进行商业化使用，只能应用于国防事务，因此对保密发明实行征收基本不会产生商业上的负面影响；四是通过授予保密专利权，对保密发明的可专利性予以确认，解密后转为普通专利，从而与普通专利制度有机衔接，保证发明在解密后取得专利权并获得商业利益的机会。

6.3.3 保密专利权的效力与具有可专利性的保密专利申请的效力

如前所述，美国、英国、印度、以色列等“扣压制”国家都建立了为国防目的使用专利，以及被保密扣压的专利申请的规则，在国防目的内排除发明专有权的行使，同时给予权利人合理补偿。保密发明不得在公开商业领域实施，只能用于国防事务，因此，“扣压制”国家对保密专利申请采取不授权的做法。而对于“授权制”国家来讲，尽管对保密发明授予专利权，但是政府或者军队对于保密期间的发明实行强制征收，从而排除了保密专利权在国防事务中的行使。其合理性在于，按照“国防使用规则”，权利人不得就其保密发明享有国防领域内的排他权，而只有求偿权，政府对保密期间发明权利的征收，就是对求偿权的回应。因此，加拿大、南非、挪威、匈牙利等“授权制”国家的做法，其性质和目的与“扣压制”国家一致。从性质上讲，都是对保密发明的征用；从目的上讲，都是排除国防事务中保密发明专有权的行使。因此，“授权制”下的保密专利权与“扣压制”下的具有可专利性的保密专利申请，在效力上具有统一性。

“扣压制”和“授权制”的区别在于，“扣压制”国家在保密期间对保密专利申请不授权，“授权制”国家在保密期间对保密专利申请授予保密专利权。但是，这种区别只是形式上的，即一个不颁发专利证书，一个颁发专利证书。但是，“授权制”国家即便颁发了专利证书，也只是在保密登记簿上登记，其权利实质上并不能行使，无论商业领域还是国防事务。美国对保密发明的专利申请不颁发专利证书，但是会给专利申请人发一个“可专利性通知”。我们可以理解为，“授权制”国家所颁发的保密专利证书，其效力与美国颁发的“可专利性通知”是一样的，仅仅是可专利性的证明而已，符合了获得政府补偿的前提条件，但都不产生排他效力。而美国对保密发明解密后所颁发的专利证书，与“授权制”国家对保密发明解密后将保密专利转为普通专利的效力是一样的。其关系如图 6-2 所示。

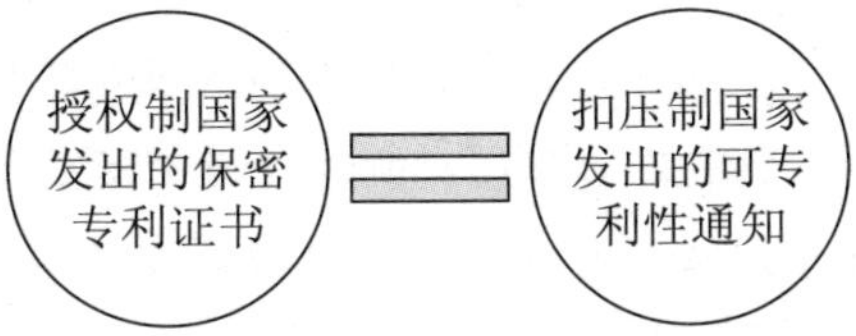

图 6-2　等同于扣压制国家发出的可专利性通知

保密发明在保密期间的权利属性，不仅是专利制度中“公开换保护”原则的必然要求，根本原因还在于以下两点：一是出于维护国家安全的需要，国家行使“治安权”，在保密期间限制保密发明商业实施，使得保密发明即便授予了专利权也不能在商业领域中行使。二是出于满足国防建设的需要，国家行使“征用权”，通过“国防使用规则”或者强制征收保密发明的权利，使得保密发明即便授予了专利权也不能在国防事务中行使。

在我国有一种观点，认为国防领域内也遵从“公开换保护”的原则，即保密专利在国防领域公开，就可以在国防领域行使专利权，即“国防领域内的有限公开换取国防领域内的保护”，申请保密专利的目的就是为了获得国防领域内的市场垄断。笔者作如下分析：由于保密发明的用户都是代表国家利益的政府或者军队，按照这一制度设计，A企业承担国防任务需要用到B企业的保密专利，B企业可以行使专利权禁止A使用，那么最终受损害的是国家和军队。事实上，无论国防任务的具体执行者是谁，也无论某项专利发明的具体用户是谁，归根结底用户只有一个，那就是国家。如果按照“有限公开换取有限保护”的逻辑，无论专利权对抗的具体单位是谁，但最终对抗的都是国家，这势必造成在国防事务中使用专利发明寸步难行，从而给国防和军队建设造成消极影响。

关于这个问题，我们在《知识产权与国防使用》一书中，详细论述了在国防事务中采取“专利权保护规则”的弊端，阐述了建立“国防使用规则”的合理性。简而言之，在国防采购事务中，不允许各类主体利用专利构筑壁垒、设置障碍、限制竞争、漫天要价、增加成本。相反，国防采购活动中必须消除专利壁垒、破除技术垄断、促进充分竞争。事实上，之所以存在“国防领域内的有限公开换取国防领域内的保护”的错误观点，原因在于没有注意到世界各国专利制度中“国防使用规则”的普遍存在。如果在我国专利制度中明示了“国防使用规则”，明确了专利权的领域限制，保密专利权的权利行使问题自然一目了然。因此，我们主张，尽快在我国专利制度中明确“国防使用规则”，或者在司法解释中排除专利侵权禁令在国防事务中的适用。此外，应当改革国防专利补偿机制，由政府或军队作为买家，买断保密发明在保密期间的权利，给予保密专利的申请人合理补偿。此外，考虑到保密期间发明的用户限于政府和军队，因此需要尽快建立保密发明信息的内部推送机制，促进保密发明信息的有效共享。

可能有人会问，既然申请保密专利不能获得国防领域的垄断权，那么申请保密专利的目的和意义何在？事实上，从专利申请人的角度看，就保密发明申请专利的目的意义至少包括两个方面：一是获得国家给予的合理补偿，包括被使用的补偿和限制公开的补偿；二是尽早确定专利申请日，以期通过专利保密制度与普通专利制度的衔接机制，在解密后获得专利权。恰如波兰《工业产权法》第58条所述：“保密发明只能为获得优先权的目的向专利局申请专利保护。”

6.4 保密发明在商业领域中的效力

美国、英国、印度等“扣压制”国家对于处于保密期间的发明，既不公开，也不授予专利权，按照“公开换保护”的基本原则，其专利申请在保密期间不存在商业领域中的效力问题。那么，对于加拿大、俄罗斯等授权制国家来说呢？我们在上文介绍了，加拿大等国虽然采取授权制，有保密专利，但是由于政府对保密专利实施征收，使得其在国防事务中不行使专有权。那么，这些保密专利是否在商业领域行使效力？是否遵守“公开换保护”的基本原则？

加拿大《专利法》第 20 条第（15）款“权利保护”规定：“针对在本条规定的专利保密期间发生的善意侵权行为的侵权指控，不应当得到支持。在专利公布之前，已经善意进行依照本款不构成侵权责任的行为的人，在专利公告后，有权获得制造使用和销售专利发明的许可，许可的条件由双方当事人协商，协商不成，由专利局局长决定，对专利局局长的决定不服的，可以向联邦法院上诉，由法院决定许可的条件。”该规定表明，保密专利在保密期间，专利权在商业领域不发生效力，它是一种期权，只有解密后才发生效力。不仅如此，加拿大还对在专利公布前已经实施该项保密发明的人给予了特殊关照，允许其在支付经协商的或者合理的许可费后，继续实施该项专利。这一规定，是考虑到实施人为该项专利的实施做了相应投入或者准备工作，体现的是对实施人利益的照顾。这有点类似于专利法中的“先用权”。可见，加拿大在保密专利的效力问题上严格遵守了“公开换保护”的原则，即保密专利权在商业领域是无效的。

俄罗斯《联邦民法典》第 1405 条“保密发明的独占权”第（5）款、第（6）款规定：“不知悉也无法根据合法理由知悉这种发明专利存在的人使用保密发明，不视为侵犯保密发明专利权人的独占权。当发明解密或者专利权人告知此人这种发明专利的存在之后，此人应当终止使用发明，或者与专利权人签订许可合同，具有先用权的情况除外。保密发明的专有权不允许往前追索。”俄罗斯也严格遵循了“公开换保护”的原则，对于普通公众来讲，俄罗斯的保密专利在保密期间不发生效力，只有解密后才发生效力。部分国家关于保密专利权在商业领域的效力的法律规定见表 6-6。

表 6-6　部分国家关于保密专利权在商业领域的效力的法律规定

国家	法律规定
俄罗斯	俄罗斯《联邦民法典》第 1405 条：(5) 本法典第 1359 条规定的行为，以及不知悉也无法根据合法理由知悉这种发明专利存在的人使用保密发明，不视为侵犯保密发明专利权人的专有权。当发明解密或者专利权人告知此人这种发明专利的存在之后，此人应当终止使用发明，或者与专利权人签订许可合同，具有先用权的情况除外。6. 保密发明的专有权不允许往前追索
加拿大	加拿大《专利法》第 20 条第（15）款：针对在本条规定的专利保密期间发生的善意侵权行为的侵权指控，不应当得到支持。在专利公布之前，已经善意进行依照本款不构成侵权责任的行为的人，在专利公告后，有权获得制造使用和销售专利发明的许可，许可的条件由双方当事人协商，协商不成，由专利局局长决定，对专利局局长的决定不服的，可以向联邦法院上诉，由法院决定许可的条件

6.5 为国防目的使用保密发明的效益分析

6.5.1 军事效益与经济效益兼顾

国家使用保密发明的制度是兼顾军事效益和经济效益的。由于发明被国家保密,因此专利申请人及他人都难以对发明进行商业化开发，只能面向国防需求提供给军事机构、政府机构或国防领域内的单位使用。因此，无论是“扣压制”国家采取的为国防目的使用保密专利申请的措施，还是“授权制”国家采取的征收保密专利的做法，都能够保障国防使用需求，并在此前提下尽可能少地给商业化开发造成负面影响。

对于“扣压制”国家来讲，发明保密期间，通过向政府公开发明，并采取为国防目的使用保密发明的措施，能够有效保障国防使用需求，实现军事效益。此外，通过政府向权利人支付等同于市场价值的费用补偿，能够实现创新主体的合理回报，以填平专利申请人在发明保密期间难以进行商业化开发的损失，从而实现其经济效益。在发明解密后授权并公开，与普通专利实现接轨，实现了解密后与普通专利同等的待遇和机会，从而兼顾了权利人的经济效益。

对于“授权制”国家来讲，考虑到在专利的最长有效期内发明可能解密，为了保留保密发明在解密后在专利法意义上享有与普通发明同等的待遇，因此对保密专利申请授予保密专利权，给出解密后将授予普通专利权的承诺。但是，政府通过与专利权人强制签订独占许可合同，保障了政府为国防目的的使用，提升了军事效益。考虑到发明被保密给权利人造成损失，为填平这种损失，政府比照商业领域的专利费支付征收费用，从而使得权利人在发明保密期间得到与普通专利同等的经济待遇和利益回报。此外，由于政府对于发明权利的征收一般限于保密期内的使用权（加拿大、南非等国虽然受让专利权，但解密后返还给权利人），因此，发明解密后，保密专利转为普通专利，从而获得与普通专利同等的“待遇”，因而与“扣压制”国家一样，兼顾了发明的经济效益。

由此可见，保密发明在保密期间内被政府征收（或者被政府为国防目的使用），政府按市场标准支付保密期间征用发明的费用，解密后获得专利权的预期权利，这三个方面，是确保保密发明在维护国家利益的意义上被充分无障碍地使用，在追逐商业利益的意义上获得与普通发明同等待遇的“三个要素”，从而最大限度地、统筹兼顾地发挥一项发明的军事价值和商业价值。

6.5.2　保密发明与普通发明所获得的经济效益

保密发明因为保密的原因，导致权利人进行垄断性商业化开发的时间相比普通发明要短，如果在保密期间得不到合理的利益补偿，势必造成保密发明与普通发明的不公平待遇，从而在制度设计上造成对投资和从事国防研发活动的挤出效应。但是，如果保密发明的权利人在保密期间得到了相应的利益，则另当别论。我们认为，基本出发点是，只要一项发明具有新颖性、创造性和实用性，推动了技术进步，就应当有权利获得经济上的回报，无论其用于国防事务还是用于商业领域，也无论其用户是政府、军队，还是公众。而且，新颖性、创造性和实用性相当的保密发明与普通发明，其获得的预期收益应当基本相当。这也是确保保密发明的权利人的利益不因保密而受到损害的基本要求。

众所周知，普通发明的客户主要是公众，在这部分发明向公众公开的前提下，主要由商品市场对其发明的市场价值进行评价，并按照市场规则给予相应的回报。而对于国防发明来讲，如前所述，各国政府针对使用国防发明或者征用国防发明的行为，按照市场价值对权利人给予补偿。这部分发明的客户是政府和军队，在向政府和军队公开的前提下，由军品市场对其发明的市场价值进行评价，并给予相应回报。

关于保密发明与普通发明经济效益一致性的问题，具体来讲，首先是权利周期一致。无论是保密发明，还是普通发明，其专有权的最长期限都是从专利申请日起 20 年，包括“扣压制”国家和“授权制”国家（美国例外）。例如，波兰《工业产权法》第 63 条规定，“专利保护期限为 20 年，自申请日起计算”。从第 60 条第（1）款“专利局应当启动或者继续专利授权程序，只要自申请日起尚未超过 20 年”的表述看，保密发明也不例外。在权利周期一致的前提下，其次是对普通发明和保密发明进行分段比较。一方面是解密后的时间段。保密发明在解密后转为普通专利，享有的商业盈利机会与普通专利完全相同。另一方面是解密前的时间段。对于“扣压制”下的保密发明来讲，在保密期间享有因政府使用而获得补偿的机会，以及因政府限制在公开商业领域使用而获得补偿的机会。“授权制”下的保密发明，在保密期间被政府征收并享有因政府征收给予的补偿。两者做法虽然有所不同，但计算方法基本一致，都是采取“市场法”，计算数额应该相差无几。因此，保密发明在保密这段时间，也能够得到与普通发明相当的回报。一个特殊情况是，对于保密期限超过 20 年最长有效期的保密发明，不再转为普通专利。因为，其专有权在 20 年保密期内由国家财政代替社会公众支付了相应的对价，权利人已经得到了 20 年的“市场利益”，20 年期满后应当进入公知领域，公众应当获得免费使用的权利，因此不应再授予专利权。

综上所述，保密发明与普通发明所获得的经济效益基本一致。区别在于，保密发明的权利人以向政府公开为代价，换取政府在保密期间的“买单”；普通发明的权利人以向社会公众公开为代价，换取公众在发明解密后至 20 年期限届满（或权利人放弃权利之日）期间内的“买单”。但本质上是一样的，政府通过在发明保密期间给予权利人补偿，填平了保密发明相比普通发明在经济利益上的损失。

第 7 章

专利保密制度中的专利事务

本章导读

专利保密制度中的专利事务，包括保密专利申请的受理审查、专利官费、无效宣告等事务。由于保密专利（申请）的特殊性，导致某些专利事务与普通专利制度有着本质区别。比较重要的区别在于：一是经专利性审查后暂时不授予专利权或者授予“保密专利权”。“扣压制”国家经专利性审查后只发给“可专利性通知”，暂不授予专利权；“授权制”国家授予“保密专利权”，但对保密专利权采取强制征收措施，解密后转为普通专利。二是保密专利申请构成抵触申请的处理。由于在先的专利申请涉及国家安全利益需要保密，当在先的保密专利申请构成在后普通专利申请的抵触申请时，暂不视为抵触申请，待解密后再通过无效宣告程序解决。三是保密专利不适用无效宣告程序。挪威、丹麦、加拿大等“授权制”国家授予的保密专利权不适用无效宣告程序，其主要原因在于保密专利有保密的要求等。

可以看出，保密专利（申请）因为涉及国家安全利益需要保密这一特点，是导致其专利事务区别于普通专利的根本原因。

专利保密制度中的专利事务，因涉及国家秘密而区别于普通专利事务。例如，保密专利申请的受理、审查、授权，以及保密专利的官费、转让审批程序、无效宣告和复审程序、开放许可和强制许可程序等，都因发明保密而区别于普通专利。本部分将专门针对专利保密制度中的专利事务进行介绍。

7.1 保密专利申请的受理审查

保密专利申请的受理审查，除涉及专利事务的处理外，还涉及国家秘密事务的处理。如何既确保国家秘密特别是国防秘密不被泄露，维护国家安全，又专业高效地处理好保密专利申请的受理、审查和授权等专利事务，是一个重要课题。

7.1.1 受理审查机构

从世界主要国家的做法看，大部分国家的保密专利申请由专利局负责受理和审查，例如美国、英国等。但也有少数国家建立了两套体系，即：不涉密的专利申请由专利局负责受理审查，涉密的专利申请由国防部门设立专门的专利机构负责受理审查，例如俄罗斯、中国。

美国无论是普通专利申请，还是政府已定密的专利申请，都由专利商标局统一受理。所有专利申请的审查、授权，以及申请外国专利的许可等专利事务的工作，都由专利商标局统一负责。此外，专利商标局负责对普通专利申请进行保密筛查，而后交由国防部门确认后转为保密专利申请。承担保密专利申请相关工作的部门一般为专利局内部设置的专门部门，例如，美国为专利商标局“特别法律管理组”的“许可和审查部”（简称“220组”）。英国、荷兰、澳大利亚、印度、以色列等国的做法与美国类似。

俄罗斯涉及国防秘密的专利申请由联邦知识产权局、联邦授权的机构、国家原子能机构等分别负责受理、审查和授权。其专利申请的密级分为“绝密”“机密”“秘密”三个等级。对于“机密”或“绝密”级的发明，以及涉及国防的“秘密”级发明，与原子能无关的，向俄罗斯联邦授权的机构提交专利申请；与原子能有关的，向俄罗斯国家原子能集团提交专利申请；其他的秘密级发明，向俄罗斯联邦知识产权局提交专利申请。俄罗斯联邦授权的机构、国家原子能集团、联邦知识产权局分别负责受理、审查和授权。但是，授权的保密发明应在国家发明注册簿中统一注册。为了做好三个机构之间的衔接，俄罗斯还针对密级变更和解密带来的管辖问题作了细致规定。发明密级提高时，联邦知识产权局根据发明申请文件的专题属性将保密发明申请文件移送相应的被授权机构，申请尚未由上述联邦机构审查结案的，申请的继续审理移交被授权机构完成。保密发明密级降低时，保密发明申请的继续审理仍由此前审理申请的被授权机构负责。发明解密时，被授权机构将解密的保密发明申请文件移送联邦知识产权局，解密申请尚未被授权机构审查结案的，申请的继续审理由联邦知识产权局完成。我国的做法与俄罗斯类似，涉及国防利益需要保密的专利申请由国防部门内设的知识产权机构受理和审查，但是由国家知识产权局统一授权。

笔者认为，根据我国的实际情况，假如专利受理和审查由国家专利机构统一负责，在确定国家安全审查标准、维护国防利益和军事利益、促进保密发明运用方面存在明显不足。尽管国家专利机构也是保密单位，但显然不是国防秘密和军事秘密的知悉主体。由国防部门内设的专利机构专门负责保密专利申请的受理和审查，可以确保国防秘密不被泄露，有效维护国防利益和军事利益，做到准确定密、及时解密。例如，从判断一项发明是否涉及国防利益需要保密的具体事项看，只有国防部门才能准确掌握国家安全审查标准，也只有国防部门才能对国防秘密和军事秘密作出权威认定。此外，从我国国防和军队建设情况、国防科技工业体制、保密发明完成主体、保密发明的使用主体等实际情况看，在国防部门设立专门机构处理专利事务更加符合我国实际。当然，这种做法存在专利审查资源的统筹问题，但这一问题在操作层面可以解决。

事实上，关于保密专利申请的受理审查是由国家专利机构统一负责，还是由国防部门内设的专利机构专门负责，这个问题本身并不是最关键的。关键的问题是两个：第一是做好保密专利（申请）与普通专利（申请）之间的衔接。一方面，国家专利机构应当在国防部门的指导下建立保密筛查机制，将涉及国防秘密的专利申请筛查出来移送国防部门予以处理；另一方面，国防部门应当加强保密专利（申请）的保密审查，对于发明创造的公开不危害国家安全利益的专利申请不予受理，建议其转为普通专利申请，国防部门还应当常态化地组织对保密专利进行保密审查，对于不再需要保密的应当及时转为普通专利。第二是做好国家知识产权审查资源在国防领域中的共用，这里面主要包括数据资源、人力资源等，做到交流共享，节约审查资源，避免重复建设。

7.1.2　审查程序

从世界主要国家关于保密专利申请的审查程序看，可以总结为两点：

一是发明的保密不影响专利性审查。尽管发明涉及国家安全利益需要保密，但是保密决定的作出并不影响专利性审查。其原因在于：一方面，专利性审查由专门设立的保密部门和保密人员负责，不会因为专利性审查而泄露国家秘密。例如，美国的保密专利申请由专利商标局的“特别法律管理组”中的“许可和审查部”专门负责。另一方面，专利性审查是对发明是否区分于现有技术，并评价其创造性、实用性价值的审查，它既是确定发明是否可以授予专利权的必经程序，也是确定是否对其专利申请人给予合理补偿的前提。因此，发明虽然被要求保密，但是专利性审查一般照常进行。当然，如果专利性审查本身可能损害国家安全利益，将暂停专利性审查。

二是对保密专利申请适用主动审查。对于普通发明专利申请来讲，专利局受理专利申请后，经初步审查认为符合要求的，自申请日起满 18 个月即行公布，或者按照申请人的请求早日公布其申请。自申请日起 3 年内，专利局可以根据申请人提出的请求进行实质审查，特殊情况下可自行进行实质审查。而对于保密专利申请来说，专利申请无需经过公开程序，申请人也无须提出实质审查的请求，而是由专利局主动进行实质审查。

部分国家保密专利申请审查程序的相关法律规定见表 7-1。

表 7–1　部分国家保密专利申请审查程序的相关法律规定

国家	法律规定
英国	英国《专利法》第 22 条第（3）款：根据本条就某申请作出保密令的，按下列规定处理： (a) 如果该申请是根据本法提交的，它可以进行到准备授予专利的阶段，但是不得公布申请，也不得公布有关信息，就该申请不授予专利
澳大利亚	澳大利亚《专利法》第 174 条：（1）当涉及一件标准专利申请的上述禁止令是有效的，该申请可以继续进行，直到该专利请求书和完整说明书的审定，但该完整说明书不得被公开供公众查阅，该审定不得在公报上被通知，并且一件专利不得基于该申请被授予。（3）当涉及一件革新专利申请的上述禁止令是有效的，该申请可以继续进行，直到该专利请求书和完整说明书的审定，但一件专利不得基于该申请被授予
印度	印度《专利法》第 37 条：……但是，该专利申请可以依照指令继续处理，直至授权阶段，但是该申请及其说明书符合授予专利权条件的，不得公布并且不得授予专利权
波兰	波兰《工业产权法》第 58 条：（1）保密发明只能为获得优先权的目的向专利局申请专利保护。保密发明申请的全过程中进行保密，专利局不得处理该申请。（2）对于专利局收到申请后，该发明被认定属于保密发明的，同样适用第 1 款
丹麦	丹麦《保密专利法》第 5 条：专利申请要被授予的专利是保密专利的，将被按照《专利法》的规定进行审查和处理，但是不适用《专利法》第 19 条至第 23 条的规定。申请符合要求，没有理由根据《专利法》第 16 条予以驳回的，将授予保密专利，颁发专利证书
印度尼西亚	印度尼西亚《专利法》第 47 条：第 46 条所述不公布的申请应当从不公布该申请的决定日起 6 个月后进入实质审查

7.1.3　专利性审查的标准

保密专利申请的新颖性、创造性审查标准，与普通专利申请没有本质区别。从“扣压制”国家来看，对于一件新提交的专利申请来讲，通过国内外出版物公开的现有技术、通过国内外使用公开或者以其他方式为公众所知的现有技术，以及在先提交的专利申请所构成的抵触申请，都是影响可专利性的因素。其中，在先提交的专利申请，既包括未被保密扣压的专利申请，也包括被保密扣压的专利申请。可见，在先的抵触申请，与其是否保密没有关系。因此，大多数国家针对专利性审查标准没有特殊规定。

但是，国防系统内有内部技术交流机制的国家针对这一特殊情况，规定了特殊的专利性审查标准。例如，俄罗斯《联邦民法典》第 1401 条第 5 款规定：“在确定保密发明的新颖性时，俄罗斯联邦政府授予专利权的保密发明，苏联政府授予专利权的保密发明，以及密级低于被审查的专利申请的在先保密发明，都属于现有技术。”也就是说，保密专利申请的专利性审查标准与普通专利申请有所不同，不仅包括已公开的现有技术，还包括密级低于被审查的保密专利申请的在先保密发明。俄罗斯立法者认为，密级较低的保密发明在国防系统内进行了交流，属于内部公开技术，构成密级较高的保密发明的现有技术。或者说，对于密级较高的发明来讲，密级较低的发明相当于“公开”发明。事实上，这种做法的合理性是值得商榷的。因为，一方面，密级较低的发明并不是公知技术；另一方面，作出密级较高的发明的人经常无从知晓密级较低的发明的存在，我们不能作出他知晓密级较低的发明的推定。

7.1.4　保密专利申请的“扣压”或“授权”

如前所述，世界各国对于保密专利申请进行审查后，分为两种做法：一种是暂缓授权，待解密后再行授权，我们将其称为“扣压制”；另一种是即时授权，发给专利证书，但不予公开，我们将其称为“授权制”。尽管两者形式上大相径庭，但实质上异曲同工。

“扣压制”国家对保密专利申请进行审查后，认为符合专利授权条件的，将向专利申请人发给可专利性通知，以作为其提出补偿的前提。例如，美国对于施加了保密令的专利申请，经审查符合授权条件的，专利商标局将向专利申请人发出“可专利性通知”，审查程序到此结束，不颁发专利证书。“可专利性通知”其实就是专利申请的权利证明，享有向政府的求偿权，以及解密后获得专利的预期。

“授权制”国家对保密专利申请进行审查后，认为符合专利授权条件的，将向专利申请人发给保密专利证书。但是，专利不在普通的专利登记簿上登记，而是在专门的保密登记簿上登记，授权专利的说明书等文件不得对外公开。尽管“授权制”国家形式上授予保密专利证书，但是该证书的效力与“扣压制”国家的“可专利性通知”是一样的，享有的是向政府的求偿权，以及解密后行使专利权的预期权利，保密期间并不行使专有权。

部分国家保密专利申请的扣压或授权的相关法律规定见表 7-2。

表 7-2　部分国家保密专利申请的扣压或授权的相关法律规定

国家	法律规定
美国	美国《专利法》第 151 条：如果申请人根据法律有权获得专利，专利商标局就将书面授权通知发给或邮寄给申请人。通知应载明授权费的数额。授权费应于通知后 3 个月内缴纳。上述款项缴纳后，专利证书应即颁发。 第 181 条：如果政府对发明具有财产上的利益，有关政府机构的首长认为因授予专利证书而公布或发表该项发明可能有损国家安全时，专利商标局局长接到该项通知后，应命令对发明保密，并且应该按照下面规定的条件扣发专利证书。 如果原子能委员会、国防部长或被指定的其他政府部门或机构的首长认为因为授予专利证书而公布或发表发明可能有损国家安全时，原子能委员会、国防部长或上述其他机构首长应该通知专利商标局局长，局长应立即命令对该项发明保密，并在国家利益需要期间内扣发专利证书，并通知其申请人
英国	英国《专利法》第 22 条第（3）款：根据本条就某申请作出保密令的，按下列规定处理： (a) 如果该申请是根据本法提交的，它可以进行到准备授予专利的阶段，但是不得公布申请，也不得公布有关信息，就该申请不授予专利
印度	印度《专利法》第 37 条：……但是，该专利申请可以依照指令继续处理，直至授权阶段，但是该申请及其说明书符合授予专利权条件的，不得公布并且不得授予专利权
丹麦	丹麦《保密专利法》第 5 条：专利申请要被授予的专利是保密专利的，将被按照《专利法》的规定进行审查和处理，但是不适用《专利法》第 19 条至第 23 条的规定。申请符合要求，没有理由根据《专利法》第 16 条予以驳回的，将授予保密专利，颁发专利证书。 第 6 条：已被决定授予保密专利的，按《专利法》第 26 条的规定进行授权公告，并登入《专利法》第 27 条所称的专利登记簿，公告和登记带有“保密专利”用语，但没有该专利主题和专利权人及其代理人的名称的任何指示。关于该专利的任何进一步的公告应当带有该用语，并且没有所称信息的任何指示。在得到进一步通知之前，不得进行专利说明书的印制和公布发表，该专利申请和专利的案卷不对公众核查开放

续表

国家	法 律 规 定
加拿大	加拿大《专利法》第 20 条：(8) 保密申请国防部长按照第（7）款的规定进行书面证明的，该专利申请和说明书及其附图（如果有），包括该申请的任何修改文本，以及上述文件和附图的任何复印件和依此授予的专利证书，均应当由专利局局长置于经国防部长批准的密封袋内。 (9) 保密申请的保管：第（8）款规定的密封袋应当由专利局局长密封保存，直至该发明专利有效期届满为止；非经国防部长的批准不得开启
德国	德国《专利法》第 50 条：对一项涉及国家秘密（《刑法》第 93 条）的发明寻求专利保护的，审查部应当依职权命令对其不作任何公布。 第 54 条：对施加了第 50 条第（1）款规定的命令的申请授予专利的，应当登记在专用登记簿上。专用登记簿的查阅，参照适用第 31 条第（5）款第 1 句的规定

7.1.5　保密专利申请构成普通专利申请的抵触申请的处理

众所周知，如果专利局受理了两件申请日不同、但发明内容相同的专利申请，前一件专利申请是在后一件专利申请的申请日之后才公开的，则在先专利申请构成在后专利申请的抵触申请，导致后一件专利申请不能得到专利授权。如果加入保密专利申请的因素，就可能出现四种情形：①在先普通专利申请构成在后普通专利申请的抵触申请；②在先普通专利申请构成在后保密专利申请的抵触申请；③在先保密专利申请构成在后普通专利申请的抵触申请；④在先保密专利申请构成在后保密专利申请的抵触申请。显然，第①种情形和第②种情形都非常好处理，无论是普通专利申请的审查员，还是保密专利申请的审查员，都能方便地检索到在先的普通专利申请；第④种情形，由于保密专利申请的审查员可以检索到所有保密专利申请，因此也可以方便地检索到在先的保密专利申请；只有第③种情形较为复杂，因为普通专利申请的审查员检索不到在先的保密专利申请信息，无法发现该抵触申请的存在。对于这种情况应当如何处理？

笔者研究了美国的相关做法。首先，相互抵触的专利申请中，在先的一件或多件是被定密的，暂不视为存在抵触申请，因为普通专利申请的审查员检索不到保密专利申请，这样审查程序会比较简单。但这可能使在后的普通专利申请获得专利权，出现重复授权，这种情况只好留到保密专利申请解密后，再通过无效宣告程序解决，此时保密专利申请将被视为抵触申请。其次，如果普通专利申请的审查员（一般审查员、无须保密资格）提出要求时，保密专利申请的审查员（特别审查员、须有保密资格）将针对保密专利申请进行检索。在经检索发现抵触申请而驳回普通专利申请的情形下，如果普通专利申请人要求复审，这种复审只能等到保密令被解除后才能进行。这是因为，普通专利申请人不允许接触保密专利申请信息，因此只能等到保密专利申请解密后才能进行复审。

应当注意的是，第③种情形的出现与专利申请保密审查标准的前后不一致有关。如果保密审查标准一致，由于两件专利申请的发明内容相同，那么当在先专利申请被定密后，则在后专利申请也应当被定密，这就属于第④种情形了；如果认为在后专利申请不需要保密，则在先专利申请也应当解密，这就属于第①种情形了。因而在发现第③种情形出现时，还有必要重新审视先前的定密结论，必要时通过更改定密结论（对在先专利申请解密，或对在后专利申请保密）来解决。通过对抵触申请问题的分析，我们可以看出，专利保密制度导致了专利审查程序的复杂化，对专利授权的法律稳定性也有负面影响，增加了专利权行使后果的不确定性。这是专利保密制度不可忽视的一项成本或代价。而且其影响程度与仍处于保密状态的专利申请数量正相关，只有保密专利申请的数量极为有限时，其负面影响才可以忽略不计。从这个角度讲，保密专利申请的数量必须严格控制，绝非越多越好。片面强调保密的重要性而降低定密标准，或者为了“保险”而将无须保密的发明作为保密专利申请提交和受理，都是不可取的。

7.2 保密专利（申请）的官费

如前所述，专利保密制度包括“扣压制”和“授权制”。其中，对于“授权制”国家来说，按照各国关于专利年费制度的相关规定，被授权的保密专利存在是否需要缴纳年费的问题。“扣压制”国家由于在保密期间不授权，因此不涉及年费的问题，但有些国家规定了申请维持费，而保密专利申请长期处于待授权状态，因此也存在是否缴纳申请维持费的问题。此外，无论是保密专利，还是保密专利申请，都存在是否缴纳申请审查费的问题。接下来，我们将就这些专利官费问题进行阐述。

7.2.1 年费

世界主要国家都建立了专利年费制度。例如，《美国法典》第35篇第41条第（2）款规定：“局长为维持根据1980年12月12日和以后提交的申请所授予的一切专利有效，征收下列费用：(a) 授予后满3年6个月的，900美元；(b) 授予后满7年6个月的，

2 300 美元；授予后满 11 年 6 个月的，3 800 美元。如果美国专利商标局在适用的年费应缴纳之日或该日以前，或者在该日以后的 6 个月宽限期内没有收到该年费的，专利将自宽限期届满时起失效。局长可以要求缴纳滞纳金作为条件，接受在 6 个月宽限期内缴纳的年费。”我国《专利法》第四十三条规定：“专利权人应当自被授予专利权的当年开始缴纳年费。”第四十四条规定：“有下列情形之一的，专利权在期限届满前终止：(一)没有按照规定缴纳年费的；……”

众所周知，年费制度是促进专利实施的经济杠杆，如果专利权人能够通过实施发明获得收益，他将选择缴纳年费维持专利权有效，否则他将不再缴纳年费，从而使专利发明进入公共领域。[①] 显然，年费制度的基本前提是发明可以获得商业利益。对于保密专利来讲，商业化实施被国家所限制，这是国家为维护国家安全利益强加给专利权人的特殊义务。在这种情况下，如果仍然要求权利人为维持其权利有效而缴纳年费，显然是不合理的。因此，世界主要国家都对保密专利的年费予以免除。例如，保加利亚对于涉及保密专利的申请、授权和维持都是免费的。《挪威保密专利法》规定，只要专利维持保密，将不用缴纳年费。乌克兰《专利法》规定，对于保密发明专利或保密实用新型专利，无须缴纳年费。

部分“授权制”国家不收取保密专利年费的相关法律规定见表 7-3。

表 7–3　部分“授权制”国家不收取保密专利年费的相关法律规定

国家	法律规定
保加利亚	保加利亚对于涉及保密专利的申请、授权和维持都是免费的，其《专利法》第 24 条第（5）款规定：“涉及保密专利申请以及保密专利授予和维持行为的，不支付费用”
挪威	挪威《保密专利法》第 7 条：只要专利维持保密，将不用按《专利法》第 14 条的规定缴纳年费。……自专利局局长接到撤销通知的专利年之后的那年起，应缴纳包括该年的专利年费
乌克兰	乌克兰《专利法》第 32 条第（2）款规定：“在规定期限内未缴纳维持专利有效的费用的，专利终止。对于保密发明专利（宣告式专利）或保密实用新型宣告式专利，无需缴纳维持有效的费用”
印度尼西亚	印度尼西亚《专利法》第 100 条：第（2）款所述发明的权利人缴纳年费的义务应当被解除，直至其发明被实施

① 尹新天. 中国专利法详解 [M]. 北京：知识产权出版社，2012：351.

7.2.2 申请维持费

某些国家除了规定了年费外，还规定了申请维持费。以英国为例，英国专利申请满 2 年仍未授权的，申请人从第 3 年开始需要按年缴纳申请维持费，否则该申请将被视为撤回。欧洲专利在授权之前，申请人也是从第 3 年开始交纳申请维持费，第 3 年的申请维持费为 380 欧元，直到专利授权。我国过去也收取申请维持费，每年 300 元。2010 年修改的《专利法实施细则》取消了专利申请维持费。那么，对于涉及国家安全利益被扣压的专利申请呢？是否也应当缴纳申请维持费？显然，专利申请因为涉及国家安全利益被保密，可能长期处于待授权状态，这种状态是国家为维护国家安全利益而强加给专利申请人的，而且专利申请在保密期间被限制了获得商业利益的可能。因此，与年费类似，要求申请人缴纳申请维持费显然不合理。例如，英国《专利法》第 22 条第（8）款规定："根据本条被作出保密令的专利申请，被授予专利的，在保密令生效期间，无须支付申请维持费。"印度《专利法》第 37 条第（3）款规定："已经根据本法第 35 条的规定作出保密指令的专利申请被授予专利权的，无须缴纳在该指令生效期间有关任何期限的申请维持费。"美国、以色列、韩国等未规定申请维持费，因此无须针对保密专利申请予以特别规定。

部分"扣压制"国家不收取保密专利申请维持费的相关法律规定见表 7-4。

表 7-4　部分"扣压制"国家不收取保密专利申请维持费的相关法律规定

国家	法律规定
英国	英国《专利法》第 22 条第（8）款：根据本条被作出保密令的专利申请被授予专利的，在保密令生效期间，无须支付申请维持费
印度	印度《专利法》第 37 条第（3）款：已经根据本法第 35 条的规定作出保密令的专利申请被授予《专利权》的，无须缴纳在该指令生效期间有关任何期限的申请维持费

7.2.3 法理分析

专利年费制度是通过增加专利权人维持专利权的成本，从而促使其推动商业化应用，并不断权衡收益与成本，从而做出维持或放弃专利权的决定。专利年费制度实质上是运用经济杠杆，强化专利权人的商业化动机和压力，一方面促使较高价值的发明尽快为社会服务，另一方面促使较低价值的发明尽快进入公有领域，从而很好地平衡社会公众利益与专利权人利益。申请维持费制度与年费制度的作用相类似。

对于保密专利或者保密专利申请来说，如果为保密专利设置年费制度，或者为保密专利申请设置申请维持费制度，那么就意味着，如果权利人未缴纳费用，权利就失效了；只有按时缴纳费用，权利才能得以维持。但问题是，保密专利或者保密专利申请在保密期间的权利是一种什么样的权利，它们是否可以因为未缴纳官费而失效？如前所述，保密专利（申请）在保密期间所享有的权利，从本质上讲就是解密后获得或行使专利权的预期权利，以及在保密期间获得国家合理补偿的权利。

第一，保密专利（申请）享有解密后获得或行使专利权的预期权利，这种预期权利应当在保密期间得到无条件保持，不以权利人缴纳年费或申请维持费为前提。如前所述，“扣压制”国家的做法是确认发明具有可专利性，但暂不授予专利权，保留解密后获得专利权的预期；“授权制”国家的做法是授予保密专利权，但在保密期间暂不行使专利权，保留解密后行使专利权的预期。这种预期权利仅仅是解密后行使专利权的预期，而不是专利权本身，因此，这种预期权利应当在保密期间得到无条件保持，而不能因为权利人未缴纳年费或者申请维持费而对其预期权利予以剥夺。事实上，专利申请是因为发明创造的公开将会危害国家安全利益，所以才被国家强制要求保密的，它是国家为了维护国防利益而强加给权利人的负担，不能一方面强给权利人负担，另一方面还收取权利人费用以维持其预期权利。

第二，保密专利（申请）享有的获得国家补偿的权利，是以可专利性为前提条件，而不是以缴纳官费为前提条件。专利（专利申请）在保密期间所享有的权利是获得政府补偿的权利，而不是专有权。对于政府使用保密发明的情况来讲，这种求偿权以其具有可专利性（新颖性、创造性、实用性），并对国防和军队建设作出贡献为前提。国家对这部分发明给予补偿，是对发明本身所创造价值的补偿，不以缴纳专利官费为前提条件。对于国家限制发明的公开而给发明的商业价值造成损失的情况来讲，这种补偿是由其在商业上的预期价值决定的，与是否缴纳官费没有关系。只要是发明被国家强制要求保密，都应当享有获得国家补偿的权利，而不能因为权利人未缴纳官费而对其获得国家补偿的权利予以剥夺。

因此，保密专利（申请）在保密期间不存在通过缴纳官费以维持专利权效力的问题，也不存在失效的问题。保密专利（申请）在解密后获得专利权的预期权利，以及向国家的求偿权，必须得到无条件维持，除非权利人主动撤回。各国关于保密专利免缴年费，以及保密专利申请免缴申请维持费的做法，也反过来证明了保密专利权的效力问题。

7.2.4 申请审查费

从世界主要国家的法律规定看，涉及国家安全利益需要保密的专利申请，其申请审查费一般不予免除。例如，挪威、乌克兰等国对保密专利免缴年费，但不免除申请审查费。保加利亚《专利法》第 24 条规定，涉及保密专利申请以及保密专利授予和维持行为的不支付费用，但在专利解密后，只有补缴申请审查费才能转为普通专利。可见，保密专利在申请审查费的缴纳上与普通专利相同。

7.3 保密专利的无效宣告和复审程序

挪威、南非、丹麦、加拿大、俄罗斯、保加利亚等“授权制”国家由于对保密专利申请授予专利权，因此存在专利权的复审与无效宣告问题。

挪威、南非、丹麦、加拿大等国在其法律规定中明确排除了无效宣告程序，其原因在于，上述国家虽然形式上对保密发明采取授权制，但在保密期间不行使专利权，只有在解密后才行使专利权。因此，在保密期间暂时没有必要为保密专利设置无效宣告程序。此外，从现实情况看，保密专利不对外公开，他人难以提出无效请求。保密专利解密转为普通专利并公开后，才适用无效宣告程序。因此，我们认为挪威、南非、丹麦、加拿大等国的规定是合理的。俄罗斯、保加利亚等国的法律规定，保密专利不仅适用无效宣告程序，还适用复审程序。原因在于，俄罗斯、保加利亚等国认为保密专利权是行使排他权的，因而设置了无效宣告程序和复审程序。这一做法是值得商榷的。

部分“授权制”国家关于无效宣告和复审的相关法律规定见表 7-5。

表 7–5 部分“授权制”国家关于无效宣告和复审的相关法律规定

国家	法律规定
挪威	挪威《保密专利法》第 7 条:《专利法》第 26 条、第 27 条和第 33 条关于公众检查、发布和印刷的规定不适用于保密专利，而且第 28 条第（1）款提出异议的时间期限不适用于保密专利申请。（笔者注：挪威《专利法》第 26 条是关于无效宣告的规定）
南非	南非《专利法》第 79 条第（5）款：任何此类发明的专利可以以所有者的名义作出，但是该专利权应交付给国防部长而非所有者。该专利权属于国家财产，且对该专利权无撤销程序
丹麦	丹麦《保密专利法》第 5 条：专利申请要被授予的专利是保密专利的，将被按照《专利法》的规定进行审查和处理，但是不适用专利法第 19 条至 23 条的规定。（丹麦《专利法》第 23 条是关于无效宣告的规定）

续表

国家	法律规定
加拿大	加拿大《专利法》第 20 条第（12）款：非经国防部长批准，申诉或者其他任何程序不得宣告国防部长根据第（7）款作出书面证明的已授权发明专利无效
俄罗斯	俄罗斯《联邦民法典》第 1404 条：保密发明专利的宣告无效 对由被授权机构作出的保密发明专利授予决定不服的，依据本法典第 1398 条第（1）款至第（3）款规定的理由向该被授权机构提出异议，并由该被授权机构按照规定程序审理。被授权机构对异议作出的决定由该机构负责人核准，自核准之日起生效，并可向法院起诉。 第 1401 条第（6）款：对被授权机构就保密专利申请作出的决定有异议的，由该被授权机构按照规定程序审理，对异议决定不服的可向法院起诉
保加利亚	保加利亚《专利法》第 24 条第（7）款：对根据第 46 条第（1）款的规定作出的终止保密专利申请审查程序决定不服进行起诉的，以及请求保密专利无效的，由索非亚市法院按行政程序法典考虑不公开审理。起诉应当在接到决定后 3 个月内提起，请求无效可以在保密专利的整个有效期内提出

7.4　保密期间的强制许可和开放许可

7.4.1 保密发明不适用强制许可

我们在《知识产权与国防使用》一书中对强制许可和国防使用规则进行了详细比较。强制许可是为了防止因专利权滥用而损害市场秩序和公众利益，它适用于商业领域，而国防使用规则是为了确保发明在国防和军队建设中得到广泛高效利用，它适用于国防事务。保密发明只应用于国防事务，而限制其应用于商业领域，因此，对于保密发明的强制使用，适用的是国防使用规则，而不能适用强制许可。

部分国家关于保密专利不适用强制许可的相关法律规定见表 7-6。

表 7–6　部分国家关于保密专利不适用强制许可的相关法律规定

国家	法律规定
俄罗斯	俄罗斯《联邦民法典》第 1405 条第（4）款：对保密发明不给予本法典第 1362 条规定的强制许可。 第 1362 条：如果发明或者工业品外观设计自专利权授予之日起 4 年内，实用新型在专利权授予之日起 3 年内，未被专利权人实施或者未充分实施，导致相应的商品或服务在商品市场或服务市场上得不到充分供应，任何一个有意愿并准备实施这些发明、实用新型或工业品外观设计的人，在专利权人拒绝与其签订以相应惯例为基础的许可合同的情况下，有权向法院对专利权人提出关于在俄罗斯联邦境内给予实施该项发明、实用新型或工业品外观设计的强制普通许可（非独占）的诉讼

续表

国家	法律规定
乌克兰	乌克兰《专利法》第30条第（1）款：除保密发明（实用新型）外，自公布关于授予专利的数据之日起3年内，或自发明（实用新型）的使用已终止之日起3年内，在乌克兰未被使用或未被足够使用的，希望和准备使用该发明（实用新型）的任何人，如果被权利所有人拒绝签订许可协议，可以向法院请求授予使用该发明（实用新型）的权利

7.4.2 保密发明不适用开放许可

开放许可是促进专利运用的一种做法。部分国家为了促进成果转化运用，建立了开放许可制度。但是，开放许可并不适用于保密专利。其原因在于，开放许可以专利权的行使为前提，在此前提下，专利申请人或者专利权人根据其自由意志作出的公开许诺，它适用于商业领域。而对于保密专利来说，其在保密期间并不行使专利权，其发明运用机制通过“国防使用规则”实现，这是一种国防目的的“征用”，体现的是国家意志，而不以专利权人的意志为转移，因此显著区别于开放许可。

当然，俄罗斯和乌克兰规定保密专利不适用开放许可，原因可能是其认为保密发明因涉及国家安全利益需要保密，而开放许可则需要广而告之，两者之间在保密要求上存在矛盾。因此，规定保密专利不适用开放许可，以避免对国家安全造成威胁。

部分国家关于保密专利不适用开放许可的相关法律规定见表7-7。

表7-7 部分国家关于保密专利不适用开放许可的相关法律规定

国家	法律规定
俄罗斯	俄罗斯《联邦民法典》第1405条第（3）款：对于保密发明不允许提出本法典第1366条第（1）款和第1368条第（1）款所规定的签订发明独占权转让合同的公开要约和开放许可请求。 第1366条第（1）款：作为发明人的申请人在提交发明专利申请时，可在申请文件中附交一份请求书，说明在专利权授予时，他将承诺：与任何一个首次表示愿意签订专利转让合同，并将此愿望告知专利权人和联邦知识产权局的俄罗斯联邦公民或俄罗斯法人按照相应惯例的条件签订此合同。在具有这种请求书的情况下，不再向申请人征收本法典对发明专利申请和就该申请授予专利所规定的专利费用。 第1368条第（1）款：专利权人可向联邦知识产权局提交有关向任何人授予利用发明、实用新型或工业品外观设计的权利的请求（开放许可）。此种情况下，自联邦知识产权局公布开放许可有关信息当年的次年开始，发明、实用新型或工业品外观设计的专利年费降低50%。专利权人应当将向任何人提供的发明、实用新型或工业品外观设计利用权的许可条件告知联邦知识产权局，该机构依专利权人将开放许可的相关信息予以公布。专利权人必须与表示愿意利用所述发明、实用新型或工业品外观设计的人以普通（非独占）许可的条件签订许可合同

续表

国家	法律规定
乌克兰	乌克兰《专利法》第 28 条第（9）款：专利所有人，但是保密发明专利（宣告式专利）的所有人除外，有权向专利局提交供官方公布的同意许可任何人使用该专利保护的发明（实用新型）的声明。公布该声明的，在公布之年的下一年起，维持专利有效性的年费将降低 50%。希望利用所述许可的人应当与专利所有人商谈付费协议，履行该协议期间发生纠纷的，由法院解决

7.5　保密专利（申请）的转让审批

保密专利权或其申请权作为财产权利是可以进行转让的。无论是在美国、英国等“扣压制”国家，还是在丹麦等“授权制”国家，都是可以依法转让的。例如，美国法律中所明确的保密发明权利人、受政府补偿的人就包括“受让人”。

由于保密发明涉及国家安全利益需要保密，因此，世界主要国家关于保密专利权或其申请权的转让有一些限制性规定，并针对转让活动设置相应的审查程序。这种审查主要是对保密发明知悉范围的审查，当然也包括对权利转移的审查。例如，美、英等国没有针对保密专利申请的转让明确转让范围和审批程序，但其关于保密信息不得向未经许可的人披露的规定，就是对保密专利申请转让的一种限制，因为转让就意味着保密信息的传递。此外，美、英等国关于保密专利申请的转让限制还包括国家信息安全相关法规和出口限制法规等，需要依据这些法规予以审查。丹麦、俄罗斯、乌克兰、巴西等“授权制”国家专门针对保密专利的转让明确了审批程序。例如，丹麦保密专利的转让须经国防部审批，俄罗斯保密专利的转让须经俄联邦知识产权局、俄联邦授权的权力机构或国家原子能机构审批，乌克兰保密专利的转让须经负责保密的国家专家审批。由此可见，对保密专利权或其申请权的转让设置审批程序，是保守国家秘密、维护国家安全的需要。从审批主体看，转让的审批主体一般为作出保密决定的部门，例如国防部。因此，对于我国来讲，保密决定由有保密资质的单位作出，转让审批则由国家权力机构作出，这本身就是一个矛盾。

需要特别说明的是，我们在这里只讨论保密专利权或其申请权转让的审批问题，而没有讨论许可的审批问题。因为，我们认为，由于保密专利（申请）在保密期间不行使专有权，而只能被政府“征用”，因此不存在保密专利权许可的问题。因此，除了俄罗斯、乌克兰设置了许可审批程序，其他国家都没有许可审批程序。俄罗斯、乌克兰之所以设置保密专利的许可审批程序，原因是其承认保密专利权在国防事务内行使专有权。这种做法本身是值得商榷的。此外，加拿大、挪威、南非等国政府对保密发明实施强制转让，这种转让本身就属于国防部门的强制征收行为，无须再履行审批程序。

部分国家关于保密专利（申请）转让审批的相关法律规定见表 7-8。

表 7-8　部分国家关于保密专利（申请）转让审批的相关法律规定

国家	法律规定
丹麦	丹麦《保密专利法》第 3 条：(1) 由居住本国的人员或企业或丹麦机构提出的专利申请的主题属于第 1 条所称发明的，未经国防部长授权，不得发表、向他人披露、或者就该主题向外国申请专利、登记实用新型或申请任何其他保护。未经国防部长同意，也不得通过协议或法律程序向他人转让附属于该申请的权利
俄罗斯	俄罗斯《联邦民法典》第 1405 条：(1) 保密发明的实施和保密发明专有权的处分，均按照《国家秘密法》的规定办理。(2) 保密发明的专利转让合同，以及使用许可合同必须在颁发保密发明专利证书的机构或其法定继承机构注册。当无法定继承机构时，则在联邦知识产权局注册
乌克兰	乌克兰《专利法》第 28 条：(2) 专利权人使用保密发明（实用新型）的，应当遵循乌克兰“关于国家秘密”的法律，并得到国家专家的同意。(6) 专利所有人可以通过协议向任何人转让对发明（实用新型）的财产权，被转让人成为所有权的继承人。转让保密发明（实用新型）的，需得到国家专家的批准。(7) 专利所有人有权在许可协议的基础上向任何人授予使用发明（实用新型）的许可，许可涉及保密发明（实用新型）的，需得到国家专家的批准
巴西	巴西《工业产权法》第 75 条：(3) 实施和转让主题涉及国防的专利申请或者专利的，应当获得主管机关的事先授权。申请人或者权利持有人的权利受到限制的，应当给予补偿

7.6　解密后的相关专利事务

总的来说，发明解密后的相关专利事务应当与普通专利接轨。例如，专利信息应当公开，被保密扣压的专利申请应当被授予专利权，保密专利转为普通专利等。这其中，由于保密因素的干预可能导致专利事务和相关时限的暂停，有关事务的接续处理需要予以明确。

7.6.1　专利信息的公开

发明解密后，专利（专利申请）信息即行公开。对于“扣压制”国家来讲，专利申请进入普通专利申请的处理程序，如果尚未发出“可专利性通知”，则按照普通专利申请的程序进行处理，包括专利申请信息的公开、专利性审查、授权等；如果已发出“可专利性通知”，则进入专利授权程序并在专利公报上公布。对于“授权制”国家来讲，如果已授予保密专利权，则在缴纳相关官费后转为普通专利，在普通专利登记簿上登记并公开专利信息；如果尚未完成审查授权程序，则按照普通专利申请予以处理。

但是，为了给解密决定一个纠错的机会，有些国家设置了一个缓冲期。例如，荷兰《专利法》第 41 条第（7）款规定，保密命令撤销后的 3 个月内，专利申请仍然不得载入专利登记簿，除非申请人提出相反请求。这一制度设计是对国防安全利益的照顾。

部分国家发明解密后专利信息的公开相关法律规定见表 7-9。

表 7–9　部分国家发明解密后专利处理程序的相关法律规定

国家	法律规定
荷兰	荷兰《专利法》第 41 条:(2) 第 1 款所述确认通知应当具有自该通知发出之日 3 年内中止将申请载入专利登记簿的效力。否定的通知应当结束该中止。未发出通知应被视为否定的通知。(4) 前述部长可以在任何时间通知专利局申请的内容不再需要保密。该通知应当结束该中止。(7) 中止结束后 3 个月内，申请仍然不得载入专利登记簿，除非申请人提出相反请求
澳大利亚	澳大利亚《专利法》第 174 条:(2) 当涉及一件标准专利申请的上述禁止令在该专利请求书和完整说明书的审定之后被撤销，该审定必须在规定的期限内在公报上被通知
韩国	韩国《专利法》第 87 条:(4) 对于要求保密的发明的专利登记公布必须推迟，直到该发明被解密为止；一旦解密，必须立即公告该登记
挪威	挪威《保密专利法》第 7 条:(2) 国王可以撤销根据前款作出的决定（笔者注：保密决定）。在专利授予之前作出撤销的,该专利申请将被按照《专利法》的一般处置方式进行处置。在专利授予之后作出撤销的，该专利应被记载入普通专利登记簿，并根据《专利法》第 33 条进行公布和印刷。保密专利失效，并且没有决定继续保密的，同样适用上述规定

续表

国家	法律规定
丹麦	丹麦《保密专利法》第 8 条:(1) 根据第 2 条作出的决定在授予专利之前被撤销的，应当按照《专利法》的一般规定处理该申请。(2) 根据第 2 条作出的决定在授予专利之后被撤销的，该专利应当被转为普通专利。在这种情形下，应当按照适用于普通专利的规定，进行关于该专利的完整的公告，并在专利登记簿补充该信息。此外，应公布该专利的说明书。(3) 保密专利失效的，应当及时公布相应的专利说明书，除非国防部长决定该发明应当继续保密。 第 9 条：专利当局得到证据，该发明已被披露，使得本领域技术人员能够实施的，应适用经适当修正后的第 8 条第 (1)、(2) 款的规定
乌克兰	乌克兰《专利法》第 27 条保密发明（实用新型）的解密:(3) 自收到国家专家关于发明（实用新型）解密的决定之日起 1 年内，保密发明专利（宣告式专利）或保密实用新型宣告式专利的所有人，有权向专利局提出请求，要求就保密发明专利或保密实用新型宣告式专利满期之前的剩余期限授予发明专利（宣告式专利）。申请人按上述规定提出请求，并已缴纳相关费用的，专利局应当，依照本法第 22 条、第 23 条和第 25 条，对登记簿作相应修订，公布关于授予专利（宣告式专利）的数据，并授予专利（宣告式专利）

7.6.2 专利权的行使

保密专利（申请）无论在国防领域还是在商业领域都不行使专有权。那么，发明解密后呢？很显然，发明解密后专利权按照专利法的一般规则获得保护，即：在商业领域行使专有权，在国防事务中不行使专有权。这与其是否曾经被保密没有任何关系。关于保密专利解密前和解密后在商业领域行使权利的问题，我们以俄罗斯为例进行说明。俄罗斯《联邦民法典》第 1405 条针对保密专利在商业领域的行使问题规定:“不知悉也无法根据合法理由知悉这种发明专利存在的人使用保密发明，不视为侵犯保密发明专利权人的专有权。”而针对保密专利解密后在商业领域的行使问题规定:“当发明解密或者专利权人告知此人这种发明专利的存在之后，此人应当终止使用发明，或者与专利权人签订许可合同。”可见，俄罗斯采取的做法是泾渭分明，即解密前专利权在商业领域不行使，解密后专利权即可行使。

但是，也有例外。例如，加拿大《专利法》第 20 条第（15）款“权利保护”规定：“在保密专利公布之前，已经善意进行依照本款不构成侵权责任的行为的人，在保密专利公告后，有权获得制造使用和销售专利发明的许可，许可的条件由双方当事人协商，协商不成，由专利局局长决定，对专利局局长的决定不服的，可以向联邦法院上诉，由法院决定许可的条件。”加拿大为了保护善意使用人的利益，对解密后专利权的行使设定了一定限制。即，不得禁止保密期间在先使用该保密发明的人继续使用，但是使用人需要向专利权人支付使用费。

加拿大的规定与普通专利的先用权有一些类似。我们知道，专利法规定了“先用权”。即，在专利申请日前已经制造相同产品、使用相同方法或者已经作好制造、使用的必要准备，并且仅在原有范围内继续制造、使用的，不视为侵犯专利权。加拿大针对保密专利的该项规定，与先用权的相似之处在于，它们都存在在先使用的问题，而且都享有在先使用的权利。但区别在于，一是“先用权”是在专利申请日之前实施的发明，而本规定是保密专利解密之前实施的发明；二是“先用权”可以一直在原有范围内免费使用，而本规定是保密专利解密后的实施行为，应当是付费实施行为。

7.6.3　专利权的最长期限

众所周知，世界主要国家的专利权期限一般按申请日起算，发明专利最长期限一般为自申请日起 20 年。从英国、荷兰、以色列、波兰等“扣压制”国家的法律规定看，被保密扣压的专利申请在解密授权后，其专利权期限仍然从申请日起算，最长不超过 20 年。专利权最长期限并不扣除被保密扣压的时间。例如，波兰《工业产权法》第 63 条规定，“专利保护期限为 20 年，自申请日起计算。”而第 60 条第（1）款规定：“专利局应当启动或者继续专利授权程序，只要自申请日起尚未超过 20 年。”从该表述看，波兰不因保密令而中断专利有效期限的计算时间，解密后专利权的最长期限与普通专利一致，自申请日起 20 年。关于这一问题，已在上面关于补偿的部分作了一些介绍。

我们理解，如果保密发明的权利人在保密期间得不到相应利益，那么这种规定会造成保密发明与普通发明的不公平待遇，因为发明在保密期间难以进行商业化开发，意味着权利人就其发明进行垄断性商业开发的时间相比普通发明要短。但是，如果保密发明的权利人在保密期间得到了相应的利益，则另当别论。事实上，发明在保密期间，各国政府通过不同的补偿方式，按照市场价值标准给予权利人补偿，从而使得权利人在发明保密期间获得了相应的利益。国家的“买单”填平了权利人在保密期间的损失，使得保密发明得到与普通发明同等的利益。因此，我们认为，无须延长保密专利的法定最长有效期限。

但是，美国的做法与众不同，被保密扣压的专利申请最长有效期不将保密期限计算在内。美国《专利法》第 154 条规定，专利的期限自授予专利之日开始，于专利申请在自美国提交之日起计算的 20 年届满时终止。被施加保密令的专利的最长有效期限，保密令每存续 1 天，相应延长 1 天。无论保密令延续多长时间，保密令解除后专利权仍可持续近 20 年维持有效。考虑到美国政府在发明保密期间因使用发明或者限制发明的商业化开发而给予权利人补偿，如果发明解密后专利权仍可维持近 20 年有效，我们认为这种做法将使得原本对损失予以“填平”的做法变成了“凸起”，相比于普通发明，保密发明的权利人可以获得额外的收益。发明保密期间，政府向权利人支付的这笔补偿费用，归根结底是社会公众在“买单”；发明解密后，社会公众仍然要为之“买单”近 20 年，这显然不公平。当然，如果是从政策上予以考虑，对投资和从事国防发明活动给予激励和引导，这种做法也无可厚非。

部分国家关于保密专利权利期限的相关法律规定见表 7-10。

表 7-10　部分国家关于保密专利权利期限的相关法律规定

国家	法律规定
美国	第 154 条：专利的内容和期限；临时的权利 (a) 一般规定 ……（2）期限：在缴纳本编规定的费用的情况下，专利的期限自授予专利之日开始，于专利申请在自美国提交之日起计算的 20 年届满时终止。…… (b) 专利期限的调整 ……由于抵触、保密令及申诉而延误的保证或调整……如果原始专利的颁发由于下列情形而延误：……（ii）根据第 181 条发布的命令；……专利的期限，按这些程序、命令或复查的期间每存续 1 日应延长 1 日
波兰	波兰《工业产权法》第 60 条：(1) 主管国内事务的国防部长或者国家安全局局长负责作出发明停止保密的决定。在此情况下，应主管机关的要求，专利局应当启动或者继续专利授权程序，只要自申请日起尚未超过 20 年。(2) 第（1）款所述期限届满后涉及保密发明的申请视为未提出
乌克兰	乌克兰《专利法》第 6 条：发明专利期限为 20 年，自向专利局提交申请之日起计算。保密发明专利（宣告式专利）和保密实用新型宣告式专利的期限与发明（实用新型）的保密期限相同，但不得超过本法定义的发明（实用新型）的保护期限

7.6.4　专利事务相关时限的中断与延长

对于“授权制”国家来说，除了有关保密的要求外，其他相关专利事务几乎不受保密因素的影响。但是，对于“扣压制”国家来说，由于发明被保密导致专利授权等程序中断，因此存在相关专利事务时限延长的问题。从本质上讲，施加保密令意味着暂停专利事务程序，撤销保密令意味着接续专利事务程序，相关专利事务的时限都因保密令的施加而中断，也因保密令的撤销而重启。延长专利事务相关时限的基本原则是，专利事务的相关期限（除专利权最长期限外）都相应扣除保密令存续时间。例如，南非《专利法》规定："由部长根据本条发布的任何命令无论何时被撤销，任何在该命令日之前根据本法采取的、与作为该命令目标的申请相关的，且因该命令而中断的措施可以继续进行，如同该中断未曾发生过，且在计算由本法所规定或者根据本法所规定的任何期限时不应考虑自（部长）指令登记主任作出该命令之日至该命令被撤销之日所损耗的时间。"部分国家保密专利申请审查程序的相关法律规定见表 7-11。

表 7-11　部分国家保密专利申请审查程序的相关法律规定

国家	法律规定
南非	南非《专利法》第 80 条：(2) 由部长根据本条发布的任何命令无论何时被撤销，任何在该命令日之前根据本法采取的、与作为该命令目标的申请相关的，且因该命令而中断的措施可以继续进行，如同该中断未曾发生过，且在计算由本法所规定或者根据本法所规定的任何期限时不应考虑自（部长）指令登记主任作出该命令之日至该命令被撤销之日所损耗的时间
英国	英国《专利法》第 22 条：(5) 专利局局长根据本条就任何申请作出保密令的，应当将该申请和保密令通知国务大臣，然后下列规定将生效：(e) 专利局局长在接到 (d) 项的通知后，应当撤销保密令，并可以根据他认为合适的条件（如果有），延长任何根据本法要求需要做的事项或授权对该申请要做的事项的期限，无论该期限是否已经届满
印度	印度《专利法》第 38 条：负责人撤销根据本法第 35 条作出的任何保密指令时，尽管有本法规定的有关专利申请期限的任何规定，负责人可以根据情况适当延长根据本法规定要求做或者批准做有关专利申请的任何事情的期限，无论该期限是否已经在此前届满

第 8 章

我国国防专利制度改革的构想

本章导读

我国的专利保密制度包括两个部分：一部分是针对涉及国防利益需要保密的发明设立的国防专利制度，另一部分是针对不涉及国防利益，但涉及国家其他重大利益的发明设立的专利保密制度。其中，国防专利制度是我国专利保密制度的主体。为解决国防专利制度运行中存在的问题，需要从以下几个方面着手改革国防专利制度：一是区分国家资助产生的保密发明和私人投资产生的保密发明，采取不同的运用和管理政策；二是将定密机制由“申请人定密”改为“国家定密”,改革保密审查管理机制，组织拟制保密审查指南和清单，对国防专利申请进行定密和解密，真正做到准确定密、及时解密；三是在继续保留“授权制”的情况下，通过建立合理的补偿或者征收制度，由国家对私人保密发明的权利人给予补偿，买断私人投资产生的国防专利在保密期间的权利，保障发明在国防事务中的充分、高效利用；四是重构保密发明的信息推送机制，通过改革现有的国防专利内部通报制度和副本制度，促进保密发明在国防系统内的信息共享。从一定意义上讲，通过建立合理的补偿制度或征收制度，保障国防事务中对发明的充分高效利用，是国防专利制度改革的关键。

与英、美等国专利保密制度发展历程不同，我国并不是在专利制度实行多年之后才补充建立专利保密制度的，而是在 1979 年开始筹建中国专利制度之时，专利法的起草者们就意识到，我国将要实行的专利制度中必须设有办理涉密专利申请的特殊程序。因此，在起草专利法的同时，新组建的中国专利局就开始组织有关各方调研论证和构思设计我国的专利保密制度。

1982 年，中国专利局时任局长黄坤益专门就涉及国防利益需要保密的发明申请专利的问题，与原国防科工委进行协商，并初步达成一致意见，由原国防科工委设立专门机构，负责保密发明专利申请的受理和审查工作。1984 年 3 月 12 日，六届全国人大常委会第四次会议审议通过《中华人民共和国专利法》，其总则部分第四条对涉密专利申请作出了原则性规定："申请专利的发明创造涉及国家安全或者重大利益需要保密的，按照国家有关规定办理。"1985 年发布的《专利法实施细则》做了进一步细化，其第八条规定："国防系统各单位申请专利的发明创造，涉及国家安全需要保密的，其专利申请由国防科技主管部门设立的专利机构受理，专利局应当根据该机构的审查意见作出决定。"第九条规定："除前条规定外，专利局受理专利申请后，应当将需要进行保密审查的申请转送国务院有关主管部门审查；有关主管部门应当在收到之日起四个月内，将审查结果通知专利局；申请专利的发明创造需要保密的，专利局按保密专利申请处理，并且通知申请人。"

由此，我国的专利保密制度被一分为二：一是由当时主管国防科技工业的国防科工委设立专门机构，负责受理和审查涉及国防利益需要保密的专利申请，其具体制度规定主要体现在后来发布的《国防专利条例》中；二是对另外的一部分涉密专利申请——不涉及国防利益，但涉及国家其他重大利益的，由当时的中国专利局负责受理和审查。

1985 年 1 月，经国防科工委批准，在其下属的国防科技成果管理办公室成立国防专利筹备组。1985 年 4 月 1 日，在《专利法》正式施行的第一天，中国专利局受理申请 3 455 件，国防专利筹备组受理国防专利申请 8 件。12 月 28 日，中国专利局颁发我国首批 143 件专利证书，其中有 5 件国防专利。之后，中国专利局和国防科工委开始联合起草《国防专利条例》。1986 年 12 月，原国防科工委综合计划部在京召开《国防专利条例（草稿）》第一次讨论会，中国专利局黄坤益局长参与了《国防专利条例》起草的讨论。1987 年 2 月，国防科工委设立国防专利分局，负责办理国防专利有关业务。1990 年 7 月 30 日，国务院、中央军委批准《国防专利条例》，并由国防科工委于 1990 年 8 月 7 日发布。从此，我国对于办理涉及国防利益需要保密的专利申请有了成文法规。随后，为了加强国防专利机构建设，1990 年 10 月，国防科工委将国防专利分局变更为国防科工委国防专利局。1994 年 2 月，中国专利局专门向中央军委办公厅行文，建议加强国防专利机构建设，对国防专利局予以单独列编，时任军委副秘书长张爱萍上将作出重要批示。1998 年，国家机构体制调整改革，国务院成立新国防科工委，军队成立总装备部（同年，中国专利局更名为国家知识产权局）。1999 年 6 月，中央机构编制委员会办公室明确，国防专利局由总装备部管理。2004 年，考虑到国家机构调整改革以及我国专利法已于 1992 年和 2000 年进行了两次修订，《国防专利条例》随之进行了修订，并由国务院、中央军委联合发布，即现行的《国防专利条例》。2012 年，在国家实施知识产权战略的大背景下，经中央军委批准，总装备部在原国防专利局的基础上调整组建国防知识产权局，随后又作了适应性调整。

我国国防专利制度与专利制度同时诞生、同步运行并相伴发展。随着时代的不断进步和形势的发展变化，国防专利制度中存在的一些不足也逐步显现。例如，国防专利保密与公开、保护与应用的关系没有得到很好协调，国防专利申请量和保有量明显偏大，利用不充分、补偿不到位等问题长期得不到解决。这些问题的存在，对国防科技和武器装备建设造成不利影响。为此，亟须对专利保密制度进行系统深入研究，充分了解世界主要国家专利保密制度，在此基础上，对我国现行国防专利制度进行改革完善。接下来，我们将对我国现行国防专利制度迫切需要改进的问题进行探讨。

8.1 改革定密机制

所谓“定密机制”是指在专利保密制度中，专利申请是如何被确定为需要保密或者不需要保密的，已被保密的专利（申请）又是如何被确定为可以解密或者应当继续保密的。显然，这是专利保密制度中的关键机制之一。

8.1.1 定密现状及存在的问题

目前，我国国防专利制度在实际运行中实行的是“申请人定密”机制，即国防专利申请人（多为承接国防科研生产任务的企事业单位）在提交专利申请之前，由本单位或其上级单位确定该专利申请的密级，将出具的定密证明文件随同国防专利申请文件一起递交。国防知识产权局受理后一般承认其密级，随即作为涉及国防利益需要保密的专利申请进行处理，而不再审核其公开是否危害国家安全利益。国防专利的解密也是经国防专利申请人确认后，由国防知识产权局予以解密。虽然《国防专利条例》赋予了国防知识产权局“可以作出变更密级、解密或者延长保密期限的决定”，但同时又规定“对在申请国防专利前已被确定为国家秘密的，应当征得原确定密级和保密期限的机关、单位或者其上级机关的同意”。所以，国防知识产权局拥有的不是保密、解密的“决定权”。①

实践证明，这种申请人定密机制虽然有利于“该保尽保”，但随之而来的问题是，大量不需要保密的专利申请被定密而进入国防专利申请渠道，大量不再需要保密的国防专利不能及时解密，导致我国国防专利的年受理量和保有量都很大，相当于美国保密发明年受理量和保有量的数十倍，不利于这些发明的公开和应用，未能体现我国《保密法》规定的“既确保国家秘密安全，又便利信息资源合理利用”原则。大量无保密必要的国防专利申请及国防专利存量，导致国防专利制度严重偏移了保护国家秘密的初衷，客观上阻碍了“军转民”技术转移，而且造成了较高的国防专利审查、代理、内部公开、保密管理等方面的成本。此外，由于大量国防专利申请成为普通专利审查员不能检索到、但又长期存在的“抵触申请”，导致在后专利申请新颖性审查结论的准确性难以保证，使得由不同专利申请人就相同发明分别提交的国防专利申请与普通专利申请都可以取得专利权，违背了“不重复授权”的原则。此外，甚至有人利用这一漏洞，就同一个发明同时或先后提交国防专利申请和普通专利申请，企图获得两个专利权，由此产生不良影响。

8.1.2　改革建议

如前所述，世界主要国家的专利保密制度中，普遍采取的是“国家定密机制”，即由法律授权的国家机构（通常为国防部）负责审查专利申请是否涉及国家安全利益需要保密，对涉密专利申请审定密级，并定期（多为每年一次）主动进行重审并动态解

① 参见《国防专利条例》（2004 年）第 6 条：“国防专利在保护期内，因情况变化需要变更密级、解密或者国防专利权终止后需要延长保密期限的，国防专利机构可以作出变更密级、解密或者延长保密期限的决定；但是对在申请国防专利前已被确定为国家秘密的，应当征得原确定密级和保密期限的机关、单位或者其上级机关的同意。被授予国防专利权的单位或者个人（以下统称国防专利权人）可以向国防专利机构提出变更密级、解密或者延长保密期限的书面申请；属于国有企业事业单位或者军队单位的，应当附送原确定密级和保密期限的机关、单位或者其上级机关的意见。国防专利机构应当将变更密级、解密或者延长保密期限的决定，在该机构出版的《国防专利内部通报》上刊登，并通知国防专利权人，同时将解密的国防专利报送国务院专利行政部门转为普通专利。国务院专利行政部门应当及时将解密的国防专利向社会公告。”

密。这一机制较好地保证了定密标准的统一和解密的及时，也使得保密专利年申请量和保有量都较少。例如，美国保密专利申请保有量常年维持在 5 000 件左右，年申请量大都在 500 件以内（其中还有不少是其他北约国家提交的）。

我国改革的方向应当是，将定密机制由“申请人定密”改为“国家定密”。即在国防专利申请人给出保密建议，以及在国家知识产权局进行保密筛查的基础上，由国防知识产权局按照统一标准组织保密审查和定密，确认属于涉及国防利益需要保密的专利申请予以受理；无须保密的不予受理，在征求专利申请人同意后，保留原申请日移交国家知识产权局作为普通专利申请，否则视为撤回。被国防知识产权局驳回的国防专利申请，专利申请人仍应按照保密规定做好保密工作。为了做好被定密的专利申请的解密工作，国防知识产权局应当定期组织进行保密重审，并负责动态开展解密工作，及时主动解密。为做到准确定密、及时解密，切实对专利申请的公开是否真正损害国家安全利益作出准确而权威的判断，一是建议在军委机关和政府机关层面建立“国防专利保密审查委员会”，由国防科技和装备建设各技术领域专家组成，对国防专利申请和国防专利进行保密审查；二是建议国防知识产权局组织拟制“国防技术领域保密审查清单”，供国家知识产权局保密筛查使用，供“国防专利保密审查委员会”参考使用。为此，需要通过立法授予“国防专利保密审查委员会”对于国防专利（申请）的定密、解密权，明确相关审查机构和工作机制，并建立相应的工作程序和制度标准。

为了保障定密、解密的准确性，国防知识产权局的审查员可以协助开展保密审查工作，通过对现有技术的检索分析给出国防专利（申请）是否需要保密的建议，结合现有技术的不断发展和对国内外专利信息的检索分析，给出已保密的国防专利是否应当解密的建议。为审慎起见，可以考虑在定密、解密程序中设置听证环节，即“国防专利保密审查委员会”在充分听取国防专利申请人的定密、解密意见后，再作出最终决定。国防知识产权局对国防专利申请是否予以受理，以及是否对国防专利予以解密，都依据“国防专利保密审查委员会”作出的保密审查决定执行。通过实行“国家定密”机制，有望大幅降低进入国防专利渠道的专利申请量和国防专利保有量，大幅提高国防专利质量，大幅节约国防专利制度运行成本，实现“既确保国家秘密安全，又便利信息资源合理利用”，既有利于维护国家安全，又有利于发明的广泛应用。

有人认为，《中华人民共和国保守国家秘密法》第十四条规定了“机关、单位对所产生的国家秘密事项，应当按照国家秘密及其密级的具体范围的规定确定密级，同时确定保密期限和知悉范围”，因而对专利申请实行“国家定密”不符合保密法的规定。但我们还应注意到，第十八条还规定了“国家秘密的密级、保密期限和知悉范围，应当根据情况变化及时变更。国家秘密的密级、保密期限和知悉范围的变更，由原定密机关、单位决定，也可以由其上级机关决定。”《保守国家秘密法实施条例》第十八条也规定了“机关、单位发现本机关、本单位国家秘密的确定、变更和解除不当的，应当及时纠正；上级机关、单位发现下级机关、单位国家秘密的确定、变更和解除不当的，应当及时通知其纠正，也可以直接纠正。”据此，“国防专利保密审查委员会”在得到有关法规授权情况下，对专利申请重新确定密级的做法与保密法规定并无矛盾之处。实行“国家定密”机制并不存在法律障碍，反而有着明确的法律依据。

8.2　重构保密发明运用机制

保密发明包括两种类型，一种类型是国家资助产生的保密发明，这在我国占绝大多数，另一种类型是私人投资产生的保密发明，这在我国只占很小的一部分。对于国家资助产生的保密发明，国家享有相应的财产权利，如所有权或使用权，以保障国家对这部分保密发明的使用。而对于私人投资产生的保密发明，则需要我们建立相应的机制加以保障。关于后者，无论“扣压制”国家还是“授权制”国家，都通过“国防使用规则”，或者采取强制征收的措施买断发明在保密期间的权利，以促进私人保密发明在国防事务中的高效运用。

8.2.1　我国国防专利运用存在的问题

由于我国专利法没有引入各国专利法普遍具有的“国防使用规则”条款，导致我们在国防系统内设定了国防专利的排他权。由于排他权的行使，给国防系统内参与国防和军队建设的单位带来了诸多误导，以至于出现专利权人就其专利被相关武器装备和军事设施所采用而状告任务承担方要求停止侵权的情况。如此种种，给国防发明创造在国防事务中的运用造成诸多障碍。国防发明信息的“内部公开”，本意是促进发明在国防和军队建设任务中的使用，但是按照“有限公开换取有限保护”的观点，将会在国防和军队建设领域互相设置壁垒。事实上，在国防和军队建设任务中，看似存在多家采购部门、多家供应单位、多个使用专利的主体，以及多个专利权人，但归根结底用户只有一个，那就是国家。如果在国防事务中设置专利权壁垒，归根结底是对国家使用发明设置阻碍，受损害的最终是国家。我们在《知识产权与国防使用》一书中详细阐述了国家为国防目的可以不经专利权人许可使用受专利权保护的发明的规则，即“国防使用规则”。在此基础上，我们意识到在国防事务中行使排他权是不妥的，尽管其出发点是好的，但是其客观效果却有违国家利益和公共利益，也与专利制度的机制和宗旨不相符。

8.2.2 世界主要国家的做法

分析世界主要国家专利保密制度，我们可以看出，“扣压制”下，专利申请在保密期间不予授权，国家为国防目的使用专利技术适用“国防使用规则”，国家有权为国防目的不经过专利权人许可使用专利技术，并给予专利权人合理补偿；“授权制”下，虽然专利申请在保密期间被授予专利权，但法律同时规定了此期间的专利权被政府强制征收。正是因为援引了“国防使用规则”，或者采取了强制征收措施，同时给予相应补偿，在消除国防事务中使用专利的壁垒的同时，还激励了保密发明活动的积极性，从而促进了私人保密发明在国防事务中的高效运用。

8.2.3 改革建议

为了促进自筹经费产生的国防专利在国防事务中的高效运用，需要援引“国防使用规则”，或者采取强制征收措施，同时给予相应补偿，在消除国防事务中使用专利的壁垒的同时，激励保密发明活动的积极性。短期看，不对现有体制进行大调整的情况下，可先采取“授权制”，重点改革补偿制度，对发明在保密期间的权利予以征收，避免保密发明在国防事务中行使排他权，促进保密发明在国防事务中高效运用。长远看，也可以改革为“扣压制”。因为这在形式上、实质上都符合专利制度“公开换保护”原则以及“国防使用规则”，更加直接地回答了保密发明在保密期间的权利属性，更加有利于促进私人保密发明在国防事务中的高效运用。

除此之外，为了促进保密发明在国防事务中的充分应用，还应当有以下四个方面的保障：①国家知识产权局受理的普通专利申请，国防知识产权局有权代表军方查阅专利申请文件。国家知识产权局应当将其经保密筛查疑似涉密的专利申请，移交国防知识产权局办理保密审查工作。②明确国家财政经费资助产生的发明创造原则上都应当申请专利，国家对其拥有国防目的的、不可撤销的、已付费的使用权。该规则要在专利制度中予以贯彻和执行。③在国防专利制度中设置国防知识产权局向国家和军队有关部门传送保密专利申请文献的渠道：一是实行“国家定密”机制以后，国防专利受理量和保有量都会大幅减少，因而传送的保密专利文献数量也会比较有限；二是根据保密发明所属技术领域，只定向传送给技术领域相关的部门和单位，具有更强的针对性，也更有利于保密。具体传送给哪些部门和单位，可以在定密时一并确定。④建立国防专利的应用情况反馈机制，以便统筹协调对保密发明权利人的补偿费用事宜。

8.3　改革补偿政策

世界主要国家的专利保密制度中大都实行对专利申请人给予补偿的政策。“扣压制”国家所补偿的一般包括两项：一是由于国家行使“治安权”而对专利申请予以保密，限制其商业开发，专利申请人由此所受到的经济损失；二是由于国家行使“征用权”，在国防事务中使用保密发明，专利申请人所受到的经济损失。“授权制”国家采取征用保密期间的发明权利，通过一次性买断或者分多次支付费用的方式，参考市场价值对权利人给予补偿。对权利人给予补偿，是排除保密发明专有权行使的相应对价，是促进保密发明在国防事务中行使的重要保障。因此，补偿政策改革是国防专利制度改革的一个关键问题。显然，补偿政策应当体现社会公平原则，即当专利申请人因国家安全需要或国防建设需要而受到损失时，国家应当代表社会给予合理补偿，按照填平原则全额弥补专利申请人的损失，而由全社会公平分担为维护国家安全利益和国防利益所付出的成本。

8.3.1　当前存在的问题

在国防专利制度施行中，虽然主管机关于 1996 年发布了专门的《国防专利补偿办法》，但依据该办法所支付的“补偿费”并不是针对专利申请人所受到的经济损失，而主要是根据国防专利的“发明价值”,[①] 并且规定了“不少于 50% 的补偿费发给发明人”,[②] 因而此处的“补偿”实际上是发明奖励性质，与外国专利保密制度中的补偿政策是完全不同的政策，而且该补偿办法执行时间不长即被停止，因而补偿政策在我国国防专利制度中实际上是缺失的。

① 参见《国防专利补偿办法》（国防专利局第三号通告，1996 年）第三章。

② 参见《国防专利条例》（2004 年）第二十七条。

8.3.2 改革建议

为了维护专利申请人的正当利益，实现公共利益与私人利益的平衡，我们有必要借鉴世界主要国家的普遍做法，建议在我国国防专利制度中建立包括以下要点的补偿政策：

（1）授权国防知识产权局代表国家，统筹协调补偿政策。

（2）补偿经费由国防经费予以保障，按经费管理渠道予以审核。

（3）针对专利申请人因专利申请被保密所受到的经济损失、因国家使用所受到的经济损失分别给予补偿；或者由国家支付费用，买断发明在保密期间的权利。

（4）按照“填平原则”和“市场价值”，损失多少补偿多少，公平合理补偿。既要防止补偿不足，又要避免过度补偿。

（5）只对符合授予专利权条件的保密专利申请进行补偿。

（6）只对国家无资助的发明补偿，国家资助产生的发明由于国家拥有已付费的使用权，因而不给予补偿。

（7）补偿请求可由国防专利申请人向国防知识产权局提出，由国防知识产权局给予补偿。

（8）对因为保密所受到的损失通常在解密后一次性补偿，对因国家使用所受到的损失的补偿可以分时段多次补偿；或者由国家支付费用，买断发明在保密期间的权利。

（9）补偿金额由专利申请人分别针对不同情况，与补偿机构按照相应的指导标准或者合理方法协商确定，协商不成的给予行政复议或司法救济。

由于国防专利申请绝大部分由国家投资产生的，因而在建立补偿政策后，预计补偿需求有限。

8.4 配套改革措施

以上是国防专利制度需要改革的核心基础内容，以下是支撑国防专利制度调整改革并正常运行所必需的配套措施。

（1）由国防知识产权局会同国家、军队保密主管部门以及其他相关部门，制定和经常修订“国防技术保密审查清单”和定密标准，供国防专利申请人、国家知识产权局、国防知识产权局和“国防专利保密审查委员会”进行保密筛查和定密使用。

（2）立法明确“国防使用规则”，建立更为普遍的国家补偿制度。因为国防专利制度中的国家补偿只是“国防使用规则”在保密发明上的特例，而不是全部，更多的补偿案例将是针对普通专利的。

（3）立法明确国家投资产生发明的权利归属，特别是明确政府和军队主管部门国防目的的、已付费的使用权。因为这是国防专利制度中国家使用绝大部分保密发明的权利以及不予补偿的法律依据。

（4）在国家投资研发合同、政府采购合同中明确承担单位的发明报告、专利申请义务，双方各自的知识产权权利、发明密级的确定方式、违约责任等。因为这是保障国家对财政资助产生发明的知情权、使用权，并能够切实行使权利的必要措施。

（5）立法明确专利申请人应当在专利申请文件中作出国家对该发明是否有所资助的标记，载明国家享有的权利。

（6）实行保密专利文献传送、使用等过程中当事人签名制度，以明确当事人保密责任，形成保密责任追溯机制。

（7）规范国防专利代理机构、代理人资质和行为的制度，以保障在专利代理环节中的有效保密。

（8）对国防知识产权局的机构定位、职责作出相应调整，以适应国防专利制度的要求。

（9）对国防知识产权局与国家知识产权局之间的工作程序重新进行协调，进一步加强两局关于国防专利制度中保密事务、专利事务的协作。

（10）对专利法、专利法实施细则、专利审查指南等作出相应修订。

总之，国防专利制度虽然只是专利制度的一个局部，但是与专利制度的诸多方面都有密切关联，可谓“牵一发而动全身”。通过对其作出改进，也将进一步完善我国专利制度，使得专利制度更好地服务于国防和军队建设，服务于维护国家安全。

8.5　考虑将保密范围的调整纳入远期规划

8.5.1　当前存在的问题

所谓“保密范围”是指在专利法中确定哪些发明需要保密。根据我国《专利法》第四条，需要保密的发明创造包括两个方面：一是涉及国家安全的，二是涉及国家重大利益的。我国专利保密制度最初就是据此将涉密专利申请分为两类，由两个机构（国防知识产权局、国家知识产权局）、按照两套不同程序（称为国防专利、保密专利）分别办理。[①]之后又发现这两套程序并不能与“国家安全”“国家重大利益”两个方面一一对应，即涉及国防并不等于涉及国家安全，还有一些不涉及国防、但涉及国家安全的专利申请需要归国家知识产权局办理。[②]更大的问题在于，这两套办理程序之间存在较大差异。例如，在国防专利中仅有发明一种专利类型、有内部公开程序、有补偿规定，且认为国防专利权在国防系统内部有效。而保密专利包括发明和实用新型两种类型、无内部公开程序、无补偿规定、对保密专利权的效力没有规定等。这表现出我国专利保密制度实际上缺乏统一的理论指导和法律原则，而且运行方式是割裂和不统一的。

8.5.2 改革的初步考虑

通过研究世界主要国家专利保密制度，我们可以看出，大多数国家只对涉及国家安全的发明实行保密，而这其中很大一部分只对涉及国防的发明实行保密。而且，各国普遍都只有一套程序办理专利保密事务。即使是作为特例的俄罗斯，虽然是由多个机构分类审查保密专利申请，但其办理程序仍然是统一的。因此可以说，我国专利保密制度的现状在世界上是绝无仅有的。我们不得不思考，我国《专利法》第4条对保密范围的规定是否应当作出调整？即是否可以不再保留“涉及国家重大利益”？抑或可以按照2015年我国发布的《中华人民共和国国家安全法》，对“国家安全”概念作

---

① 参见《专利审查指南》（1990年）第五章 保密

1. 保密的范围

《专利法》第四条规定保密的范围是：涉及国家安全或者国家重大利益两个方面的发明创造。《专利法实施细则》第八条第一款规定，专利局受理的涉及国防方面的国家秘密需要保密的发明专利申请，应当移交国务院国防科学技术主管部门设立的专利机构审查。《专利法实施细则》第八条第二款规定，专利局受理发明专利申请后，应当将需要进行保密审查的申请转送国务院有关主管部门审查。综上所述，专利局进行保密审查的范围仅限于涉及国家重大利益的发明专利申请。

② 参见《专利审查指南》（1990年）第五章 保密申请与向外国申请专利的保密审查

1. 保密的范围

《专利法》第四条规定的保密范围是涉及国家安全或者重大利益两个方面的发明创造。

根据《专利法实施细则》第七条第一款的规定，专利局受理的专利申请涉及国防利益需要保密的，应当及时移交国防专利机构进行审查。

根据《专利法实施细则》第七条第二款的规定，专利局认为其受理的发明或者实用新型专利申请涉及国防利益以外的国家安全或者重大利益需要保密的，应当及时作出按照保密专利申请处理的决定，并通知申请人。

广义理解，[①] 从而与大多数国家一样，仅对发明创造的公开将危害国家安全利益的专利申请实行保密？

原国家知识产权局条法司司长尹新天先生在其所著的《中国专利法详解》(2012 年）中，列举了三例不涉及国防，但涉及国家重大利益的发明创造，分别为“一种能够有效防止黑客袭击金融体系计算机系统的新式防火墙技术”“一种能够有效防止出现伪钞的新式印钞技术”“一种新的能源开发技术”。[②] 这三个例子无疑都不属于传统的、狭义的“国家安全”范畴，而依据《中华人民共和国国家安全法》所给出的“总体国家安全观”，这三个例子又都可以归入“涉及国家安全”范围。其中，第一例涉及该法第二十五条所指的网络与信息安全，第二例涉及该法第二十条所指的金融安全，第三例涉及该法第二十一条所指的资源能源安全。因而，在“总体国家安全观”之下，以“涉及国家安全需要保密”划定保密范围，并不会遗漏某些需要保密的发明。

将专利制度中的保密范围限定于“涉及国家安全需要保密”，其意义在于统一专利保密制度的指导理论和法律原则，明确维护国家安全是专利保密制度的根本目的和任务。专利保密制度并不针对与国家安全无关的发明创造，从而避免把那些具有重大经济价值但与国家安全无关的发明创造也列入保密范围，防止由于保密范围定得过于宽泛，出现“潜水艇”专利，即：出现一些既能获得专利权保护，又长期处于技术秘密状态，不能为公众所知悉，而又随时可以“在先专利”出现，阻击他人技术创新和市场竞争的专利。防止专利申请人利用专利保密制度存在的漏洞而谋求不当利益。明确维护国家安全利益是专利保密制度的根本宗旨，从而确立因采取保密措施而对专利申请人造成经济损失给予补偿的原则。

当然，关于保密范围统一后由哪个部门来负责处理专利保密事务的问题已经有一些议论。关于这一问题，已在第五章作了一定探讨。现再详细分析如下。

① 参见该法第二条：“国家安全是指国家政权、主权、统一和领土完整、人民福祉、经济社会可持续发展和国家其他重大利益相对处于没有危险和不受内外威胁的状态，以及保障持续安全状态的能力。”及第二章“维护国家安全的任务”，其中除了传统的“国家安全”外，还包括了经济安全（第十九条）、金融安全（第二十条）、资源能源安全（第二十一条）、粮食安全（第二十二条）、重大技术和工程安全（第二十四条）、网络与信息安全（第二十五条）等。

② 尹新天．中国专利法详解［M］．北京：知识产权出版社，2012：30.

专利保密制度中的主要事务包括：专利申请的保密筛查、涉密专利申请受理、涉密专利申请的定密解密、保密专利申请的审查、保密发明的推广应用、补偿、解密后的相关事务等。从英、美等“扣压制”国家的做法看，专利局负责专利保密制度中的专利事务，包括保密初筛、受理、审查，以及解密后的事务等，国防部门负责制定保密筛查清单、负责定密解密、促进保密发明应用、补偿等事务。但英、美做法的缺点在于两机构之间交互太多，我国不一定照搬。结合我国情况，笔者提出了中国方案，见表 8-1。

表 8–1　专利保密制度中国家知识产权局和国防知识产权局业务分工方案

专利保密制度主要业务	英、美方案		中国方案	
	专利局	国防部	国家知识产权局	国防知识产权局
普通专利申请的保密初筛	△		△	
定密、解密		△		△
涉密专利申请的受理	△			△
保密专利审查	△			△
保密发明的应用		△		△
补偿		△		△
解密后续事务	△		△	

采取这一方案的理由在于：一是军方更能够掌握国家安全形势、国防和军队建设发展需求、军事技术发展动向等，发明的定密和解密由国防知识产权局办理更为妥当；二是涉及国家安全的发明绝大多数是与国防和军队建设有关的发明，这部分专利申请的受理和审查由国防知识产权局负责更为妥当；三是涉及国家安全的发明只能应用于国家受控范围，主要集中在国防和军队建设任务中，因此保密专利申请的应用与共享由国防知识产权局办理更为妥当；四是保密发明主要应用于国防和军队建设，其保密也主要是为维护国家安全利益，关于保密发明的补偿由国防知识产权局承担更为妥当。而普通专利申请的保密筛查、解密后的相关事务，显然应当由国家知识产权局负责。按照该方案，国家知识产权局和国防知识产权局之间无须递送保密解密决定和专利申请文件等，而且便于国防事务中利用保密发明，有利于提高工作效率。为了节省资源、统一标准，可以在专利审查有关的信息资源、人力资源方面，做好国家知识产权局和国防知识产权局之间的业务衔接。

当然，如果专利保密范围被限定于“涉及国家安全需要保密”，则现行《专利法》《专利法实施细则》《专利审查指南》中涉及保密的条款都需要作出修改，现行的国防专利制度也需要更名为专利保密制度。但是，尽管保密范围存在一定问题，但专利保密范围的调整关系到我国专利保密制度的总体格局，是一项“顶层设计”，涉及面广，难度较大。目前，由国家知识产权局办理的涉密专利申请数量有限，绝大多数的涉密专利申请由国防知识产权局办理。国防专利制度是我国专利保密制度的主体，所以，关于专利保密范围的调整问题尚不急迫，可待条件成熟后再予解决。

参 考 文 献

[1] 国家知识产权局条法司．外国专利法选译[M]．北京：知识产权出版社，2014.

[2] 中国人民大学知识产权教学与研究中心，中国人民大学知识产权学院．十二国专利法[M]．北京：清华大学出版社，2013.

[3] T.H. O' Dell T H. Inventions and official secrecy：a history of secret patents in the United Kingdom[M].Oxford ：Clarendon Press，1994.

[4] 尹新天．中国专利法详解[M]．北京：知识产权出版社，2012.

[5] Kumm，Alfred W.：Staatsgeheimnisschutz und Patentschutz von geheimen Erfindungen[M].Bad Honnef：Bock und Herchen，1979.

[6] Breith，Hans-Jürgen：Patente und Gebrauchsmuster für Staatsgeheimnisse[M]. Zugl.：München，Univ. der Bundeswehr，Diss.，2002.

[7] Vaughan F L. Recent Patent Legislation in Great Britain[J]. J. Pat. Off. Soc' y.1950.32：692.

[8] Constant v. United States，223 Ct.CI. 148，617 F.2d 239，206 U.S.P.Q. 313（1980）.

[9] American Tel. & Tel. Co. v. United States，231 Ct. CI. 60，685 F.2d 1361，219 U.S.P.Q. 316（1982）.

[10] Weiss v. United States，146 F. Supp. 2d 113（D. Mass.2001）.

[11] Clift v. United States，597 F.2d 826，203 U.S.P.Q. 561（2d Cir. 1979）.

[12] Halpern v. United States，258 F.2d 36（2d Cir. 1958）.

[13] Farrand Optical Co. v. United States，317 F.2d 875 135 U.S.P.Q 165（2d Cir. 1962)（en banc）.

[14] Farrand Optical Co. v. United States，325 F.2d 328，139 U.S.P.Q. 249（2d Cir. 1963）.

[15] Hornback v. United States，40 Fed. CI. 524，46 U.S.P.Q.2d 1304，qff' d，178 F.3d 1308（Fed. Cir. 1998）.

[16] Stein v. United States，135 F. Supp.2d 265，64 U.S.P.Q.2d 1017（D. Mass. 2001)，qff' d，37 Fed. Appx.518（Fed. Cir. 2002）.

[17] DoD 5200.1-R，"Information Security Program"，January 1997.

[18] DoD Directive 5535.2，“DoD Patent Security Review Process”，March 24，2010

[19] AR 380-6，“Laser Guidance Systems Security Classification Guide”，1 December 1983

[20] ASPAB，“Patent Security Category Review List”（PSCRL-1），January 1971

[21] Hausken L G. The Value of a Secret：Compensation for Imposion of Secrecy Order under Invention Secrecy Act[J]. 1988.Mil. L.Rev.119：201.

[22] Sabing H L. Protecting the Private Inventor under the Peacetime Provisions of the Invention Secrecy Act[J]. Berkeley L. J. 1997.12（2）：345.

[23] Kundert L T. Invention Secrecy Guide：Foreign Filing Licenses，Secrecy order and Export of Technical Data in Patent Applications[J]. J. Pat. & Trademark Off. Socy. 2006. 88：867.

[24] Gilbert L A. Patent Secrecy Orders：The Unconstitutionality of Interference in Civilian Cryptography under Present Procedures[J]. Santa Clara L. Rev. 1982.22（2）：325.

[25] Citrin A J. Are the Secrecy Order Compensation Provisions of the Patent Act Constitutional under the Fifth Amendment?[J].Akron Intell. Prop. J.2007.1：275.

[26] Aaron Bell. Effects of National Security Concerns on the Patent Process[J]. Inventions & Patents.2005.6.901/16.652.